HARDPRESS.NET
HOME OF HARD-TO-FIND BOOKS

Código Civil Del Distrito Federal Y Del Territorio De La Baja-California

by Distrito Federal (Mexico)

Address:
HardPress
8345 NW 66TH ST #2561
MIAMI FL 33166-2626
USA
Email: info@hardpress.net

CÓDIGO CIVIL.

CÓDIGO CIVIL.

[redacted]

xico (Federal district) Laws, statutes, etc.

CÓDIGO CIVIL

DEL

DISTRITO FEDERAL

Y TERRITORIO

DE LA BAJA-CALIFORNIA.

MEXICO

IMPRENTA DEL GOBIERNO, EN PALACIO,

Á CARGO DE JOSÉ MARÍA SANDOVAL.

1872

Ministerio de Justicia é Instruccion pública.

SECCION 1ª

CIRCULAR.

Acompaño á vd...... ejemplares del Código civil para el Distrito federal y territorio de la Baja-California, que segun el decreto de 8 del actual, expedido por el Congreso de la Union, comenzará á regir desde 1º de Marzo de 1871; manifestándole que la edicion auténtica y hecha bajo la direccion de esta secretaría, es la adjunta que lleva el sello de esta oficina.

Independencia y libertad. México, Diciembre 22 de 1870.—*Iglesias.*—C.........

Ministerio de Justicia é Instruccion pública.

SECCION 1ª

CODIGO CIVIL DEL DISTRITO.

El ciudadano presidente de la República se ha servido dirigirme el decreto que sigue:

«*BENITO JUAREZ, presidente constitucional de los Estados-Unidos Mexicanos, á sus habitantes, sabed:*

«Que el Congreso de la Union ha tenido á bien decretar lo siguiente:

«El Congreso de la Union decreta:

«Art. 1º Se aprueba el Código civil que para el Distrito Federal y territorio de la Baja-California, formó, de órden del ministerio de justicia, una comision compuesta de los CC. Lics. Mariano Yañez, José María Lafragua, Isidro Montiel y Rafael Dondé.

«Este Código comenzará á regir el 1º de Marzo de 1871.

«Art. 2º Desde la misma fecha quedará derogada toda la legislacion antigua, en las materias que abrazan los cuatro libros de que se compone el expresado Código.

«Salon de sesiones del Congreso de la Union. México, Diciembre 8 de 1870.—*José María Lozano*, diputado presidente.—*Guillermo Valle*, diputado secretario.—*Protasio P. Tagle*, diputado secretario.»

«Por tanto, mando se imprima, publique y circule para que se le dé el debido cumplimiento.

«Palacio del gobierno nacional en México, á ocho de Diciembre de mil ochocientos setenta.—*Benito Juarez*.—Al C. Lic. José María Iglesias, ministro de justicia é instruccion pública.»

«Y lo comunico á vd. para su inteligencia y cumplimiento.

«Independencia y libertad. México, Diciembre 8 de 1870.—*Iglesias*.—C.........

Es copia, &c., Febrero 20 de 1871.

(«Diario Oficial.»—Núm. 42.—Febrero 11 de 1871)

CODIGO CIVIL DEL DISTRITO FEDERAL

Y TERRITORIO

DE LA BAJA-CALIFORNIA.

TITULO PRELIMINAR.

De la ley y sus efectos, con las reglas generales de su aplicacion.

Art. 1º La ley civil es igual para todos, sin distincion de personas ni de sexos, mas que en los casos especialmente declarados.

2º Las leyes, reglamentos, circulares ó cualesquiera otras disposiciones de observancia general, emanadas de la autoridad, obligan y surten sus efectos desde el dia de su promulgacion, en los lugares en que deba esta hacerse.

3º Si la ley, reglamento, circular ó disposicion general, fija el dia en que deba comenzar á observarse, obliga desde ese dia, aunque se haya publicado ántes.

4º Para que se reputen promulgados y obligatorios la ley, reglamento, circular ó disposicion general, en los lugares en que no reside la autoridad que hace la promulgacion, se computará el tiempo á razon de un dia por cada cinco leguas de distancia: si hubiere fraccion que exceda de la mitad de la distancia indicada, se computará un dia mas.

5º Ninguna ley ni disposicion gubernativa tendrá efecto retroactivo.

6º No tiene eficacia alguna la renuncia de las leyes en general, ni la especial de las leyes prohibitivas ó de interes público.

7º Los actos ejecutados contra el tenor de las leyes prohibitivas, serán nulos si las mismas leyes no disponen otra cosa.

8º La ley no queda abrogada ni derogada sino por otra posterior.

9º Contra la observancia de la ley no puede alegarse desuso, costumbre ó práctica en contrario.

10. Las leyes que establecen excepciones á las reglas generales, no son aplicables á caso alguno que no esté expresamente especificado en las mismas leyes.

11. El que ejerciendo su propio derecho, procura sus intereses, debe, en caso de conflicto y á falta de providencia especial, ceder al que trata de evitarse perjuicios.

12. La capacidad jurídica se adquiere por el nacimiento; pero desde el momento en que un individuo es procreado, entra bajo la proteccion de la ley, y se le tiene por nacido para los efectos declarados en el presente Código.

13. Las leyes concernientes al estado y capacidad de

las personas, son obligatorias para los mexicanos del Distrito Federal y de la California, aun cuando residan en el extranjero, respecto de los actos que deben ejecutarse en todo ó en parte en las mencionadas demarcaciones.

14. Respecto de los bienes inmuebles sitos en el Distrito Federal y en la California regirán las leyes mexicanas, aunque sean poseidos por extranjeros.

15. Respecto de la forma ó solemnidades externas de los contratos, testamentos y de todo instrumento público, regirán las leyes del país en que se hubieren otorgado. Sin embargo, los mexicanos ó extranjeros residentes fuera del Distrito ó de la California, quedan en libertad para sujetarse á las formas y solemnidades prescritas por la ley mexicana, en los casos en que el acto haya de tener ejecucion en aquellas demarcaciones.

16. Las leyes en que se interesan el derecho público y las buenas costumbres, no podrán alterarse, ó nulificarse en cuanto á sus efectos, por convenio celebrado entre particulares.

17. Las obligaciones y derechos que nazcan de los contratos ó testamentos otorgados en el extranjero, por mexicanos del Distrito y de la California, se regirán por las disposiciones de este Código, en caso de que dichos actos deban cumplirse en las referidas demarcaciones.

18. Si los contratos ó testamentos de que habla el artículo anterior, fueren otorgados por un extranjero, y hubieren de ejecutarse en el Distrito ó en la California, será libre el otorgante para elegir la ley á que haya de sujetarse la solemnidad interna del acto en cuanto al interes que consista en bienes muebles. Por lo que respecta á los raices se observará lo dispuesto en el art. 14.

19. El que funde su derecho en leyes extranjeras, deberá probar la existencia de estas y que son aplicables al caso.

20. Cuando no se pueda decidir una controversia judicial, ni por el texto ni por el sentido natural ó espíritu de la ley, deberá decidirse segun los principios generales de derecho, tomando en consideracion todas las circunstancias del caso.

21. La ignorancia de las leyes no sirve de excusa, y á nadie aprovecha.

LIBRO PRIMERO.

DE LAS PERSONAS.

TITULO I.

De los mexicanos y extranjeros.

Art. 22. Son mexicanos, los que designa el art. 30; son extranjeros, los que designa el art. 33; y son ciudadanos, los que designa el art. 34 de la constitucion política de los Estados-Unidos Mexicanos.

23. El cambio de nacionalidad no produce efectos retroactivos.

24. Tanto los mexicanos como los extranjeros residentes en el Distrito ó en la California, pueden ser demandados ante los tribunales del país por las obligaciones contraidas con mexicanos ó con extranjeros, dentro ó fuera de la República.

25. Pueden tambien ser demandados ante dichos tribunales, aunque no residan en los lugares referidos, si en ellos tienen bienes que estén afectos á las obligaciones contraidas, ó si estas deben tener su ejecucion en dichos lugares.

TITULO II.

Del domicilio.

Art. 26. El domicilio de una persona es el lugar donde resida habitualmente: á falta de este, el en que tiene el principal asiento de sus negocios. A falta de uno y otro, se reputa domicilio de una persona el lugar en que esta se halla.

27. Los empleados públicos tienen su domicilio en el lugar en que sirven su destino.

28. Los que accidentalmente se hallan en un pueblo desempeñando alguna comision, no adquieren domicilio en él por este solo hecho.

29. Los militares en servicio activo tienen su domicilio en el lugar en que están destinados.

30. El domicilio del menor de edad no emancipado es el de la persona á cuya patria potestad se halla sujeto.

31. El domicilio del menor que no está bajo patria potestad, y el del mayor incapacitado, es el del tutor.

32. El domicilio de la mujer casada, si no está legalmente separada de su marido, es el de este: si estuviere separada, se sujetará á las reglas establecidas en el artículo 26.

33. Los que sirven á una persona y habitan en su casa, sean mayores ó menores de edad, tienen el domicilio de la persona á quien sirven; pero si son menores y poseen bienes que estén á cargo de un tutor, respecto de los bienes el domicilio será el del tutor.

34. El domicilio de los que se hallan extinguiendo una condena, es el lugar donde la extinguen, por lo que toca á las relaciones jurídicas posteriores á la condena: en cuanto á las anteriores, conservarán el último que hayan tenido. Los condenados á destierro simplemente, conservarán su domicilio anterior.

35. La mujer y los hijos del sentenciado á confinamiento, que no le acompañaren al lugar de su condena, no tendrán por domicilio el del marido y padre, sino e- suyo propio conforme á las reglas establecidas en los arl tículos anteriores.

36. El domicilio de las corporaciones, asociaciones y establecimientos reconocidos por la ley, es el lugar donde está situada su direccion ó administracion; salvo lo que dispusieren sus estatutos ó leyes especiales, siempre que el domicilio que en ellos se determine, esté dentro de la demarcacion territorial sujeta á este Código.

37. Los individuos que sirven en la marina de guerra de la República, tienen su domicilio en el lugar mexicano en que se encuentran.

38. Los que sirvan en la marina mercante de la República, se tendrán por domiciliados en el lugar de la matrícula del buque; pero si fueren casados no separados, y su mujer tuviere casa en otro lugar, este se reputará domicilio de aquellos.

39. Cuando no siendo casados tuvieren algun establecimiento en lugar distinto del de la matrícula del buque, se considerarán domiciliados en él: pero si fueren casados, el lugar del establecimiento será el domicilio respecto de los actos relativos al giro, y respecto de los demas el de la habitacion de la mujer.

40. Los ciudadanos mexicanos que, sin licencia del gobierno, sirven en la marina de guerra extranjera, ó en buque armado en corso por el gobierno extranjero, pierden la ciudadanía y domicilio mexicanos; y solo pueden recobrarlos segun las reglas establecidas para los que sirven á potencia extranjera.

41. Los que sirven en la marina mercante extranjera, si no han renunciado la ciudadanía mexicana, conservan el domicilio que tenian al entrar al servicio de la expresada marina.

42. Las reglas sobre domicilio establecidas en los artículos que preceden, no privan á las partes del derechó que tienen para fijar el lugar en que deba cumplirse la obligacion, ó en que deban tenerse por domiciliadas siempre que la designacion no sea contraria á la ley.

TITULO III.

De las personas morales.

Art. 43. Llámanse personas morales las asociaciones ó corporaciones, temporales ó perpetuas, fundadas con algun fin ó por algun motivo de utilidad pública, ó de utilidad pública y particular juntamente, que en sus relaciones civiles representan una entidad jurídica.

44. Ninguna asociacion ó corporacion tiene entidad jurídica si no está legalmente autorizada.

45. Las asociaciones ó corporaciones que gozan de entidad jurídica, pueden ejercer todos los derechos civiles relativos á los intereses legítimos de su instituto.

46. Ni el Estado, ni ninguna otra corporacion ó establecimiento público gozan del privilegio de restitucion *in integrum.*

47. Las asociaciones de interes particular quedan sujetas á las reglas del contrato de sociedad.

TITULO IV.

DE LAS ACTAS DEL ESTADO CIVIL.

CAPITULO I.

Disposiciones generales sobre las actas del estado civil.

Art. 48. Habrá en el Distrito Federal y en el territorio de la Baja-California funcionarios á cuyo cargo estará autorizar los actos del estado civil, y extender las actas relativas al nacimiento, reconocimiento de hijos, tutela, emancipacion, matrimonio y muerte de todos los mexicanos y extranjeros residentes en las demarcaciones mencionadas.

49. Los jueces del estado civil llevarán por duplicado cuatro libros que se denominarán «Registro civil,» y contendrán: el primero, «Actas de nacimiento y reconocimiento de hijos;» el segundo, «Actas de tutela y emancipacion;» el tercero, «Actas de matrimonio,» y el cuarto, «Actas de fallecimiento.» En uno de estos libros se asentarán las actas originales de cada ramo, y en el duplicado se irán haciendo inmediatamente copias exactas de ellas; cada una de las cuales será autorizada por el juez del estado civil.

50. Cuando no hayan existido registros, ó se hayan perdido, ó estuvieren rotos ó borrados, ó faltaren las hojas en que se pueda suponer que estaba el acta, se podrá recibir prueba del acto por instrumentos ó testigos; pero si uno solo de los registros se ha inutilizado y existe el duplicado, de este deberá tomarse la prueba, sin admitirla de otra clase.

51. Las constancias sobre actos del estado civil serán válidas y harán fé en el Distrito y en la California, solo en el caso de que se hayan extendido conforme á las prescripciones de este Código. Ningun otro documento es admisible para comprobar el estado civil de las personas, si no es en los casos previstos en los artículos 50 y 385.

52. Todos los libros del registro civil serán visados en su primera y última foja por la autoridad política superior respectiva, y autorizados por la misma con su rúbrica en todas las demas. Se renovarán cada año; y el ejemplar original de cada uno de ellos quedará en el archivo

del registro civil, así como los documentos sueltos que les correspondan; remitiéndose el primer mes del año siguiente á la autoridad política mencionada los libros de copias.

53. Si al terminar el año hubiere fojas blancas, se inutilizarán con rayas trasversales, certificándose en la última escrita el número de actos ejecutados y el de las fojas que se inutilicen. Los libros terminarán por un índice alfabético formado por apellidos; cuando haya dos ó mas individuos del mismo nombre y apellido, se agregará el segundo de estos.

54. El juez del estado civil que no cumpla con la prevencion de remitir oportunamente á la autoridad política superior respectiva las copias de que habla el artículo 52, será destituido de su cargo.

55. En las actas del registro civil se hará constar el año, dia y hora en que se presenten los interesados; se tomará razon especificada de los documentos que se presenten y de los nombres, edad, profesion y domicilio de todos los que en ellas sean nombrados, en cuanto fuere posible.

56. No podrá insertarse en las actas, ni por vía de nota ó advertencia, sino lo que deba ser declarado para el acto preciso á que ellas se refieren, y lo que esté expresamente prevenido en este Código.

57. En los casos en que los interesados no puedan concurrir personalmente, podrán hacerse representar por un encargado, cuyo nombramiento conste por escrito y ante dos testigos conocidos por lo ménos.

58. Los testigos que intervengan en las actas del estado civil, serán mayores de edad, prefiriéndose los que designen los interesados, aun cuando sean sus parientes.

59. Extendida en el libro el acta, será leida por el juez del estado civil á los interesados y testigos: la firmarán todos, y si algunos no pueden hacerlo, se expresará la causa. Tambien se expresará que el acta fué leida y quedaron conformes los interesados con su contenido.

60. Si alguno de los interesados quisiere imponerse por sí mismo del tenor del acta, podrá hacerlo, y si no supiere leer, uno de los testigos, designado por él, leerá aquella y la firmará, si el interesado no supiere hacerlo.

61. Si un acto comenzado se entorpeciese, porque las partes se nieguen á continuarlo ó por cualquier otro motivo, se inutilizará el acta, marcándola con dos líneas trasversales y expresándose el motivo por qué se suspendió; razon que deberán firmar la autoridad, los interesados y los testigos.

62. Al asentarse las actas en los libros del registro civil, se observarán las prevenciones siguientes:

1ª Las actas se numerarán y escribirán una despues de otra, sin dejar entre ellas ningun renglon entero en blanco:

2ª Tanto su número ordinal, como el de las fechas ó cualquiera otro, estarán escritos en cifras aritméticas, y ademas en palabras con todas sus letras:

3ª En ningun caso se emplearán abreviaturas:

4ª No se hará raspadura alguna, ni se permitirá borrar lo escrito en ningun caso. La infraccion se castigará con una multa de veinticinco pesos. Cuando sea necesario testar alguna palabra, se pasará una línea sobre ella, de manera que quede legible.

5ª Al fin de cada acta se salvará con toda claridad lo entrerenglonado y testado.

63. Las actas del estado civil solo se pueden asentar en los libros de que habla el artículo 49. La infraccion de esta regla se castigará con la destitucion del juez.

64. La falsificacion de las actas y la insercion en ellas de circunstancias ó declaraciones prohibidas por la ley, causará la destitucion del juez, sin perjuicio de las penas que la ley señale para el delito de falsedad y de la indemnizacion de daños y perjuicios.

65. Los apuntes dados por los interesados, y los documentos que presenten, se anotarán poniéndoles el número del acta y el sello del juzgado, y se reunirán y depositarán en el archivo del registro civil, formándose un índice de ellos en las últimas fojas del duplicado.

66. Toda persona puede pedir testimonio de cualquiera de las actas del registro civil; y los jueces están obligados á darlo. Estos testimonios harán plena fé en juicio y fuera de él.

67. Los actos y actas del estado civil relativos al mismo juez del registro, á su consorte, ó á los ascendientes ó descendientes de cualquiera de ellos, no podrán autorizarse por el mismo juez; pero se asentarán en el mismo libro y se autorizarán por la primera autoridad política del lugar.

68. Los vicios ó defectos que haya en el acta, sujetan al juez del registro á las penas establecidas; pero no producen nulidad del acto, á ménos que se pruebe la falsedad de este.

69. Los registros del estado civil solo hacen fé respecto del acto que debe ser consignado en ellos: cualquiera otra cosa que se agregue, se tendrá por no puesta.

70. Para establecer el estado civil de los mexicanos nu-

cidos, reconocidos, sujetos á tutela, emancipados, casados ó muertos fuera de la República, serán bastantes las constancias que presenten de estos actos los interesados, siempre que estén conformes con las leyes del país en que se hayan verificado, y que se hayan hecho constar en el registro civil del Distrito ó de la California.

71. Todo acto de estado civil relativo á otro ya registrado, podrá anotarse á peticion de los interesados, al márgen del acta relativa. La misma anotacion deberá hacerse cuando lo mande la autoridad judicial ó lo disponga expresamente la ley.

72. La anotacion se insertará en todas los testimonios que se expidan.

73. Los jueces del estado civil se suplirán unos á otros en sus faltas temporales. Cuando esto no fuere posible, suplirán dichas faltas los jueces de primera instancia por turno, que llevará la autoridad política.

74. Los libros del registro civil estarán bajo la inspeccion y vigilancia de la autoridad política superior.

CAPITULO II.

De las actas de nacimiento.

Art. 75. Las declaraciones de nacimiento se harán dentro de los quince dias siguientes á este. El niño será presentado al juez del estado civil en su oficina ó en la casa paterna.

76. En las poblaciones donde no haya juez del estado civil, el niño será presentado á la persona que ejerza la autoridad política local; y esta dará la constancia respec-

tiva, que los interesados llevarán al juez del estado civil que corresponda, para que asiente el acta.

77. El nacimiento del niño será declarado por el padre, ó en defecto de este, por los médicos, cirujanos, matronas ú otras personas que hayan asistido al parto; y si este se ha verificado fuera de la casa paterna, por la persona en cuya casa haya tenido lugar.

78. El acta de nacimiento se extenderá inmediatamente con asistencia de dos testigos, que pueden ser designados por las partes interesadas. Contendrá el dia, hora y lugar del nacimiento; el sexo del niño, y el nombre y apellido que se le ponga, con la razon de si se ha presentado vivo ó muerto.

79. Cuando el niño fuere presentado como hijo de legítimo matrimonio, se asentarán los nombres y domicilio del padre y de la madre; los de los abuelos paternos y maternos y los de la persona que haya hecho la presentacion.

80. Cuando el hijo no fuere legítimo, solo se asentará el nombre del padre ó el de la madre, si estos lo pidieren por sí ó por apoderado especial; haciéndose constar en todo caso la peticion.

81. Si el padre ó la madre no pudieren concurrir, ni tuvieren apoderado, pero solicitaren ambos ó alguno de ellos la presencia del juez del estado civil, este pasará al lugar en que se halle el interesado y allí recibirá de él la peticion de que se exprese su nombre, todo lo cual se asentará en el acta.

82. Si los padres del hijo ilegítimo no pidieren que consten sus nombres, se asentará que el presentado es hijo de padres no conocidos: si uno solo de los padres lo pi-

diere, se asentará no mas el nombre de este y no el del otro.

83. Si fuere adulterino el hijo, no podrá asentarse, aunque lo pidan las partes, el nombre del padre ó madre casado; pero podrá asentarse el del padre ó madre soltero, si alguno lo fuere.

84. Cuando el hijo nazca de una mujer casada que viva con su marido, en ningun caso ni á peticion de persona alguna, podrá el juez del estado civil asentar como padre á otro que al mismo marido.

85. Si el hijo fuere incestuoso, no se podrá asentar mas que el nombre de uno de los padres.

86. Toda persona que encontrare un niño recien nacido, ó en cuya casa ó propiedad fuere expuesto alguno, deberá presentarlo al juez del estado civil, con los vestidos, papeles ó cualesquiera otros objetos encontrados con él, y declarará el tiempo y lugar en que le haya encontrado; así como las demas circunstancias que en el caso hayan concurrido.

87. La misma obligacion tienen los jefes, directores y administradores de las prisiones y de cualquiera casa de comunidad, especialmente los de los hospitales, casas de maternidad é inclusas, respecto de los niños nacidos ó expuestos en ellas.

88. En el acta que se levantará en estos casos, se expresarán con especificacion todas las circunstancias que designa el artículo 86, la edad aparente del niño, su sexo, el nombre que se le ponga, y el de la persona ó casa de expósitos que se encargue de él.

89. Si con el expósito se hubieren encontrado papeles, alhajas ú otros objetos que puedan conducir al reconoci-

miento de aquel, se depositarán en el archivo del registro, mencionándolos en el acta y dando formal recibo de ellos al que recoja al niño.

90. Se prohibe absolutamente al juez del estado civil y á los testigos que conforme al artículo 78 deben asistir al acto, hacer inquisicion directa ó indirecta sobre la paternidad. En el acta solo se expresará lo que deban decir las personas que presenten al niño, aun cuando parezcan sospechosas de falsedad.

91. Si el nacimiento se verificare á bordo de un buque nacional, los interesados harán extender un certificado del acto, en que consten las circunstancias á que se refieren los artículos 78 al 85 en su caso, y solicitarán que lo autorice el capitan ó patron y dos testigos de los que se encuentren á bordo; anotándose, si no los hay, esta circunstancia.

92. En el primer puerto nacional á que arribe la embarcacion, los interesados entregarán el certificado de que habla el artículo anterior, al juez del estado civil, para que á su tenor asiente el acta.

93. Si en el puerto no hubiere funcionario de esta clase, se entregará el certificado antedicho á la autoridad local; la que lo remitirá inmediatamente al juez del estado civil del domicilio de los padres.

94. Si el nacimiento se verificare en un buque extranjero, se observará, por lo que toca á las solemnidades del registro, lo prescrito en el artículo 15.

95. El nacimiento que se verificare durante un viaje por tierra, se registrará en el lugar en que ocurra; y se remitirá copia del acta al juez del estado civil del domicilio de los padres, si estos lo pidieren; en cuyo caso dicho juez la asentará en el libro respectivo.

96. Si al dar el aviso de un nacimiento, se comunicare tambien la muerte del recien nacido, se extenderán dos actas, la una de nacimiento y la otra de fallecimiento, en sus libros respectivos.

97. En el acta de nacimiento de gemelos, el juez del estado civil hará constar las particularidades que los distingan, y cuál nació primero, segun las noticias que le comuniquen el médico, el cirujano, la matrona ó las personas que hayan asistido al parto.

CAPITULO III.

De las actas de reconocimiento de los hijos naturales.

Art. 98. Si el padre ó la madre de un hijo natural, ó ambos, le reconocieren, al presentarle dentro del término de la ley, para que se registre su nacimiento, el acta de este contendrá los requisitos establecidos en los artículos anteriores, con expresion de ser el hijo natural y de los nombres del progenitor que le reconozca. Esta acta surtirá los efectos del reconocimiento legal.

99. Si el reconocimiento del hijo natural se hiciere despues de haber sido registrado su nacimiento, se formará acta separada en la que, ademas de los requisitos á que se refiere el artículo que precede, se observarán los siguientes en sus respectivos casos:

I. Si el hijo es mayor de edad, se expresará en el acta su consentimiento para ser reconocido:

II. Si el hijo es menor de edad, pero mayor de catorse años, se expresará su consentimiento y el de su tutor:

III. Si el hijo es menor de catorce años, se expresará solo el consentimiento del tutor.

100. Lo dispuesto en el artículo anterior, se observará tambien cuando se haya omitido la presentacion para el registro de nacimiento del hijo natural, ó esa presentacion se haya hecho despues del término de la ley.

101. Si el reconocimiento se hace por alguno de los otros medios establecidos en el artículo 367, se presentará al encargado del registro el original ó copia certificada del documento que lo compruebe. En el acta se insertará la parte relativa de dicho documento, observándose las demas prescripciones contenidas en este capítulo y en el IV del título VI.

102. La omision del registro en el caso del artículo que precede, no quita al reconocimiento sus efectos legales, salvos los casos prevenidos en los artículos 376, 377 y 379; pero los que resulten responsables de esa omision, incurrirán en una multa de veinte á cien pesos.

103. Esta multa se impondrá y hará efectiva por el juez ante quien se intente hacer valer el reconocimiento.

104. En todas las actas de reconocimiento, cuando fueren diversas de las de nacimiento, se hará referencia á la de este, que se anotarán al márgen con referencia á las de aquel.

105. Si el reconocimiento se hiciere en oficina diversa de la en que se practicó el registro de nacimiento, el juez ante quien se verifique aquel, remitirá copia del acta al del lugar en que se registró el segundo, para que á su tenor haga la anotacion correspondiente.

CAPITULO IV.

De las actas de tutela.

Art. 106. Pronunciado el auto de discernimiento de la tutela y publicado en los términos que previene el art. 525, el tutor dentro de setenta y dos horas despues de hecha la publicacion, presentará copia certificada del auto referido al encargado del registro, para que levante el acta respectiva. El curador cuidará del cumplimiento de este artículo.

107. El acta de tutela contendrá:

I. El nombre, apellido y edad del incapacitado:

II. La clase de incapacidad por la que se haya deferido la tutela:

III. El nombre y demas generales de las personas que han tenido al incapacitado en su patria potestad ántes del discernimiento de la tutela:

IV.—El nombre, apellido, edad, profesion y domicilio del tutor y del curador:

V. La garantía dada por el tutor, expresando el nombre, apellido y demas generales del fiador, si la garantía consiste en fianza; ó los nombres, ubicacion y demas señas de los bienes, si la garantía consiste en hipoteca:

VI. El nombre del juez que pronunció el auto de discernimiento y la fecha de este.

108. La omision del registro de tutela no impide al tutor entrar en ejercicio de su cargo, ni puede alegarse por ninguna persona como causa para dejar de tratar con

él; pero sí hace responcables al tutor y al curador en los términos que establece el artículo 102.

109. Extendida el acta de tutela, se anotará la del nacimiento del incapacitado, observándose para el caso de que no exista en la misma oficina del registro, lo prevenido en el artículo 105.

CAPITULO V.

De las actas de emancipacion.

Art. 110. En los casos de emancipacion por matrimonio, no se formará acta separada: el encargado del registro anotará las respectivas actas de nacimiento de los cónyuges, expresando al márgen de ellas quedar estos emancipados en virtud del matrimonio; y citando la fecha en que este se celebró, así como el número y la foja del acta relativa.

111. Las actas de emancipacion por voluntad del que ejerza la patria potestad, se formarán insertando á la letra la levantada por el juez que autorizó la emancipacion; y se anotará el acta de nacimiento, expresando al márgen de ella quedar emancipado el menor, y citando la fecha de la emancipacion y el número y foja del acta relativa.

112. Si en la oficina en que se registró la emancipacion, no existe el acta de nacimiento del emancipado, el juez del registro remitirá copia del acta de emancipacion al del lugar en que se registró el nacimiento, para que haga la anotacion correspondiente.

113. La omision del registro de emancipacion no qui-

ta á ésta sus efectos legales; pero sujeta al responsable de aquella á la pena señalada en el artículo 102.

CAPITULO VI.

De las actas de matrimonio.

Art. 114. Las personas que pretendan contraer matrimonio, se presentarán al juez del estado civil á quien esté sujeto el domicilio de cualquiera de los pretendientes. El juez tomará en el registro nota de esta pretension, levantando de ella acta en que consten:

I. Los nombres, apellidos, profesiones y domicilios, así de los contrayentes como de sus padres, si estos fueron conocidos:

II. Los de dos testigos, que presentará cada contrayente, para hacer constar su aptitud para contraer matrimonio conforme á la ley:

III. La licencia de las personas cuyo consentimiento se necesite para contraer el matrimonio ó la constancia de no ser aquel necesario:

IV. El certificado de viudedad, si alguno de los pretendientes hubiere sido casado otra vez:

V. La dispensa de impedimentos, si los hubiere.

115. Si de las declaraciones de los testigos constare la aptitud de los pretendientes, se fijará una copia del acta en el despacho del juez del estado civil, en lugar bien aparente y de fácil acceso, y otras dos en los lugares públicos de costumbre. Permanecerán fijadas durante quince

dias, y será obligacion del juez del estado civil reemplazarlas, si por cualquiera accidente se destruyen ó se hacen ilegibles.

116. Si alguno de los pretendientes, ó ambos, no han tenido, durante los seis meses anteriores al dia de la presentacion, el mismo domicilio del juez del estado civil, se remitirán copias del acta á los anteriores domicilios, para que se publiquen en ellos por espacio de quince dias.

117. Si alguno de los pretendientes, ó ambos, han tenido durante los seis meses señalados el mismo domicilio del juez, podrá este, si lo cree conveniente, mandar hacer la referida publicacion en los domicilios anteriores.

118. Si alguno de los pretendientes, ó ambos, no han tenido domicilio fijo durante seis meses continuos, las copias de que habla el artículo 116 permanecerán fijadas en los lugares señalados, por dos meses en vez de quince dias.

119. Solo la autoridad política superior del lugar en donde se ha de celebrar el matrimonio, puede dispensar las publicaciones.

120. El peligro de muerte de uno de los pretendientes se tendrá por razon suficiente para la dispensa.

121. Ademas del caso designado en el artículo anterior, podrá concederse la dispensa cuando los interesados presenten motivos bastantes y suficientemente comprobados, á juicio de la referida autoridad política.

122. En cualquier caso en que se pida dispensa, el juez del estado civil asentará en una acta la peticion; y con copia de ella, de las declaraciones de los testigos y demas pruebas presentadas, ocurrirán los pretendientes á la respectiva autoridad política.

123. El juez del estado civil que reciba, para publicar, actas remitidas por los encargados de otros registros, deberá, pasado el término de la publicacion, levantar una acta en que haga constar que aquella se verificó. De esta acta y de las que levante sobre oposicion, si la hubiere, remitirá testimonio al juez ante quien penda la celebracion del matrimonio. Si no hubiere habido oposicion, se expresará así en el acta respectiva.

124. Sin haber recibido los testimonios de que habla el artículo anterior, por los que conste no haber impedimento legal, no podrá el juez ante quien penda la presentacion, proceder al matrimonio.

125. Si el matrimonio no quedare celebrado en los seis meses siguientes á la terminacion de las publicaciones, no podrá celebrarse sin repetir estas.

126. Pasados los términos de las publicaciones, y tre dias mas despues de ellos, sin que se denuncie impedis mento, ó si habiéndose denunciado, la autoridad judicial declaró que no lo habia, ó se hubiere obtenido dispensa de él, se harán constar estas circunstancias en el libro, y de acuerdo con los interesados señalará el juez del estado civil el lugar, dia y hora en que se ha de celebrar el matrimonio.

127. Si dentro del término fijado en los artículos 115, 116 y 118 de este Código, se denunciare al juez del estado civil algun impedimento contra el matrimonio anunciado, levantará de ello acta ante dos testigos, haciendo constar el nombre, edad, estado y domicilio del denunciante, y asentando al pié de la letra los términos de la denuncia. Firmada el acta por todos, la remitirá al juez

de primera instancia, quien procederá á la calificacion del impedimento conforme á los artículos 163 y 177.

128. Antes de remitir el acta al juez de primera instancia, el del estado civil hará saber á ambos pretendientes el impedimento denunciado, aunque sea relativo solo á uno de ellos; absteniéndose de todo procedimiento ulterior hasta que la sentencia que decida sobre el impedimento, cause ejecutoria.

129. La denuncia de impedimento se anotará al márgen de todas las actas relativas al matrimonio intentado.

130. El juez del estado civil á quien por cualquier medio se denunciare un impedimento comprobado con las constancias necesarias, dará cuenta de estas y de la denuncia á la autoridad judicial de primera instancia, y suspenderá todo procedimiento hasta que esta resuelva.

131. Denunciado un impedimento, el matrimonio no podrá celebrarse, aunque el denunciante se desista, miéntras no recaiga sentencia judicial que declare no haberlo, ó se obtenga dispensa de él.

132. El matrimonio se celebrará en público y en el dia, hora y lugar señalados al efecto. Los contrayentes comparecerán ante el juez, personalmente ó por apoderado especial, y acompañados de tres testigos por lo ménos, parientes ó extraños.

133. El juez recibirá la formal declaracion que hagan las partes, de ser su voluntad unirse en matrimonio.

134. Concluido este acto, se extenderá inmediatamente en el libro una acta en que consten:

I. Los nombres, apellidos, edad, profesiones, domicilios y lugar del nacimiento de los contrayentes:

II. Si estos son mayores ó menores de edad:

III. Los nombres, apellidos, profesiones y domicilios de los padres:

IV. El consentimiento de los padres, abuelos ó tutores, ó la habilitacion de edad:

V. Que no hubo impedimento, ó que se dispensó:

VI. La declaracion de los esposos de ser su voluntad unirse en matrimonio, tomándose y entregándose mutuamente por marido y mujer; y la que de haber quedado unidos, hará el juez en nombre de la sociedad.

VII. Los nombres, apellidos, edad, estado, profesiones y domicilios de los testigos, su declaracion sobre si son ó no parientes de los contrayentes, y si lo son, en qué grado y de qué línea.

CAPITULO VII.

De las actas de defuncion.

Art. 135. Ningun entierro se hará sin autorizacion escrita, dada por el juez del estado civil, quien se asegurará prudentemente del fallecimiento. No se procederá á la inhumacion hasta que pasen veinticuatro horas de la muerte, excepto en los casos en que se ordene otra cosa por la policía.

136. El acta de fallecimiento se escribirá en el libro respectivo, asentándose los datos que el juez del estado civil adquiera, ó la declaracion que se le haga; y será firmada por dos testigos, prefiriéndose para el caso los parientes, si los hay, ó los vecinos. Si la persona ha muerto fuera de su habitacion, uno de los testigos será aquel en

cuya casa se haya verificado el fallecimiento, ó alguno de los vecinos mas inmediatos.

137. El acta de fallecimiento contendrá:

I. El nombre, apellido, edad, profesion y domicilio que tuvo el difunto:

II. Si este era casado ó viudo, el nombre y apellido de su cónyuge:

III. Los nombres, apellidos, edad, profesion y domicilio de los testigos, y si fueren parientes, el grado en que lo sean:

IV. Los nombres de los padres del difunto, si se supieren:

V. La clase de enfermedad de que este hubiere fallecido y especificadamente el lugar en que se sepulte:

VI. La hora de la muerte, si se supiere, y todos los informes que se tengan en caso de muerte violenta.

138. Los dueños ó habitantes de la casa en que se verificare un fallecimiento; los superiores, directores y administradores de las prisiones, hospitales, colegios ú otra cualquiera casa de comunidad; los huéspedes de los mesones ú hoteles y los caseros de las casas de vecindad, tienen obligacion de dar aviso dentro de las veinticuatro horas siguientes á la muerte, al juez del registro civil.

139. Si el fallecimiento ocurriere en lugar ó poblacion en que no hubiere oficina del registro, la autoridad política, y en su defecto la municipal, hará las veces de juez del estado civil, y remitirá á este copia del acta que haya formado, para que la asiente en su libro.

140. Cuando el juez del estado civil sospechare que la muerte fué violenta, dará parte á la autoridad judicial, comunicándole todos los informes que tenga, para que pro-

ceda á la averiguacion conforme á derecho. Cuando la autoridad judicial averigüe un fallecimiento, dará parte al juez del estado civil para que asiente el acta respectiva. Si se ignora el nombre del difunto, se asentarán las señas de este, las de los vestidos y todo lo que pueda conducir con el tiempo á identificar la persona, y siempre que se adquieran mayores datos, se comunicarán al juez del registro civil para que los anote al márgen del acta.

141. En los casos de inundacion, naufragio, incendio, ó cualquiera otro en que no sea fácil reconocer el cadáver, se formará el acta por la declaracion de los que lo hayan recogido, expresando, en cuanto fuere posible, las señas del mismo, y de los vestidos ú objetos que con él se hayan encontrado.

142. Si no parece el cadáver, pero hay certeza de que alguna persona ha sucumbido en el lugar del desastre, el acta contendrá la declaracion de las personas que hayan conocido á la que no parece, y las demas noticias que sobre el suceso puedan adquirirse.

143. En caso de muerte natural en el mar, á bordo de un buque nacional, el acta se formará de la manera prescrita en el art. 137, en cuanto fuere posible, y la autorizará el capitan ó patron del buque, practicándose ademas lo dispuesto para nacimientos en los arts. 92 y 93.

144. Cuando alguno falleciere en lugar que no sea el de su domicilio, se remitirá al juez de este copia certificada del acta, para que se asiente en el libro respectivo; anotándose la remision al márgen del acta original.

145. El jefe de cualquiera cuerpo ó destacamento de guardia nacional tiene obligacion de dar parte al juez del estado civil de los muertos que haya habido en campaña

ó en otro acto de servicio, especificando las filiaciones: el juez del estado civil practicará lo prevenido para los muertos fuera de domicilio.

146. Los tribunales cuidarán de remitir dentro de las veinticuatro horas siguientes á la ejecucion de las sentencias de muerte, una noticia al juez del estado civil del lugar donde se haya verificado la ejecucion. Esta noticia contendrá el nombre, apellido, estado, edad y profesion del ejecutado.

147. En todos los casos de muerte violenta en las prisiones ó casas de detencion, y en los de ejecucion de justicia, no se hará en los registros mencion de estas circunstancias; y las actas contendrán simplemente los demas requisitos que se prescriben en el art. 137, con citacion del presente.

148. El acto de muerte se anotará en los registros de nacimiento y matrimonio, con la debida referencia al folio de registro de fallecimientos.

CAPITULO VIII.

De la rectificacion de las actas del estado civil.

Art. 149. La rectificacion ó modificacion de una acta del estado civil no puede hacerse sino ante el poder judicial, y en virtud de sentencia de este; salvo el reconocimiento que voluntariamente haga un padre de su hijo, el cual se hará conforme á las prescripciones de este Código.

150. Ha lugar á rectificacion:

I. Por falsedad, cuando se alegue que el suceso registrado no pasó:

II. Por enmienda, cuando se solicite variar algun nombre ú otra circunstancia; sea esencial ó accidental.

151. Cuando se intente demanda para rectificar alguna acta del estado civil, el juez ordinario, ademas de citar á los interesados que fueren conocidos, publicará aquella durante treinta dias, y admitirá á contradecirla á cualquiera que se presente.

152. En todo juicio de rectificacion serán oidos el ministerio público y el juez del registro civil.

153. El juicio de rectificacion será ordinario, y admitirá los recursos que en los juicios de mayor interes concedan las leyes. Aunque no se apele de la sentencia inferior, tendrá siempre lugar la segunda instancia.

154. La sentencia que cause ejecutoria, se comunicará al juez del estado civil; y este hará una referencia á ella al márgen del acta controvertida, sea que el fallo conceda ó niegue la rectificacion.

155. La sentencia ejecutoriada hará plena fé contra todos, aunque no hayan litigado; pero si alguno probare que estuvo absolutamente impedido para salir al juicio se le admitirá á probar contra ella; mas se tendrá como buena la sentencia anterior, y surtirá sus efectos, hasta que recaiga otra que la contradiga y cause ejecutoria.

156. En el nuevo juicio de que habla el artículo anterior, se procederá en todo como en el de rectificacion.

157. Pueden pedir la rectificacion de una acta del estado civil:

I. Las personas de cuyo estado se trate:

II. Las que se mencionan en el acta como relacionadas con el estado civil de alguno:

III. Los herederos de las personas comprendidas en las dos fracciones anteriores:

IV. Los que segun los artículos 342, 343, 344 y 345, pueden continuar ó intentar la accion de que en ellos se trata.

158. El juez competente para decidir sobre la rectificacion, es el del lugar en que está extendida el acta.

TITULO QUINTO.

DEL MATRIMONIO.

CAPITULO I.

De los requisitos necesarios para contraer matrimonio.

Art. 159. El matrimonio es la sociedad legítima de un solo hombre y una sola mujer, que se unen con vínculo indisoluble para perpetuar su especie y ayudarse á llevar el peso de la vida.

160. La ley no reconoce esponsales de futuro.

161. El matrimonio debe celebrarse ante los funcionarios que establece la ley y con todas las formalidades que ella exige.

162. Cualquiera condicion contraria á los fines esenciales del matrimonio, se tendrá por no puesta.

163. Son impedimentos para celebrar el contrato civil del matrimonio, los siguientes:

I. La falta de edad requerida por la ley:

II. La falta de consentimiento del que conforme á la ley tiene la patria potestad:

III. El error, cuando sea esencialmente sobre la persona:

IV. El parentesco de consanguinidad legítimo ó natural sin limitacion de grado en la línea recta ascendente y descendente. En la línea colateral igual el impedimento se extiende á los hermanos y medios hermanos. En la misma línea colateral desigual el impedimento se extiende solamente á los tios y sobrinas y al contrario, siempre que estén en el tercer grado y no hayan obtenido dispensa. La computacion de estos grados se hará en los términos prevenidos en el capítulo II de este título:

V. La relacion de afinidad en la línea recta sin limitacion alguna:

VI. El atentado contra la vida de alguno de los casados para casarse con el que quede libre:

VII. La fuerza ó miedo graves. En caso de rapto subsiste el impedimento entre el raptor y la robada, miéntras esta no sea restituida á lugar seguro, donde libremente manifieste su voluntad:

VIII. La locura constante é incurable:

IX. El matrimonio celebrado ántes legítimamente con persona distinta de aquella con quien se pretende contraer.

164. No pueden contraer matrimonio el hombre ántes de cumplir catorce años, y la mujer ántes de cumplir doce.

165. Los hijos de ambos sexos que no hayan cumplido veintiun años, no pueden contraer matrimonio sin el consentimiento del padre, ó en defecto de este, sin el de la madre, aun cuando esta haya pasado á segundas nupcias.

166. A falta de padres, se necesita el consentimiento del abuelo paterno: á falta de este, el del materno: á falta de ambos, el de la abuela paterna, y á falta de esta, el de la materna.

167. Faltando padres y abuelos, se necesita el consentimiento de los tutores.

168. A falta de tutores, el juez de primera instancia del lugar suplirá el consentimiento.

169. El ascendiente que ha prestado su consentimiento, puede revocarlo ántes de que se celebre el matrimonio, extendiendo acta de la revocacion ante el juez del registro civil.

170. Si falleciere ántes de la celebracion del matrimonio el ascendiente que otorgó el consentimiento, este podrá ser revocado por la persona que tendria, á falta del difunto, derecho de otorgarlo, conforme á los artículos 165 y 166.

171. Ni los tutores ni los jueces podrán revocar el consentimiento que hayan otorgado.

172. Los derechos concedidos á los ascendientes en los artículos anteriores, solo podrán ejercerse respecto de los hijos legítimos, y de los naturales legitimados ó reconocidos.

173. Cuando el disenso de los ascendientes, tutores ó jueces no parezca racional, podrá ocurrir el interesado á la primera autoridad política del lugar; la cual, con au-

diencia de aquellos, lo habilitará ó no de la edad. Sin la previa habilitacion no puede celebrarse el matrimonio.

174. El tutor no puede contraer matrimonio con la persona que ha estado ó está bajo su guarda, á no ser que obtenga dispensa. Esta no se concederá, sino cuando hayan sido aprobadas legalmente las cuentas de la tutela.

175. La prohibicion contenida en el artículo que precede, tambien comprende al curador y á los ascendientes de este y del tutor.

176. Si el matrimonio se celebra en contravencion á lo dispuesto en los dos artículos anteriores, el juez nombrará inmediatamente un tutor interino, que reciba los bienes y los administre, miéntras se obtiene la dispensa.

177. Luego que el juez de primera instancia reciba el expediente á que se refiere el artículo 127, hará que el denunciante ratifique la denuncia y recibirá de ambas partes en la forma legal cuantas pruebas estime convenientes para esclarecer la verdad. La práctica de estas diligencias no deberá demorar mas de cinco dias, á no ser que alguna prueba importante deba rendirse fuera del lugar; en cuyo caso el juez prudentemente concederá para el efecto el menor tiempo posible.

178. El fallo del juez de primera instancia, que decida sobre el impedimento, se notificará á todos los interesados, comunicándose al encargado del registro para que lo haga constar al calce de la acta de presentacion.

179. De este fallo se admite el recurso de apelacion. Si el de segunda instancia es conforme de toda conformidad con el de primera, causará ejecutoria: en caso contrario procede el recurso de súplica; y el fallo de tercera instancia causa ejecutoria.

180. Los trámites de la segunda y tercera instancia, de que habla el artículo anterior, se reducirán á una audiencia verbal de las dos partes interesadas, y al fallo, que se pronunciará dentro de tercero dia.

181. Cuando el tribunal crea necesario ampliar las pruebas rendidas ó recibir otras nuevas, podrá hacerlo en un término que no pase de veinte dias; concluidos los cuales, y con una nueva audiencia que se verificará inmediatamente despues de pasado el término probatorio, fallará en el plazo señalado en el artículo anterior.

182. Las dispensas de que trata este capítulo, serán concedidas por la autoridad política superior respectiva.

183. El matrimonio celebrado entre extranjeros fuera del territorio nacional, y que sea válido con arreglo á las leyes del país en que se celebró, surtirá todos los efectos civiles en el Distrito Federal y territorio de la Baja-California.

184. El matrimonio celebrado en el extranjero entre mexicanos ó entre mexicano y extranjera, ó entre extranjero y mexicana, tambien producirá efectos civiles en el territorio nacional, si se hace constar que se celebró con las formas y requisitos, que en el lugar de su celebracion establezcan las leyes, y que el mexicano no ha contravenido á las disposiciones de este Código relativas á impedimentos, aptitud para contraer matrimonio y consentimiento de los ascendientes.

185. En caso de urgencia, que no permita recurrir á las autoridades de la República, suplirán el consentimiento de los ascendientes y dispensarán los impedimentos que sean susceptibles de dispensa, el ministro ó cónsul residente en el lugar donde haya de celebrarse el matrimo-

nio, ó el mas inmediato si no lo hubiere en dicho lugar; prefiriendo en todo caso el ministro al cónsul.

186. En caso de peligro de muerte próxima, y no habiendo en el lugar ministro ni cónsul, el matrimonio será válido, siempre que se justifique con prueba plena que concurrieron esas dos circunstancias; y ademas que el impedimento era susceptible de dispensa y que se dió á conocer al funcionario que autorizó el contrato.

187. Si el caso previsto en el artículo anterior, ocurriere en el mar, á bordo de un buque nacional, regirá lo dispuesto en él, autorizando el acto el capitan ó patron del buque.

188. Dentro de tres meses despues de haber regresado á la República el que haya contraido en el extranjero un matrimonio con las circunstancias que especifican los artículos anteriores, se trasladará el acta de la celebracion al registro público del domicilio del consorte mexicano.

189. La falta de esta trascripcion no invalida el matrimonio; pero miéntras no se haga, el contrato no producirá efectos civiles.

CAPITULO II.

Del parentesco, sus líneas y grados.

Art. 190. La ley no reconoce mas parentescos que los de consanguidad y afinidad.

191. Consanguinidad es el parentesco entre personas que descienden de una misma raiz ó tronco.

192. Afinidad es el parentesco que se contrae por el

matrimonio consumado ó por cópula ilícita, entre el varon y los parientes de la mujer, y entre la mujer y los parientes del varon.

193. Cada generacion forma un grado, y la serie de los grados constituye lo que se llama línea de parentesco.

194. La línea es recta ó trasversal: la recta se compone de la serie de grados entre personas que descienden unas de otras: la trasversal se compone de la serie de grados entre personas que no descienden unas de otras, bien que procedan de un progenitor ó tronco comun.

195. La línea recta es descendente ó ascendente: ascendente es la que liga á cualquiera á su progenitor ó tronco de que procede: descendente es la que liga al progenitor á los que de él proceden. La misma línea es, pues, ascendente ó descendente, segun el punto de partida y la relacion á que se atiende.

196. En la línea recta los grados se cuentan por el número de generaciones, ó por el de las personas, excluyendo al progenitor.

197. En la línea trasversal los grados se cuentan por el número de generaciones, subiendo por una de las líneas y descendiendo por la otra, ó por el número de personas que hay de uno á otro de los extremos que se consideran, exceptuando la del progenitor ó tronco comun.

CAPITULO III.

De los derechos y obligaciones que nacen del matrimonio.

Art. 198. Los cónyuges están obligados á guardarse

fidelidad, á contribuir cada uno por su parte á los objetos del matrimonio y á socorrerse mutuamente.

199. La mujer debe vivir con su marido.

200. El marido debe dar alimentos á la mujer, aunque esta no haya llevado bienes al matrimonio.

201. El marido debe proteger á la mujer: esta debe obedecer á aquel; así en lo doméstico, como en la educacion de los hijos y en la administracion de los bienes.

202. La mujer que tiene bienes propios, debe dar alimentos al marido, cuando este carece de aquellos y está impedido de trabajar.

203. Lo dispuesto en el artículo anterior, se observará aun cuando el marido no administre los bienes del matrimonio.

204. La mujer está obligada á seguir á su marido, si este lo exige, donde quiera que establezca su residencia, salvo pacto en contrario celebrado en las capitulaciones matrimoniales. Aunque no haya este pacto, podrán los tribunales con conocimiento de causa, eximir á la mujer de esta obligacion cuando el marido traslade su residencia á país extranjero.

205. El marido es el administrador legítimo de todos los bienes del matrimonio; pero si fuere menor de edad, se sujetará á las restricciones establecidas en las fraciones 2ª y 3ª del artículo 692.

206. El marido es el representante legítimo de su mujer. Esta no puede sin licencia de aquel, dada por escrito, comparecer en juicio por sí ó por procurador, ni aun para la prosecucion de los pleitos comenzados ántes del matrimonio y pendientes en cualquiera instancia al contraerse este; mas la autorizacion, una vez dada, sirve pa-

ra todas las instancias, á ménos que sea especial para una sola; lo que no se presume, si no se expresa.

207. Tampoco puede la mujer, sin licencia ó poder de su marido, adquirir por título oneroso ó lucrativo; enajenar sus bienes, ni obligarse sino en los casos especificados en la ley.

208. La licencia para demandar y defenderse en juicio, puede ser tambiem general ó especial.

209. Si el marido estuviere presente y rehusare autorizar á la mujer para contraer ó litigar, el juez concederá ó negará la autorizacion dentro de quince dias, oyendo en audiencia verbal al marido.

210. Si este, citado segunda vez, no concurriere, el juez podrá conceder la autorizacion.

211. En caso de ausencia del marido, queda el arbitrio del juez conceder la licencia, si hubiere motivo para ello.

212. La mujer no necesita licencia para defenderse en juicio criminal, ni para demandar ó defenderse en los pleitos con su marido.

213. Tampoco necesita la mujer licencia del marido para disponer de sus bienes por testamento.

214. La nulidad de los actos de la mujer, fundada en la falta de licencia marital ó judicial no puede oponerse sino por ella misma, por el marido, ó por los herederos de ambos. Si el marido ha ratificado expresa ó tácitamente los hechos de su mujer, ninguno puede intentar la accion de nulidad.

215. Ninguna otra persona, ni aun los fiadores ó conjuntos del contrato, pueden alegar la nulidad á que se refiere el artículo anterior.

CAPITULO IV.

De los alimentos.

Art. 216. La obligacion de dar alimentos es recíproca. El que los da, tiene á su vez el derecho de pedirlos.

217. Los cónyuges, ademas de la obligacion general que impone el matrimonio, tienen la de darse alimentos en los casos de divorcio y otros que señala la ley.

218. Los padres están obligados á dar alimentos á sus hijos. A falta ó por imposibilidad de los padres, la obligacion recae en los demas ascendientes, por ambas líneas, que estuvieren mas próximos en grado.

219. Los hijos están obligados á dar alimentos á sus padres. A falta ó por imposibilidad de los hijos, lo están los descendientes mas próximos en grado.

220. A falta ó por imposibilidad de los ascendientes y descendientes, la obligacion recae en los hermanos de padre y madre: en defecto de estos, en los que lo fueren de madre solamente; y en defecto de ellos, en los que lo fueren solo de padre.

221. Los hermanos solo tienen obligacion de dar alimentos á sus hermanos menores, miéntras estos llegan á la edad de diez y ocho años.

222. Los alimentos comprenden la comida, el vestido, la habitacion y la asistencia en caso de enfermedad.

223. Respecto de los menores, los alimentos comprenden ademas los gastos necesarios para la educacion primaria del alimentista, y para proporcionarle algun oficio, ar

te ó profesion honestos y adecuados á su sexo y circunstancias personales.

224. El obligado á dar alimentos cumple la obligacion, asignando una pension competente al acreedor alimentario ó incorporándole en su familia.

225. Los alimentos han de ser proporcionados á la posibilidad del que debe darlos y á la necesidad del que debe recibirlos.

226. Si fueren varios los que deben dar los alimentos, y todos tuvieren posibilidad para hacerlo, el juez repartirá el importe entre ellos con proporcion á sus haberes.

227. Si solo algunos tuvieren posibilidad, entre ellos se repartirá el importe de los alimentos; y si uno solo la tuviere, él únicamente cumplirá la obligacion.

228. La obligacion de dar alimentos no comprende la de dotar á los hijos ni la de formarles establecimiento.

229. Tienen accion para pedir la aseguracion de los alimentos:

I. El acreedor alimentario:

II. El ascendiente que le tenga bajo su patria potestad:

III. El tutor:

IV. Los hermanos:

V. El ministerio público.

230. La demanda para asegurar los alimentos no es causa de desheredacion, sean cuales fueren los motivos en que se haya fundado.

231. Si la persona que á nombre del menor pide la aseguracion de alimentos, no puede ó no quiere representarle en juicio, se nombrará por el juez un tutor interino.

232. La aseguracion podrá consistir en hipoteca, fianza ó depósito de cantidad bastante á cubrir los alimentos.

233. El tutor interino dará garantía por el importe anual de los alimentos. Si administrare algun fondo destinado á ese objeto, por él dará la garantía legal.

234. Los juicios sobre aseguracion de alimentos serán sumarios y tendrán las instancias que correspondan al interes de que en ellos se trate.

235. En los casos en que el padre goce del usufructo de los bienes del hijo, el importe de los alimentos se deducirá de aquel, si alcanza á cubrirlos. En caso contrario, el exceso será de cuenta del padre.

236. Si la necesidad del alimentista proviene de mala conducta, el juez con conocimiento de causa puede disminuir la cantidad destinada á los alimentos; poniendo al culpable en caso necesario á disposicion de la autoridad competente.

237. Cesa la obligacion de dar alimentos:

I. Cuando el que la tiene carece de medios de cumplirla:

II. Cuando el alimentista deja de necesitar los alimentos.

238. El derecho de recibir alimentos no es renunciable ni puede ser objeto de transaccion.

CAPITULO V.

Del divorcio.

Art. 239. El divorcio no disuelve el vínculo del matrimonio: suspende solo alguna de las obligaciones civiles, que se expresarán en los artículos relativos de este Código.

240. Son causas legítimas de divorcio:

1ª El adulterio de uno de los cónyuges.

2ª La propuesta del marido para prostituir á su mujer, no solo cuando el mismo marido la haya hecho directamente, sino cuando se pruebe que ha recibido dinero ó cualquiera remuneracion con el objeto expreso de permitir que otro tenga relaciones ilícitas con su mujer:

3ª La incitacion ó la violencia hecha por un cónyuge al otro para cometer algun delito, aunque no sea de incontincia carnal:

4ª El conato del marido ó de la mujer para corromper á los hijos, ó la connivencia en su corrupcion:

5ª El abandono sin causa justa del domicilio conyugal, prolongado por mas de dos años:

6ª La sevicia del marido con su mujer ó de esta con aquel:

7ª La acusacion falsa hecha por un cónyuge al otro.

241. El adulterio de la mujer es siempre causa de divorcio, salva la modificacion que establece el artículo 245.

242. El adulterio del marido es causa de divorcio solamente cuando en él concurre alguna de las circunstancias siguientes:

1ª Que el adulterio haya sido cometido en la casa comun:

2ª Que haya habido concubinato entre los adúlteros, dentro ó fuera de la casa conyugal:

3ª Que haya habido escándalo ó insulto público hecho por el marido á la mujer legítima:

4ª Que la adúltera haya maltratado de palabra ó de obra, ó que por su causa se haya maltratado de alguno de esos modos á la mujer legitima.

243. Es causa de divorcio el conato del marido ó de la mujer para corromper á los hijos, ya lo sean estos de ambos, ya de uno solo de ellos. La connivencia debe consistir en actos positivos, sin que sean causa de divorcio las simples omisiones.

244. Cuando un cónyuge haya pedido el divorcio ó la nulidad del matrimonio, por causa que no haya justificado, ó que haya resultado insuficiente; así como cuando haya acusado judicialmente á su cónyuge, el demandado tiene derecho para pedir el divorcio; pero no puede hacerlo sino pasados cuatro meses de la notificacion de la última sentencia. Durante estos cuatro meses la mujer no puede ser obligada á vivir con el marido.

245. El adulterio no es causa precisa de divorcio, cuando el que intenta este es convencido de haber cometido igual delito, ó de haber inducido al adulterio al que lo cometió. El juez sin embargo puede otorgar el divorcio, si lo cree conveniente, atendidas las circunstancias del caso.

246. Cuando ambos consortes convengan en divorciarse en cuanto al lecho y habitacion, no podrán verificarlo sino ocurriendo por escrito al juez y en los términos que expresan los artículos siguientes: en caso contrario, aunque vivan separados, se tendrán como unidos para todos los efectos legales del matrimonio.

247. El divorcio por mutuo consentimiento no tiene lugar despues de veinte años de matrimonio, ni cuando la mujer tenga mas de cuarenta y cinco de edad.

248. Los cónyuges que pidan de conformidad su se-

paracion de lecho y habitacion, acompañarán á su demanda una escritura que arregle la situacion de los hijos y la administracion de los bienes durante el tiempo de la separacion.

249. Miéntras se resuelve de un modo definitivo sobre la separacion, los cónyuges vivirán y administrarán los bienes de la manera que hayan convenido; sujetándose este convenio á la aprobacion judicial.

250. La separacion no puede pedirse sino pasados dos años de la celebracion del matrimonio. Presentada la solicitud, el juez citará á los cónyuges á una junta, en que procurará restablecer entre ellos la concordia; y si no lo lograre, aprobará el arreglo provisorio con las modificaciones que crea oportunas; y no citará nueva junta hasta despues de tres meses.

251. Pasados los tres meses, solo á peticion de alguno de los cónyuges, citará el juez otra junta, en que los exhortará de nuevo á la reunion; y si esta no se lograre, dejará pasar aún otros tres meses.

252. Vencido este segundo plazo, si alguno de los cónyuges pidiere que se determine sobre la separacion, el juez decretará esta siempre que le conste que los cónyuges quieren separarse libremente.

253. Al decidir sobre la separacion, el juez aprobará el convenio de que habla el artículo 249, si por él no se violan los derechos de los hijos ó de un tercero.

254. La sentencia admite los recursos que se conceden en los juicios de mayor interes.

255. Si dentro de los ocho dias siguientes á cualquiera de los plazos señalados en los artículos 250 y 251, no

promueve ninguno de los cónyuges, dichos plazos correrán de nuevo.

256. Miéntras no cause ejecutoria la sentencia que se pronuncie sobre la separacion, solo podrán observarse los arreglos provisorios en lo que no perjudiquen los derechos de tercero.

257. La sentencia que apruebe la separacion, fijará el plazo que esta debe durar conforme al convenio de las partes, con tal que no exceda de tres años.

258. Si pasado este término, los consortes insisten en la separacion, el juez procederá como está prevenido en los artículos 248 á 257, duplicando todos los plazos fijados en ellos.

259. Lo mismo se hará si concluido el término de la segunda separacion, insisten en ella los consortes; pero en esta vez no se duplicarán ya los plazos. Lo dispuesto en este artículo se observará siempre que concluido el término de una separacion, los consortes insistan en el divorcio.

260. Los cónyuges de comun acuerdo pueden reunirse en cualquier tiempo.

261. La demencia, la enfermedad declarada contagiosa ó cualquiera otra calamidad semejante de uno de los cónyuges no autoriza el divorcio; pero el juez con conocimiento de causa, y solo á instancia de uno de los consortes, puede suspender breve y sumariamente en cualquiera de dichos casos la obligacion de cohabitar; quedando sin embargo subsistentes las demas obligaciones para con el cónyuge desgraciado.

262. El divorcio solo puede ser demandado por el cónyuge que no haya dado causa á él, y dentro de un año

despues que hayan llegado á su noticia los hechos en que se funda la demanda.

263. La reconciliacion de los cónyuges deja sin efecto ulterior la ejecutoria que declaró el divorcio. Pone tambien término al juicio, si aun se está instruyendo; pero los interesados deberán denunciar su nuevo arreglo al juez, sin que la omision de esta noticia destruya los efectos producidos por la reconciliacion.

264. La ley presume la reconciliacion cuando despues de decretada la separacion ó durante el juicio sobre ella, ha habido cohabitacion de los cónyuges.

265. El cónyuge que no ha dado causa al divorcio, puede aun despues de ejecutoriada la sentencia, prescindir de sus derechos y obligar al otro á reunirse con él; mas en este caso no puede pedir de nuevo el divorcio por los mismos hechos que motivaron el anterior, aunque sí por otros nuevos aun de la misma especie.

266. Al admitirse la demanda de divorcio, ó ántes si hubiere urgencia, se adoptarán provisionalmente, y solo miéntras dure el juicio, las disposiciones siguientes:

1ª Separar á los cónyuges en todo caso:

2ª Depositar en casa de persona decente á la mujer si se dice que esta ha dado causa al divorcio y el marido pidiere el depósito. La casa que para esto se destine, será designada por el juez. Si la causa por la que se pide el divorcio, no supone culpa en la mujer, esta no se depositará sino á solicitud suya:

3ª Poner á los hijos al cuidado de uno de los cónyuges ó de los dos, observándose lo dispuesto en los artículos 268, 269 y 270:

4ª Señalar y asegurar alimentos á la mujer y á los hijos que no queden en poder del padre:

5ª Dictar las medidas convenientes para que el marido, como administrador de los bienes del matrimonio, no cause perjuicios á la mujer:

6ª Dictar en su caso las medidas precautorias que la ley establece respecto de las mujeres que quedan en cinta.

267. En los juicios de divorcio son admisibles como testigos aun los parientes y domésticos de los cónyuges; quedando reservada al juez la calificacion de la fé que deba darse á sus dichos, segun las circunstancias.

268. Ejecutoriado el divorcio, quedarán los hijos ó se pondrán bajo la potestad del cónyuge no culpable; pero si ambos lo fuesen y no hubiere otro ascendiente en quien recaiga la patria potestad, se proveerá á los hijos de tutor conforme á los artículos 546, 547, 555 y 556 en su respectivo caso.

269. Sin embargo de lo dispuesto en los artículos anteriores, los tribunales podrán acordar, á pedimento de los abuelos, tios ó hermanos mayores, cualquiera providencia que se considere benéfica á los hijos menores.

270. El padre y la madre, aunque pierdan la patria potestad, quedan sujetos á todas las obligaciones que tienen para con sus hijos.

271. El cónyuge que diere causa al divorcio, perderá todo su poder y derechos sobre la persona y bienes de sus hijos miéntras viva el cónyuge inocente; pero los recobrará muerto este, si el divorcio se ha declarado por las causas 3ª, 5ª y 6ª, señaladas en el artículo 240.

272. En los demas casos, y no habiendo ascendiente

en quien recaiga la patria potestad, se proveerá de tutor á los hijos á la muerte del cónyuge inocente.

273. El cónyuge que diere causa al divorcio, perderá todo lo que se le hubiere dado ó prometido por su consorte ó por otra persona en consideracion á este: el cónyuge inocente conservará lo recibido, y podrá reclamar lo pactado en su provecho.

274. Ejecutoriado el divorcio, vuelven á cada consorte sus bienes propios; y la mujer queda habilitada para contraer y litigar sobre los suyos sin licencia del marido, si no es ella la que dió causa al divorcio.

275. Si la mujer no ha dado causa al divorcio, tendrá derecho á alimentos, aun cuando posea bienes propios, miéntras viva honestamente.

276. Cuando la mujer dé causa para el divorcio, conservará el marido la administracion de los bienes comunes y dará alimentos á la mujer, si la causa no fuere adulterio de esta.

277. La muerte de uno de los cónyuges, acaecida durante el pleito de divorcio, pone fin á él en todo caso; y los herederos del muerto tienen los mismos derechos y obligaciones que tendrian si no hubiera habido pleito.

278. En todo juicio de divorcio las audiencias serán secretas, y se tendrá como parte el ministerio público.

279. Ejecutoriada una sentencia sobre divorcio, el juez de primera instancia remitirá copia de ella al del estado civil, y este al márgen del acta del matrimonio pondrá nota, expresando la fecha en que se declaró el divorcio, y el tribunal que lo declaró.

CAPITULO VI.

De los matrimonios nulos é ilícitos.

Art. 280. Son causas de nulidad las siguientes:

1ª Que el matrimonio se haya celebrado, concurriendo alguno de los impedimentos mencionados en el artículo 163.

2ª Que se haya celebrado en contravencion á los artículos 124 y 125:

3ª Que no se hayan hecho las publicaciones en los términos prevenidos en los artículos 115, 116, 117, 118, y 123:

4ª Que no se hayan dispensado dichas publicaciones conforme al art. 119:

5ª Que no hayan concurrido los testigos que exigen los artículos 114 y 132:

6ª Que se haya celebrado no concurriendo los contrayentes personalmente ó por apoderado especial, conforme al artículo 132:

7ª Que haya impotencia incurable para la cópula. La impotencia debe ser anterior al matrimonio y legalmente comprobada.

281. La edad menor de catorce años en el hombre y de doce en la mujer, dejará de ser causa de nulidad:

I. Cuando haya habido hijos:

II. Cuando no habiendo habido hijos, el menor hubiere llegado á los veintiun años y ni él ni el otro cónyuge hubieren intentado la nulidad.

282. La nulidad por falta de consentimiento de los ascendientes solo puede alegarse por el ascendiente á quien tocaba prestar aquel, y dentro de treinta dias contados desde aquel en que tenga conocimiento del matrimonio.

283. Cesa esta causa de nulidad:

I. Cuando han pasado los treinta dias sin que se haya pedido la nulidad:

II. Cuando, aun durante ese término, el ascendiente ha consentido expresa ó tácitamente en el matrimonio, ya dotando á la hija, ya haciendo donacion al hijo en consideracion al matrimonio, ó recibiendo á los consortes á vivir en su casa; ó presentando á la prole como legítima al registro civil; ó practicando otros actos que á juicio del juez sean tan conducentes al efecto como los expresados.

284. El parentesco de consanguinidad ó afinidad, no dispensado, anula el matrimonio; pero si despues se obtuviese la dispensa, y ambos cónyuges, reconocida la nulidad, quisieren espontáneamente reiterar su consentimiento, lo que se hará por medio de una acta ante el juez del registro civil, quedará revalidado el matrimonio y surtirá todos sus efectos legales desde el dia en que primeramente se contrajo.

285. La accion que nace de esta causa de nulidad, puede deducirse por cualquiera de los cónyuges, y por sus ascendientes; y seguirse tambien de oficio.

286. El error respecto de la persona anula el matrimonio solo cuando entendiendo un cónyuge contraerlo con persona determinada lo ha contraido con otra.

287. La accion que nace de esta causa de nulidad, solo puede deducirse por el cónyuge engañado.

288. Si este no denuncia el error inmediatamente que

lo advierta, se tiene por ratificado el consentimiento, y queda subsistente el matrimonio, á no ser que exista otro de los impedimentos dirimentes.

289. El miedo y la violencia serán causas de nulidad si concurren las circunstancias siguientes:

1ª Que una ú otra importen peligro de perder la vida, la honra, la libertad, la salud ó una parte considerable de los bienes.

2ª Que el miedo haya sido causado ó la violencia hecha al cónyuge ó á la persona que le tenia bajo su patria potestad al celebrarse el matrimonio.

3ª Que uno ú otra haya subsistido al tiempo de celebrarse el matrimonio.

290. La accion que nace de estas causas de nulidad, solo puede deducirse por el cónyuge agraviado y dentro de sesenta dias contados desde la fecha del matrimonio.

291. El vínculo de un matrimonio anterior existente al tiempo de contraerse el segundo, anula este, aunque se contraiga de buena fé, creyéndose fundadamente qué el anterior consorte habia muerto.

292. La accion que nace de esta causa de nulidad, puede deducirse por el cónyuge del matrimonio primero, por los hijos y herederos de aquel, y por los cónyuges que contrajeron el segundo. No deduciéndola ninguna de las personas mencionadas, el juez, si tiene conocimiento de dicha causa, podrá proceder á instancia del ministerio público ó de oficio.

293. La nulidad que se funda en la falta de formalidades esenciales para la validez del matrimonio, puede alegarse por los cónyuges y por cualquiera que tenga interes en probar que no hay matrimonio. A falta de de-

nunciante, el juez puede proceder á instancia del ministerio público ó de oficio.

294. No se admitirá á los cónyuges la demanda de nulidad por falta de solemnidades, contra el acta de matrimonio celebrado ante el juez del registro civil, cuando á la existencia del acta se una la posesion de estado matrimonial.

295. La nulidad que se funda en impotencia, solo puede ser pedida por los cónyuges.

296. El matrimonio, una vez contraido, tiene á su favor la presuncion de ser válido: solo se considerará nulo, cuando así lo declare una sentencia que cause ejecutoria.

297. Acerca de la nulidad no hay lugar á transaccion entre los cónyuges, ni á compromiso en árbitros.

298. El ministerio público será oido en este juicio.

299. Si en él hubiere incidencia criminal, el juez mismo que conoció de la nulidad, formará la causa correspondiente é impondrá la pena.

300. El derecho para demandar la nulidad del matrimonio, no corresponde sino á aquellos á quienes la ley lo concede expresamente; y no es trasmisible por herencia ni de cualquiera otra manera. Sin embargo, los herederos podrán continuar la demanda de nulidad entablada por aquel á quien heredan.

301. Ejecutoriada la sentencia que declare la nulidad, el tribunal de oficio enviará copia autorizada de ella al juez del registro civil, ante quien pasó el matrimonio, para que al márgen de la acta respectiva ponga nota circunstanciada en que conste: el contenido de la sentencia, su fecha, el tribunal que la pronunció y el número con

que se marque la copia, que será depositada en el archivo.

302. El matrimonio contraido de buena fé, aunque sea declarado nulo, produce todos sus efectos civiles en favor de los cónyuges, miéntras dura; y en todo tiempo en favor de los hijos nacidos ántes de su celebracion, durante él, y trescientos dias despues de la declaracion de nulidad.

303. Si ha habído buena fé de parte de uno solo de los cónyuges, el matrimonio produce efectos civiles únicamente respecto de él y de los hijos.

304. La buena fé en estos casos se presume: para destruir esta presuncion, se requiere prueba plena.

305. Si la demanda de nulidad fuere instaurada por uno de los cónyuges, se dictarán desde luego las medidas provisionales que establece el artículo 266.

306. Luego que la sentencia sobre nulidad cause ejecutoria, los hijos varones, mayores de tres años, quedarán al cuidado del padre y las hijas al cuidado de la madre, si de parte de ambos cónyuges hubiere habido buena fé.

307. Si solo uno de los cónyuges ha procedido de buena fé, quedarán todos los hijos bajo su cuidado.

308. Los hijos é hijas menores de tres años se mantendrán en todo caso, hasta que cumplan esta edad, al cuidado de la madre.

309. El marido dará cuenta de la administracion de los bienes, en los términos convenidos en las capitulaciones matrimoniales; y faltando estas, conforme á las prescripciones establecidas en este Código para el caso de disolucion de la sociedad legal.

310. Si al declararse la nulidad, la mujer está en cinta, se dictarán las precauciones á que se refiere la fraccion VI del artículo 266, si no se han dictado al tiempo de instaurarse la accion de nulidad.

311. La mujer no puede contraer segundo matrimonio, sino hasta pasados trescientos dias despues de la disolucion del primero. En los casos de nulidad puede contarse este tiempo desde que se interrumpió la cohabitacion.

312. Es ilícito, pero no nulo, el matrimonio:

I. Cuando se ha contraido pendiente la decision de un impedimento que sea susceptible de dispensa:

II. Cuando no ha precedido á su celebracion el consentimiento del tutor ó del juez en su caso:

III. Cuando no se ha otorgado la previa dispensa que requieren los artículos 174, 175 y 176:

IV. Cuando no ha trascurrido el tiempo señalado en el artículo 311 á la mujer para contraer nuevo matrimonio.

313. Los que infrinjan el artículo anterior, serán castigados con multa de cincuenta á quinientos pesos ó prision de uno á veinte meses.

TITULO VI.

DE LA PATERNIDAD Y FILIACION.

CAPITULO I.

De los hijos legítimos.

Art. 314. Se presumen por derecho legítimos:

I. Los hijos nacidos despues de ciento ochenta dias, contados desde la celebracion del matrimonio:

II. Los hijos nacidos dentro de los trescientos dias siguientes á la disolucion del matrimonio, ya provenga esta de nulidad del contrato, ya de muerte del marido.

315. Contra esta presuncion no se admite otra prueba, que la de haber sido físicamente imposible al marido tener acceso con su mujer en los primeros ciento veinte dias de los trescientos que han precedido al nacimiento.

316. El marido no podrá desconocer á los hijos, alegando adulterio de la madre, aunque esta declare contra la legitimidad; á no ser que el nacimiento se le haya ocultado, ó haya acaecido durante una ausencia de mas de diez meses.

317. El marido podrá desconocer al hijo nacido despues de trescientos dias contados desde que judicialmente y de hecho tuvo lugar la separacion definitiva por divorcio, ó la provisional prescrita para los casos de divorcio y nulidad; pero la mujer, el hijo ó el tutor de este pueden sostener en estos casos la legitimidad.

318. El marido no podrá desconocer la legitimidad de un hijo nacido dentro de los ciento ochenta dias siguientes á la celebracion del matrimonio:

I. Si se probase que supo ántes de casarse, el embarazo de su futura consorte: para esto se requiere un principio de prueba por escrito:

II. Si asistió al acta del nacimiento; y si esta fué firmada por él ó contiene su declaracion de no saber firmar:

III. Si ha reconocido expresamente por suyo al hijo de su mujer:

IV. Si el hijo no nació capaz de vivir.

319. Las cuestiones relativas á la filiacion y legitimidad del hijo nacido despues de trescientos dias de la disolucion del matrimonio, podrán promoverse en cualquier tiempo por la persona á quien perjudique la filiacion ó la legitimidad del hijo.

320. En todos los casos en que el marido tenga derecho de contradecir la legitimidad del hijo, deberá deducir su accion dentro de sesenta dias contados desde el del nacimiento, si estaba presente: desde el dia en que llegue al lugar, si estaba ausente; y desde el dia en que descubra el fraude, si se le ocultó el nacimiento.

321. Si el marido está en tutela por causa de demencia, imbecilidad ú otro motivo que le prive de inteligencia, este derecho puede ser ejercido por su tutor. Si este no lo ejerciere, podrá hacerlo el marido despues de haber salido de la tutela; pero siempre en el plazo ántes designado, que se contará desde el dia en que legalmente se declare haber cesado el impedimento.

322. Cuando el marido, teniendo ó no tutor, ha muerto sin recobrar la razon, los herederos pueden contradecir la legitimidad en los casos en que podria hacerlo el padre.

323. Los herederos del marido, excepto en el caso del artículo anterior, no podrán contradecir la legitimidad de un hijo nacido dentro de los ciento ochenta dias de la celebracion del matrimonio, cuando él no haya comenzado esta demanda. En los demas casos, si el marido ha muerto sin hacer la reclamacion dentro del término hábil para hacerla, los herederos tendrán para proponer la demanda, sesenta dias desde aquel en que el hijo haya sido puesto en posesion de los bienes del marido, ó desde que

los herederos se vean turbados en él en la posesion de la herencia.

324. Si la viuda contrajere segundas nupcias dentro del período prohibido por el artículo 311, la filiacion del hijo que naciere, celebrado el segundo matrimonio, se establecerá conforme á las reglas siguientes:

1ª Se presume que el hijo es del primer marido, si nace dentro de los ciento ochenta dias inmediatos á la muerte de este. El que niegue la legitimidad en este caso, deberá probar plenamente la imposibilidad física de que el hijo sea del primer marido.

2ª Se presume que es hijo del segundo marido, si nació despues de doscientos diez dias, contados desde la celebracion del matrimonio.

325. El desconocimiento de un hijo de parte del marido ó de sus herederos, se hará por demanda en forma ante el juez competente. Todo acto de desconocimiento, practicado de otra manera, es nulo.

326. En el juicio de contradiccion de la legitimidad serán oidos la madre y el hijo, á quien si fuere menor, se proveerá de un tutor interino.

327. Para los efectos legales solo se reputa nacido el feto que, desprendido enteramente del seno materno, nace con figura humana y vive veinticuatro horas naturales. Si dentro de este período de tiempo fuere presentado vivo al registro civil, se tendrá como nacido.

328. Faltando alguna de estas circunstancias, nunca y por nadie podrá entablarse demanda de legitimidad.

329. No puede haber sobre la filiacion legítima ni transaccion ni compromiso en árbitros.

330. Esta prohibicion no quita á los padres la facultad

de reconocer á sus hijos; ni á los hijos mayores la de consentir en el reconocimiento.

331. Puede haber transaccion ó arbitramento sobre los derechos pecuniarios, que de la filiacion, legalmente declarada, pudieran deducirse; sin que las concesiones que se hagan al que se dice hijo, importen la adquisicion de estado de hijo legítimo.

CAPITULO II.

De las pruebas de la filiacion de los hijos legítimos.

Art. 332. La filiacion de los hijos legítimos se prueba por la partida de nacimiento; y en su defecto por la posesion constante del estado de hijo legítimo; pero si se cuestiona la validez del matrimonio de los padres, debe presentarse el acta de matrimonio, sin perjuicio de lo prevenido en el artículo 334.

333. Si se afirma que el hijo nació despues de trescientos dias de disuelto el matrimonio, la parte que afirma debe probar.

334. Si hubiere hijos nacidos de dos personas que han vivido públicamente como marido y mujer, y ambos hubieren fallecido, ó por ausencia ó enfermedad les fuere imposible manifestar el lugar en que se casaron, no puede disputarse á los hijos su legitimidad por solo la falta de presentacion del acta de matrimonio, siempre que se pruebe esta legitimidad por la posesion de estado de hijos legítimos, á la cual no contradiga el acta de matrimonio.

335. Si un individuo ha sido reconocido constantemen-

te como hijo legítimo de otro por la familia de este y en la sociedad, quedará probada la posesion de estado de hijo legítimo, si ademas concurre alguna de las circunstancias siguientes:

1ª Que el hijo haya usado constantemente el apellido del que pretende ser su padre, con anuencia de este:

2ª Que el padre le haya tratado como á su hijo legítimo, proveyendo á su subsistencia, educacion y establecimiento.

336. Estando conforme el acta de nacimiento con la posesion actual de estado de hijo legítimo, no se admite accion en contra, á no ser que el matrimonio sea declarado nulo por mala fé de ambos cónyuges.

337. Cuando el hijo no está en posesion de la filiacion legítima, y la pretende, debe acreditar:

I. El matrimonio de la madre con la persona de quien pretende ser hijo legítimo:

II. El nacimiento durante el tiempo del matrimonio ó dentro de los trescientos dias siguientes á su disolucion:

III. La identidad personal con el hijo nacido del matrimonio de que se trata.

338. A falta de los medios de justificacion expresados en los artículos precedentes, ó si en el acta de nacimiento hay alguna falsedad ú omision en cuanto á los nombres de los padres, puede acreditarse la filiacion por los medios ordinarios de prueba que el derecho establece.

339. La prueba contraria puede hacerse por los medios establecidos en los artículos anteriores.

340. Las acciones civiles que se intenten contra el hijo por los bienes que haya adquirido durante su estado de

hijo legítimo, aunque despues resulte no serlo, se sujetarán á las reglas comunes para la prescripcion.

341. La accion que compete al hijo para reclamar su estado, es imprescriptible para él y sus descendientes legítimos.

342. Los demas herederos del hijo podrán intentar la accion de que trata el artículo anterior:

I. Si el hijo ha muerto ántes de cumplir veinticinco años.

II. Si el hijo cayó en demencia ántes de cumplir los veinticinco años y murió despues en el mismo estado.

343. Los herederos podrán continuar la accion intentada por el hijo, á no ser que este hubiere desistido formalmente de ella, ó nada hubiere promovido judicialmente durante un año contado desde la última diligencia.

344. Tambien podrán contestar toda demanda que tenga por objeto disputarle la condicion de hijo legítimo.

345. Los acreedores, legatarios y donatarios tendrán los mismos derechos que á los herederos conceden los artículos 342, 343 y 344, si el hijo no dejó bienes suficientes para pagarles.

346. Las acciones de que hablan los artículos 342, 343, 344 y 345, prescriben á los cuatro años contados desde el fallecimiento del hijo.

347. Siempre que la presuncion de legitimidad del hijo fuere impugnada en juicio, durante su menor edad, el juez nombrará un tutor interino que le defienda. En dicho juicio será oida la madre.

348. La posesion de la filiacion legítima no puede perderse sino por sentencia ejecutoriada en juicio ordinario, que admitirá los recursos que den las leyes en los juicios de mayor interes.

349. La posesion de la filiacion legítima no puede adquirirse por el que no la tiene, sino con arreglo á las prescripciones de los artículos 337 y 338, ó por sentencia ejecutoriada en los términos que expresa el artículo que precede.

350. Si el que está en posesion de los derechos de padre ó hijo legítimo, fuere despojado de ellos ó perturbado en su ejercicio, sin que preceda sentencia por la que deba perderlos, podrá usar de las acciones que establecen las leyes, para que se le ampare ó restituya en la posesion.

351. La prueba de filiacion no basta por sí sola para justificar la legitimidad: esta se rige ademas por las reglas sobre validez de los matrimonios, y las establecidas en el capítulo I de este título.

CAPITULO III.

De la legitimacion.

352. Solo pueden ser legitimados los hijos naturales.

353. El único medio de legitimacion es el subsiguiente matrimonio de los padres; y este produce sus efectos, aunque entre él y el nacimiento de los hijos haya habido otro matrimonio.

354. El subsiguiente matrimonio legitima á los hijos, aunque sea declarado nulo, si uno de los cónyugues por lo ménos tuvo buena fé al tiempo de celebrarlo.

355. Son hijos naturales los concebidos fuera de matrimonio, en tiempo en que el padre y la madre podian casarse, aunque fuera con dispensa.

356. Para legitimar á un hijo natural los padres deben reconocerle expresamente ántes de la celebracion del matrimonio. ó en el acto mismo de celebrarlo, ó durante él; haciendo en todo caso el reconocimiento ambos padres, junta ó separadamente.

357. Si el hijo fué reconocido por el padre ántes del matrimonio, y en su acta de nacimiento consta el nombre de la madre, no se necesita el reconocimiento expreso de esta, para que la legitimacion surta sus efectos legales por el subsiguiente matrimonio.

358. Tampoco se necesita el reconocimiento del padre, si se expresó el nombre de este en el acta de nacimiento.

359. Los hijos legitimados tienen los mismos derechos que los legítimos; y los adquieren desde el dia en que se celebró el matrimonio de sus padres, aunque el reconocimiento sea posterior.

360. Pueden ser legitimados los hijos que, al tiempo de celebrarse el matrimonio, hayan fallecido, dejando descendientes.

361. Pueden serlo tambien los hijos no nacidos, si el padre al casarse declara: que reconoce al hijo de quien la mujer está en cinta; ó que le reconoce, si aquella estuviere en cinta.

362. La legitimacion de un hijo aprovecha á sus descendientes.

CAPITULO IV.

Del reconocimiento de los hijos naturales.

Art. 363. Solo el que tenga un año mas de la edad requerida para contraer matrimonio, puede reconocer á sus hijos naturales.

364. Los padres de un hijo natural pueden reconocerle de comun acuerdo.

365. Para el reconocimiento por uno solo de los pa-

dres, bastará que el que reconoce, haya sido libre para contraer matrimonio en cualquiera de los primeros ciento veinte dias que precedieron al nacimiento. La ley presume para este caso que el hijo es natural.

366. El reconocimiento no produce efectos legales sino respecto del que lo hace.

367. El reconocimiento de un hijo natural solo producirá efectos legales, si se hiciere de alguno de los modos siguientes:

I. En la partida de nacimiento, ante el juez del registro civil:

II. Por acta especial ante el mismo juez:

III. Por escritura pública:

IV. En testamento:

V. Por confesion judicial directa y expresa.

368. Cuando el padre ó la madre reconozcan separadamente á un hijo, no podrán revelar en el acto del reconocimiento el nombre de la persona con quien fué habido ni exponer ninguna circunstancia por donde aquella pueda ser conocida. Las palabras que contengan la revelacion, se testarán de oficio.

369. El juez del registro civil, el ordinario en su caso y el notario que consientan en la violacion del artículo que precede, sufrirán las penas señaladas en el artículo 64.

370. Se prohibe absolutamente la investigacion de la paternidad de los hijos nacidos fuera del matrimonio. La prohibicion es absoluta, tanto en favor como en contra del hijo.

371. Este, sin embargo, puede reclamar la paternidad

únicamente en el caso de hallarse en posesion de su estado civil, conforme á lo dispuesto en el artículo 335.

372. Solamente el hijo tiene derecho de investigar la maternidad, para obtener el reconocimiento de la madre; y únicamente podrá hacerlo, concurriendo las dos circunstancias siguientes:

1ª Que tenga en su favor la posesion de estado de hijo natural de aquella:

2ª Que la persona cuya maternidad se reclame, no esté ligada con vínculo conyugal al tiempo en que se pida el reconocimiento.

373. La posesion de estado, para los efectos del artículo anterior, se justifica probando el hijo por los medios ordinarios, que la pretendida madre cuidó de su lactancia y educacion y que le reconoció y trató como á hijo.

374. La obligacion contraida de dar alimentos no constituye por sí sola prueba ni aun presuncion de paternidad ó maternidad. Tampoco puede alegarse como razon para investigar estas.

375. Todo reconocimiento puede ser contradicho por un tercero interesado, despues de muerto el que lo hizo.

376. Si la madre contradice el reconocimiento que un hombre haya hecho ó pretenda hacer, de un hijo que ella reconoce por suyo, bastará su sola contradicion para invalidar aquel reconocimiento, con tal de que el hijo consienta en reconocerla por madre. En este caso no conservará el hijo ninguno de los derechos que le haya dado el referido conocimiento.

377. El hijo mayor de edad no puede ser reconocido sin su consentimiento, ni el menor sin el de su tutor, si lo

tiene, ó de uno que el juez le nombrará especialmente para el caso.

378. Puede reconocerse al hijo que aun no ha nacido; y al que ha muerto, si ha dejado descendientes.

379. Si el hijo reconocido es menor, puede reclamar contra el reconocimiento cuando llegue á la mayor edad.

380. El término para deducir esta accion, será el de cuatro años, que comenzarán á correr desde que el hijo sea mayor, si ántes de serlo, tuvo noticia del reconocimiento; y si entónces no la tenia, desde la fecha en que la adquirió.

381. El reconocimiento no es revocable por el que lo hizo; y si se ha hecho en testamento, aunque este se revoque, no se tiene por revocado aquel.

382. El menor de edad puede revocar el reconocimiento que haya hecho, si prueba que sufrió engaño al hacerlo; y puede intentar la revocacion hasta cuatro años despues de la mayor edad.

383. El hijo reconocido por el padre, por la madre, ó por ambos, tiene derecho:

I. A llevar el apellido del que le reconoce:

II. A ser alimentado por este:

III. A percibir la porcion hereditaria que le señala la ley.

384. Siempre que en virtud de sentencia ejecutoriada resultare que el hijo reconocido procede de union adulterina ó de incestuosa no dispensable, el hijo no tendrá mas derechos que los que la ley concede á los espúrios.

385. En los casos de rapto ó violacion, cuando la época del delito coincida con la concepcion, podrán los tri-

bunales, á instancia de las partes interesadas, declarar la paternidad.

386. Las acciones de investigacion de paternidad ó maternidad solo pueden intentarse en vida de los padres.

387. Si los padres hubieren fallecido durante la menor edad de los hijos, tienen estos derecho de intentar la accion ántes de que se cumplan cuatro años de su emancipacion ó de su mayor edad.

TITULO VII.

De la menor edad.

Art. 388. Las personas de ambos sexos que no hayan cumplido veintiun años, son menores de edad.

TITULO VIII.

DE LA PATRIA POTESTAD.

CAPITULO I.

De los efectos de la patria potestad respecto de las personas de los hijos.

Art. 389. Los hijos, cualesquiera que sean su estado, edad y condicion, deben honrar y respetar á sus padres y demas ascendientes.

390. Los hijos menores de edad, no emancipados, están bajo la patria potestad, miéntras existe alguno de los ascendientes á quienes corresponde aquella segun la ley.

391. La patria potestad se ejerce sobre la persona y los bienes de los hijos legítimos y de los naturales legitimados ó reconocidos.

392. La patria potestad se ejerce:

I. Por el padre:

II. Por la madre:

III. Por el abuelo paterno:

IV. Por el abuelo materno:

V. Por la abuela paterna:

VI. Por la abuela materna.

393. Solo por muerte, interdiccion ó ausencia del llamado preferentemente, entrará al ejercicio de la patria potestad el que le siga en el órden establecido en el artículo anterior. Esto mismo se observará en caso de renuncia hecha conforme á lo dispuesto en el artículo 424.

394. Miéntras estuviere el hijo en la patria potestad, no podrá dejar la casa del que la ejerce, sin permiso de este ó decreto de la autoridad pública competente.

395. Al que tiene al hijo bajo su patria potestad, incumbe la obligacion de educarle convenientemente.

396. El padre tiene la facultad de corregir y castigar á sus hijos templada y mesuradamente.

397. Las autoridades auxiliarán á los padres en el ejercicio de esta facultad de una manera prudente y moderada, cuando sean requeridas para ello.

398. En defecto del padre, el ascendiente á quien corresponda la patria potestad, ejercerá la facultad á que se refiere el artículo 396.

399. El que está sujeto á patria potestad, no puede comparecer en juicio, ni contraer obligacion alguna, sin expreso consentimiento del que ejerce aquel derecho.

CAPITULO II.

De los efectos de la patria potestad respecto de los bienes del hijo.

Art. 400. El que ejerce la patria potestad, es legítimo representante de los que están bajo de ella, y administrador legal de los bienes que le pertenecen, conforme á las prescripciones de este Código.

401. Los bienes del hijo, miéntras está bajo la patria potestad, se dividen en cinco clases:

1ª Bienes que proceden de donacion del padre:

2ª Bienes que proceden de donacion de la madre, ó de los abuelos, aun cuando aquella ó alguno de estos esté ejerciendo la patria potestad:

3ª Bienes que proceden de donacion de los parientes colaterales ó de personas extrañas, aunque estos y los de la segunda clase se hayan donado en consideracion al padre:

4ª Bienes debidos á don de la fortuna.

5ª Bienes que el hijo adquiere por un trabajo honesto, sea cual fuere.

402. En la primera clase la propiedad pertenece al hijo y la administracion al padre. Este podrá conceder á

aquel la administracion, y señalarle en los frutos la porcion que estime conveniente. Si el padre no hace esta designacion, tendrá el hijo la mitad de los frutos.

403. En la segunda, tercera y cuarta clases la propiedad de los bienes y la mitad del usufructo son siempre del hijo; la administracion y la otra mitad del usufructo del padre. Este podrá sin embargo ceder al hijo la administracion ó la mitad del usufructo que le corresponde, ó una y otra.

404. Los bienes de la quinta clase pertenecen en propiedad, administracion y usufructo al hijo.

405. El importe de los bienes de la primera y segunda clase deberá traerse á colacion en la division de bienes del respectivo donante.

406. Los réditos y rentas que se hayan vencido, ántes, de que el padre entre en possesion de los bienes cuya propiedad, conforme á los artículos anteriores, pertenece al hijo, forman parte del capital de este y no son frutos que debe gozar el padre.

407. Cuando el hijo tenga la administracion de los bienes por la ley ó por la voluntad del padre, se le considerará respecto de la administracion como emancipado, con las restricciones que establece el artículo 692.

408. El usufructo de los bienes concedidos al padre lleva consigo las obligaciones que expresa el capítulo 4º del título 5º de este libro, y ademas las impuestas á los usufructuarios, con excepion de la de afianzar.

409. El padre no puede enajenar ni gravar de ningun modo los bienes inmuebles en que conforme á los artículos 402 y 403 le corresponden el usufructo y la administracion ó esta sola, sino por causa de absoluta necesidad

ó evidente utilidad, y prévia la autorizacion del juez competente.

410. El derecho de usufructo, concedido al padre, se extingue:

1º Por la emancipacion ó mayor edad de los hijos:

2º Cuando la madre pasa á segundas nupcias:

3º Por renuncia.

411. La renuncia del usufructo, hecha á favor del hijo, será considerada como donacion.

412. Los padres no tienen obligacion de dar cuenta de su gerencia mas que respecto de los bienes de que fueren meros administradores.

413. Los padres deben entregar á sus hijos luego que estos se emancipen ó lleguen á la mayor edad, todos los bienes y frutos que les pertenezcan.

414. En todos los casos en que el padre tenga un interes opuesto al de sus hijos menores, serán estos representados en juicio y fuera de él, por un tutor nombrado por el juez para cada caso.

CAPITULO III.

De los modos de acabarse y suspenderse la patria potestad.

Art. 415. La patria potestad se acaba:

1º Por la muerte del que la ejerce, si no hay otra persona en quien recaiga:

2º Por la emancipacion:

3º Por la mayor edad del hijo.

416. La patria potestad se pierde:

1º Cuando el que la ejerce es condenado á alguna pena que importe la pérdida de este derecho:

2º En los casos señalados por los artículos 268 y 271.

417. Los tribunales pueden privar de la patria potestad al que la ejerce, ó modificar su ejercicio, si trata á los que están en ella, con excesiva severidad, no los educa, ó les impone preceptos inmorales, ó les da ejemplos ó consejos corruptores.

418. La patria potestad se suspende:

1º Por incapacidad, declarada judicialmente en los casos 2º y 3º del artículo 431.

2º En el caso 1º del artículo 432 en cuanto á la administracion de los bienes.

3º Por la ausencia declarada en forma.

4º Por sentencia condenatoria que imponga como pena esta suspension.

419. Los padres conservan su derecho al usufructo de los bienes del hijo menor, si por demencia han quedado suspensos del ejercicio de la patria potestad.

420. El padre podrá nombrar en su testamento, á la madre y á las abuelas en su caso, uno ó mas consultores, cuyo dictámen hayan de oir para los actos que aquel determine expresamente.

421. No gozará de esta facultad el padre, que al tiempo de morir, no se hallare en ejercicio de la patria potestad, aunque el nombramiento se haya hecho en testamento anterior á la pérdida ó suspension de aquel derecho.

422. Cuando la suspension se funde en ausencia ó locura, valdrá el nombramiento, si se hizo en testamento anterior á la declaracion de ausencia, ó á la enajenacion mental.

423. La madre ó abuela que dejare de oir el dictámen del consultor ó consultores, podrá ser privada, en juicio contradictorio, con audiencia del ministerio público, de

toda su autoridad y derechos sobre sus hijos ó nietos, á instancia de aquellos; pero el acto ejercido no se anulará por este solo motivo.

424. La madre, abuelos y abuelas pueden siempre renunciar su derecho á la patria potestad ó al ejercicio de esta; la cual en ambos casos recaerá en el ascendiente á quien corresponda segun la ley. Si no lo hay, se proveerá de tutor al menor conforme á derecho.

425. El ascendiente que renuncia la patria potestad, no puede recobrarla.

426. La madre ó abuela viuda, que da á luz un hijo ilegítimo, pierde los derechos que le concede el artículo 392.

427. La madre ó abuela que pasa á segundas nupcias, pierde la patria potestad. Si no hubiere persona en quien recaiga, se proveerá á la tutela conforme á la ley.

428. La tutela en ningun caso podrá recaer en el segundo marido.

429. La madre ó abuela que volviese á enviudar, recobrará los derechos perdidos por haber contraido segundas nupcias, salvo lo dispuesto respecto de bienes sujetos á reserva.

TITULO IX.

DE LA TUTELA.

CAPITULO PRIMERO.

Disposiciones generales.

Art. 430. El objeto de la tutela es la guarda de la persona y bienes de los que no estando sujetos á la patria potestad, tienen incapacidad natural y legal, ó solo la segunda, para gobernarse por sí mismos.

431. Tienen incapacidad natural y legal:

I. Los menores de edad no emancipados:

II. Los mayores de edad privados de inteligencia por locura, idiotismo ó imbecilidad, aun cuando tengan intervalos lúcidos:

III. Los sordo-mudos que no saben leer ni escribir.

432. Tienen incapacidad legal:

I. Los pródigos declarados conforme á las leyes:

II. Los menores de edad legalmente emancipados, para los negocios judiciales.

433. La tutela se desempeña por el tutor, con intervencion del curador, en los términos establecidos por la ley.

434. Ningun incapaz puede tener á un mismo tiempo mas de un tutor y un curador.

435. Un tutor y un curador pueden desempeñar la tutela de varios incapaces.

436. Los cargos de tutor y curador no pueden ser desempeñados por una misma persona.

437. Tampoco pueden desempeñarse por personas que tengan entre sí parentesco en cualquier grado en línea recta ó dentro del cuarto en la colateral.

438. La tutela es un cargo personal, de que ninguno puede eximirse sino por causa legítima.

439. Cuando los herederos sean menores ó incapaces, ó se hallen ausentes, el ejecutor testamentario, y en caso de intestado los parientes y las personas con quienes haya vivido el difunto, están obligados á dar parte del falleci-

miento dentro de ocho dias al juez del lugar, bajo la pena de veinticinco á cien pesos de multa.

440. El juez del domicilo del incapaz es el competente para conocer en todos los negocios relativos á tutela, excepto en los casos en que la ley prevenga expresamente lo contrario.

441. El juez de primera instancia del domicilio del incapaz, y si no lo hubiere, el juez menor, proveerá provisionalmente al cuidado de la persona y bienes hasta que se nombre el tutor.

442. Si al deferirse la tutela, se encuentra el incapaz fuera de su domicilio, el juez de primera instancia, y en su falta el juez menor del pueblo en que se hallare, hará inventariar y depositar los bienes muebles que el incapaz tenga en su poder, y lo avisará inmediatamente al juez del domicilio, remitiéndole un testimonio de estas diligencias.

443. Esta misma obligacion tiene en el caso de quedar vacante la tutela por cualquiera causa.

444. De las resoluciones que se dictaren conforme á los artículos 441, 442 y 443, no se admitirá apelacion mas que en el efecto devolutivo.

445. El ministerio público será oido siempre que el juez deba interponer su autoridad en los negocios relativos á tutela, sean de la clase que fueren; en los de los menores emancipados y en los juicios de interdiccion.

446. El juez que no cumpla con las prescripciones de este Código, relativas á tutela, ademas de las penas en que incurra conforme á las leyes, será responsable de los perjuicios que sufran los incapaces.

447. Los cargos de tutor y curador se defieren:

I. En testamento:

II. Por la ley:

III. Por eleccion del mismo incapaz, confirmada por el juez:

IV. Por nombramiento exclusivo del juez.

448. Estos cargos se disciernen en la forma prevenida en el Código de procedimientos.

CAPITULO II.

De la declaracion de estado.

Art. 449. Ninguna tutela puede deferirse sin que previamente se declare en juico el estado de la persona que va á quedar sujeta á ella.

450. En todo juicio sobre incapacidad será oido un tutor interino, que el juez nombrará luego que se instaure la demanda de interdiccion.

451. Del auto en que se haga ese nombramiento, no se admitirá apelacion mas que en el efecto devolutivo.

452. Dicho nombramiento no puede recaer en la persona que haya pedido la interdiccion.

453. La declaracion de estado de minoridad puede pedirse:

I. Por el mismo menor, si ha cumplido catorce años:

II. Por su cónyuge:

III. Por sus presuntos herederos legítimos:

IV. Por el ejecutor testamentario:

V. Por el ministerio público.

454. La menor edad se prueba por la certificacion res-

pectiva del registro: en falta de esta y de otro documento auténtico, por la confesion del mismo menor, si por su aspecto lo pareciere; y solo en falta de una y otra, por informacion de testigos.

455. La declaracion de estado de los menores emancipados se hará en vista de las certificaciones respectivas del registro y acta de emancipacion.

456. La interdiccion del demente puede pedirse:

I. Por el cónyuge:

II. Por los presuntos herederos legítimos:

III. Por el ejecutor testamentario.

457. El ministerio público debe pedir la interdiccion, si no la piden las personas á quienes la ley autoriza para hacerlo.

458. El estado de demencia puede probarse por testigos ó documentos; pero en todo caso se requiere la certificacion de dos médicos, que nombrará el juez, y que en su presencia, en la del tutor interino y en la del funcionario que desempeñe el ministerio público, reconocerán al incapaz.

459. El juez dirigirá al demente y á los médicos cuantas preguntas estime convenientes, haciendo constar literalmente estas y las respuestas en una acta.

460. El curador podrá rendir pruebas en contrario.

461. El juez durante el tiempo que dure la interdiccion, puede repetir el reconocimiento del demente, bien á peticion de los que tienen derecho de pedir aquella, bien de oficio cuando lo crea conveniente; pero siempre con asistencia del que pidió la interdiccion, del tutor y del ministerio público.

462. El tutor de un demente está obligado á presen-

tar en el mes de Enero de cada año, al juez del domicilio, un certificado en que dos facultativos declaren el estado del demente; á quien para el efecto reconocerán en presencia del curador.

463. Las rentas y, si fuere necesario, aun los bienes del demente se aplicarán de preferencia á su curacion.

464. Para seguridad, alivio y mejoría del demente, el tutor adoptará las medidas que juzgue oportunas, previa la autorizacion judicial, que se otorgará con audiencia del curador.

465. Las medidas que fueren muy urgentes, podrán ser ejecutadas por el tutor; quien dará cuenta inmediatamente al juez, para obtener la debida aprobacion.

466. En la sententencia sobre incapacidad intelectual, podrá el juez, segun las circunstancias, declarar la interdiccion absoluta del demente, ó prohibirle solo ciertos actos, como litigar, tomar prestado, dar ó recibir capitales á interes, donar, ceder derechos, transigir, enajenar ú otros, que deberán ser especificados en el mismo fallo.

467. En esta se ha de expresar tambien para qué actos de los exceptuados bastará la autorizacion del tutor; y para cuáles se ha de adquirir la aprobacion judicial.

468. La interdiccion de los idiotas, imbéciles y sordo-mudos puede ser pedida por las personas designadas en los artículos 456 y 457.

469. Todas las disposiciones establecidas para el juicio de interdiccion de los dementes, regirán para los de los idiotas, imbéciles y sordo-mudos.

470. El menor de edad, no emancipado, que fuere demente, idiota, imbécil ó sordo-mudo, estará sujeto á la tutela de menores, miéntras no llegue á la mayor edad.

471. Si al cumplirse esta, continuare el impedimento, el incapaz se sujetará á la nueva tutela, previo juicio de interdiccion formal, en el que serán oidos el tutor y curador anteriores.

CAPITULO III.

De la interdiccion de los pródigos.

Art. 472. Quedan sujetos á tutela los mayores de edad y los menores emancipados, qué por habitual prodigalidad sean incapaces de administrar sus bienes, y fueren casados ó tuvieren herederos forzosos.

473. La prodigalidad consiste en la profusion y desperdicio de la hacienda propia, gastando de modo que se consuma mas de lo que importen las rentas ó utilidades de los bienes en cosas vanas é inútiles.

474. No se considera prodigalidad del empleo de los bienes en cualesquiera empresas industriales, mercantiles ó agrícolas, aunque el mal éxito de ellas se deba á falta de conocimientos ó experiencia del dueño.

475. Se considera prodigalidad la disipacion de los bienes en el juego, la embriaguez y la prostitucion.

476. La calificacion de otras causas de prodigalidad queda cometida á la prudencia del juez.

477. Pueden pedir la interdiccion del pródigo su cónyuge y sus herederos forzosos.

478. Si el que tiene derecho de pedir la interdiccion,

es menor ó está incapacitado, la pedirá el ministerio público.

479. La prodigalidad se prueba por los medios ordinarios. La confesion no servirá nunca de prueba.

480. En los juicios de interdiccion por prodigalidad, ademas del tutor interino, será oido tambien el interesado.

481. Lo dispuesto en los artículos 466 y 467, se observará tambien en estos juicios.

482. La tutela del pródigo puede cesar á los tres años, si él lo pide, prueba en debida forma su buena conducta y consienten el curador y el ministerio público, previa audiencia del tutor.

483. Si la sentencia le fuere adversa, puede requerir otras veces la cesacion de la tutela, con tal de que entre el juicio anterior y el que promueve, medie un intervalo de tres años, cuando ménos.

CAPITULO IV.

Del estado de interdiccion.

Art. 484. La sentencia de primera instancia priva al incapacitado de la libre administracion de sus bienes y sujeta su persona á la autoridad del tutor en los términos y con las excepciones que establecen los artículos anteriores.

485. Dicha sentencia solo será apelable en el efecto devolutivo.

486. En los juicios de interdiccion se admitirán todos los recursos que las leyes concedan á los de mayor interes.

487. Miéntras no se pronuncie sentencia irrevocable, la tutela interina debe limitarse á los actos de mera proteccion á la persona y conservacion de los bienes del incapacitado.

488. Si ocurriere urgente necesidad de otros actos, el tutor interino podrá obrar como lo crea conveniente, prévia autorizacion judicial.

489. Pronunciada la sentencia que cause ejecutoria, el juez de primera instancia llamará al ejercicio de la tutela, á las personas á quienes corresponda conforme á la ley, ó hará el nombramiento de tutor en los casos en que para ello esté legalmente facultado. De la misma manera se procederá para el nombramiento de curador.

490. No pueden ser tutores ni curadores del demente ni del pródigo, los que hayan sido causa de la demencia ó prodigalidad, ni los que las hayan fomentado directa ó indirectamente.

491. Lo dispuesto en el artículo anterior, se aplicará, en cuanto fuere posible, á la tutela de los idiotas, imbéciles y sordo-mudos.

492. Cuando cause ejecutoria la sentencia de interdiccion y se haya discernido la nueva tutela, el tutor interino cesará en sus funciones y dará las cuentas al propietario, con intervencion del curador.

493. Tanto estas como las anuales, en la tutela por prodigalidad, se examinarán con intervencion del pródigo.

494. La tutela por prodigalidad no da al tutor auto-

ridad alguna sobre la persona del pródigo: se limita á los bienes y obligaciones.

495. El pródigo conserva igualmente sobre las personas de su consorte y de sus hijos los derechos de su autoridad marital y paterna; pero en el ejercicio de esta autoridad respecto de los bienes del cónyuge ó hijos, estará sujeto al tutor.

496. Si el pródigo estuviere casado bajo el régimen de separacion de bienes, su mujer conservará la administracion de los propios, que no podrá enajenar sin autoridad judicial, en los casos en que el consentimiento del marido sea necesario.

497. El tutor de un incapacitado que tenga hijos menores en su patria potestad, será tambien tutor de ellos si no hay otro ascendiente á quien la ley llame al ejercicio de aquel derecho.

498. Cuando haya de contraer matrimonio el hijo de algun incapacitado, el tutor, de acuerdo con el curador, determinará lo que ha de dársele de los bienes del padre, así como todo lo concerniente á las capitulaciones matrimoniales.

499. Si el hijo no estuviere conforme, denunciará la determinacion reclamada al juez; quien decidirá lo conveniente, oyendo al tutor y al curador del incapacitado; al hijo si fuere mayor; al tutor para negocios judiciales, si fuere menor y estuviere emancipado; y no estándolo, á un tutor interino que le nombrará para este caso.

500. Lo mismo se hará cuando el tutor y el curador no estuvieren de acuerdo en el arreglo referido.

501. De estas determinaciones habrá los recursos que correspondan segun el interes de que se trate.

502. Cuando el hijo mayor de edad que intenta casarse esté desempeñando la tutela del padre ó de la madre dictarán la determinacion á que se refiere el artículo 498' el curador y un tutor interino que para el caso nombrará, el juez al incapacitado; observándose las disposiciones de los artículos 499, 500 y 501.

503. Cuando la tutela del incapacitado recaiga en el cónyuge, en los ascendientes ó en los hijos, no se dará la garantía que previene el artículo 581, salvo el caso de que el juez con audiencia del curador lo crea conveniente.

504. Cuando sea tutor el marido continuará ejerciendo respecto de su mujer incapacitada los derechos conyugales con las siguientes modificaciones:

1ª En los casos en que conforme á derecho fuere necesario el consentimiento de la mujer, se suplirá este por el juez con audiencia del curador.

2ª La mujer en los casos en que puede querellarse de su marido, ó demandarle para asegurar sus derechos violados ó amenazados, será representada por un tutor interino que el juez nombrará. Es obligacion del curador promover este nombramiento; y si no la cumple será responsable de los perjuicios que se sigan á la incapacitada.

505. Cuando la tutela del incapacitado recayere en su mujer, ejercerá esta la autoridad de aquel, como jefe de la familia; pero no podrá gravar ni enajenar los bienes raices, ni los derechos, ni los muebles preciosos del marido sin previa autorizacion judicial y audiencia del curador.

506. En caso de malos tratamientos, de negligencia en los cuidados debidos al incapacitado ó de mala administracion de sus bienes, podrá la mujer ser removida de la

tutela á peticion del curador ó de los parientes del marido.

507. Cuando la tutela recaiga en cualquiera otra persona, se ejercerá conforme á las reglas establecidas para la de los menores.

508. La tutela del incapacitado, con excepcion de la del pródigo, durará el tiempo que dure la interdiccion, si fuere ejercida por el cónyuge, pór los hijos ó por los ascendientes.

509. Si fuere ejercida por cualquiera otra persona, podrá cesar á los diez años, si el tutor la renuncia; en cuyo caso se proveerá de nuevo conforme á la ley.

510. La interdiccion no cesará sino por la muerte del incapacitado ó por sentencia definitiva, que se pronunciará en juicio contradictorio, seguido conforme á las mismas reglas establecidas para el de interdiccion.

511. Son nulos todos los actos de administracion ejecutados y todos los contratos celebrados por los menores de edad y por los demas sujetos á interdiccion, ántes del nombramiento del tutor, aunque sea interino, si la menor edad ó la causa de la interdiccion eran patentes y notorias en la época en que se ejecutó el acto administrativo ó se celebró el contrato.

512. Se exceptúan los actos del pródigo, anteriotes á la demanda de interdiccion; los cuales no podrán ser atacados por causa de prodigalidad.

513. Son nulos igualmente los actos de administracion ejecutados y los contratos celebrados por los menores de edad no emancipados, despues del nombramiento del tutor, si este no los autoriza.

514. Lo son tambien los de los menores emancipados, que sean contrarios á las restricciones legales.

515. Por último, son nulos todos los actos y contratos de los demas incapacitados, posteriores al nombramiento de tutor interino, si no son autorizados por este ó por el tutor definitivo en su caso, ó si son contrarios á las restricciones puestas en la sentencia de interdiccion.

516. La nulidad á que se refieren los artículos anteriores, solo puede ser alegada, sea como accion, sea como excepcion, por el mismo incapacitado ó en su nombre por sus legítimos representantes; pero no por las personas con quienes contrató, ni por los fiadores que se hayan dado al tiempo de otorgarse la obligacion, ni por los mancomunados en ella.

517. La accion para pedir la nulidad, prescribe en los mismos términos en que prescriben las acciones personales ó reales, segun la naturaleza del acto cuya nulidad se pretende.

518. Los menores de edad y los pródigos no pueden alegar la nulidad de que hablan los artículos 511, 513, 514 y 515, en las obligaciones que hubieren contraido sobre materias propias de la profesion ó arte en que sean peritos.

519. Tampoco pueden alegarla los menores, si han presentado certificados falsos del registro civil, para hacerse pasar por mayores.

520. El que dolosamente promueva juicio de incapacidad, ya respecto de sí mismo, ya respecto de otro, incurre en las penas que la ley impone por la falsedad y la calumnia; y es ademas responsable de todos los daños y perjuicios que se sigan.

521. Aun despues de pronunciada sentencia irrevocable, el juez, á peticion del mismo incapacitado, del cónyuge, del tutor ó de los herederos forzosos puede cambiar la interdiccion absoluta en parcial, modificar esta, ampliándola ó restringiéndola, ó cambiarla en absoluta, segun que mejoren ó empeoren las facultades intelectuales ó la conducta del incapacitado.

522. Para cualquiera de estas variaciones el juez procederá como en el juicio de interdiccion, con previo conocimiento y precisa audiencia del curador.

523. Esta sentencia es apelable en ambos efectos; y si el tutor apela de la que fuere favorable al incapacitado, se nombrará á este por el tribunal de segunda instancia un tutor interino.

524. Tambien es apelable en ambos efectos la sentencia que mande cesar la interdiccion; y en la segunda instancia se practicará en su caso lo dispuesto en el artículo anterior.

525. Todos los autos en que se nombre tutor, sea interino ó definitivo, las sentencias que declaren la interdiccion, y las que le pongan término, se publicarán por los periódicos.

CAPITULO V.

De la tutela testamentaria.

Art. 526. Los que ejercen patria potestad, aunque sean menores, tienen derecho de nombrar tutor en su testamento, á aquellos sobre quienes la ejercen, con inclusion del desheredado y del póstumo.

527. El que en su testamento deja bienes, sea por herencia, sea por legado, á un incapaz que no está en su patria potestad, ni en la de otro, puede nombrarle tutor solo para la administracion de los bienes que le deja.

528. Puede tambien nombrarse tutor testamentario á los hijos espúrios para la administracion de los bienes á que conforme á la ley tengan derecho.

529. El menor no emancipado, que carezca de herederos forzosos, tiene la facultad de nombrar tutor en el caso que señala el artículo 527.

530. El nombramiento de tutor testamentario, hecho por el padre ó por la madre, excluye de la patria potestad á los ascendientes en quienes hubiera de recaer ese derecho en defecto del padre ó de la madre.

531. El padre no puede excluir de la patria potestad á la madre.

532. El nombramiento de tutor hecho por cualquiera otro ascendiente, excluye de la patria potestad al cónyuge del testador y á los demas ascendientes que debieran ejercerla, sean de la línea y grado que fueren.

533. En el caso del artículo 530, si el ascendiente en quien debe recaer la patria potestad es de segundo ó ulterior grado, y á la muerte del testador está impedido de ejercer aquella, cesando el impedimento, cesa la tutela y el ascendiente entra al ejercicio de la patria potestad, á no ser que el testador haya declarado expresamente, que la tutela continúe aun despues de que haya cesado el impedimento.

534. Si fueren varios los menores, podrá nombrárseles

un tutor comun, ó conferirse á persona diferente la tutela de cada uno de ellos.

535. En el primer caso, si los tutores de alguno ó de algunos de los menores fueren opuestos á los de los otros, el tutor lo pondrá en conocimiento del juez; quien nombrará un tutor especial que defienda los intereses de los menores que él mismo designe, miéntras se decide el punto de oposicion.

536. El padre que ejerce la tutela de un hijo sujeto á interdiccion por incapacidad intelectual, puede nombrar el tutor testamentario, si la madre ha fallecido ó no puede legalmente ejercer la tutela.

537. La madre en su caso podrá hacer el nombramiento de que trata el artículo anterior.

538. Si la interdiccion proviene de prodigalidad, solo el padre podrá nombrar tutor al pródigo, aunque viva la madre.

539. En ningun otro caso hay lugar á la tutela testamentaria del incapacitado.

540. Tampoco hay lugar á la tutela testamentaria del hijo mayor de diez y ocho años y menor de veintiuno, que esté legalmente emancipado.

541. Siempre que se nombren varios tutores, desempeñará la tutela el primer nombrado; á quien sustituirán los demas por el órden de su nombramiento en los casos de muerte, incapacidad, excusa ó remocion.

542. Lo dispuesto en el artículo anterior no regirá cuando el testador haya establecido el órden en que los tutores deben sucederse en el desempeño de la tutela.

543. Deben observarse todas las reglas, limitaciones y condiciones puestas por el testador para la administra-

cion de la tutela, que no sean contrarias á las leyes; á no ser que el juez, oyendo al tutor y al curador, las estime dañosas á los menores; en cuyo caso podrá dispensarlas ó modificarlas.

544. Si por un nombramiento condicional de tutor ó por cualquier otro motivo, faltare temporalmente el tutor testamentario, el juez proveerá de tutor interino al menor, prefiriendo al pariente que deba ser llamado conforme al artículo 546.

CAPITULO VI.

De la tutela legítima.

Art. 545. Hay lugar á la tutela legítima:

1º En los casos de suspension ó pérdida de la patria potestad ó de impedimento del que debe ejercerla:

2º Cuando no hay tutor testamentario:

3º Cuando debe nombrarse tutor por causa de divorcio:

546. La tutela legítima corresponde:

1º A los hermanos varones, prefiriéndose á los que lo sean por ambas líneas:

2º Por falta ó incapacidad de los hermanos, á los tios, hermanos del padre ó de la madre.

547. Si hubiere varios hermanos de igual vínculo ó varios de igual grado, el juez elegirá entre ellos al que parezca mas apto para el cargo.

548. La falta temporal de tutor legítimo se suplirá en los términos establecidos en los dos artículos anteriores.

CAPITULO VII.

De la tutela legítima de los dementes, idiotas y sordo-mudos.

Art. 549. El marido es tutor legítimo y forzoso de su mujer, y esta lo es de su marido.

550. Los hijos varones mayores de edad son tutores de su padre ó madre viudos.

551. Cuando haya dos ó mas hijos, será preferido el que viva en compañía del padre ó de la madre; y siendo varios los que estén en el mismo caso, el juez elegirá al que le parezca mas apto.

552. El padre, ó por su muerte ó incapacidad la madre que se conserve viuda, son de derecho tutores de sus hijos legítimos ó naturales reconocidos, solteros ó viudos, que no tengan hijos varones que puedan desempeñar la tutela.

553. A falta de tutor testamentario, y de persona que con arreglo á los artículos anteriores deba desempeñar la tutela, serán llamados á ella el abuelo paterno: en falta de este, el materno: en falta de este, los hermanos del incapacitado: en falta de ellos, los tios paternos; y en la de estos, los maternos. Respecto de los hermanos y de los tios se observará lo dispuesto en los artículos 546 y 547.

CAPITULO VIII.

De la tutela legítima del pródigo.

Art. 554. El padre es de derecho tutor del hijo pródigo: á falta del padre, el tutor será nombrado por el juez, si aquel no ejercitó el derecho que le concede el artículo 538.

CAPITULO IX.

De la tutela dativa.

Art. 555. El tutor dativo será nombrado por el juez, si el menor no ha cumplido catorce años. Si es mayor de esta edad, él mismo nombrará el tutor, y el juez confirmará el nombramiento, si no tiene justa causa en contrario.

556. Para reprobar los ulteriores nombramientos que haga el menor, se oirá ademas á un defensor que el mismo menor elegirá.

557. La tutela dativa tiene lugar:

I. Cuando no hay tutor testamentario ni persona á quien conforme á la ley corresponda la tutela legítima:

II. Cuando el tutor testamentario está impedido temporalmente de ejercer su cargo, y no hay ningun pariente de los designados en el artículo 546.

558. Siempre será dativa la tutela para asuntos judiciales del menor de edad emancipado.

559. El tutor dativo para asuntos judiciales tendrá el honorario que señale el arancel á los procuradores.

CAPITULO X.

De la tutela de los hijos abandonados.

Art. 560. La ley coloca á los expósitos bajo la tutela de la persona que los haya recogido; la cual tendrá las obligaciones, facultades y restricciones establecidas para los demas tutores.

561. Los directores de las inclusas, hospicios y demas casas de beneficencia donde se reciben niños abandonados, desempeñarán la tutela de estos con arreglo á las leyes y á lo que prevengan los estatutos del establecimiento.

CAPITULO XI.

De las personas inhábiles para la tutela y de las que deben ser separadas de ella.

Art. 562. No pueden ser tutores, aunque estén anuentes en recibir el cargo:

I. Las mujeres, excepto en los casos de los artículos 549 y 552:

II. Los menores de edad:

III. Los mayores de edad que se encuentran bajo tutela:

IV. Los que hayan sido removidos de otra tutela en los casos 1º, 2º y 4º del artículo 563:

V. Los que por sentencia que cause ejecutoria, hayan sido condenados á la privacion de este cargo ó á la inhabilitacion para abtenerlo:

VI. Los que no tengan oficio ó modo de vivir conocido, ó sean notoriamente de mala vida:

VII. Los que al deferirse la tutela, tengan pleito pendiente con el menor:

VIII. Los deudores del menor en cantidad considerable á juicio del juez; á no ser que el que nombre tutor testamentario, lo haya hecho con conocimiento de la deuda, declarándolo así expresamente al hacer el nombramiento:

IX. Los jueces ó magistrados que tengan jurisdiccion en el lugar ó lugares en que se hallen el menor ó sus bienes:

X. El extranjero quo no esté domiciliado en el Distrito ó en la California:

XI. Los empleados públicos de hacienda que por razon de su destino tengan responsabilidad pecuniaria actual, ó la hayan tenido y no la hubieren cubierto.

563. Serán separados do la tutela:

I. Los que, sin haber caucionado su manejo conforme al capítulo XIII de este título, ejerzan la administracion de la tutela:

II. Los que se condujeren mal en el desempeño de la tutela, ya respecto de la persona, ya respecto de la administracion de los bienes del menor:

III. Los contenidos en el artículo 562, desde que sobrevenga ó se averigüe su incapacidad:

IV. El tutor en el caso prevenido en el artículo 174.

564. La separacion del tutor se hará siempre con su audiencia, y por sentencia judicial.

565. El tutor que fuere acusado por cualquier delito, quedará suspenso del ejercicio de su encargo desde que se provea el acto motivado de prision, hasta que se pronuncie sentencia irrevocable en su favor.

566. En el caso de que se trata en el artículo anterior, se proveerá á la tutela conforme á la ley. Absuelto el tutor, volverá al ejercicio de su cargo.

CAPITULO XII.

De las excusas de la tutela.

Art. 567. Pueden excusarse de ser tutores de cualquiera clase:

I. Los empleados superiores del Estado:

II. Los militares en servicio activo:

III. Los que tengan bajo su patria potestad cinco descendientes legítimos:

IV. Los que fueren tan pobres que no puedan atender á la tutela sin menoscabo de su subsistencia:

V. Los que por el mal estado habitual de su salud, ó por no saber leer ni escribir, no puedan atender debidamente á la tutela:

VI. Los que tengan sesenta años cumplidos:

VII. El que tenga á su cargo otra tutela ó curaduría.

568. El que teniendo excusa legítima para ser tutor,

acepta el cargo, renuncia por el mismo hecho á la excusa que le concede la ley.

569. Los impedimentos y excusas para la tutela deben proponerse ante el juez competente.

570. El tutor debe proponer sus impedimentos ó excusas dentro de diez dias despues de sabido el nombramiento; disfrutando un dia mas por cada cinco leguas que medien entre su domicilio y el lugar de la residencia del juez competente.

571. Cuando el impedimento ó la causa legal de excusa ocurrieren despues de la admision de la tutela, los términos señalados en el artículo anterior correrán desde el dia en que el tutor conoció el impedimento ó la causa legal de la excusa.

572. Por el lapso de los términos se entiende renunciada la excusa.

573. Si el tutor tuviere dos ó mas excusas, las propondrá simultáneamente dentro del plazo; y si propone una sola, se tendrán por renunciadas las demas.

574. Durante el juicio de impedimento ó de excusa, el juez nombrará un tutor interino con los requisitos legales.

575. El tutor testamentario que se excusare de la tutela, perderá todo derecho á lo que le hubiere legado el testador.

576. El tutor de cualquiera clase que, sin excusa, ó desechada la que hubiere propuesto, no desempeñe la tutela, pierde el derecho que tenga para heredar al menor que muera intestado, y es responsable de los daños y perjuicios que por su renuncia hayan sobrevenido al menor.

577. Muerto un tutor que esté administrando la tute-

la, sus herederos ó ejecutores testamentarios están obligados á dar aviso al juez, quien proveerá inmediatamente al menor del tutor que corresponda segun la ley.

CAPITULO XIII.

De la garantía que deben prestar los tutores para asegurar su manejo.

Art. 578. El tutor, ántes de que se le discierna el cargo, prestará caucion para asegurar su manejo. Esta caucion consistirá:

I. En hipoteca:

II. En fianza.

579. No se admitirá la fianza, sino cuando el tutor no tenga bienes en que constituir la hipoteca.

580. Cuando los que tenga no alcancen á cubrir la cantidad que ha de asegurarse conforme al artículo siguiente, la garantía podrá consistir, parte en hipoteca, parte en fianza, ó solo en fianza, á juicio del juez y prévia audiencia del curador.

581. La hipoteca, y á su vez la fianza, se darán:

I. Por el importe de las rentas de los bienes raices y réditos de los capitales impuestos:

II. Por el de los bienes muebles y el de los enseres y semoviente de las fincas rústicas:

III. Por el de los productos de las mismas fincas, graduados por peritos ó por el término medio en un quinquenio, á eleccion del juez:

IV. Por el de las utilidades anuales en las negociaciones mercantiles ó industriales, calculadas por los libros, si están llevados en debida forma, ó á juicio de peritos.

582. Si los bienes del menor, enumerados en el artículo que precede, aumentan ó disminuyen durante la tutela, podrán aumentarse ó disminuirse proporcionalmente la hipoteca y la fianza.

583. Si el tutor, dentro de tres meses despues de aceptado su nombramiento, no pudiere dar la garantía por las cantidades que fija el artículo 581, el juez, con audiencia del curador, podrá disminuir el importe de aquella; pero de modo que no baje de la mitad de los valores designados en el citado artículo.

584. Durante los tres meses señalados en el artículo precedente, desempeñará la administracion de los bienes un tutor interino, quien los recibirá por inventario solemne, y no podrá ejecutar otros actos de administracion que los que le sean expresamente determinados por el juez, y siempre con intervencion del curador.

585. Están exceptuados de la obligacion de dar garantía:

I. Los tutores testamentarios, cuando expresamente los haya relevado de esta obligacion el testador:

II. Los tutores, de cualquiera clase que sean, siempre que el incapaz no esté en posesion efectiva de sus bienes, y solo tenga créditos ó derechos litigiosos:

III. El padre, la madre y los abuelos, en los casos en que conforme á la ley son llamados á la tutela de sus descendientes; salvo lo dispuesto en el artículo 503:

IV. Los que recojan á un expósito y le alimenten y

eduquen convenientemente por mas de diez años, á no ser que hayan recibido pension para cuidar de él.

586. Los comprendidos en la fraccion I del artículo anterior, solo estarán obligados á dar garantía cuando con posterioridad á su nombramiento haya sobrevenido causa ignorada por el testador, que haga necesaria aquella, á juicio del juez y previa audiencia del curador.

587. En el caso de la fraccion II del artículo 585, luego que se realicen algunos créditos ó derechos, ó se recobren los bienes, aun cuando sea en parte, estará obligado el tutor á dar la garantía correspondiente. El curador vigilará, bajo su mas estrecha responsabilidad, el cumplimiento de este artículo.

588. Siempre que el tutor sea tambien coheredero del incapaz, y este no tenga mas bienes que los hereditarios, no se podrá exigir al tutor otra hipoteca que la de su misma porcion hereditaria; á no ser que esta porcion no iguale á una mitad de la del incapaz: en este caso se integrará la garantía, con hipoteca de bienes propios del tutor ó con fianza.

589. Al presentar el tutor su cuenta anual, el curador debe promover informacion de supervivencia é idoneidad de los fiadores dados por aquel. Tambien podrá promover esta informacion siempre que la estime conveniente.

590. Es tambien obligacion del curador vigilar el estado de las fincas hipotecadas por el tutor, dando aviso al juez de los deterioros y menoscabos que en ellas hubiere, para que, si es notable la diminucion del precio se exija al tutor que asegure con otras los intereses que administra.

591. Siendo varios los menores ó incapacitados, cuyo

haber consiste en bienes procedentes de una herencia indivisa, si son varios los tutores, solo se exigirá á cada uno de ellos la hipoteca ó fianza por la parte que corresponda á su representado.

CAPITULO XIV.

De la administracion de la tutela.

Art. 592. El tutor, de cualquiera clase que sea, no puede ejercer su cargo sin hacer que ántes se nombre curador.

593. El tutor que no llenare esta formalidad, será responsable de los perjuicios que cause al menor, y ademas separado de la tutela; mas ningun extraño puede rehusarse á tratar con él, judicial ó extrajudicialmente, alegando la falta de curador.

594. El tutor está obligado á alimentar y á educar al menor; á cuidar de su persona; á administrar sus bienes, y á representarle en juicio y fuera de él en todos los actos civiles, con excepcion del matrimonio, el reconocimiento de hijos, el testamento y otros de la misma clase.

595. El menor debe respetar á su tutor. Este tiene respecto de aquel las mismas facultades que á los ascendientes conceden los artículos 396, 397 y 398.

596. Los gastos de alimentos y educacion del menor, deben regularse de manera que nada necesario le falte segun su condicion y riqueza.

597. Cuando el tutor entre en el ejercicio de su car-

go, el juez fijará con audiencia de aquel, la cantidad que haya de invertirse en los alimentos y educacion del menor, sin perjuicio de alterarla segun el aumento ó diminucion del patrimonio y otras circunstancias. Por las mismas razones podrá el juez alterar la cantidad que el que nombre tutor hubiere señalado para dicho objeto.

598. El tutor, dentro del primer mes de ejercer su cargo, fijará con aprobacion del juez la cantidad que haya de invertirse en gastos de administracion, y el número y sueldo de los dependientes necesarios para ella. Ni el número ni el sueldo de los empleados podrá aumentarse despues sino con aprobacion judicial.

599. Esta aprobacion no liberta al tutor de justificar, al rendir sus cuentas, que efectivamente han sido gastadas dichas sumas en sus respectivos objetos.

600. El tutor destinará al menor á la carrera ú oficio que este elija, segun sus circunstancias.

601. Si el que tenia patria potestad sobre el menor le habia dedicado á alguna carrera, el tutor no variará esta sin aprobacion del juez, quien decidirá este punto prudentemente y oyendo en todo caso al mismo menor.

602. Si las rentas del menor no alcanzan á cubrir los gastos de sus alimentos y educacion, el juez decidirá si ha de ponérsele en oficio ó adoptarse otro medio, para evitar la enajenacion de los bienes; y sujetará á la renta de estos los alimentos.

603. El tutor está obligado á formar inventario solemne y circunstanciado de cuanto constituya el patrimonio del menor, en el término que el juez designe, y con intervencion del curador. Este término no podrá ser mayor de seis meses.

604. La obligacion de hacer inventario no puede ser dispensada, ni aun por los que tienen derecho de nombrar tutor testamentario.

605. El tutor está obligado á inscribir en el inventario el crédito que tenga contra el menor: si no lo hace, pierde el crédito.

606. Los bienes que el menor adquiera despues de la formacion del inventario, se incluirán inmediatamente en él, con las mismas formalidades prescritas en el artículo 603.

607. Hecho el inventario, no se admite al tutor á probar contra él en perjuicio del menor, ni ántes ni despues de la mayor edad de este; y ya sea que litigue en nombre propio ó con la representacion del menor.

608. El inventario formado por el tutor, no hace fé contra un tercero.

609. Si se hubiere omitido la mencion de algunos bienes en el inventario, el menor mismo, ántes ó despues de la mayoría de edad, y el curador ó cualquier pariente, pueden ocurrir al juez pidiendo que los bienes omitidos se listen; y el juez, oido el tutor, determinará en justicia.

610. Si el padre ó madre del menor ejercian algun comercio ó industria, el juez, con informe de dos peritos, decidirá si ha de continuar ó no la negociacion; á no ser que los padres hubieren dispuesto algo sobre este punto; en cuyo caso se respetará su voluntad, en cuanto no ofrezca grave inconveniente, á juicio del juez.

611. El dinero que resulte sobrante, despues de cubiertas las cargas y atenciones de la tutela: el que proceda de las redenciones de capitales ó de la venta de bienes; y el que se adquiera de cualquiera otro modo, será

impuesto por el tutor, previa [aprobacion judicial, bajo segunda hipoteca, dentro de tres meses contados desde el dia en que se hayan reunido dos mil pesos.

612. Si para hacer la imposicion dentro del término señalado en el artículo anterior, hubiere algun inconveniente grave, el tutor lo manifestará al juez, quien podrá ampliar el plazo por otros tres meses.

613. Los bienes inmuebles, los derechos anexos á ellos y los muebles preciosos, no pueden ser gravados ni hipotecados por el tutor, sino por causa de absoluta necesidad ó evidente utilidad del menor, debidamente justificadas, y previa la conformidad del curador y la autorizacion judicial.

614. Cuando la enajenacion se haya permitido para cubrir con su producto algun objeto determinado, el juez señalará al tutor un plazo dentro del cual deberá acreditar que el producto de la enajenacion se ha invertido en su objeto.

615. La venta de bienes raices del menor es nula si no se hace en subasta pública y judicial. En la enajenacion de alhajas y muebles preciosos, el juez decidirá si conviene ó no la almoneda, pudiendo dispensarla, acreditada la utilidad del menor.

616. Ni con licencia judicial, ni en almoneda ó fuera de ella, puede el tutor comprar ó arrendar los bienes del menor, ni hacer contrato alguno respecto de ellos, para sí, para su mujer, hijos ó hermanos por consanguinidad ó afinidad.

617. Cesa la prohibicion del arrículo anterior respecto de la venta de bienes, en el caso de que el tutor, su mu-

jer, hijos ó hermanos, sean coherederos, partícipes ó socios del menor.

618. El tutor no podrá hacerse pago de sus créditos contra el menor, sin la conformidad del curador y la aprobacion judicial.

619. El tutor no puede aceptar para sí mismo, á título gratúito ú oneroso, la cesion de ningun derecho ó crédito contra el menor. Solo puede adquirir esos derechos por herencia.

620. Durante la tutela no corre prescripcion entre el tutor y el menor.

621. El tutor no puede dar en arrendamiento los bienes del menor por mas de nneve años, sino en caso de necesidad ó utilidad, previos el consentimiento del curador y la autorizacion judicial.

622. El arrendamiento hecho en conformidad del artículo anterior, subsistirá por el tiempo convenido, aun cuando se acabe la tutela; pero será nula toda anticipacion de rentas ó alquileres por mas de tres años.

623. Sin autorizacion judicial, no puede el tutor recibir dinero prestado en nombre del menor, ya sea que se constituya ó no hipoteca en el contrato.

624. El tutor tiene obligacion de admitir las donaciones, legados y herencias dejados al menor.

625. Para todos los gastos extraordinarios que no sean de conservacion ó reparacion, necesita el tutor autorizacion del juez.

626. El tutor no puede hacer donaciones á nombre del menor.

627. Se requiere licencia judicial para que el tutor

pueda transigir, ó comprometer en árbitros los negocios del menor.

628. El nombramiento de árbitros hecho por el tutor, deberá sujetarse á la aprobacion del juez.

629. La transaccion que se haga sobre propiedad de bienes inmuebles ú otro derecho real, ó sobre bienes muebles cuyo valor exceda de quinientos pesos, ó que sean inestimables, no podrá llevarse á efecto sin aprobacion judicial.

630. Para conformarse el tutor con la demenda entablada contra el menor, sobre propiedad de bienes muebles preciosos, bienes raices ú otro derecho real, cualquiera que sea su cuantía, necesita el consentimiento del curador y la aprobacion judicial.

631. Estas condiciones no serán necesarias cuando la enajenacion se haga en virtúd de expropiacion forzosa conforme á la ley.

632. El tutor tiene derecho á una retribucion sobre los bienes del menor, que podrán fijar el ascendiente ó extraño que conforme á derecho le nombre en su testamento, y en defecto de ellos, y para los tutores legítimos y dativos, el juez.

633. En ningun caso bajará la retribucion del cuatro, ni excederá del diez por ciento de las rentas líquidas de dichos bienes.

634. Si los bienes del menor tuvieren un aumento extraordinario en sus productos, debido exclusivamente á la industria y diligencia del tutor, tendrá esto derecho á una remuneracion del diez por ciento del aumento, sin perjuicio de la asignada en el artículo anterior. La califica-

cion del aumento se hará por el juez con audiencia del curador.

635. En todos los casos en que el tutor necesite para algun acto de la licencia del juez ó de su aprobacion, se requi2re la previa audiencia del curador, con el cual, en caso de oposicion, se sustanciará un juicio sumario. En este juicio, en el que se decidirá solamente la diferencia entre el tutor y el curador, no se admitirá ni de las sentencias definitivas ni de las interlocutorias, apelacion, ni otro recurso que el de responsabilidad.

636. De la denegacion de la licencia que haya pedido el tutor con aprobacion del curador, se admitirán los recursos que correspondan segun derecho á los negocios de mayor interes.

CAPITULO XV.

De la extincion de la tutela.

Art. 637. La tutela se extingue:

I. Por la muerte del tutor, por su ausencia declarada en la forma legal, por su remocion, ó por excusa ó impedimento supervenientes:

II. Por la muerte, por la cesacion del impedimento, y por la emancipacion del incapacitado, quien en este último caso queda sujeto á las restricciones establecidas en el artículo 692.

CAPITULO XVI.

De las cuentas de la tutela.

Art. 638. Acabada la tutela, el tutor está obligado á dar cuenta de su administracion al menor ó á los que le representen.

639. Esta obligacion no puede ser dispensada en contrato ó última voluntad, ni aun por el mismo menor; y si se pusiere como condicion en cualquier acto, se tendrá por no puesta.

640. La obligacion de dar cuenta pasa á los herederos del tutor; y si alguno de ellos sigue administrando los bienes de la tutela, su responsabilidad será la misma que la de aquel.

641. La garantía dada por el tutor, no se cancelará sino cuando las cuentas hayan sido aprobadas.

642. El tutor, concluida la tutela, está obligado á entregar todos los bienes de ella y todos los documentos que le pertenezcan.

643. La obligacien de entregar los bienes no se suspende por estar pendiente la entrega de cuentas.

644. Los documentos necesarios para formar la cuenta, podrán quedar en poder del tutor, previo consentimiento expreso del curador y autorizacion judicial.

645. El tutor, ó en su falta quien le represente, rendirá las cuentas en el término de dos meses, contados desde el dia en que fenezca la tutela. El juez podrá proro-

sar este plazo por cuatro meses mas, si circunstancias extraordinarias así lo exigieren.

646. Los tutores están obligados á rendir cuenta anual de su administracion al curador. La falta de esta cuenta por tres años, aun cuando no sean consecutivos, motivará la remocion del tutor como sospechoso.

647. Devuelta la cuenta por el curador, con observaciones ó sin ellas, se presentará al juez para su aprobacion. Sin este último requisito se tendrá por no presentada para los efectos del artículo anterior.

648. El tutor que entre al cargo, sucediendo á otro, está obligado á exigir la entrega de bienes y cuentas al que le ha precedido, en los términos que disponen los artículos 638 y siguientes. Si no la exige, es responsable de todos los daños y perjuicios que por su omision se sigan al menor.

649. Las cuentas de la tutela deben ser acompañadas de sus documentos justificantes, á excepcion de aquellas partidas que no exceden de cinco pesos.

650. Son justificantes del gasto:

I. La autorizacion para hacer el contenido en cada partida, sea la general dada al principio de la administracion, sea la especial posterior:

II. El documento que pruebe que realmente se ha hecho el gasto.

651. El tutor es responsable del valor de los créditos activos, si dentro de sesenta dias contados desde el vencimiento de su plazo no ha obtenido su pago ó garantía que asegure este, ó no ha pedido judicialmente el uno ó la otra.

652. Si el menor no está en posesion de algunos bie-

nes á los que tenga derecho, será responsable el tutor de la pérdida de ellos, si dentro de dos meses contados desde que tuvo noticia del derecho del menor, no entabla á nombre de este judicialmente las acciones conducentes para obtener el recobro ó la indemnizacion.

653. Lo dispuesto en el artículo anterior se entiende sin perjuicio de la responsabilidad, que despues de intentadas las acciones, pueda resultar al tutor por culpa ó negligencia en el desempeño de su encargo.

654. La entrega de los bienes y la cuenta de la tutela, se efectuarán á expensas del menor. Si para realizarlas no hubiere fondos disponibles del menor, el juez podrá autorizar al tutor para que se proporcione los necesarios para la primera, y el tutor adelantará los relativos á la segunda.

655. Cuando intervenga dolo ó culpa de parte del tutor, serán de su cuenta todos los gastos.

656. Las cuentas deben darse en el lugar en que se desempeña la tutela; á no ser que el menor ó el que le represente conforme á derecho, prefiera el fuero del domicilio del tutor.

657. Deben abonarse al tutor todos los gastos hechos debida y legalmente, aunque los haya anticipado de su propio caudal, y aunque de ellos no haya resultado utilidad al menor, si esto ha sido sin culpa del primero.

658. Ninguna anticipacion ni crédito contra el menor se abonará al tutor al fin de la tutela, si excede de la mitad de la renta anual de los bienes de aquel, á ménos que al efecto haya sido autorizado por el juez, de conformidad con el parecer del curador.

659. El tutor será igualmente indemnizado, segun el

prudente arbitrio del juez, del daño evidente que haya sufrido por causa de la tutela, y en desempeño necesario de ella, cuando no haya intervenido de su parte culpa ó negligencia.

660. El convenio celebrado entre el tutor y el que estuvo bajo su guarda, dentro del mes siguiente á la terminacion de la tutela, vale contra el tutor, pero no contra el menor.

661. El alcance que resulte en pro ó en contra del tutor, producirá interes legal. Este en el primer caso correrá desde que el menor, prévia entrega de sus bienes, sea requerido por el pago; y en el segundo desde la rendicion de las cuentas, si hubiesen sido dadas dentro del término designado por la ley, y si no, desde que espire el mismo término.

662. Cuando en la cuenta resulte alcance contra el tutor, aunque por algun arreglo con el menor ó sus representantes, se otorguen plazos al responsable ó á sus herederos para satisfacerlo, quedarán vivas las hipotecas ú otras garantías dadas para la administracion, hasta que se verifique el pago; á ménos que se haya pactado expresamente lo contrario en el arreglo.

663. Si la caucion fuere de fianza, el convenio que conceda nuevos plazos al tutor, se hará saber al fiador; si este consiente, permanecerá obligado hasta la solucion: si no consiente, no habrá espera, y el menor podrá exigir la solucion inmediata, ó la subrogacion del fiador por otro igualmente idóneo, que acepte el convenio.

664. Si no se hiciere saber el convenio al fiador, este no permanecerá obligado.

665. Todas las acciones del menor contra el tutor, sus

fiadores y garantes, por hechos relativos á la administracion de la tutela, quedan extinguidas por el lapso de cuatro años contados desde el dia en que el menor, siendo ya mayor, haya recibido los bienes y la cuenta de la tutela.

666. Si el tutor cometió dolo ó fraude en la entrega de los bienes; ó si hubiere falsedad, omision ó error de cálculo en la formacion de la cuenta, el cargo que resulte al tutor y la duracion de las acciones, se sujetarán á las reglas que para esos casos prescriban las leyes.

667. Lo dispuesto en el artículo anterior se observará en el caso de que, fenecida la tutela, el menor, siendo ya mayor de edad, celebre algun convenio con quien fué su tutor, ya sobre los actos administrativos de este, ya sobre los resultados de las cuentas.

668. Si la tutela hubiere fenecido durante la minoridad, el menor podrá ejercer las mismas acciones contra el tutor principal y los subrogados, computándose entónces los términos desde el dia en que llegue á la mayor edad.

TITULO X.

DEL CURADOR.

Art. 669. Todos los sujetos á tutela, ya sea testamentaria, legítima ó dativa, ademas del tutor, tendrán en todo caso un curador.

670. Lo dispuesto sobre impedimentos y excusas de los tutores, regirá igualmente respecto de los curadores.

671. Los que tienen derecho de nombrar tutor, lo tienen tambien de nombrar curador.

672. Nombrarán por sí mismos el curador con aprobacion judicial:

I. Los comprendidos en la fraccion primera del artículo 431, con la limitacion que expresa el 555:

II. Los comprendidos en la fraccion segunda del artículo 432.

673. El curador de todos los demas sujetos á tutela, será nombrado por el juez.

674. El curador está obligado:

I. A defender los derechos del incapacitado en juicio ó fuera de él, siempre que estén en oposicion con los del tutor:

II. A vigilar la conducta del tutor y poner en conocimiento del juez cuanto crea que pueda ser dañoso al incapacitado:

III. A dar aviso al juez para el nombramiento del tutor, cuando este faltare ó abandonare la tutela:

IV. A cumplir las demas obligaciones que la ley le señala.

675. El curador que no llene los deberes prescritos en el artículo precedente, será responsable de los daños y perjuicios que por ello resultaren al menor.

676. Las funciones del curador cesarán cuando el incapacitado salga de la tutela; pero si solo se variaren las personas de los tutores, el curador continuará en la curaduría.

677. El curador tiene derecho de ser relevado de la curaduría pasados diez años desde que se encargó de ella.

678. Cuando por razon de su cargo litigue el curador, cobrará sus honorarios conforme á lo dispuesto en el ar-

tículo 559. Si hiciere algunos gastos, regirá respecto de él lo dispuesto en el artículo 657.

TITULO XI.

DE LA RESTITUCION IN INTEGRUM.

Art. 679. Corresponde el beneficio de restitucion á todos los sujetos á tutela, que fueren perjudicados, ya en los negocios que hicieren por sí mismos con aprobacion del tutor, ya en los que este haga en nombre de ellos.

680. Para intentarlo deberá acreditarse:

I. Que se sufrió el daño durante la menor edad ó la incapacidad que dió orígen á la tutela:

II. Que el daño causado excede de la cuarta parte del justo precio de la cosa ó interes que ha sido materia del negocio;

III. Que el daño provino del negocio mismo.

681. El juicio de restitucion será sumario y admitirá los recursos que le correspondan, segun el interes de que se trate.

682. Otorgada la restitucion, las cosas se repondrán al estado que tenian ántes de que sufriese el daño el incapacitado; y en consecuencia, este y el tercero quedan obligados á la devolucion de la cosa que fué materia del negocio con todos sus frutos, ó de su precio con los intereses.

683. El efecto de la restitucion es rescindir el contrato ó indemnizar al que ha sufrido el daño, en la parte en

que no hayan alcanzado á repararlo los bienes del tutor, ó del fiador y del curador en su respectivo caso.

684. El tercero con quien se ha contratado, puede elegir la iudemnizacion ó la rescision del contrato.

685. El menor podrá pedir la restitucion durante la menor edad y cuatro años despues. Respecto del sujeto á tutela por otro motivo que no sea la menor edad, los cuatro años comenzarán á contarse desde que haya cesado el impedimento.

686. No hay lugar á la restitucion:

I. En los convenios y actos del tutor ó curador que hayan sido aprobados judicialmente.

II. Cuando el que la pide no puede devolver la cosa que en virtud del contrato recibió su tutor.

687. Este recurso es subsidiario, y solo podrá entablarse cuando no haya lugar á otro alguno.

688. En todo juicio de restitucion será oido el ministerio público.

TITULO XII.

DE LA EMANCIPACION Y DE LA MAYOR EDAD

CAPITULO I.

De la emancipacion.

Art. 689. El matrimonio del menor produce de derecho la emancipacion. Aunque el matrimonio se disuelva despues por muerte, el cónyuge sobreviviente que sea menor, no recaerá en la patria potestad.

690. El mayor de diez y ocho años y menor de veintiuno, puede ser emancipado por el que le tenga en la patria potestad, siempre que él consienta en su emancipacion y la apruebe el juez con conocimiento de causa.

691. El acto de emancipacion se reducirá á escritura pública.

692. El emancipado tiene la libre administracion de sus bienes; pero siempre necesita durante la menor edad:

I. Del consentimiento del que le emancipó, para contraer matrimonio ántes de llegar á la mayor edad. Si el que otorgó la emancipacion ha muerto ó está incapacitado legalmente al tiempo en que el emancipado intenta casarse, necesita este el consentimiento del ascendiente á quien corresponda darlo conforme á los artículos 165 y 166, y en su defecto el del juez:

II. De la autorizacion del que le emancipó, y en falta de este, de la del juez para la enajenacion, gravámen ó hipoteca de bienes raices;

III. De un tutor para los negocios judiciales.

693. Hecha la emancipacion, no puede revocarse.

CAPITULO II.

De la mayòr edad.

694. La mayor edad comienzu á los veintiun años cumplidos.

695. El mayor de edad dispone libremente de su persona y de sus bienes. Sin embargo, las mujeres mayores de veintiun años, pero menores de treinta, no podrán dejar la casa paterna sin licencia del padre ó de la madre, en cuya compañía se hallen, si no fuere para casarse, ó cuando el padre ó la madre hayan contraido nuevo matrimonio.

TITULO XIII.

DE LOS AUSENTES É IGNORADOS.

CAPITULO I.

De las medidas provisionales en caso de ausencia.

Art. 696. El que se hubiere ausentado del lugar de su residencia ordinaria, y tuviere apoderado constituido ántes ó despues de su partida, se tendrá como presente para todos los efectos civiles; y sus negocios se podrán tratar con el apoderado, hasta donde alcanzare el poder.

697. Cuando una persona haya desaparecido y se ignore dónde se halle y quien la represente, el juez, á peticion de parte, ó de oficio, le nombrará un procurador; la citará por edictos publicados en los principales periódicos de la República, señalándole para que se presente un término que no bajará de tres meses ni pasará de seis; y

dictará las providencias necesarias para asegurar los bienes.

698. Al publicar los edictos remitirá copia á los cónsules mexicanos en el extranjero, á fin de que les den publicidad de la manera que crean conveniente.

699. Si el ausente tiene hijos menores, que estén bajo su patria potestad, y no hay ascendiente que deba ejercerla conforme á la ley, ni tutor testamentario ni legítimo, el ministerio público pedirá que se nombre tutor en los términos prevenidos en el artículo 555.

700. Las funciones del procurador se limitan á conservar los bienes, cobrar rentas y réditos y otras gestiones urgentes.

701. Si cumplido el término del llamamiento, el citado no compareciere por sí ni por apoderado legítimo, ni por medio de tutor ó de pariente que pueda representarle, se procederá al nombramiento de representante.

702. Lo mismo se hará cuando en iguales circunstancias caduque el poder conferido por el ausente, ó sea insuficiente para el caso.

703. Tienen accion para pedir el nombramiento de procurador y representante, el ministerio público y cualquiera á quien interese tratar ó litigar con el ausente ó defender los intereses de este.

704. El cónyuge ausente será representado por el presente: los ascendientes por los descendientes, y estos por aquellos.

705. Si el cónyuge ausente fuere casado en segundas ó ulteriores nupcias, y hubiere hijos del matrimonio ó matrimonios anteriores, el juez dispondrá que el cónyuge presente y los hijos del matrimonio ó matrimonios ante-

riores nombren de acuerdo el representante; mas si no estuvieren conformes, el juez le nombrará libremente.

706. A falta de cónyuge, de descendientes y de ascendientes, será representante el heredero presuntivo. Si hubiere varios con igual derecho, ellos mismos elegirán al que deba ser representante. Si no se ponen de acuerdo en la eleccion, la hará el juez, prefiriendo al que tenga mas interes en la conservacion de los bienes del ausente.

707. El representante del ausente es el legítimo administrador de los bienes de este, y tiene respecto de ellos las mismas obligaciones, facultades y restricciones que los tutores.

708. El representante del ausente disfrutará la misma retribucion que á los tutores señala el artículo 633.

709. No pueden ser representantes de un ausente los que no pueden ser tutores, á excepcion de la mujer y la madre.

710. Pueden excusarse, los que pueden hacerlo de la tutela.

711. Será removido del cargo de representante, el que deba serlo del de tutor.

712. El cargo de representante acaba:

I. Con el regreso del ausente:

II. Con la representacion de apoderado legítimo:

III. Con la muerte del ausente:

IV. Con la posesion provisional.

713. Todos los años, en el dia que corresponda á aquel en que hubiere sido nombrado el representante, se publicarán nuevos edictos, llamando al ausente. En ellos constarán el nombre y domicilio del representante y el número

de años que falte para que se cumpla el plazo que señalan los artículos 716 y 717 en su caso.

714. Los edictos se publicarán por tres meses, con intervalo de quince dias, en los principales periódicos de la República; y se remitirán á los cónsules como previene el artículo 698.

715. El representante está obligado á promover la publicacion de los edictos. La falta de cumplimiento de esa obligacion hace responsable al representante de los daños y perjuicios que se sigan al ausente, y es causa legítima de remocion.

CAPITULO II.

De la declaracion de ausencia.

Art. 716. Pasados cinco años desde el dia en que haya sido nombrado el representante, habrá accion para pedir la declaracion de ausencia.

717. En el caso de que el ausente haya dejado ó nombrado apoderado general para la administracion de sus bienes, no podrá pedirse la declaracion de su ausencia sino pasados diez años, que se contarán desde la desaparicion del ausente, si en ese período no se tuvieron ningunas noticias suyas, ó desde la fecha en que se hayan tenido las últimas.

718. Lo dispuesto en el artículo anterior, se observará aun cuando el poder se haya conferido por mas de diez años.

719. Pasados cinco años, que se contarán del modo establecido en el artículo 717, el ministerio público y las personas que designa el 721, pueden pedir que el apoderado garantice en los mismos términos en que debe hacerlo el representante: y el juez así lo dispondrá, si hubiere motivo fundado.

720. Si el apoderado no quiere ó no puede dar la garantía, se tendrá por terminado el poder, y se procederá al nombramiento de representante de la manera dispuesta en los artículos 704, 705 y 706.

721. Pueden pedir la declaracion de ausencia:

I. Los presuntos herederos legítimos del ausente:

II. Los herederos instituidos en testamento abierto:

III. Los que tengan algun derecho ú obligacion que dependa de la vida, muerte ó presencia del ausente:

IV. El ministerio público.

722. Si el juez encuentra fundada la demanda, dispondrá que se publique durante tres meses, con intervalo de quince dias, en el periódico oficial y en los demas de la República que crea conveniente, y la remitirá á los cónsules conforme al artículo 698.

723. Pasados seis meses desde la fecha de la última publicacion, y no ántes, si no hubiere noticia del ausente, ni oposicion de algun interesado, el juez declarará en forma la ausencia.

724. Si hubiere algunas noticias ú oposicion, el juez no declarará la ausencia sin repetir las publicaciones que establece el artículo 122 y hacer la averiguacion por los medios que el oponente proponga y por los que el mismo juez crea oportunos.

725. La declaracion de ausencia se publicará tres ve-

ces por los periódicos, con intervalo de quince dias, remitiéndose á los cónsules como está prevenido respecto de los edictos. Ambas publicaciones se repetirán cada cinco años hasta que se declare la presuncion de muerte.

726. El fallo que se pronuncie en el juicio de declaracion de ausencia, tendrá las mismas instancias que el Código de procedimientos asigne para los negocios de mayor interes.

CAPITULO III.

De los efectos de la declaracion de ausencia.

Art. 727. Declarada la ausencia, si hubiere un testamento cerrado, la persona en cuyo poder se encuentre, lo presentará al juez dentro de quince dias contados desde la última publicacion de que habla el artículo 725.

728. El juez, de oficio, ó á instancia de cualquiera que se crea interesado en el testamento, abrirá este en presencia del representante del ausente, con citacion de los que promovieron la declaracion de ausencia y con las demas solemnidades prescritas para la apertura de los testamentos cerrados.

729. Los herederos testamentarios, y en su defecto los que lo fueren legítimos al tiempo de la desaparicion del ausente, ó al tiempo en que se hayan recibido las últimas noticias, serán puestos en posesion provisional de los bienes, dando fianza que asegure las resultas de la ad-

ministracion, si fueren mayores ó estuvieren emancipados. Si estuvieren bajo patria potestad ó tutela, se procederá conforme á derecho.

730. Si son varios los herederos y los bienes admiten cómoda division, cada uno administrará la parte que le corresponda.

731. Si los bienes no admiten cómoda division, los herederos elegirán de entre ellos mismos un administrador general; y si no se pusieren de acuerdo, el juez le nombrará, escogiéndole de entre los mismos herederos.

732. Si una parte de los bienes fuere cómodamente divisible y otra no, respecto de esta se nombrará el administrador general.

733. Los herederos que no administren, podrán nombrar un interventor, que tendrá las facultades y obligaciones señaladas á los curadores. Su honorario será el de estos y se pagará por el que le nombre.

734. El que entre en la posesion provisional, tendrá respecto de los bienes las mismas obligaciones, facultades y restricciones que los tutores.

735. En el caso del artículo 730, cada heredero dará la garantía que corresponda á la parte de bienes que administre.

736. En el caso del artículo 731, el administrador general será quien dé la garantía legal.

737. Los legatarios, los donatarios y todos los que tengan sobre los bienes del ausente derechos que dependan de la muerte ó presencia de este, podrán ejercitarlos, dando la garantía que corresponda segun el artículo 581.

738. Los que tengan con relacion al ausente obligacio-

nes que deban cesar á la muerte de este, podrán trmbien suspender su cumplimiento bajo la misma garantía.

739. Si no pudiere darse la garantía prevenida en los cinco artículos anteriores, el juez, segun las circunstancias de las personas y de los bienes, y concediendo el plazo fijado en el artículo 583, podrá disminuir el importe de aquella, pero de modo que no baje de la tercia parte de los valores señalados en el artículo 581.

740. Miéntras no se dé la expresada garantía, no cesará la administracion del representante.

741. No están obligados á dar garantía:

I. El cónyuge que, como heredero, entre en la posesion de los bienes del ausente, por la parte que en ellos le corresponda:

II. El ascendiente que entre en la posesion como heredero ó que administre los bienes de sus descendientes menores en ejercicio de la patria potestad, por la parte que á estos ó á él corresponda. Si hubiere legatarios, el ascendiente y el cónyuge darán la garantía legal por la parte que á estos corresponda, si no hubiere division ni administrador general.

742. Los que entren en la posesion provisional, tienen derecho de pedir cuentas al representante del ausente; y este entregará los bienes y dará las cuentas en los términos prevenidos en los artículos 638 á 645. El plazo señalado en este último artículo se contará desde el dia en que el heredero haya sido declarado con derecho á la referida posesion.

743. Si hecha la declaracion de ausencia no se presentaren herederos del ausente, el ministerio público pedirá ó la continuacion del representante ó la eleccion de

otro, que en nombre de la hacienda pública entre en la posesion provisional conforme á los artículos que anteceden.

744. Muerto el que haya obtenido la posesion provisional, le sucederán sus herederos en la parte que le haya correspondido, bajo las mismas condiciones y con iguales garantías.

745. Si el ausente se presenta, ó se prueba su existencia ántes de que sea declarada la presuncion de su muerte, recobrará sus bienes, con deduccion de la mitad de los frutos y rentas, que quedarán á beneficio de los que han tenido la posesion provisional.

CAPITULO IV.

De la administracion de los bienes del ausente casado.

Art. 746. La declaracion de ausencia no disuelve el vínculo del matrimonio; pero interrumpe la sociedad conyugal, salvo lo dispuesto en el artículo 751.

747. Declarada la ausencia, se procederá con citacion de los herederos presuntivos, al inventario de los bienes y á la separacion que de ellos debe hacerse conforme á las capitulaciones matrimoniales.

748. El cónyuge presente recibirá desde luego sus bienes propios y los gananciales que le correspondan hasta el dia en que la declaracion de ausencia haya causado ejecutoria. De unos y otros podrá disponer libremente.

749. Los bienes propios del ausente y los gananciales

que le correspondan, se entregarán á sus herederos en los términos prevenidos en el capítulo anterior.

750. Si el cónyuge presente entrare como heredero en la posesion provisional, en el caso previsto en el artículo 745, hará suyos todos los frutos y rentas de los bienes que haya administrado.

751. Si el cónyuge presente no fuere heredero, ni tuviere bienes propios ni gananciales, continuará la sociedad conyugal si se hubiere estipulado en las capitulaciones; y el cónyuge podrá nombrar un interventor en los términos prevenidos en el artículo 783: si no hubiere sociedad legal, tendrá alimentos.

752. Si hubiere sociedad, el cónyuge tendrá derecho á la mitad de las utilidades, sin perjuicio de los alimentos, que el juez le señalará con audiencia de los herederos.

753. Si despues de haber sido hecha la declaracion de ausencia, regresare el cónyuge ausente, quedará restaurada la sociedad conyugal, si ha sido interrumpida conforme al artículo 746; mas los gananciales adquiridos serán propios del cónyuge que los adquirió.

754. Si aun despues de hecha la declaracion de ausencia se probare que la muerte del cónyuge fué anterior á ella, solo hasta la fecha del fallecimiento serán comunes los gananciales; debiéndose devolver á los herederos lo que bajo ese carácter haya recibido de mas el cónyuge presente.

755. Si durante la ausencia de un cónyuge se ausentare el otro, se procederá respecto de los bienes de este conforme á lo dispuesto en el artículo anterior.

756. Si la ausencia de los cónyuges fuere simultánea,

se hará la separacion de bienes conforme se previene en este capítulo, y se entregarán á los herederos los que respectivamente les correspondan, conforme al capítulo anterior.

CAPITULO V.

De la presuncion de la muerte del ausente.

Art. 757. Cuando hayan trascurrido treinta años desde la declaracion de ausencia, el juez, á instancia de la parte interesada, declarará la presuncion de muerte.

758. Hecha esta declaracion, se abrirá el testamento del ausente, si no estuviere ya publicado conforme al artículo 727; los poseedores provisionales darán cuenta de su administracion, en los términos prevenidos en el artículo 742, y los herederos y demas interesados entrarán en la posesion definitiva de los bienes sin garantía alguna. La que segun la ley se hubiere dado, quedará cancelada.

759. Si se llega á probar la muerte del ausente, la herencia se defiere á los que debieron heredarle al tiempo de ella; pero el poseedor ó poseedores de los bienes hereditarios, al restituirlos se reservarán la mitad de los frutos correspondientes á la época de la posesion provisional y todos ellos desde que obtuvieron la posesion definitiva.

760. Si el ausente se presentare ó se probare su existencia, despues de otorgada la posesion definitiva, recobrará sus bienes en el estado en que se hallen, el precio de

lo enajenados y los que se hubieren adquirido con el mismo precio; pero no podrá reclamar frutos ni rentas.

761. Cuando hecha la declaracion de ausencia ó la de presuncion de muerte de una persona, se hubiesen aplicado sus bienes á los que por testamento ó sin él se tuvieron por herederos, y despues se presentaren otros pretendiendo que ellos deben ser preferidos en la herencia y así se declare por sentencia que cause ejecutoria, la entrega de bienes se hará á estos en los mismos términos en que, segun los artículos 745 y 760 debiera hacerse al ausente si se presentara.

762. Los poseedores definitivos darán cuenta al ausente y á sus herederos. El plazo legal correrá desde el dia en que el primero se presente por sí ó por apoderado legítimo, ó desde aquel en que por sentencia que cause ejecutoria se haya deferido la herencia.

763. La posesion definitiva termina:

I. Con el regreso del ausente:

II. Con la noticia cierta de su existencia:

III. Con la certidumbre de su muerte:

IV. Con la sentencia que cause ejecutoria en el caso del artículo 761.

764. En el caso segundo del artículo anterior, los poseedores definitivos serán considerados como provisionales desde el dia en que se tenga noticia cierta de la existencia del ausente.

765. La sentencia que declare la presuncion de muerte de un ausente casado, pone término á la comunidad de bienes.

766. En el caso previsto por el artículo 751, el cónyuge solo tendrá derecho á alimentos.

CAPITULO VI.

De los efectos de la ausencia respecto de los derechos eventuales del ausente.

Art. 767. Cualquiera que reclame un derecho referente á una persona cuya existencia no esté reconocida, deberá probar que esta persona vivia en el tiempo en que era necesaria su existencia para adquirir aquel derecho.

768. Si se defiere una herencia, á la que sea llamado un individuo declarado ausente, entrarán solo en ella los que debian ser coherederos de aquel ó suceder por su falta; pero deberán hacer inventario en forma de los bienes que reciban.

769. En este caso los coherederos ó sucesores se considerarán como poseedores provisionales ó definitivos de los bienes que por la herencia debian corresponder al ausente, segun la época en que la herencia se defiera.

770. Lo resuelto en los artículos anteriores debe entenderse sin perjuicio de las acciones de peticion de herencia y de otros derechos que podrán ejercitar el ausente, sus representantes, acreedores, ó legatarios, y que no se extinguirán sino por el lapso del tiempo fijado para la prescripcion.

771. Los que hayan entrado en la herencia, harán suyos los frutos percibidos de buena fé, miéntras que el ausente no comparezca, ó que sus acciones no sean ejercitadas por

sus representantes ó los que por contrato ó cualquiera otra causa tengan con él relaciones jurídicas.

CAPITULO VII.

Disposiciones generales.

Art. 772. El representante y los poseedores provisionales y definitivos, eu sus respectivos casos, tienen la legítima procuracion del ausente en juicio y fuera de él.

773. Todos los actos que ejecuten dentro de la órbita de sus facultades legales, son válidos y obligan al ausente.

774. Por causa de ausencia no hay restitucion in íntegrum.

775. El ausente y sus herederos tienen accion para reclamar los daños y perjuicios que el representante ó los poseedores hayan causado por exceso de sus facultades, culpa ó negligencia, sujetos siempre á las disposiciones generales sobre prescripcion.

776. El ministerio público velará por los intereses del ausente y será oido en todos los juicios que tengan relacion con él y en las declaraciones de ausencia y presuncion de muerte.

777. El juez competente para todos los negocios relativos á ausencia, es el del último domicilio del ausente; y si este se ignora, el del lugar donde se halle la mayor parte de los bienes.

LIBRO SEGUNDO.

DE LOS BIENES, LA PROPIEDAD Y SUS DIFERENTES MODIFICACIONES.

TITULO I.

Disposiciones preliminares.

Art. 778. Pueden ser objeto de apropiacion todas las cosas que no están excluidas del comercio.

779. Las cosas pueden estar fuera del comercio, por su naturaleza ó por disposicion de la ley.

780. Están fuera del comercio por su naturaleza las que no pueden ser poseidas por algun individuo exclusivamente; y por disposicion de la ley, las que ella declara irreducibles á propiedad particular.

TITULO II.

De la division de los bienes.

Art. 781. Las cosas que pueden ser objeto de propiedad, son bienes muebles ó inmuebles.

CAPITULO I.

De los bienes inmuebles.

Art. 782. Son bienes inmuebles:

1º Las tierras y los edificios y demas construcciones que no pueden trasportarse:

2º Las plantas y árboles, miéntras estuvieren unidos á la tierra, y los frutos pendientes en los mismos árboles y plantas, miéntras no sean separados de ellos por cosechas ó cortes regulares:

3º Todo lo que esté unido á un edificio de una manera fija; de modo que no pueda separarse sin deterioro irreparable del mismo edificio ó del objeto á él adherido:

4º Las estatuas colocadas en nichos construidos en el edificio exclusivamente para ellas:

5º Cualquier objeto artístico incrustrado en el eificio:

6º Los estanques de peces, los palomares, las colmenas y los demas víveses de animales:

7º Las máquinas, vasos, instrumentos ó utensilios destinados por el propietario de una finca para el uso propio de la industria que en aquella se ejerciere; y las cañerías de cualquiera especie que sirven ya para conducir el agua á la finca, ya para exsraerla de ella:

8º Las servidumbres y demas derechos reales sobre inmuebles.

783. Las cosas á que se refieren las fracciones 3ª, 4ª y 5ª del artículo anterior, serán consideradas como mue-

bles cuando el mismo dueño las separe del edificio; salvo el caso de que en el valor de este se haya computado el de aquellas para constituir algun derecho real á favor de un tercero.

CAPITULO II.

De los bienes muebles.

Art. 784. Los bienes son muebles ó por su naturaleza ó por determinacion de la ley.

785. Son muebles por su naturaleza los cuerpos que pueden trasladarse de un lugar á otro, ya se muevan por sí mismos, ya por efecto de una fuerza exterior.

786. Son bienes muebles por determinacion de la ley las obligaciones y los derechos ó acciones que tienen por objeto cantidades exigibles ó cosas muebles.

787. Por ignal razon se reputan muebles las acciones que cada socio tiene en las compañías de comercio ó de industria, aun cuando á estas pertenezcan algunos bienes inmuebles.

788. Son igualmente bienes muebles por determinacion de la ley, las rentas perpetuas y las vitalicias, sea que graviten sobre el tesoro público, ó sobre propiedades privadas, ó que estén garantidas por simple obligacion personal.

789. Las embarcaciones de todo género son bienes muebles.

790. Los materiales procedentes de la demolicion de

un edificio, y los que se hubieren acopiado para construir alguno nuevo, serán muebles miéntras no se hayan empleado en la fabricacion, así como los abonos para las tierras miéntras no se hayan aplicado á su objeto.

791. En general son bienes muebles todos los demas no comprendidos en el artículo 782.

792. Cuando en la disposicion de la ley ó en los actos y contratos se use de las palabras *bienes muebles*, se comprenderán bajo esa denominacion los enumerados en los artículos 785 al 791.

793. Cuando se use de las palabras *muebles ó bienes muebles de una casa*, no se comprenderán en ellas sino el ajuar y utensilios que sirvan exclusiva y propiamente para el uso y trato ordinario de una familia, segun las circunstancias de las personas.

794. La distincion contenida en los dos artículos anteriores, queda sujeta á las modificaciones que respecto de ella hagan el testador ó las partes contratantes, siempre que conste su voluntad clara y manifiestamente.

CAPITULO III.

De los bienes considerados segun las personas á quienes pertenecen.

Art. 795. Los bienes son de propiedad pública ó privada.

796. Son bienes de propiedad pública:

1º El territorio del Distrito y de la California, que no esté bajo dominio particular conforme á derecho:

2º Los que forman el erario federal, conforme á las leyes:

3º Los bienes de las municipalidades y los de las oficinas ó establecimientos públicos que dependen del gobierno general ó de los locales del Distrito ó de la California:

4º Las cosas que no tienen dueño y los bienes que dejan las personas que mueren sin herederos, ó cuyas sucesiones deben considerarse abandonadas segun las leyes.

797. Los bienes de propiedad pública se regirán por las disposiciones de este Código, en cuanto no esté determinado por leyes especiales, quedando sujetos en todo caso á las reglas que en él se establecen para la prescripcion.

798. Son bienes de propiedad privada todas las cosas cuyo dominio pertenece legalmente á los particulares, y de las que no puede aprovecharse ninguno sin consentimiento del dueño.

799. Las corporaciones no son capaces de adquirir propiedad sino en los términos fijados en el artículo 27 de la constitucion y por las leyes especiales de la materia.

800. Los bienes de propiedad pública se dividen en bienes de uso comun y bienes propios.

801. Son bienes de uso comun aquellos de que pueden aprovecharse todos los habitantes, con las restricciones establecidas por la ley ó por los reglamentos administrativos.

802. En el artículo anterior se comprenden:

1º Las playas del mar: entendiéndose por tales aquellas partes de tierra que cubre el agua en su mayor flujo ordinario:

2º Los puertos, bahías, radas y ensenadas:

3º Los rios, aunque no sean navegables, su álveo, las rias y los esteros:

4º Los puentes, calzadas, caminos y canales construidos y conservados á expensas del Estado:

5º Las riberas de los rios navegables, en cuanto al uso que fuere indispensable para la navegacion:

6º Los lagos y lagunas que no sean de propiedad particular:

7º Las calles, plazas, fuentes y paseos de las poblaciones:

8º Los palacios, los monumentos y los edificios nacionales destinados á las oficinas y demas establecimientos públicos.

803. Los que estorben el uso comun de los bienes públicos, quedan sujetos á las penas establecidas; á pagar todo el daño y perjuicio causados, y á la pérdida de las obras que hubieren ejecutado.

804. Son propios los bienes que, conforme á las leyes, están exclusivamente destinados á cubrir los gastos públicos de las ciudades ó de los pueblos.

805. Ninguno puede usar ni aprovecharse de los bienes propios, sin concesion especial de la autoridad. La infraccion de este artículo será considerada y castigada conforme á las prescripciones del Código penal ó de los reglamentos de policía en su caso.

806. Todo lo relativo á la ocupacion y enajenamiento de terrenos baldíos, se arreglará á lo que disponga la ley orgánica de la fraccion XXIV del artículo 72 de la constitucion.

CAPITULO IV.

De los bienes mostrencos.

Art. 807. Pueden las cosas carecer de dueño, ó porque este las haya perdido por casualidad, ó porque las haya abandonado intencionalmente.

808. El que hallare una cosa perdida ó abandonada, deberá entregarla dentro de veinticuatro horas á la autoridad política ó municipal del lugar, ó á la mas cercana, si el hallazgo se verificó en despoblado.

809. La autoridad dispondrá desde luego que la cosa hallada se tase por peritos, y la depositará en el Montepío, ó en poder de persona segura, exigiendo formal y circunstanciado recibo.

810. Si el valor de la cosa no pasare de diez pesos, se fijarán avisos en los lugares públicos y se insertarán en los principales periódicos tres veces durante un mes.

811. Si el valor de la cosa pasare de diez pesos y no llegare á cincuenta, los avisos se fijarán y publicarán cuatro veces durante dos meses.

812. Si el valor fuere de cincuenta á cien pesos, los avisos se fijarán y publicarán seis veces durante tres meses.

813. Si el valor pasare de cien pesos, los avisos se fijarán y publicarán ocho veces durante seis meses.

814. Si la cosa hallada fuere de las que no pueden conservarse, la autoridad dispondrá desde luego su venta y mandará depositar su precio.

815. Si fuere de algun animal, cuyo precio no llegue á cincuenta pesos, la venta se verificará al fin del primer mes; si no llega á cien, se hará á los dos meses; y si pasa de cien pesos, la venta se hará á los tres meses, depositándose su valor en todo caso.

816. Si durante los plazos designados en los artículos 810, 811, 812 y 813 se presentare alguno reclamando la cosa, la autoridad política remitirá todos los datos del caso al juez de primera instancia, ante quien el reclamante probará su accion con audiencia del ministerio público.

817. Si el reclamante es declarado dueño, se le entregará la cosa ó su precio con deduccion de los gastos.

818. Si el reclamante no es declarado dueño, ó si pasados los plazos citados en el artículo 816 nadie reclama la propiedad de la cosa, esta se venderá, dándose una cuarta parte al que la halló, y destinándose las tres cuartas partes restantes al establecimiento de beneficencia que designe el gobierno.

819. Aun cuando por alguna circunstancia especial fuere necesaria, á juicio del gobierno, la conservacion de la cosa, el que halló esta recibirá la cuarta parte del precio.

820. El que tenga noticia de hallarse abandonada alguna cosa inmueble y quiera adquirir la parte que conforme á la ley le corresponda, deberá hacer el denuncio ante la autoridad política del lugar donde aquella esté ubicada.

821. En este caso se observarán las disposiciones relativas de este capítulo; y el denunciante recibirá la cuarta parte del precio.

822. Todas las diligencias que en estos casos practique la autoridad política, serán gratúitas.

823. El dueño, y en su caso la hacienda pública, pagarán el honorario de los peritos; la insercion de los avisos en los periódicos; la mantencion de los animales; el sueldo del depositario de cosas inmuebles; los demas gastos que sean necesarios en la conservacion de la cosa, y los que puedan causarse en las cuestiones judiciales.

824. Todas las ventas se harán en almoneda pública.

825. El que no cumpla con lo prevenido en los artículos 808 y 820, pagará una multa de cinco á cincuenta pesos, sin perjuicio de las penas que merezca como detentador.

826. La ocupacion de las embarcaciones, de su carga y de los objetos que el mar arroja á las playas, ó que se recogen en alta mar, se rige por el Código de comercio.

TITULO III.

DE LA PROPIEDAD.

CAPITULO I.

De la propiedad en general.

Art. 827. La propiedad es el derecho de gozar y disponer de una cosa, sin mas limitaciones que las que fijan las leyes.

828. La propiedad es inviolable: no puede ser ocupada sino por causa de utilidad pública y previa indemnizacion.

829. El propietario de un terreno es dueño de su superficie, y de lo que está debajo de ella. Por lo mismo podrá usarlo y hacer en él todas las obras, plantaciones ó excavaciones que quiera, salvas las restricciones establecidas en el título de las servidumbres, y con sujecion á lo dispuesto en la legislacion especial de minas y en los reglamentos de policía.

830. Los que por cualquier título legal tienen el dominio comun de una cosa, no pueden ser obligados á conservarlo indiviso, sino en los casos en que por la misma naturaleza de la cosa ó por determinacion de la ley, el dominio es indivisible.

831. Si el dominio no es indivisible, pero la cosa no admite cómoda division y los partícipes no se convienen en que sea adjudicada á alguno de ellos, se procederá á su venta y á la reparticion de su precio entre los interesados.

832. La division de bienes inmuebles es nula si no se hace en escritura pública.

CAPITULO II.

De la apropiacion de los animales.

Art. 833. El derecho de caza y el de apropiarse los productos de esta son enteramente libres en terreno público.

834. En terreno de propiedad particular no puede ejercitarse el derecho á que se refiere el artículo anterior, ya

sea comenzando en él la caza, ya continuando la comenzada en terreno público, sino con permiso del dueño.

835. El ejercicio del derecho de cazar se regirá por los reglamentos de policía y por las siguientes bases.

836. El cazador se hace dueño del animal que caza, por el acto de apoderarse de él, salvo lo dispuesto en el artículo 838.

837. Se considera cogido el animal que ha sido muerto por el cazador durante el acto venatorio, y tambien el que está preso en sus redes.

838. Si la pieza herida muriese en terreno ajeno, el propietario, ó quien le represente, deberá entregarla al cazador ó permitir que entre á buscarla.

839. El propietario que infrinja el artículo anterior, pagará el valor de la pieza; y el cazador perderá esta si entra á buscarla sin permiso de aquel.

840. En todo caso es responsable el cazador de los daños que cause.

841. Cuando haya mas de un cazador, serán todos responsables solidariamente.

842. El hecho de entrar los perros de caza en terreno ajeno, independientemente de la voluntad del cazador, solo obliga á este á la mera reparacion de los daños causados.

843. La accion para pedir la reparacion, prescribe á los treinta dias contados desde aquel en que se causó el daño.

844. Es lícito á los labradores destruir en cualquier tiempo los animales bravíos, que perjudiquen sus sementeras y plantaciones.

845. El mismo derecho tiene respecto á las aves domés-

ticas, en los campos en que hubiere tierras sembradas de cereales ú otros frutos pendientes, á que pudieren perjudicar aquellas aves.

846. Se prohibe absolutamente destruir en predios ajenos los nidos, huevos y crias de aves de cualquiera especie.

847. La pesca y el buceo de perlas son enteramente libres en las aguas públicas y de uso comun, salvo lo que dispongan los reglamentos administrativos.

848. El derecho de pesca en aguas particulares pertenece exclusivamente á los dueños de los predios en que aquellas corren.

849. Es lícito á cualquiera apropiarse los animales bravíos, conforme á los reglamentos de policía.

850. Es lícito á cualquiera apropiarse los enjambres que no hayan sido encerrados en colmenas, ó que habiéndolo estado las han abandonado.

851. No se entiende que las abejas han abandonado la colmena, cuando se han posado en predio propio del dueño ó este las persigue llevándolas á la vista.

852. Los animales feroces que se escaparen del encierro en quo los tengan sus dueños, podrán ser destruidos ú ocupados por cualquiera.

853. La ocupacion de los animales domésticos se rige por las disposiciones contenidas en el título de los bienes mostrencos.

CAPITULO III.

De los tesoros.

Art. 854. El tesoro oculto pertenece al que lo descubre en sitio de su propiedad.

855. Si el sitio fuere de propiedad pública ó perteneciere á alguna persona particular, que no sea el mismo descubridor, se aplicará á este una mitad del tesoro y la otra al propietario del sitio.

856. Cuando los objetos descubiertos fueren interesantes para las ciencias ó para las artes, se aplicarán á la nacion por su justo precio; el cual se distribuirá conforme á lo dispuesto en los artículos 854 y 855.

857. Para que el que descubra un tesoro en suelo ajeno, goce el derecho que va declarado, es necesario que el descubrimiento sea casual.

858. Nadie de propia autoridad puede en terreno ó edificio ajeno hacer excavacion, horadacion ú obra alguna para buscar un tesoro.

859. El tesoro que se descubriere en terreno ajeno por obras practicadas sin consentimiento de su dueño, pertenece íntegramente á este.

860. El que, sin consentimiento del dueño, hiciere en terreno ajeno obras para descubrir un tesoro, estará obligado en todo caso, á pagar los daños y perjuicios, y ademas á reponer á su costa las cosas en su primer estado: perderá tambien el derecho de inquilinato, si lo tuviere en el fundo, aunque no esté fenecido el término del arrendamiento, cuando así lo pidiere el dueño.

861. Si el tesoro se buscare con consentimiento del dueño del fundo, se observarán las estipulaciones que se hubieren hecho para la distribucion, y si no las hubiere, los gastos y lo descubierto se distribuirán por mitad.

862. Cuando uno tuviere la propiedad y otro el usufructo de una finca en que se haya encontrado un tesoro, si el que lo encontró fué el mismo usufructuario, la parte

que le corresponda se determinará segun las reglas que quedan establecidas para el descubridor extraño.

863. Si el descubridor no es el dueño, ni el usufructuario, el tesoro se repartirá entre el dueño y el descubridor; observándose en este caso lo dispuesto en los artículos 859, 860 y 861.

864. Si el propietario mismo encuentra el tesoro en la finca ó terreno cuyo usufructo pertenece á otra persona, no tendrá esta parte alguna en el tesoro; pero sí derecho de exigir del propietario una indemnizacion por los daños y perjuicios que le origine la interrupcion del usufructo en la parte ocupada ó demolida para buscar el tesoro: la indemnizacion se pagará aun cuando no se haya encontrado el tesoro.

865. Para los efectos de los artículos que preceden, se entiende por tesoro el depósito oculto de dinero, alhajas ú otros objetos preciosos, cuya legítima procedencia no conste. Nunca un tesoro se considerará como fruto de una finca.

866. Si el tesoro es encontrado en terreno dado en enfitéusis, el enfiteuta será considerado como usufructuario para los efectos de los artículos que preceden.

CAPITULO IV.

De las minas.

Art. 867. El denuncio, la adjudicacion, el laboreo y todo lo concerniente á minas, se rige por la ordenanza especial de minería y demas leyes relativas.

CAPITULO V.

De los montes, pastos y arboledas.

Art. 868. Todo lo relativo al corte de maderas, y conservacion de los montes, pastos y arboledas, se rige por ordenanzas especiales.

CAPITULO VI.

Del derecho de accesion.

Art. 869. La propiedad de los bienes da derecho á todo lo que ellos producen ó se les une ó incorpora natural ó artificialmente. Este derecho se llama de accesion.

870. En virtud de él pertecen al propietario:

I. Los frutos naturales:

II. Los frutos industriales:

III. Los frutos civiles.

871. Son frutos naturales las producciones espotáneas de la tierra; las crias, pieles y demas productos de los animales.

872. Las crias de los animales pertenecen al dueño de la madre y no al del padre, salvo convenio anterior en contrario.

873. Son frutos industriales los que producen las heredades ó fincas de cualquiera especie á beneficio del cultivo ó trabajo.

874. No se reputan frutos naturales ó industriales, sino desde que están manifiestos ó nacidos.

875. Para que los animales se consideren frutos, basta que estén en el vientre de la madre, aunque no hayan nacido.

876. Son frutos civiles los alquileres de los bienes muebles; las rentas de los inmuebles; los réditos de los capitales, y todos aquellos que no siendo producidos por la misma cosa directamente, vienen de ella por contrato, por última voluntad ó por la ley.

877. Los animales sin marca ajena, que se encuentran en las tierras ó propiedades, se presumen propios del dueño de estas, miéntras no se prueba lo contrario.

878. Todo lo que se une ó se incorpora á una cosa; lo edificado, plantado y sembrado; y lo reparado ó mejorado en terreno ó finca de ajena propiedad, pertenece al dueño del terreno ó finca, con sujecion á lo que se dispone en los artículos siguientes.

879. Todas las obras, siembras y plantaciones, así como las mejoras y reparaciones ejecutadas en un terreno, se presumen hechas por el propietario y á su costa, miéntras no se prueba lo contrario.

880. El propietario del árbol ó arbusto contiguo al predio de otro, tiene derecho de exigir de este que le permita hacer la recoleccion de los frutos que no se puedan recoger de su lado; pero es responsable de cualquier perjuicio que con tal motivo le cause.

881. Los frutos del árbol ó del arbusto comun, y los gastos de su cultivo, serán repartidos por partes iguales entre los propietarios.

882. El que sembrare, plantare ó edificare en finca pro-

pia, con semillas, plantas ó materiales ajenos, adquiere la propiedad de unas y otros; pero con la obligacion de pagarlos en todo caso, y de resarcir daños y perjuicios, si ha procedido de mala fé.

883. El dueño de las semillas, plantas ó materiales, nunca tendrá derecho de pedir que se le devuelvan, destruyéndose la obra ó plantacion; pero si las plantas no han echado raices y pueden sacarse, el dueño de ellas tiene derecho de pedir que así se haga.

884. Cuando las semillas ó los materiales no estén aun aplicados á su objeto, ni confundidos con otros, pueden vindicarse por el dueño.

885. El dueño del terreno en que se edificare, sembrare ó plantare de buena fé, tendrá derecho de hacer suya la obra, siembra ó plantacion, previa la indemnizacion prescrita en el artículo 882, ó de obligar al que edificó ó plantó, á pagarle el precio del terreno, y al que sembró, solamente su renta.

886. El que edifica, planta ó siembra de mala fé en terreno ajeno pierde lo edificado, plantado ó sembrado; sin que tenga derecho de reclamar indemnizacion alguna del dueño del suelo, ni de retener la cosa.

887. El dueño del terreno en que se haya edificado con mala fé, podrá pedir la demolicion de la obra y la reposicion de las cosas á su estado primitivo á costa del edificador.

888. Cuando haya mala fé, no solo por parte del que edificare, sino por parte del dueño, se entenderá compensada esta circunstancia, y se arreglarán los derechos de uno y otro conforme á lo resuelto para el caso de haberse procedido de buena fé.

889. Se entiende que hay mala fé de parte del edificador, plantador ó sembrador, cuando hace la calificacion, plantacion ó siembra, ó permite, sin reclamar, que con material suyo las haga otro, en terreno que sabe es ajeno, no pidiendo previamente al dueño su consentimiento por escrito.

890. Se entiende haber mala fé por parte del dueño, siempre que á su vista ó ciencia y paciencia, se hicieren el edificio, la siembra ó la plantacion.

891. Si los materiales, plantas ó semillas pertenecen á un tercero, que no ha procedido de mala fé, el dueño del terreno es responsable subsidiariamente del valor de aquellos objetos, siempre que concurran las dos circunstancias siguientes:

1ª Que el que de mala fé empleó los materiales, plantas ó semillas, no tenga bienes con que responder de su valor:

2ª Que lo edificado, plantado ó sembrado, aproveche al dueño.

892. No tendrá lugar lo dispuesto en el artículo anterior, si el propietario usa del derecho que le concede el artículo 887.

893. Pertenece á los dueños de las heredades confinantes con las riberas de los rios, el acrecentamiento que aquellas reciban paulatina é insensiblemente por efecto de la corriente de las aguas.

894. Los dueños de las heredades confinantes con las lagunas ó estanques, no adquieren el terreno descubierto por la diminucion natural de las aguas, ni pierden el que estas inunden con las crecidas extraordinarias.

895. Cuando la fuerza del rio arranca una porcion con-

siderable y reconocible de un campo ribereño y la lleva hácia otro inferior, ó á la ribera opuesta, el propietario de la porcion arrancada puede reclamar su propiedad, haciéndolo dentro de dos años, contados desde el acaecimiento: pasado este plazo, perderá su derecho de propiedad, á ménos que el propietario del campo á que se unió la porcion arrancada, no haya aún tomado posesion de ella.

896. Si la fuerza del rio arranca solamente árboles, el propietario de ellos conserva el derecho de reclamarlos y llevarlos á su heredad, en el mismo período de dos años; pero no puede usar los derechos de propietario de ellos en el campo ajeno en que se encuentren.

897. Cuando un rio varía su curso, los dueños de los campos ó heredades nuevamente cubiertos por las aguas, pierden el espacio que ocupa el rio; y los propietarios ribereños del álveo abandonado adquieren la parte que queda á su frente hasta la mitad del álveo ó cuse del rio.

898. Las islas que se formen en los mares adyacentes á las costas del territorio de la Baja-California, son del dominio público, y ninguno puede adquirir propiedad en ellas, sino por concesion del gobierno.

899. Lo dispuesto en el artículo anterior es tambien aplicable á las islas que se formen en los rios navegables y aun en los flotables, que son aquellos en que se navega por sirga ó balsas.

900. Las islas que se forman en los rios no navegables ó flotables, pertenecen á los propietarios de ambas riberas, proporcionalmente á la extension del frente de cada heredad, á lo largo del rio, tirando una linea divisoria por medio del álveo.

901. Cuando la corriente del rio se divide en dos bra-

zos, ó ramales dejando aislada una heredad ó parte de ella, el dueño no pierde su propiedad sino en la parte ocupada por las aguas, aunque el rio dividido sea navegable.

902. Cuando dos cosas muebles, pertenecientes á dueños distintos, se unen de tal manera que viene á formar una sola, sin que intervenga mala fé, el propietario de la principal adquiere la accesoria, pagando su valor.

903. Se reputa principal, entre dos cosas incorporadas, la de mayor valor.

904. Si no pudiere hacerse la calificacion conforme á la regla establecida en el artículo que precede, se reputará principal el objeto cuyo uso, perfeccion ó adorno se haya conseguido por la union del otro.

905. En la pintura, escultura y bordado; en los escritos, impresos, grabados y litografías, se estima por accesorio la tabla, el metal, la piedra, el lienzo, el papel ó el pergamino.

906. Cuando las cosas unidas pueden separarse sin detrimento, y subsistir independientemente, los dueños respectivos pueden exigir la separacion.

907. Cuando las cosas no pueden separarse, sin que la que se reputa accesoria sufra deterioro, el dueño de la principal tendrá tambien derecho de pedir la separacion; pero quedará obligado á indemnizar al dueño de la accesoria, siempre que este haya procedido de buena fé.

908. Cuando el dueño de la cosa accesoria es el que ha hecho la incorporacion, la pierde si ha obrado de mala fé; y está ademas obligado á indemnizar al propietario de los perjuicios que se le hayan seguido de la incorporacion.

909. Si el dueño de la cosa principal es el que ha pro-

cedido de mala fé, el que lo sea de la accesoria tendrá derecho á que aquel le pague su valor y le indemnice de los daños y perjuicios, ó á que la cosa de su pertenencia se separe, aunque para ello haya de destruirse la principal.

910. Si la incorporacion se hace por cualquiera de los dueños á vista ó ciencia y paciencia del otro, y sin que este se ponga, los derechos respectivos se arreglarán conforme á lo dispuesto en los artículos 902, 903, 904 y 905.

911. Siempre que el dueño de la materia empleada sin su consentimiento, tenga derecho á indemnizacion, podrá exigir que esta consista en entrega de una cosa igual en especie, en valor y en todas sus circunstancias á la empleada; ó bien en el precio de ella fijado por peritos.

912. Si se mezclan dos cosas de igual ó diferente especie por voluntad de sus dueños ó por casualidad, y en este último caso las cosas no son separables sin detrimento, cada propietario adquirirá un derecho proporcional á la parte que le corresponda, atendido el valor de las cosas mezcladas ó confundidas.

913. Si por voluntad de uno solo, pero con buena fé, se mezclan ó confunden dos cosas de igual ó diferente especie, los derechos de los propietarios se arreglarán por lo dispuesto en el artículo anterior; á no ser que el dueño de la cosa mezclada sin su consentimiento, prefiera la indemnizacion de daños y perjuicios.

914. El que de mala fé hace la mezcla ó confusion, pierde la cosa mézclada ó confundida, que fuere de su propiedad; y queda ademas obligado á la indemnizacion

de los perjuicios causados al dueño de la cosa ó cosas con que se hizo la mezcla.

915. El que de buena fé empleó materia ajena en todo ó en parte, para formar una cosa de nueva especie, hará suya la obra, siempre que el mérito artístico de esta exceda en precio á la materia, cuyo valor indemnizará al dueño.

916. Cuando el mérito artístico de la obra sea inferior en precio á la materia, el dueño de esta hará suya la nueva especie, y tendrá derecho ademas para reclamar indemnizacion de daños y perjuicios, descontándose del monto de estos el valor de la obra á tasacion de peritos.

917. Si la especificacion se hizo de mala fé, el dueño de la materia empleada tiene el derecho de quedarse con la obra, sin pagar nada al que la hizo; ó de exigir de este que le pague el valor de la materia y le indemnice de los perjuicios que se le hayan seguido.

918. La mala fé en los casos de mezcla ó confusion se calificará conforme á lo dispuesto en los artículos 889 y 890.

TITULO IV.

DE LA POSESION.

Art. 919. Posesion es la tenencia de una cosa ó el goce de un derecho por nosotros mismos ó por otro en nuestro nombre.

920. La posesion, como medio de adquirir, es de buena ó de mala fé.

921. Son capaces de poseer los que lo son de adquirir. Los incapacitados conforme á derecho, poseen por medio de sus legítimos representantes.

922. El poseedor tiene á su favor la presuncion de poseer por sí mismo.

923. El que posee en nombre de otro, no es poseedor en derecho.

924. Se presume que el que comenzó á poseer en nombre de otro, continúa poseyendo con igual carácter.

925. La posesion da al que la tiene, presuncion de propietario para todos los efectos legales.

926. El poseedor actual, que pruebe haber poseido en tiempo anterior, tiene á su favor la presuncion de haber poseido en el intermedio.

927. Es poseedor de buena fé el que posée ó cree fundadamente poseer en virtud de un título bastante para trasferir el dominio.

928. Lo es tambien el que ignora los vicios del título. La ignorancia se presume en este caso.

929. Es poseedor de mala fé el que posee, sabiendo que no tiene título; el que sin fundamento cree que lo tiene, y el que sabe que el título es insuficiente ó vicioso.

930. El poseedor tiene á su favor la presuncion de poseer de buena fé, salvo lo dispuesto en el artículo 959.

931. El poseedor de buena fé hace suyos los frutos percibidos, miéntras su buena fé no es interrumpida.

932. La buena fé se interrumpe por los mismos medios que la prescripcion, conforme á lo que se previene en el artículo 1232.

933. Por la suspension de la buena fé el poseedor no pierde el derecho de percibir los frutos, sino en los casos expresamente determinados en las leyes; pero queda obligado á devolver los que desde entónces haya percibido, ó su precio, si por sentencia irrevocable se declara que poseyó de mala fé.

934. Se entienden percibidos los frutos naturales ó industriales desde que se alzan ó separan. Los frutos civiles se producen dia por dia, y pertenecen al poseedor en esta proporcion, luego que son debidos, aunque no los haya recibido.

935. El poseedor de buena fé tiene derecho al abono de los gastos hechos por él para la produccion de los frutos naturales é industriales, que no hace suyos por estar aún pendientes al tiempo de interrumpirse la posesion.

936. Tiene tambien derecho al interes legal del importe de los gastos desde el dia en que respectivamente se hayan hecho, hasta aquel en que se verifique el pago.

937. El poseedor de mala fé, siempre que haya adquirido la tenencia por robo, está obligado á restituir todos los frutos que haya producido la cosa, y los que haya dejado de producir por omision culpable del mismo poseedor en el cultivo ordinario de la finca.

938. El poseedor de mala fé, que haya adquirido la tenencia por título traslativo de dominio, solo estará obligado á restituir los frutos que haya percibido; y no tendrá responsabilidad alguna por los que la finca ó la cosa hubieran debido producir, si no es que haya adquirido á sabiendas la cosa enajenada por fuerza ó miedo, ó contra las prescripciones de este Código; pues en estos casos el

poseedor de mala fé se considerará igual al que adquiere la cosa por robo.

939. A todo poseedor deben abonarse los gastos necesarios; pero solo el de buena fé tiene derecho de retener la cosa miéntras se hace el pago.

940. Los gastos útiles deben abonarse al poseedor de buena fé; quien tiene tambien derecho de retener la cosa miéntras se hace el pago.

941. El poseedor de mala fé puede retirar las mejoras útiles, si el dueño no se las paga, y pueden separarse sin detrimento de la cosa mejorada.

942. Los gastos voluntarios no son abonables á ningun poseedor; pero el de buena fé puede retirar esas mejoras, si no se causa detrimento á la cosa mejorada, ó reparando el que se cause, á juicio de peritos.

943. Son gastos necesarios los que están prescritos por la ley y aquellos sin los que la cosa se pierde ó desmejora.

944. Son gastos útiles aquellos que, sin ser necesarios, aumentan el precio ó producto de la cosa.

945. Son gastos voluntarios los que sirven solo al ornato de la cosa ó al placer ó comodidad del poseedor.

946. El poseedor debe justificar el importe de los gastos á que tenga derecho: en caso de duda se tasarán aquellos por medio de peritos.

947. Cuando el poseedor hubiere de ser indemnizado por gastos, y haya percibido algunos frutos á que no tenia derecho, habrá lugar á compensacion.

948. Las mejoras ó aumentos de valor provenientes de la naturaleza ó del tiempo, pertenecen siempre al propietario.

949. El poseedor de buena fé no responde del deterioro ó pérdida de la cosa poseida, aunque hayan ocurrido por hecho propio; pero sí responde de la utilidad que él mismo haya obtenido de la pérdida ó deterioro.

950. El poseedor de mala fé responde de toda pérdida ó deterioro que haya sobrevenido por su culpa ó por caso fortúito; á no ser que pruebe que este se habria verificado aunque la cosa hubiera estado poseida por su dueño.

951. Tampoco responde de la pérdida sobrevenida natural é inevitablemente por el sole curso del tiempo.

952. La posesion se pierde:

1º Por abandono de ella.

2º Por cesion á título oneroso ó gratúito:

3º Por la destruccion ó pérdida de la cosa ó por quedar esta fuera del comercio.

953. Se pierde tambien la posesion cuando otro posee la cosa por mas de un año, que se contará desde el dia en que comenzó públicamente la nueva posesion, ó desde aquel en que llegó á noticia del que ántes la tenia, si comenzó ocultamente.

954. La posesion es trasmisible por herencia: los herederos del poseedor continúan la posesion comenzada por él.

955. El poseedor tiene derecho de ser mantenido en su posesion siempre que fuere perturbado en ella.

956. El poseedor tiene derecho de ser restituido á su posesion, si lo requiere dentro de un año contado conforme á lo dispuesto en el artículo 953.

957. Si la posesion es de ménos de un año, nadie puede ser mantenido ni restituido judicialmente, sino contra aquellos cuya posesion no sea mejor.

958. Es mejor que cualquiera otra la posesion acredi-

tada con título legítimo: á falta de este, ó siendo iguales los títulos, prefiere la mas antigua: si fueren dudosas ambas posesiones, la cosa que se litigue se pondrá en depósito.

959. Se presume siempre de mala fé al que despoja á otro violentamente de la posesion en que se halla.

960. Se reputa como nunca perturbado ó despojado al que judicialmente fué mantenido en la posesion ó restituido á ella.

961. El que legalmente ha sido mantenido en la posesion ó restituido á ella, tiene derecho de ser indemnizado de los perjuicios que se le hayan seguido.

962. En los casos comprendidos en los artículos 922, 924, 925, 926, 928, 930 y 959, la presuncion subsistirá, miéntras no se pruebe lo contrario.

TITULO V.

DEL USUFRUCTO, DEL USO Y DE LA HABITACION.

CAPITULO I.

Del usufructo en general.

Art. 963. El usufructo es el derecho de disfrutar de los bienes ajenos, sin alterar su forma ni sustancia.

964. El usufructo se constituye por la ley; por acto entre vivos ó última voluntad, y por la prescripcion.

965. Puede constituirse el usufructo á favor de una ó muchas personas, simultánea ó sucesivamente.

966. Si se constituye á favor de varias personas simultáneamente, sea por herencia, sea por contrato, cesando el derecho de una de las personas, el usufructo acrece á las demas.

967. Si se constituye sucesivamente, el usufructo no tendrá lugar sino en favor de las personas que existen al tiempo de comenzar el derecho del primer usufructuario.

968. Las corporaciones civiles que no pueden adquirir ó administrar bienes raices, tampoco pueden tener usufructo constituido sobre bienes de esta clase.

969. El usufructo puede constituirse desde ó hasta cierto dia puramente y bajo condicion.

970. Es vitalicio el usufructo, si en el título constitutivo no se expresa lo contrario.

971. Los acreedores del usufrutuario pueden embargar los productos del usufructo, y oponerse á toda cesion ó renuncia de este, siempre que se haga en fraude de sus derechos.

972. Los derechos y obligaciones del usufructuario y del propietario se arreglan en todo caso por el título constitutivo del usufructo.

CAPITULO II.

De los derechos del usufructuario.

Art. 973. El usufructuario tiene derecho de ejercitar todas las acciones y excepciones reales, personales ó posesorias, y de ser considerado como parte en todo litigio, aunque sea seguido por el propietario, siempre que en él se interese el usufructo.

974. El usufructuario tiene derecho de percibir todos los frutos naturales, industriales y civiles de los bienes usufructuados.

975. Los frutos naturales ó industriales pendientes al tiempo de comenzar el usufructo, pertenecerán al usufructuario; salvas las obligaciones á que la cosa esté afecta con anterioridad.

976. Los frutos naturales ó industriales pendientes al tiempo de extinguirse el usufructo, pertenecen al propietario.

977. Ni el usufructuario, ni el propietario tienen que hacerse abono alguno por razon de labores, semillas ú otros gastos semejantes. Esta disposicion no perjudica á los colonos ó arrendatarios, que tengan derecho de percibir alguna porcion de frutos, al tiempo de comenzar ó extinguirse el usufructo.

978. Los frutos civiles pertenecen al usufructuario á proporcion del tiempo que dure el usufructo, aun cuando no estén cobrados.

979. No corresponden al usufructuario los producto de las minas que se adquieran por denuncio y se hallen enestado de laboreo, á no ser que expresamente se les concedan en el título constitutivo del usufructo, ó que este sea universal; pero si el usufructuario descubriere y denunciare mina durante el usufructo, la hará enteramente suya, con obligacion de pagar al propietario, al terminar el usufructo, lo que hubiere importado el terreno; segun lo prevenido en las ordenanzas de minas.

980. Si fuere un tercero ó el mismo propietario el que descubriere ó denunciare la mina, el pago de la indemnizacion del terreno se hará al usufructuario con arreglo á lo dispuesto para el caso de invencion de un tesoro, en el artículo 864.

981. Igualmente corresponde al usufructuario el fruto de los aumentos que reciban las cosas por accesion, y el goce de las servidumbres que tengan á su favor; y generalmente los otros derechos inherentes á las mismas.

982. El usufructuario puede gozar por sí mismo de la cosa usufructuada; arrendarla á otro; enajenar, arrendar y gravar el ejercicio de su derecho de usufructo, aunque sea á título gratúito; pero todos los contratos que celebre como tal usufructuario, terminarán con el usufructo.

983. El usufructuario no puede constituir servidumbres perpetuas sobre la finca que usufructúa: las que constituya legalmente, cesarán al terminar el usufructo.

984. Si el usufructo se constituye sobre capitales impuestos á réditos, el usufructuario solo hace suyos estos y no aquellos; y aun cuando el capital se redima, debe volverse á imponer á satisfaccion del usufructuario y propietario.

985. Si todas ó algunas de las cosas en que se constituye el usufructo, se gastan ó deterioran lentamente con el uso, el usufructuario tiene derecho de servirse de ellas como buen padre de familia, para los usos á que se hallan destinadas; y solo está obligado á devolverlas, al extinguirse el usufructo, en el estado en que se hallen; pero es responsable del pago del deterioro sobrevenido por su dolo, culpa ó negligencia.

986. El usufructuario de un monte disfruta de todos

los productos de que este sea susceptible, segun su naturaleza.

987. Si el monte fuere tallar ó de maderas de construccion, podrá el usufructuario hacer en él las talas ó cortes ordinarios que haria el dueño; acomodándose en el modo, porcion y épocas á las ordenanzas especiales ó á las costumbres constantes del país.

988. En los demas casos el usufructuario no podrá cortar árboles por el pié, como no sea para reponer ó réparar alguna de las cosas usufructuadas; y en este caso acreditará previamente al propietario la necesidad de la obra.

989. El usufructuario puede usar de los viveros sin perjuicio de su conservacion y segun las costumbres del país.

990. El usufructuario puede hacer mejoras útiles y puramente voluntarias; pero no tiene derecho de reclamar su pago, aunque sí puede retirarlas, siempre que sea posible hacerlo sin detrimento de la cosa en que esté constituido el usufructo.

991. El propietario de bienes en que otro tenga el usufructo, puede enajenarlos con la condicion de que se conserve el usufructo, y no de otro modo.

992. El usufructuario goza del derecho del tanto.

CAPITULO III.

De las obligaciones del usufructuario.

Art. 993. El usufructuario, ántes de entrar en el goce de los bienes está obligado:

1º A formar á sus expensas, con citacion del dueño, un inventario de todos ellos, haciendo tasar los muebles y constar el estado en que se hallen los inmuebles:

2º A dar la correspondiente fianza de que cuidará de as cosas como buen padre de familia y las restituirá al propietario con sus accesiones, al extinguirse el usufructo, no empeoradas ni deterioradas por su negligencia; salvo lo dispuesto en el artículo 408.

994. El donador que se reserva el usufructo de los bienes donados, está dispensado de dar la fianza requerida, si no se ha obligado expresamente á ello.

995. El que se reserva la propiedad puede dispensar al usufructuario de la obligacion de afianzar.

996. Si el usufructo fuere constituido por contrato, y el que contrató quedare de propietario y no exigiere en el contrato la fianza, no estará obligado el usufructuario á darla; pero si quedare de propietario un tercero, este podrá pedirla aunque no se haya estipulado en el contrato.

997. Si el usufructo se constituye por título oneroso y el usufructuario no presta la correspondiente fianza, el propietario tiene el derecho de intervenir la administracion de los bienes para procurar su conservacion, sujetándose á las condiciones prescritas en el artículo 1,033 y percibiendo la retribucion que en él se le concede.

998. El usufructuario, dada la fianza, tendrá derecho á todos los frutos de la cosa desde el dia en que, conforme al título constitutivo del usufructo, debió comenzar á percibirlos.

999. En los casos señalados por el artículo 982, el usufructuario es responsable del menoscabo que tengan

los bienes por culpa ó negligencia de la persona que le sustituya.

1000. Si el usufructo se constituye sobre ganados, el usufructuario está obligado á reemplazar con las crias las cabezas que falten por cualquier causa.

1001. Si el ganado en que se constituyó el usufructo, perece del todo sin culpa del usufructuario por efecto de una epizootia ó de algun otro acontecimiento no comun, el usufructuario cumple con entregar al dueño los despojos que se hayan salvado de esa desgracia.

1002. Si el rebaño perece en parte y sin culpa del usufructuario, continúa el usufructo en la parte que queda.

1003. El usufructuario de árboles frutales está obligado á la replantacion de los piés muertos naturalmente.

1004. Si el usufructo se ha constituido á título gratúito, el usufructuario está obligado á hacer las reparaciones indispensables para mantener la cosa en el estado en que se encontraba cuando la recibió.

1005. El usufructuario no está obligado á hacer dichas reparaciones, si la necesidad de estas proviene de vejez, vicio intrínseco ó deterioro grave de la cosa, anterior á la constitucion del usufructo.

1006. Si el usufructuario quiere hacer las reparaciones referidas, debe obtener ántes el consentimiento del dueño; y en ningun caso tiene derecho de exigir indemnizacion de ninguna especie.

1007. El propietario en el caso del artículo 1005 tampoco está obligado á hacer las reparaciones; y si las hace, no tiene derecho de exigir indemnizacion.

1008. Si el usufructo se ha constituido á título oneroso, el propietario tiene obligacion de hacer todas las reparaciones convenientes para que la cosa, durante el tiempo estipulado en el convenio, pueda producir los frutos que ordinariamente se obtenian de ella al tiempo de la entrega.

1009. Si el usufructuario quiere hacer en este caso las reparaciones, deberá dar aviso al propietario; y previo este requisito, tendrá derecho para cobrar su importe al fin del usufructo.

1010. La omision del aviso oportuno al propietario hace responsable al usufructuario de la destruccion, pérdida ó menoscabo de la cosa por falta de las reparaciones; y lo priva del derecho de pedir indemnizacion, si él las hace.

1011. Toda diminucion de los frutos, que provenga de imposicion de contribuciones, ó cargas ordinarias sobre la finca ó cosa usufructuada, es de cuenta del usufructuario.

1012. La diminucion que por las propias causas se verifique, no en los frutos, sino en la misma finca ó cosa usufructuada, será de cuenta del propietario; y si este, para conservar íntegra la cosa, hace el pago, tiene derecho de que se le abonen los intereses de la suma pagada por todo el tiempo que el usufructuario continúe gozando de la cosa.

1013. Si el usufructuario hace el pago de la cantidad, no tiene derecho de cobrar intereses, quedando compensados estos con los frutos que recibe.

1014. El que por sucesion adquiere el usufructo universal, está obligado á pagar por entero el legado de renta vitalicia ó pension de alimentos.

1015. El que por el mismo título adquiera una parte alícuota, pagará el legado ó la pension en proporcion á su cuota.

1016. Lo dispuesto en los dos artículos anteriores se entiende salvo el derecho de los herederos forzosos.

1017. El usufructuario particular de una finca hipotecada, no está obligado á pagar las deudas para cuya seguridad se constituyó la hipoteca.

1018. Si la finca se embarga ó se vende judicialmente para el pago de la deuda, el propietario responde al usufructuario de lo que pierda por este motivo, si no se ha dispuesto otra cosa al constituir el usufructo.

1019. Si el usufructo es de alguna herencia ó de una parte alícuota de ella, el usufructuario podrá anticipar las sumas que para el pago de las deudas hereditarias correspondan á los bienes usufructuados; y tendrá derecho de exigir del propietario su restitucion sin interes al extinguirse el usufructo.

1020. Si el usufractuario se negare á hacer la anticipacion de que habla el artículo que precede, el propietario podrá hacer que se venda la parte de bienes que baste para el pago de la cantidad que aquel debia satisfacer, segun la regla establecida en dicho artículo.

1021. Si el propietario hiciere la ánticipacion por su cuenta, el usufructuario pagará el interes del dinero, segun la regla establecida en el artículo 1012.

1022. Si los derechos del propietario son perturbados por un tercero, sea del modo y por el motivo que fuere, el usufructuario está obligado á ponerlo en conocimiento de aquel; y si no lo hace, es responsable de los daños que resulten, como si hubiesen sido ocasionados por su culpa.

1023. Los gastos, costas y condenas de los pleitos sostenidos sobre el usufructo, son de cuenta del propietario si el usufructo se ha constituido por título oneroso, y del usufructuario si se ha constituido por título gratuito.

1024. Si el pleito interesa al mismo tiempo al dueño y al usufructuario, contribuirán á los gastos en proporcion á sus derechos respectivos si el usufructo se constituyó á título gratúito; pero el usufructuario en ningun caso estará obligado á responder por mas de lo que produce el usufructo.

1025. Si el usufructuario, sin citacion del propietario, ó este sin la de aquel, ha seguido un pleito, la sentencia favorable aprovecha al no citado y la adversa no le perjudica.

CAPITULO IV.

De los modos de extinguirse el usufructo.

Art. 1026. El usufructo se extingue:

1º Por muerte del usufructuario, salvo lo dispuesto en el artículo 1028:

2º Por vencimiento del plazo por el cual se constituyó

3º Por cumplirse la condicion impuesta en el título constitutivo, para la cesacion de este derecho:

4º Por la reunion del usufructo y de la propiedad en una misma persona; mas si la reunion se verifica en una sola cosa ó parte de lo usufructuado, en lo demas subsistirá el usufructo:

5º Por prescripcion, conforme á lo prevenido respecto de los derechos reales:

6º Por la renuncia del usufructuario; salvo lo dispuesto respecto de las renuncias hechas en fraude de los acreedores:

7º Por la pérdida total de la cosa que era objeto del usufructo. Si la destruccion no es total, el derecho continúa sobre lo que de la cosa haya quedado:

8º Por la cesacion del derecho del que constituyó el usufructo, cuando teniendo un dominio revocable llega el caso de la revocacion:

9º Por no dar fianza el usufructuario por título gratúito, si el dueño no le ha eximido de esa obligacion.

1027. El usufructo constituido á favor de corporaciones ó sociedades, que puedan adquirir y administrar bienes raices, solo durará treinta años; cesando en el caso de que se disuelvan dichas sociedades ó corporaciones.

1028. El usufructo concedido por el tiempo que tarde un tercero en llegar á cierta edad, dura el número de años prefijados, aunque el tercero muera ántes.

1029. Si el usufructo está constituido sobre un edificio, y este se arruina en un incendio, ó por vejez ó por algun otro accidente, el usufructuario no tiene derecho de gozar del solar ni de los materiales; mas si estuviere constituido sobre una hacienda, quinta ó rancho de que solo forme parte el edificio arruinado, el usufructuario podrá continuar usufructuando el solar y los materiales.

1030. Si el edificio es reconstruido por el dueño ó por el usufructuario, se estará á lo dispuesto en los artículos 1006, 1007, 1008 y 1009.

1031. El impedimento temporal por caso fortúito ó fuerza mayor, no extingue el usufructo, ni da derecho de exigir indemnizacion del propietario.

1032. El tiempo del impedimento se tendrá por corrido para el usufructuario, de quien serán los frutos que durante él pueda producir la cosa.

1033. El usufructo no se extingue por el mal uso que haga el usufructuario de la cosa usufructuada; pero si el abuso es grave, el propietario puede pedir que se le ponga en posesion de los bienes, obligándose bajo de fianza á pagar anualmente al usufructuario el producto líquido de los mismos, por el tiempo que dure el usufructo, deducido el premio de administracion que el juez le acuerde.

1034. Terminado el usufructo, los contratos que respecto de él haya celebrado el usufructuario, no obligan al propietario, y este entrará en posesion de la cosa, sin que contra él tengan derecho los que contrataron con el usufructuario, para pedirle indemnizacion por la disolucion de sus contratos, ni por las estipulaciones de estos, que solo pueden hacer valer contra el usufructuario y sus herederos.

CAPITULO V.

Del uso y de la habitacion.

Art. 1035. Los derechos y obligaciones del usuario y del que tiene el goce de habitacion se arreglan por los títulos respectivos, y en su defecto por las disposiciones siguientes:

1036. Las disposiciones de los artículos 975, 976, 977, 993, 1022, 1023, 1024, 1025, 1026, 1027, 1028, 1029,

1030, 1031, 1032 y 1033, son aplicables á los derechos de uso y habitacion.

1037. El uso da derecho para percibir de los frutos de una cosa ajena los que basten á las necesidades del usuario y su familia, aunque esta se aumente.

1038. El que tiene derecho de habitacion, puede habitar en todas las piezas que están destinadas á este efecto; pero no usar de las demas partes del edificio ni coger los frutos de él. Puede ademas recibir á otras personas en su compañía.

1039. El usuario y el que tiene el derecho de habitacion en un edificio, no pueden enajenar ni arrendar en todo ni en parte su derecho á otro; ni estos derechos pueden ser embargados por los acreedores del usuario.

1040. El que tiene derecho de uso sobre un ganado, puede aprovecharse de las crias, leche y lana, en cuanto baste para su consumo y el de su familia.

1041. Si el usuario consume tódos los frutos de los bienes, ó el que tiene el derecho de habitacion ocupa todas las piezas de la casa, quedan obligados á todos los gastos de cultivo, reparaciones y pago de contribuciones lo mismo que el usufructuario; pero si el primero solo consume parte de los frutos, ó el segundo ocupa solo parte de la casa, no deben contribuir en nada, siempre que al propietario le quede una parte de frutos ó aprovechamientos bastante para cubrir los gastos y cargas.

1042. Si los frutos que quedan al propietario no alcanzan á cubrir los gastos y cargas, la parte que falte será cubierta por el usuario ó por el que tiene derecho á la habitacion.

TITULO VI.

DE LAS SERVIDUMBRES.

CAPITULO I.

Disposiciones comunes á todas las servidumbres.

Art. 1043. La servidumbre es un graváment impuesto sobre una finca ó heredad en provecho ó para servicio de otra, perteneciente á distinto dueño. La finca ó heredad en cuyo favor está constituida la servidumbre, se llama predio dominante: la finca ó heredad que la sufre, predio sirviente.

1044. La servidumbre consiste en no hacer ó en tolerar. Para que al dueño del predio sirviente pueda exigirse la ejecucio de un hecho, es necesario que esté expresamente determinado por la ley ó en el acto en que se constituyó la servidumbre.

1045. Las servidumbres se constituyen para la subsistencia ó comodidad de un edificio, ó del objeto á que este se destina, ó para la comodidad y uso de un objeto agrícola: las primeras se llaman urbanas y las segundas rústicas, sin consideracion á que la finca esté en poblado ó en el campo.

1046. Las servidumbres son continuas ó discontinuas; aparentes ó no aparentes.

1047. Son continuas aquellas cuyo uso es ó puede ser

incesante sin la intervencion de ningun hecho del hombre; como son la servidumbre de luces y otras de la misma especie.

1048. Son discontinuas aquellas cuyo uso necesita algun hecho actual del hombre; como són las de senda, carril y otras de esta clase.

1049. Son aparentes las que se anuncian por obras ó signos exteriores, dispuestos para su uso y aprovechamiento; como un puente, una ventana, un cauce ú otros semejantes.

1050. Son no aparentes las que no presentan signo exterior de su existencia; como el gravámen de no edificar en cierto lugar; el de no levantar un edificio sino á una altura determinada, y otras semejantes.

1051. Las servidumbres son inseparables de la finca á que activa ó pasivamente pertenecen.

1052. Si las fincas mudan de dueño, la servidumbre continúa, ya activa, ya pasivamente, en el predio ú objeto en que estaba constituida, hasta que legalmente se extinga.

1053. Las servidumbres son indivisibles. Si el predio sirviente se divide entre muchos dueños, la servidumbre no se modifica, y cada uno de ellos tiene que tolerarla en la parte que le corresponde. Si es el predio dominante el que se divide entre muchos, cada porcionero puede usar por entero la servidumbre, no variando el lugar de su uso ni agravándola de otra manera.

1054. Las servidumbres provienen del contrato ó última voluntad de los propietarios, y de la ley, ya sea que las establezca expresamente, ya sea que las autorice en virtud de la prescripcion.

1055. Todo propietario tiene derecho de cerrar y cercar su propiedad en todo ó en parte, á su costa, del modo que lo estime conveniente; salvas las servidumbres de uso público ó particular, que debiere por justo título, inclúso el de la prescripcion.

CAPITULO II.

De las servidumbres legales en general.

Art. 1056. Servidumbre legal es la que existe sin necesidad de convenio ni prescripcion, y que como consecuencia natural de la respectiva posicion de los predios reconoce la ley, ya en utilidad pública ó comunal, ya en beneficio de los particulares.

1057. Lo dispuesto en el capítulo XI de este título, con excepcion de los artículos 1146 y 1149, es aplicable á las servidumbres legales en todos los casos en que respecto de ellas no esté establecido algun precepto especial.

CAPITULO III.

De la servidumbre legal de aguas.

Art. 1058. Los predios inferiores están sujetos á recibir las aguas que, naturalmente y sin obra del hombre caen de los superiores; así como la piedra ó tierra que arrastran en su curso.

1059. Ni el dueño del predio inferior puede hacer obras que impidan dicha servidumbre, ni el del superior obras que la agraven.

1060. El dueño de un predio en que existan obras defensivas para contener el agua, ó en que por la variacion del curso de esta sea necesario construir nuevas, está obligado, á su eleccion, ó á hacer las reparaciones ó construcciones, ó á tolerar que sin perjuicio suyo las hagan los dueños de los predios que experimenten ó estén inminentemente expuestos á experimentar daño; á ménos que las leyes especiales de policía le impongan la obligacion de hacer las obras.

1061. Lo dispuesto en el artículo anterior, es aplicable al caso en que sea necesario desembarazar algun predio de las materias cuya acumulacion ó caida impide el curso del agua con daño ó peligro de tercero.

1062. Todos los propietarios que participan del beneficio proveniente de las obras de que tratan los artículos anteriores, están obligados á contribuir al gasto de su ejecucion en proporcion á su interes y á juicio de peritos. Los que por su culpa hubieren ocasionado el daño, serán responsables de los gastos.

1063. El dueño del predio en que hay una fuente natural, ó que ha hecho construir un pozo brotante, algibe ó presa para detener las aguas pluviales de su propio fundo, puede usar y disponer de su agua libremente.

1064. Si hay aguas sobrantes que pasen á predio ajeno, puede adquirirse la propiedad de ellas por el dueño del fundo que las recibe, por el trascurso de veinte años, que se contarán desde que el dueño de dicho predio haya construido obras destinadas á facilitar la caida ó el curso de las aguas.

1065. Lo dispuesto en el artículo anterior, no priva al dueño de la fuente, algibe ó presa, de la facultad de sacar todo el aprovechamiento posible de sus aguas, dentro de los límites de su propiedad.

1066. La propiedad que sobre las aguas pertenece al Estado, no perjudica los derechos que sobre ellas hayan adquirido las corporaciones ó particulares, por título legítimo, segun lo que se establece en las leyes especiales sobre bienes de propiedad pública. El ejercicio de la propiedad de las aguas está sujeto á lo que se dispone en los artículos siguientes.

1067. Nadie puede usar del agua de los rios, de modo que perjudique la navegacion, ni hacer en ellos obras que impidan el libre paso de los barcos ó balsas, ó el uso de otros medios de trasporte fluvial; sin que para ello valga la prescripcion ni otro título.

1068. En iguales términos queda prohibido impedir ó embarazar el uso de las riberas en cuanto fuere necesario para los mismos fines.

1069. El propietario del agua, sea cual fuere su título, no podrá impedir el uso de la que sea necesaria para el abasto de las personas ó ganados de una posesion ó finca rústica, ni oponerse á las obras indispensables para satisfacer esta necesidad del modo ménos gravoso para el propietario; pero tendrá derecho á la indemnizacion, salvo que los habitantes hubiesen adquirido el uso del agua por prescripcion ó por otro título legal.

1070. Las disposiciones de este Código acerca de las

servidumbres de aguas, no innovan de modo alguno los derechos adquiridos legalmente hasta ahora sobre ellas.

1071. El propietario de las aguas no podrá desviar su curso, de modo que causen daño á un tercero, porque rebosen ó por otro motivo.

1072. Si alguno hiciere pozo en su propiedad, aunque por esto disminuya el agua del abierto en fundo ajeno, no está obligado á indemnizar.

1073. Todo el que quiera usar agua de que pueda disponer, tiene derecho de hacerla pasar por los fundos intermedios, con obligacion de indemnizar á sus dueños; así como tambien á los de los predios inferiores, sobre los que se filtren ó caigan las aguas.

1074. Se exceptúan de la servidumbre que establece el artículo anterior, los edificios, sus patios, jardines, y demas dependencias.

1075. El que haya de usar el derecho de hacer pasar aguas, de que trata el artículo 1073, está obligado á construir el canal necesario en los predios intermedios, aunque haya en ellos canales para el uso de otras aguas.

1076. El que tiene en su predio un canal para el curso de aguas que le pertenecen, puede impedir la apertura de otro nuevo, ofreciendo dar paso por aquel, con tal de que no cause perjuicio al reclamante.

1077. Tambien se deberá conceder el paso de las aguas al traves de los canales y acueductos, del modo mas conveniente, con tal de que el curso de las aguas que se conducen por estos, y su volúmen, no sufran alteracion, ni las de ambos acueductos se mezclen.

1078. En el caso del artículo 1073, si fuere necesario hacer pasar el acueducto poa un camino, rio ó torrente públicos, deberá indispensable y previamente obtenerse el permiso de la autoridad bajo cuya inspeccion estén el camino, rio ó torrente.

1079. La autoridad solo concederá el permiso con entera sujecion á los reglamentos de policía, y obligando al dueño del agua á que la haga pasar, sin que por el tránsito se impida, estreche ni deteriore el camino, ni se embarace ó estorbe el curso del rio ó torrente.

1080. El que, sin dicho permiso previo, pasare el agua ó la derramare sobre el camino, quedará obligado á reponer las cosas á su estado antiguo, y á indemnizar el daño que á cualquiera se cause; sin perjuicio de las penas impuestas por los reglamentos de policía.

1081. El que pretenda usar del derecho consignado en el artículo 1078, debe previamente:

1º Justificar que puede disponer del agua que pretende conducir:

2º Acreditar que el paso que solicita, es el mas conveniente y el ménos oneroso para tercero:

3º Pagar el valor del terreno que ha de ocupar el canal, segun estimacion de peritos, y un diez por ciento mas:

4º Resarcir los daños inmediatos, con inclusion del que resulte por dividirse en dos ó mas partes el predio sirviente, y de cualquiera otro deterioro.

1082. En el caso á que se refiere la prescripcion del artículo 1076, el que pretenda el paso de aguas, deberá pagar, en proporcion á la cantidad de estas, el valor del terreno ocupado por el canal en que se introducen, y los gastos necesarios para su conservacion; sin perjuicio de la indemnizacion debida por el terreno que sea necesario ocupar de nuevo, y por los otros gastos que ocasione el paso que se le concedé.

1083. La cantidad de agua que puede hacerse pasar por un acueducto establecido en predio ajeno, no tendrá otra limitacion que la que resulte de la capacidad que por las dimensiones convenidas se haya fijado al mismo acueducto.

1084. Si el que disfruta del acueducto, necesitare ampliarlo, deberá costear las obras necesarias, y pagar el terreno que nuevamente ocupe y los daños que cause, conforme á lo dispuesto en los números 3º y 4º del artículo 1081.

1085. La servidumbre legal establecida por el artículo 1073, trae consigo el derecho de tránsito para las personas y animales, y el de conduccion de los materiales necesarios para el uso y reparacion del acueducto, así como para el cuidado del agua que por él se conduce; observándose respecto de ella lo dispuesto en los artículos 1093 al 1098.

1086. Las disposiciones concernientes al paso de las aguas son aplicables al caso en que el poseedor de un terreno pantanoso quiera desecarlo ó dar salida por medio de cauces á las aguas estancadas.

1087. Las concesiones de aguas que se hicieren por autoridad competente, se presume que son otorgadas sin perjuicio de otros derechos anteriormente adquiridos.

1088. Todo el que se aproveche de un acueducto, ya pase por campo propio, ya por ajeno, debe construir y conservar los puentes, canales, acueductos, subterráneos y demas obras necesarias, para que no se perjudique el derecho de otro.

1089. Si los que se aprovecharen fueres varios, la obligacion recaerá sobre todos á preporcion de su aprovechamiento, si no hubiere prescripcion ó convenio en contrario.

1090. Lo dispuesto en los dos artículos anteriores comprende la limpia, construcciones y reparaciones para que el curso del agua no se interrumpa.

CAPITULO IV.

De la servidumbre legal de paso.

Art. 1091. El propietario de una finca ó heredad, enclavada entre otras ajenas, sin salida á la vía pública, tiene derecho de exigir paso para el aprovechamiento de aquella, por las heredades vecinas; sin que sus respectivos dueños puedan reclamarle otra cosa que una indemnizacion equivalente al perjuicio que les ocasione este gravámen.

1092. La accion para reclamar esta indemnizacion es prescriptible; pero aunque prescriba, no cesa por este motivo el paso obtenido.

1093. El dueño del predio sirviente tiene derecho de señalar el lugar en donde ha de constituirse la servidumbre del paso.

1094. Si el juez califica el lugar señalado de impracticable ó de muy gravoso al predio dominante, el dueño del sirviente debe señalar otro.

1095. Si este lugar es calificado de la misma manera

que el primero, el juez señalará el que crea mas conveniente, procurando conciliar los intereses de los dos predios.

1096. Si hubiere varios predios por donde pueda darse el paso á la vía pública, el obligado á la servidumbre será aquel por donde fuere mas corta la distancia. Si esta fuere igual por dos predios, el juez designará cuál de estos ha de dar el paso.

1097. En la servidumbre de paso el ancho de este será el que baste á las necesidades del predio dominante, á juicio del juez; no pudiendo exceder de cinco metros ni bajar de dos, sino por convenio de los interesados.

1098. En caso de que hubiere habido ántes comunicacion entre la finca ó heredad y alguna vía pública, el paso solo se podrá exigir á la heredad ó finca por donde últimamente lo hubo.

1099. Todo propietario tiene derecho de pedir al que lo sea de las heredades contiguas, el apeo, deslinde ó amojonamiento de las que respectivamente le pertenecen, si ántes no se ha hecho el deslinde ó si se ha borrado el lindero por el tiempo.

1100. Los gastos del apeo se harán á prorata por el que lo promueve y los propietarios colindantes; pero el juez podrá á su arbitrio eximir de la obligacion de contribuir á los gastos, á los colindantes que sean notoriamente pobres.

CAPITULO V.

De la servidumbre legal de medianería.

Art. 1101. Cuando hay constancia que demuestre quién fabricó la pared que divide los predios, el que la costeó es dueño exclusivo de ella: si consta que se fabricó por los colindantes, ó no consta quién la fabricó, es medianera.

1102. Se presume la medianería, miéntras no haya signo exterior que demuesfre lo contrario;

1º En las paredes divisorias de los edificios contiguos, hasta el punto comun de elevacion:

2º En las paredes divisorias de los jardines ó corrales, situados en poblado ó en el campo:

3º En las cercas, vallados y setos vivos que dividen los predios rústicos. Si las construcciones no tienen una misma altura, solo hay presuncion de medianería hasta la altura de la construccion ménos elevada.

1103. Hay signo contrario á la medianería:

1º Cuando hay ventanas ó huecos abiertos en las paredes divisorias de los edificios.

2º Cuando conocidamente toda la pared, vallado, cerca ó seto están construidos sobre el terreno de una de las fincas, y no por mitad entre una y otra de las dos contiguas:

3º Cuando la pared soporta las cargas de carreras, pasos y armaduras de una de las posesiones y no de la contigua:

4º Cuando la pared divisoria entre patios, jardines y otras heredades, está construida de modo que la albardilla cae hácia una sola de las propiedades:

5º Cuando la pared divisoria, construida de mampostería, presenta piedras llamadas pasaderas, que de distancia en distancia salen fuera de la superficie solo por un lado de la pared y no por el otro:

6º Cuando la pared fuere divisoria entre un edificio del cual ferme parte, y un jardin, campo, corral ó sitio sin edificio:

7º Cuando una heredad se halle cerrada ó defendida por vallados, cercas ó setos vivos y las contiguas no lo estén:

8º Cuando la cerca que encierra completamente una heredad, es de distinta especie de la que tiene la vecina en sus lados contiguos á la primera.

1104. En general se presume que en los casos señalados en el artículo anterior, la propiedad de las paredes, cercas, vallados ó setos, pertenece exclusivamente al dueño de la finca ó heredad que tiene á su favor estos signos exteriores.

1105. Las zanjas ó acequias abiertas entre las heredades, se presumen tambien medianeras, si no hay título ó signo que demuestre lo contrario.

1106. Hay signo contrario á la medianería cuando la tierra ó broza, sacada de la zanja ó acequia para abrirla ó limpiarla, se halla solo de un lado: en este caso se presume que la propiedad de la zanja ó acequia es exclusivamente del dueño de la heredad que tiene á su favor este signo exterior.

1107. La presuncion que establece el artículo anterior, cesa cuando la inclinacion del terreno obliga á echar la tierra de un solo lado.

1108. Los dueños de los predios están obligados á cuidar de que no se deterioren la pared, zanja ó seto medianeros; y si por el hecho de alguno de sus dependientes ó animales se deterioran, deben reponerlos, pagando los daños y perjuicios que se hubieren causado.

1109. La reparacion y construccion de las paredes medianeras, y el mantenimiento de los vallados, setos vivos, zanjas ó acequias, tambien medianeros, se costearán proporcionalmente por todos los dueños que tengan á su favor esta medianería.

1110. El propietario que quiera libertarse de las obligaciones que impone el artículo anterior, podrá hacerlo, renunciando á la medianería; salvo el caso en que la pared medianera sostenga un edificio suyo.

1111. El propietario de un edificio que se apoya en una pared medianera, puede al derribarlo, renunciar ó no á la medianería. En el primer caso serán de cuenta de todos los gastos necesarios para evitar ó reparar los daños que cause la demolicion. En el segundo, aedmas de esta obligacion, queda sujeto á las que le imponen los artículos 1108 y 1109.

1112. El propietario de una finca contigua á una pared divisoria, no medianera, solo puede darle este carácter en todo ó en parte por contrato con el dueño de ella.

1113. Todo propietario puede alzar la pared medianera, haciéndolo á sus expensas é indemnizando de los perjuicios que se ocasionen por la obra, aunque sean temporales.

1114. Serán igualmente de su cuenta todas las obras de conservacion de la pared en la parte en que esta haya aumentado en altura ó espesor, y las que en la parte medianera sean necesarias, siempre que el deterioro provenga de la mayor altura ó espesor que se haya dado á la pared.

1115. Si la pared medianera no puede resistir la mayor elevacion, el propietario que quiera levantarla, tendrá la obligacion de reconstruirla á su costa; y si fuere necesario darle mayor espesor, deberá darlo de su suelo.

1116. En los casos señalados por los artículos 1113 y 1115, la pared continúa medianera hasta la altura en que lo era antiguamente, aun cuando haya sido edificada de nuevo á expensas de uno solo; y desde el punto donde comenzó la mayor altura, es propia exclusivamente del que la edificó.

1117. Los demas propietarios que no hayan contribuido á dar mas elevacion ó espesor á la pared, podrán sin embargo adquirir en la parte nuevamente elevada los derechos de medianería, pagando proporcionalmente el valor de la obra y la mitad del valor del terreno sobre que se hubiere dado mayor espesor.

1118. Cada propietario de una pared medianera podrá usar de ella en proporcion al derecho que tenga en la mancomunidad: podrá por tanto edificar, apoyando su obra en la pared medianera ó introduciendo vigas hasta la mitad de su espesor; pero sin impedir el uso comun y respectivo de los demas medianeros.

1119. En caso de resistencia por parte de los propietarios, se arreglarán por medio de peritos las condiciones necesarias para que la nueva obra no perjudique los derechos de aquellos.

1120. Cuando los diferentes pisos de una casa pertenecieren á distintos propietarios, si los títulos de propiedad no arreglan los términos en que deben contribuir á las obras necesarias, se aguardarán las reglas siguientes:

1ª Las paredes maestras, el tejado ó azotea y las demas cosas de uso comun, estarán á cargo de todos los propietarios en proporcion al valor de su piso:

2ª Cada propietario costeará el suelo de su piso:

3ª El pavimento del portal, puerta de entrada, patio comun y obras de policía comunes á todos, se costearán á prorata por todos los propietarios:

4ª La escalera que conduce al piso primero, se costeará á prorata entre todos, excepto el dueño del piso bajo: la que desde el piso primero conduce al segundo, se costeará por todos, excepto por los dueños del piso bajo y primero, y así sucesivamente.

CAPITULO VI.

De la distancia que conforme á la ley se requiere para ciertas construcciones y plantaciones.

1121. Nadie puede edificar ni plantar cerca de las plazas fuertes, fortalezas y edificios públicos, sino sujetándose á las condiciones exigidas en los reglamentos especiales de la materia.

1122. Las servidumbres establecidas por utilidad pública ó comunal, para mantener expedita la navegacion de los rios, y la construccion ó reparacion de las vías públicas, y para las demas obras comunales de esta clase, se arreglan y resuelven por leyes y reglamentos especiales; y á falta de estos, por las reglas establecidas en este Código.

1123. Nadie puede construir cerca de una pared ajena ó medianera, pozos, cloacas, acueductos, hornos, fraguas, chimeneas, establos, depósitos de materias corrosivas, máquinas de vapor ú otras fábricas destinadas á usos que pueden ser peligrosos ó nocivos, sin guardar las distancias prescritas por los reglamentos, ó sin construir las obras de resguardo necesarias, y con sujecion en el modo, á cuantas condiciones se prevenga en los mismos reglamentos, ó que en falta de ellos, se determinen por juicio pericial.

1124. Nadie puede plantar árboles cerca de una heredad ajena, sino á la distancia de dos metros de la línea divisoria, si la plantacion se hace de árboles grandes, y de un metro si la plantacion es de arbustos ú árboles pequeños.

1125. Todo propietario podrá pedir que se arranquen los árboles plantados á menor distancia de la señalada en el artículo que precede; y aun cuando sea mayor, si es evidente el daño que le causan.

1126. Si las ramas de algunos árboles se extienden sobre alguna heredad, jardines ó patios vecinos, el dueño de estos tendrá derecho de reclamar que se corten en cuanto se extiendan sobre sus propiedades: y si fueren las raices de los árboles vecinos las que se extendiesen en el suelo de otro, aquel en cuyo suelo se introduzcan, podrá hacerlas cortar por sí mismo dentro de su heredad; pero con previo aviso al vecino.

1127. Los árboles existentes en cerca medianera, son tambien medianeros como la cerca; y cualquiera de los dueños tiene derecho de pedir su derribo; pero si el árbol es señal de lindero, no puede ser cortado ni sustituido con otro; sino de consentimiento de ambos.

CAPITULO VII.

De las luces y vistas que conforme á la ley pueden tenerse en la propiedad del vecino.

Art. 1128. Ningun medianero puede sin consentimiento del otro abrir ventana ni hueco alguno en pared medianera

1129. El dueño de una pared no medianera, contigua á finca ajena, puede abrir en ella ventanas ó huecos para recibir luces á una altura tal, que la parte inferior de la ventana diste del suelo de la vivienda á que da luz, tres metros á lo ménos, y en todo caso con reja de hierro remetida en la pared, y con red de alambre cuyas mallas tengan tres centímetros á lo mas.

1130. Sin embargo de lo dispuesto en el artículo anterior, el dueño de la finca ó propiedad contigua á la pared en que estuviesen abiertas las ventanas ó huecos, podrá construir pared contigua á ella, ó si adquiere la medianería, apoyarse en la misma pared medianera, aunque de uno ú otra modo cubra los huecos ó ventanas.

1131. No se pueden tener ventanas para asomarse, ni

balcones ú otros semejantes voladizos sobre la propiedad del vecino, prolongándolos mas allá del límite que separe las heredades. Tampoco pueden tenerse vistas de costado ú oblícuas sobre la misma propiedad, si no hay seis decímetros de distancia.

1132. La distancia de que habla el artículo anterior, se mide desde la línea de separacion de las dos propiedades.

CAPITULO VIII.

De la servidumbre legal de desagüe.

Art. 1133. El propietario de un edificio está obligado á construir sus tejados y azoteas de tal manera, que las aguas pluviales no caigan sobre el suelo del vecino.

1134. Cuando un predio rústico ó urbano se encuentre enclavado entre otros, de manera que no tenga comunicacion directa con algun camino, canal ó calle públicos, estarán obligados los dueños de los predios circunvecinos, á permitir por entre estos el desagüe del central. Las dimensiones y direccion del conducto de desagüe se fijarán por el juez, previo informe de peritos y audiencia de los interesados, observándose en cuante fuero posible las reglas dadas para la servidumbre de paso.

CAPITULO IX.

De las servidumbres voluntarias en general.

Art. 1135. Todo propietario de una finca ó heredad puede establecer en ella cuantas servidumbres tenga por conveniente, y en el modo y forma que mejor le pareciere, siempre que no sean contrarias al órden público.

1136. La constitucion de servidumbre se reputa como enajenacion en parte de la propiedad del predio sirviente: por lo mismo los que no pueden enajenar sus cosas sino con ciertas solemnidades ó condiciones, no pueden sin ellas imponer servidumbres sobre las mismas.

1137. Si fueren varios los propietarios de un predio, no se podrá imponer servidumbre sino con consentimiento de todos.

1138. Si siendo varios los propietarios, uno solo de ellos adquiriere una servidumbre sobre otro predio, á favor del comun, de ella podrán aprovecharse todos los propietarios; quedando obligados á los gravámenes naturales que traiga consigo y á los pactos con que se haya adquirido.

CAPITULO X.

Cómo se adquieren las servidumbres voluntarias.

Art. 1139. Las servidumbres continuas y aparentes se adquieren por cualquier título legal, inclusa la prescripcion.

1140. Las servidumbres continuas no aparentes, y las discontinuas, sean ó no aparentes, no podrán adquirirse por prescripcion sino por otro título legal.

1141. Al que pretende tener derecho á una servidumbre, toca probar, aunque esté en posesion de ella, el título en virtud del cual la goza.

1142. La falta de título constitutivo de las servidumbres, que no pueden adquirirse por prescripcion, únicamente se puede suplir por confesion judicial ó reconocimiento hecho en escritura pública por el dueño del predio sirviente, ó por sentencia ejecutoriada que declare existir la servidumbre.

1143. La existencia de un signo aparente de servidumbre entre dos fincas, establecido ó conservado por el propietario de ambas, se considera como título para que la servidumbre continúe activa y pasivamente, cuando las fincas pasan á propiedad de diferentes dueños, á no ser que al tiempo de dividirse la propiedad, se exprese lo contrario en el título de enajenacion de cualquiera de ellas.

1144. Al constituirse una servidumbre se entienden concedidos todos los medios necesarios para su uso, y extinguida aquella, cesan tambien estos derechos accesorios.

1145. Lo dispuesto en la parte final del artículo anterior, no comprende aquellos medios que se han obtenido por un título independiente de la servidumbre.

CAPITULO XI.

Derechos y obligaciones de los propietarios de los predios entre los que está constituida alguna servidumbre voluntaria.

Art. 1146. El uso y la extension de las servidumbres establecidas por la voluntad del propietario, se arreglarán por los términos del título en que tengan su orígen ó en su defecto, por las disposiciones siguientes:

1147. El dueño del predio dominante puede hacer á su costa todas la obras necesarias para el uso y conservacion de la servidumbre.

1148. Está obligado tambien á hacer á su costa las obras que fueren necesarias para que al dueño del predio sirviente no se cause por la servidumbre mas gravámen que el consiguiente á ella; y si por su nescuido ú omision se causare otro daño, estará obligado á la indemnizacion.

1149. Si el dueño del predio sirviente se hubiere obligado en el título constitutivo de la servidumbre á hacer alguna cosa ó costear alguna obra, se librará de esta obli gacion abandonando su predio al dueño del dominante.

1150. El dueño del predio sirviente no podrá menoscabar de modo alguno la servidumbre constituida sobre este.

1151. El dueño del predio sirviente, si el lugar primitivamente designado para el uso de la servidumbre, llegase á presentarle graves ioconvenientes, podrá ofrecer otro que sea cómodo al dueño del predio dominante, quien no podrá rehusarlo, si no se perjudica.

1152. El dueño del predio sirviente puede ejecutar las obras que hagan ménos gravosa la servidumbre, si de ellas no resulta perjuicio alguno al predio dominante.

1153. Si de la conservacion de dichas obras se siguiere algun perjuicio al predio dominante, el dueño del sirviente estará obligado á restablecer las cosas en su antiguo estado y á indemnizar de los daños y perjuicios.

1154. Si el dueño del predio dominante se opone á las obras de que trata el artículo 1152, el juez decidirá previo informe de peritos.

1155. Cualquiera duda sobre el uso y extension de la servidumbre se decidirá en el sentido ménos gravoso para el predio sisviente, sin imposibilitar ó hacer muy difícil el uso de la servidumbre.

1156. Si el predio dominante se dividiere entre diversos propietarios, la servidumbre quedará á favor de todos y cada uno, sin que pueda alterarse la forma de ella en perjuicio del sirviente. Mas si la servidumbre estaba establecida á favor de una sola de las partes del dominante, solo el dueño de esta parte podrá continuar disfrutándola.

CAPITULO XII.

De la extincion de las servidumbres voluntarias y legales.

Art. 1157. Las servidumbres voluntarias se extinguen:

1º Por reunirse en una misma persona la propiedad de ambos predios dominante y sirviente; y no reviven por una nueva separacion, salvo lo dispuesto en el artículo 1143; pero si el acto de reunion era resoluble por su naturaleza, y llega el caso de la resolucion, renacen todas las servidumbres como estaban ántes de la reunion.

2º Por el no uso:

Cuando la servidumbre fuere continua y aparente, por el no uso de diez años, si hubiere buena fé, y de quince si no la hubiere; contados desde el dia en que dejó de existir el signo aparente de la servidumbre.

Cuando fuere discontinua ó no aparente, por el no uso de veinte años si hubiere buena fé, y de treinta si no la hubiere, contados desde el dia en que dejó de usarse por haber ejecutado el dueño del fundo sirviente acto contrario á la servidumbre, ó por haber prohibido que se usara de ella. Si no hubo acto contrario ó prohibicion, aunque no se haya usado de la servidumbre, ó si hubo tales actos, pero continúa el uso, no corre el tiempo de la prescripcion.

3º Cuando los predios llegaren sin culpa del dueño del sirviente á tal estado, que no pueda usarse la servidumbre. Si en lo sucesivo los predios se restablecen de manera que pueda usarse de la servidumbre, revivirá este, á no ser que desde el dia en que pudo volverse á usar, haya trascurrido el tiempo suficiente para la prescripcion.

4º Por la remision gratúita ú onerosa, hecha por el dueño del predio dominante.

5º Cuando constituida en virtud de un derecho revocable, se vence el plazo; se cumple la condicion ó sobreviene la circunstancia que debe poner término á aquel.

1158. El modo de usar la servidumbre puede prescribirse en el tiempo y de la manera que la servidumbre misma.

1159. Si el predio dominante pertenece á varios dueños pro-indiviso, el uso de uno de ellos aprovecha á los demas para impedir la prescripcion.

1160. Si entre los propietarios hubiere alguno contra quien por leyes especiales no pueda correr la prescripcion, esta no correrá contra los demas.

1161. Las servidumbres legales establecidas en utilidad pública ó comunal, se pierden por el no uso de veinte años, si se prueba que durante este tiempo se ha adquirido, por el que disfrutaba aquellas, otra servidumbre de la misma naturaleza por distinto lugar.

1162. Si los predios entre los que está constituida una servidumbre legal, pasan á poder de un mismo dueño, deja de existir la servidumbre; pero separadas nuevamente las propiedades, revive aquella, aun cuando no se haya conservado ningun signo aparente.

1163. La servidumbre legal de luces y vistas puede perderse por el no uso en los términos que establece la fraccion II del artículo 1157, con las distinciones siguientes:

1ª Si el dueño del predio dominante cierra voluntariamente el hueco ó ventana, se observará lo dispuesto en la fraccion II citada, y perderá el derecho de volverla á abrir:

2ª Si la ventana ó hueco han sido cubiertos por el dueño del predio sirviente en virtud del derecho que le concede el artículo 1130, puede el dueño del dominante abrir la ventana por otro lugar que esté libre; y si se destruye la obra que obstruia la primera ventana, recobra desde luego el uso de ella.

1164. El dueño de un precio sujeto á una servidumbre legal puede por medio de convenio librarse de ella con lasrestricciones siguientes:

1ª Si la servidumbre está constituida á favor de todo un municipio ó poblacion, no surtirá el convenio efecto alguno respecto de toda la poblacion, si no se ha celebrado nterviniendo el síndico del ayuntamiento; pero sí producirá accion contra cada uno de los particulares que haya renunciado á dicha servidumbre:

2ª Si la servidumbre es de uso público, como la constituida en las márgenes de los predios ribereños, el convenio es nulo en todo caso:

3ª Si la servidumbre es de luces ó de vistas, el convenio en virtud del cual se renuncie á ella, se reputará como una nueva servidumbre de no hacer por parte del que ántes disfrutaba las luces ó vistas; y se considerará como dominante al predio que ántes era sirviente y vice versa:

4ª Si la servidumbre es de paso ó de desagüe, el convenio se entenderá celebrado con la condicion de que lo aprueben los dueños de los predios circunvecinos, ó por lo ménos el del predio por donde nuevamente se constituya la servidumbre:

5ª La renuncia de la servidumbre legal de desagüe solo será válida cuando no se oponga á los reglamentos de policía.

TITULO VII.

DE LA PRESCRIPCION.

CAPITULO I.

De la prescripcion en general.

Art. 1165. Prescripcion es un medio de adquirir el dominio de una cosa ó de librarse de una carga ú obligacion, mediante el trascurso de cierto tiempo y bajo las condiciones establecidas por la ley.

1166. La adquisicion de cosas ó derechos en virtud de la posesion, se llama prescripcion positiva: la exoneracion de obligaciones, por no exigirse su cumplimiento, se llama prescripcion negativa.

1166. Solo pueden prescribirse las cosas, derechos y obligaciones que están en el comercio, salvas las excepciones establecidas por la ley.

1167. Pueden adquirir por prescripcion positiva todos los que son capaces de adquirir por cualquier otro título: los menores y demas incapacitados pueden hacerlo por medio de sus legítimos representantes.

1169. La prescripcion negativa aprovecha á todos, aun á los que por sí mismos no pueden obligarse.

1170. El derecho de adquirir por prescripcion positiva, no puede renunciarse anticipadamente.

1171. El derecho de librarse de una obligacion por

prescripcion negativa, puede renunciarse; pero la renuncia solo producirá el efecto de duplicar los plazos, con tal que duplicados, no excedan en ningun caso de treinta años. Los plazos se contarán desde el dia en que se haya hecho la renuncia.

1172. Puede renunciarse la prescripcion que ha comenzado á correr y la ya consumada; pero en estos casos la renuncia deberá considerarse como una verdadera donacion de los derechos que en cada uno de ellos se hayan adquirido, y se sujetará á las reglas establecidas para ese contrato.

1173. La renuncia de la prescripcion es expresa ó tácita, siendo esta última la que resulta de un hecho que importa el abandono del derecho adquirido.

1174. El que no puede enajenar, no puede renunciar la prescripcion pendiente ni la consumada.

1175. Los acreedores y todos los que tuvieren legítimo interes en que la prescripcion subsista, pueden hacerla valer, aunque el deudor ó el propietario hayan renunciado los derechos en su virtud adquiridos.

1176. El que posee á nombre de otro, no puede adquirir por prescripcion la cosa poseida, á no ser que legalmente se haya mudado la causa de la posesion.

1177. Se dice legalmente mudada la causa de la posesion, cuando el que poseia á nombre de otro, comienza á poseer de buena fé y con justo título en nombre propio; pero en este caso la prescripcion no corre sino desde el dia en que se haya mudado la causa.

1178. Si varias personas poseen en comun alguna cosa, no puede ninguna de ellas prescribir contra sus copropietarios ó co—poseedores; pero sí puede prescribir contra un extraño; y en este caso la prescripcion aprovecha á todos los partícipes.

1179. La excepcion que por prescripcion adquiera un co-deudor solidario, no aprovechará á los demas sino cuando el tiempo exigido por la ley, haya debido correr del mismo modo para todos ellos.

1180. En el caso previsto por el artículo que precede, el acreedor solo podrá exigir á los deudores que no prescribieren, el valor de la obligacion, deducida la parte que corresponda al deudor que prescribió.

1181. La prescripcion adquirida por el deudor principal, aprovecha siempre á sus fiadores.

1182. La prescripcion, una vez perfeccionada, puede deducirse como accion y oponerse como excepcion.

1183. Los jueces no pueden de oficio considerar la prescripcion.

1184. La Union, el Distrito y la California en sus casos, así como los ayuntamientos y todos los establecimientos púclicos y personas morales, se considerarán como particulares para la prescripcion de sus bienes, derechos y acciones que sean susceptibles de propiedad privada.

1185. El que prescribe, puede completar el término necesario para su prescripcion, reuniendo al tiempo que haya poseido; el que poseyó la persona que le trasmitió la cosa, con tal de que ambas posesiones tengan los requisitos legales.

1186. Las disposiciones de este título, relativas al tiempo y demas requisitos necesarios para la prescripcion, solo dejarán de observarse en los casos en que la ley prevenga expresamente otra cosa.

CAPITULO II.

Reglas para la prescripcion positiva.

Art. 1187. La posesion necesaria para prescribir, debe ser:

1º Fundada en justo título:

2º De buena fé:

3º Pacífica:

4º Contínua:

5º Pública.

1188. Se llama justo título el que es bastante para trasferir el dominio.

1189. El que alega la prescripcion, debe probar la existencia del título en que funda su derecho.

1190. La buena fé solo es necesaria en el momento de la adquisicion.

1191. Posesion pacífica es la que se adquiere sin violencia: solo despues de que jurídicamente se declare haber cesado esta, comienza la posesion útil.

1192. Posesion continua es la que no se ha interrumpido de alguno de los modos enumerados en el capítulo 7º de este título.

1193. Posesion pública es la que se disfruta de manera que puede ser conocida de los que tienen interes en interrumpirla.

CAPITULO III.

De la prescripcion de la cosas inmuebles.

Art. 1194. Todos los bienes inmuebles se prescriben con buena fé en veinte años, y con mala fé en treinta; salvo lo dispuesto en el artículo 1176.

1195. En los mismos plazos, y con las mismas condiciones que establece el artículo anterior, se adquieren por prescripcion los derechos y acciones reales, inclusas las servidumbres voluntarias.

CAPITULO IV.

De la prescripcion de las cosas muebles.

Art. 1196. Las cosas muebles se prescriben en tres años, si la posesion es continua, pacífica y acompañada de justo título y buena fé, ó en diez años, independientemente de la buena fé y justo título.

1197. Para la prescripcion de que trata este capítulo, el justo título y la buena fé se presumen siempre.

1198. Si la cosa mueble hubiere sido perdida por su dueño ó adquirida por medio de un delito y hubiere pasado á tercero de buena fé, solo prescribirá á favor de este, pasados seis años.

1199. El que exige la restitucion de la cosa en plazo

hábil de aquel que la compró en mercado ó plaza pública ó á mercader que negocia en cosas del mismo género ó semejantes, está obligado á pagar al tercero de buena fé el precio en que este haya adquirido la cosa; salvas sus acciones contra el que la halló, si fué perdida ó abandonada, y contra el autor del robo en su caso.

CAPITULO V.

De la prescripcion negativa.

Art. 1200. La prescripcion negativa se verifica, haya ó no buena fé, por el solo lapso de veinte años contados desde que la obligacion pudo exigirse conforme á derecho.

1201. La obligacion de dar alimentos, de que trata el capítulo IV, título V del Libro I, es imprescriptible.

1202. Prescribe en dos años la accion para exigir la devolucion de un vale ó escrito privado, en que una persona confiesa haber recibido de otra una suma prestada, cuando realmente no la haya recibido. Los dos años se contarán desde la fecha del documento.

1203. Opuesta la excepcion ántes de dos años, incumbe al acreedor la prueba de la entrega; pero si el deudor no reclama esta dentro de dos años, se presume legalmente hecha, sin que se admita prueba alguna en contrario.

1204. Prescriben en tres años:

1ª Los honorarios de los abogados, árbitros, arbitradores, notarios, procuradores y agentes judiciales:

2ª Los de los directores de casas de educacion y profesores particulaes de cualquiera ciencia ó arte:

3ª Los de los médicos, cirujanos, flebotomianos y matronas:

4ª Los sueldos, salarios, jornales ú otras retribuciones por la prestacion de cualquier servicio personal:

5ª La accion de cualesquiera comerciantes ó mercaderes para cobrar el precio de objetos vendidos á personas que no fueren revendedoras.

6ª La de los artesanos para cobrar el precio de sus trabajos:

7ª La de los dueños de las casas de huéspedes para cobrar el importe del hospedaje; y la de estos y la de los fondistas para cobrar el precio de los alimentos que ministren:

8ª La responsabilidad civil por injurias, ya sean hechas de palabra ó por escrito, y la que nace del daño causado por personas ó animales, y que la ley impone al representante de aquellas ó al dueño de estos.

1205. En los casos enumerados en la primera fraccion del artículo anterior, la prescripcion corre desde el dia en que terminó el negocio, ó desde aquel en que cesaron los interesados en el patrocinio ó procuracion.

1206. En los casos de la fraccion segunda corre desde el dia en que debió pagarse el honorario ó pension.

1207. En los casos de la fraccion tercera corre desde el dia en que se prestó el servicio ó desde aquel en que cesó la asistencia.

1208. En los casos de las fracciones cuarta y sexta corre desde el dia en que cesó el servicio ó se entregó el objeto.

1209. En los casos de la fraccion quinta corre desde el dia en que fueron entregados los efectos, si la venta no se hizo á plazo.

1210. En los casos de la fraccion sétima corre desde el dia en que debió ser pagado el hospedaje ó desde aquel en que se ministraron los alimentos.

1211. En los casos de la fraccion octava corre desde el dia en que se recibió ó fué conocida la injuria, ó desde aquel en que se causó el daño.

1212. Las pensiones enfitéuticas ó censuales; las ren tas, los alquileres y cualesquieras otras prestaciones no cobradas á su vencimiento, quedarán prescritas en cinco años, contados desde que se dejó de pagar la primera, cuando ei cobro se haga en virtud de accion real.

1213. Si el cobro se hace en virtud de accion perso nal, no se librará el deudor del pago de las pensiones vencidas, sino á los cineo años contados desde el vencimiento de cada una de ellas.

1214. La prescripcion de las pensiones á que se refieren los dos artículos procedentes, no perjudica el derecho que se tenga para cobrar las futuras, miéntras este mismo derecho no esté prescrito.

1215. Respecto de las obligaciones con pension ó renta, el tiempo de la prescripcion del capital comienza á correr desde el dia del último pago, si no se ha fijado plazo para la devolucion: en caso contrario, desde el vencimiento del plazo.

1216. La obligacion de devolver el capital en el censo consignativo, prescribe en veinte años contados desde el dia en que haya sido legalmente exigible conforme á lo dispuesto en el título de censos.

1217. En el censo enfitéutico el dueño no puede prescribir el dominio útil consra el enfiteuta, ni este el dominio directo contra aquel, sino por el lapso de veinte años, contados desde que se mude la causa de la posesion.

1218. La prescripcion de la obligacion de dar cuentas comienza á correr desde el dia en que el obligado termina su administracion; y la del resultado líquido de aquellas desde el dia en que la liquidacion es aprobada por los interesados ó por sentencia que cause ejecutoria.

CAPITULO VI.

De la suspension de la prescripcion.

Art. 1219. La prescripcion puede comenzar y correr contra cualquiera persona, salvas las siguientes restricciones.

1220. La prescripcion no puede comenzar ni correr contra los menores y los incapacitados por falta de inteligencia, sino cuando se haya discernido su tutela conforme á las leyes.

1221. Las prescripciones hasta de veinte años solo corren contra el menor, si han comenzado á correr contra la persona á quien aquel hereda ó de quien ha habido la cosa por otro título legal.

1222. Dichas prescripciones no corren contra el menor, si han comenzado directamente en su contta durante la menor edad.

1223. Las prescripciones de mas de veinte años corren contra el mayor de diez y ocho.

1224. En el caso del artículo 1221 puede el menor hasta el cuatrienio legal pedir restitucion del tiempo corrido contra él, pero no del corrido contra su causante.

1225. En el caso del artículo 1222 puede el menor pedir restitucion del tiempo corrido durante su menor edad.

1226. En el caso del artículo 1223 solo puede el menor pedir restitucion del tiempo corrido hasta que cumplió diez y ocho años.

1227. Contra los incapacitados por falta de inteligencia no corre ninguna prescripcion, á no ser que haya comenzado contra sus causantes, ó contra ellos mismos ántes de su impedimento.

1228. El incapacitado solo puede pedir restitucion del tiempo que duró el impedimento.

1229. Contra el pródigo corre cualquiera prescripcion; quedándole siempre á salvo sus derechos contra el tutor.

1230. La prescripcion no puede comenzar ni correr.

1º Entre ascendientes y descendientes, durante la patria potestad, respecto de los bienes á que los segundos tengan derecho conforme á la ley:

2º Entre los consortes:

3º Entre los menores é incapacitados, incluso el pródigo, y sus tutores ó curadores, miéntras dura la tutela:

4º Contra los ausentes del Distrito y de la California en servicio público:

5º Contra los militares en servicio activo en tiempo de guerra; tanto fuera como dentro del Distrito y de la California:

1231. Tampoco puede comenzar ni correr la prescripcion entre un tercero y una mujer casada:

1º Respecto de los bienes dotales, á no ser que haya comenzado ántes del matrimonio:

2º Respecto de los bienes inmuebles del haber matrimonial, enajenados por el marido sin el consentimiento de la mujer; pero solo en la parte que á esta corresponda en ellos:

3º En las casos en que la accion de la mujer contra tercera persona tenga reversion contra el marido.

CAPITULO VII.

De la interrupcion de la prscripcion.

Art. 1232. La prescripcion se interrumpe:

1º Si el poseedor es privado de la posesion de la cosa ó del goce del derecho durante un año:

2º Por demanda judicial, notificada al poseedor ó al deudor en su caso, ó por embargo; salvo si el acreedor desistiere de la accion intentada ó el reo fuere absuelto de la demanda ó el acto judicial fuere nulo por falta de solemnidad:

3º Por cita para el acto conciliatorio, protesta judicial ó aseguramiento de bienes hecho en virtud de providencia precautoria, desde el dia que ocurran estos actos, si dentro de un mes entabla el actor su accion en juicio contencioso:

4º Si la persona á cuyo favor corre la prescripcion, reconoce expresamente de palabra ó por escrito, ó tácitamente por hechos indudables, el derecho de la persona contra quien prescribe.

1233. Las causas que interrumpen la prescripcion respecto de uno de los deudores solidarios, la interrumpen tambien respecto de los otros.

1234. Si el acreedor, consintiendo en la division de la deuda respecto de uno de los deudores solidarios, solo exigiere de él la parte que le corresponda, no se tendrá por interrumpida la prescripcion respecto de los demas.

1235. Lo dispuesto en los dos artículos anteriores, es aplicable á los herederos del deudor, sea ó no sea solidario.

1236. La interrupcion de la prescripcion contra el deudor principal produce los mismos efectos contra su fiador.

1237. Para que la prescripcion de una obligacion se interrumpa respecto de todos los deudores no solidarios, se requiere el reconocimiento ó citacion de todos.

1238. La interrupcion de la prescripcion á favor de alguno de los acreedores solidarios aprovecha á todos.

1239. El efecto de la interrupcion es inutilizar, para la prescripcion, todo el tiempo corrido ántes de ella.

CAPITULO VIII.

De la manera de contar el tiempo para la prescripcion.

Art. 1240. El tiempo para la prescripcion se cuenta por años y no de momento á momento, excepto en los casos en que así lo determine la ley expresamente.

1241. Los meses se regularán con el número de dias que les correspondan.

1242. Cuando la prescripcion se cuente por dias, se entenderán estos de veinticuatro horas naturales, contadas de doce á doce de la noche.

1243. El dia en que comienza la prescripcion se cuenta siempre entero, aunque no lo sea; pero aquel en que la prescripcion termina, debe ser completo.

1244. Cuando el último dia sea feriado, no se tendrá por completa la prescripcion, sino cumplido el primero que siga, si fuere útil.

TITULO OCTAVO.

DEL TRABAJO.

CAPITULO I.

Disposiciones preliminares.

Art. 1245. Todo hombre es libre para abrazar la profesion, industria ó trabajo que le acomode, siendo útil y honesto, y para aprovecharse de sus productos. Ni uno ni otro se le podrá impedir, sino por sentencia judicial cuando ataque los derechos de tercero, ó por resolucion gubernativa, dictada en los términos que marque la ley, cuando ofenda los de la sociedad.

1246. La propiedad de los productos del trabajo y de la industria se rige por las leyes relativas á la propiedad comun, á excepcion de los casos para los que este Código establezca reglas especiales.

CAPITULO II.

De la propiedad literaria.

Art. 1247. Los habitantes de la República tienen derecho exclusivo de publicar y reproducir cuantas veces lo crean conveniente, el todo ó parte de sus obras originales, por copias manuscritas, por la imprenta, por la litografía ó por cualquiera otro medio semejante.

1248. En la publicacion se observará lo dispuesto por la ley que arregle el ejercicio de la libertad de imprenta.

1249. El derecho que reconoce el artículo 1247 comprende las lecciones orales y escritas y cualquiera otro discurso pronunciado en público.

1250. Los alegatos y los discursos pronunciados en las asambleas políticas, solo están comprendidos en el citado artículo 1247, para el caso de que se pretenda formar coleccion de ellos.

1251. La obra manuscrita está comprendida en todas las disposiciones de este título.

1252. Las cartas particulares no pueden ser publicadas sin consentimiento de ambos corresponsales ó de sus herederos; á excepcion del caso en que la publicacion sea necesaria para la prueba ó defefensa de algun derecho, ó cuando la exijan el interes público ó el adelantamiento de las ciencias.

1253. El autor disfrutará el derecho de propiedad literaria durante su vida: por su muerte, pasará á sus herederos conforme á las leyes.

1254. El autor y sus herederos pueden enajenar esta propiedad como cualquiera otra; y el cesionario adquiere todos los derechos del autor segun las condiciones del contrato.

1255. Si la cesion se hace por un tiempo menor que el que para ciertos casos señala este Código á la duracion de la propiedad, pasado este tiempo, el cedente recobra todos sus derechos.

1256. La cesion que se hace por mas tiempo del que debe durar la propiedad, es nula en cuanto al exceso.

1257. Respecto de las obras póstumas, los herederos y cesionarios tendrán los mismos derechos que el autor.

1258. El editor de una obra póstuma, cuyo autor sea conocido, si no es heredero ni cesionario de aquel, tendrá propiedad durante treinta años.

1259. Las obras anónimas y seudónimas quedarán comprendidas en las reglas que establece este capítulo, luego que el autor, sus herederos ó representantes prueben legalmente su derecho á la propiedad.

1260. Si el autor ha cedido la propiedad de una obra, y despues hece en estas variaciones sustanciales, el cesionario no tiene derecho de impedir que el autor ó sus herederos publiquen ó enajenen la obra corregida.

1261. El juez, para decidir en el caso previsto por el artículo anterior, oirá el dictámen de un perito nombrado por cada parte, pudiendo ademas consultar con las personas ó corporaciones que crea conveniente.

1262. Las academias y demas establecimientos científicos ó literarios, tienen propiedad en las obras que publiquen, durante 25 años.

1263. Cuando una enciclopedia, un diccionario, un periódico ó cualquiera otra obra fuere compuesta por varios individuos, cuyos nombres sean conocidos, sin que se pueda señalar la parte de que cada uno de ellos sea autor, la propiedad será de todos, observándose respecto del ejercicio de ella lo dispuesto en los artículos 1367 y 1368.

1264. En el caso previsto por el artículo anterior, muerto sin herederos ni cesionarios uno de los autores, su derecho acrecerá á los demas.

1265. Cuando en una obra de las designadas en el artículo 1263, sean conocidos ó pueda probarse quiénes son los autores de determinadas partes, cada uno disfrutará de su propiedad conforme á derecho; mas la obra completa no podrá publicarse de nuevo, sin consentimiento de la mayoría.

1266. Si la obra compuesta por varios individuos, fuere emprendida ó publicada por una sola persona ó por una corporacion, estas tendrán la propiedad de toda la obra, salvo el derecho de cada autor para publicar de nuevo sus composiciones, ya sueltas, ya formando coleccion.

1267. En el caso del artículo que precede, el editor no podrá publicar sueltas dichas composiciones sin consentimiento de sus autores.

1268. En los periódicos políticos no hay propiedad mas que respecto de los artículos científicos, literarios ó artísticos, sean originales ó traducidos; pero el que publique cualquiera fraccion de la parte libre, deberá citar el título y número del periódico de donde aquella fué copiada.

1269. El autor tiene derecho de reservarse la facultad de publicar traducciones de sus obras; pero en este caso debe declarar si la reserva se limita á determinado idioma ó si los comprende todos.

1270. Si el autor no ha hecho esa reserva ó si ha otorgado la facultad de traducir la obra, el traductor tendrá todos los derechos del autor respecto de su traduccion; mas no podrá impedir otras traducciones, á no ser que el autor le haya concedido tambien esa facultad.

1271. Los autores que no residan en el territorio nacional, y publiquen alguna obra fuera de la República, tendrán los derechos que concede el artículo 1269, durante diez años.

1272. Si el traductor reclama contra una nueva traduccion, alegando ser esta una reproduccion de la primera y no un nuevo trabajo hecho sobre el original, el juez, para fallar, obrará conforme está prevenido en el artículo 1261.

1273. Nadie podrá reproducir una obra ajena con pretexto de anotarla, comentarla, adicionarla ó mejorar la edicion, sin permiso de su autor. El que lo fuere de adiciones ó anotaciones á una obra ajena, podrá no obstante, darlas á luz por separado; en cuyo caso será considerado como propietario de ellas.

1274. El permiso del autor es igualmente necesario para hacer un extracto ó compendio de su obra. Sin embargo, si el extracto ó compendio fuere de tal mérito ó importancia, que constituyere una obra nueva ó proporcionare una utilidad general, padrá autorizar el gobierno su impresion, oyendo previamente á los interesados y á dos peritos por cada parte.

1275. En el caso del artículo que precede, el autor ó propietario de la obra primitiva, tendrá derecho á una indemnizacion, que se graduará desde un quince hasta un treinta por ciento de los productos líquidos del compendio en cuantas ediciones se hagan de él.

1276. El editor que no fuere heredero ni cesionario del dueño de la obra ó de la traduccion, no tendrá mas derechos que los que le conceda el convenio que con aquellos hubiere celebrado.

1277. El editor de una obra que esté ya bajo el dominio público, solo tendrá la propiedad el tiempo que tarde en publicar su edicion y un año mas. Este derecho no se extiende á impedir las ediciones hechas fuera de la República.

1278. El editor de una obra anónima ó seudónima, tendrá los derechos de autor; salvo lo dispuesto en el artículo 1259.

1279. En el caso previsto por dicho artículo, el propietario recobrará todos sus derechos, y el editor lo tendrá expedito para disponer de los ejemplares existentes ó para cobrar su precio; pero si se prueba que obró de mala fé, se procederá conforme á lo dispuesto por las leyes para este caso.

1280. El que por primera vez publique algun Códice de que sea legítimo poseedor, tendrá propiedad en la edicion durante su vida.

1281. Las leyes, las demas disposiciones gubenativas y las sentencias de los tribunales, pueden ser publicadas por cualquiera luego que lo hayan sido oficialmente, sujetándose el editor al texto auténtico; pero no puede formarse coleccion de ellas sin consentimiento del gobierno general respecto de las leyes federales, y del de los Estados respecto de las de cada uno de ellos.

1282. El término que en algunos casos se señala para la duracion de la propiedad, se contará desde la fecha de la obra; y si no consta, desde el 1º de Enero del año siguiente á aquel en que se hubiere publicado la obra ó el último volúmen, cuaderno ó entrega que la complete.

CAPITULO III.

De la propiedad dramática.

Art. 1283. Los autores dramáticos, ademas del derecho exclusivo que tienen respecto de la publicacion y reproduccion de sus obras, lo tienen tambien exclusivo, respecto de la representacion.

1284. El autor disfrutará de este derecho durante su vida: por su muerte, pasará á sus herederos; quienes lo disfrutarán durante treinta años.

1285. Los cesionarios no disfrutarán del derecho referido sino durante la vida del autor y treinta años despues.

1286. Pasados los términos establecidos en los artículos anteriores, las obras entrarán en el dominio público respecto al derecho de ser representadas.

1287. No puede ser embargada por los acreedores de una empresa la parte que corresponda á los autores en los productos de la representaciones dramáticas.

1288. El autor puede contratar la representacion de su

obra por la cantidad y con las condiciones que le parezcan convenientes, y limitándola á cierto plazo, á poblacion señalada ó á determinados teatros.

1289. El autor puede hacer en su obra las alteraciones y enmiendas que juzgue convenientes; pero no puede alterar ninguna parte esencial sin consentimiento de la empresa.

1290. Esta no comunicará bajo ningun pretexto la obra que tuviere manuscrita á ninguna persona extraña al teatro, sin expreso consentimiento del autor.

1291. Contratada la representacion de una obra dramática, no puede el autor cederla á otra empresa sino en los términos que lo permita el contrato: ni escribir y dar á la escena una imitacion de la obra.

1292. Si la obra no fuere representada en el tiempo y con los condiciones convenidas, el autor podrá retirarla libremente.

1293. Si en el contrato no se fijó tiempo para la representacion, la obra podrá ser retirada si ha trascurrido un año desde la fecha del contrato, sin que haya sido representada.

1294. Lo mismo podrá hacerse si la empresa deja de representar la obra durante cinco años sin justa causa.

1295. En los casos de que tratan los tres artículos anteriores, el autor no está obligado á devolver las contidades que haya recibido.

1296. Las obras póstumas no pueden representarse sin consentimiento de los herederos ó cesionarios; quienes tendrán los derechos que les conceden los artículos 1284 y 1285.

1297. El editor de una obra póstuma en los términos

establecidos en el artículo 1258, solo tendrá la propiedad dramática durante veinte años.

1298. El editor de una obra anónima ó seudónima tendrá la propiedad dramática durante treinta años; pero si el autor, sus herederos ó cesionarios acreditaren legalmente sus derechos; recobrarán la propiedad; cesando en consecuencia los convenios que respecto de la representacion se hayan celebrado.

1299. Si una obra dramática es campuesta por varios individuos, cada uno de ellos tiene derecho de permitir la representacion, salvo pacto en contrario ó cuando se alegue justa causa, que será calificada por la autoridad política, previo informe de peritos.

1300. En el caso del artículo anterior los herederos y cesionarios tendrán el mismo derecho, pero si fueren varios, su opinion, decidida en los términos que previene el artículo 1367, solo se considerará como voto del autor á quien representan.

1301. En el mismo caso, muerto uno de los autores, sin dejar herederos ni cesionarios, la propiedad acrece á los otros; mas los productos que en las representaciones debian corresponder al difunto, se destinarán al fomento de los teatros.

1302. La cesion del derecho de publicar una obra dramática, no importa la del derecho de representarla, si no se expresa.

1303. Son aplicables al traductor todas las disposiciones relativas al autor.

1304. En los casos en que se señala período fijo á la propiedad dramática, el plazo se contará desde la primera representacion.

1305. Todo lo dispuesto en los artículos 1254, 1255, 1256, 1257, 1269, 1270, 1271 y 1272, respecto de la publicacion de una obra, se observará respecto de su representacion.

CAPITULO IV.

De la propiedad artística.

Art. 1306. Tienen derecho exclusivo á la reproduccion de sus obras originales:

1º Los autores de cartas geográficas, topográficas, científicas, arquitectónicas, &c., y los de los planos, dibujos y diseños de cualquiera clase.

2º Los arquitectos:

3º Los pintores, grabadores, litógrafos y fotógrafos:

4º Los escultores, tanto respecto de la obra ya concluida, como de los modelos y moldes:

5º Los músicos:

6º Los caligrafos:

1307. La propiedad artística se rige en cuanto á la reproduccion de la obra por los artísulos 1251, 1253, 1266, 1273 á 1279, y el 1282 en sus respectivos casos, y en cuanto sean aplicables á las artes.

1308. Las composiciones musicales, en cuanto á la ejecucion, se rigen por los artículos 1283 á 1302 y por el 1304.

1309. Para las efectos legales se considera autor de la letra el que lo es de la música. El autor de la letra asegurará sus derechos con el de la música, mediante convenio escrito.

1310. La propiedad de las composiciones musicales comprende el derecho exclusivo del autor para celebrar arreglos sobre los motivos ó temas de la obra original.

1311. Todos los que disfrutan de la propiedad artística, pueden reproducir ó autorizar la reproduccion total ó parcial de sus obras por un arte ó por un procedimiento semejante ó distinto y en la misma ó diferente escala.

1312. El reproductor legítimo tendrá los derechos de autor en los términos que establezca el contrato.

1313. El que adquiere la propiedad de una obra de arte, no adquiere el derecho de reproducirla si no se expresa así en el contrato.

1314. El artista que ejecuta una obra mandada hacer por determinada persona, pierde el derecho de reproducirla por un arte semejante.

1315. La posesion de un modelo de escultura es presuncion del derecho de reproduccion, miéntras no se prueba lo contrario.

CAPITULO V.

Reglas para declarar la falsificacion.

Art. 1316. Hay falsificacion cuando falta el consentimiento del legítimo propietario:

1º Para publicar las obras, discursos, lecciones y artículos originales comprendidos en el capítulo II de este título:

2º Para publicar traducciones de dichas obras:

3º Para representar las dramáticas y ejecutar las musicales:

4º Para publicar y reproducir las artísticas, sea por igual ó por distinto procedimiento del que se empleó en la obra original.

5º Para omitir el nombre del autor ó el del traductor:

6º Para cambiar el título de la obra y suprimir ó variar cualquiera parte de ella:

7º Para publicar mayor número de ejemplares que el convenido, segun el artículo 1363:

8º Para reproducir una obra de arquitectura para lo cual sea necesario penetrar en las casas particulares:

9º Para publicar y ejecutar una pieza de música formado de extractos de otras:

10º Para arreglar una composicion musical para instrumentos aislados.

1317. Hay tambien falsificacion cuando se publican, reproducen ó representan las obras con infraccion de las condiciones ó fuera del tiempo que para ciertos casos señalan los capítulos anteriores.

1318. Es falsificacion el anuncio de una obra dramática ó musical, aunque esta no llegue á ser representada, ya sea que aquel contenga ó no el nombre del autor ó traductor, siempre que se haya hecho sin consentimiento del propietario.

1319. Lo es tambien el comercio de obras falsificadas, ya en la República, ya en cualquiera otra parte.

1320. Lo es asimismo la publicacion de una obra contra lo dispuesto en la ley que arregla la libertad de imprenta.

1321. Por último, es falsificacion cualquiera publicacion ó reproduccion que no esté literalmente comprendida en el artículo siguiente.

1322. No es falsificacion:

1º La citacion literal ó la insercion de trozos ó pasajes de obras publicadas:

2º La reproduccion ó el extracto de artículos de revistas, diccionarios, periódicos y otras obras de esta clase, siempre que se exprese la obra de donde se han tomado y que la parte reproducida no sea excesiva, á juicio de peritos:

3º La reproduccion de poesías, memorias, discursos, &c., en las obras de crítica literaria, de historia de la literatura, en los periódicos y en los libros destinados al uso de los establecimientos de educacion:

4º La publicacion de una coleccion de composiciones literarias extraidas de otras obras:

5º La de adiciones ó reformas de una obra ajena, hecha separadamente:

6º La de obras de autor muerto sin herederos ni cesionarios y de las del que no haya asegurado su propiedad conforme á la ley:

7º La de obras anónimas y seudónimas, con las restricciones que expresan los artículos 1259 y 1279:

8º La representacion de un drama ó la ejecucion de una obra musical, sea en todo, sea en parte, cuando se verifica sin aparato escénico, ya en casas particulares, ya en conciertos públicos á que no se asiste por paga:

9º La representacion ó ejecucion de las obras dramáticas ó musicales, cuyos productos se destinen á objetos de beneficencia:

10º La publicacion de los libretos de las óperas y de la letra de otras composiciones musicales; á no ser que el propietario se haya reservado ese derecho:

11º La traduccion de obras ya publicadas, salvo lo dispuesto en los artículos 1269 y 1272:

12º La reproduccion de obras de escultura, si entre ella y el original hay diferencias tan esenciales, que la reproduccion deba considerarse como una obra nueva, á juicio de peritos:

13º La de dichas obras que se hallen colocadas en plazas, paseos, cementerios y otros lugares públicos:

14º La de obras de pintura, grabado ó litografía hecha en plástica, y la de obras de esta especie hecha por medio de aquellos procedimientos:

15º La de un modelo ya vendido, si tiene diferencias sustanciales:

16º La de obras de arquitectura hechas en edificios públicos y en la parte exterior de los particulares:

17º La aplicacion de obras artísticas como modelos para los productos de las manufacturas y fábricas.

CAPITULO VI.

Penas de la falsificacion.

Art. 1323. El que infrinja cualquiera de las disposiciones contenidas en los artículos 1316 á 1321, perderá en beneficio del propietario de la obra cuantos ejemplares existan en ella, pagando el precio de los que falten para completar la edicion.

1324. Si el propietario no quisiere recibir los ejemplares existantes, el falsificador le pagará el valor de toda la edicion.

1325. El precio de los ejemplares será el que tengan actualmente los de la edicion legítima; y si esta estuviere ya agotada, el que tuvieron al publicarse.

1326. Si la edicion legítima se publicó por suscricion, el precio será no el de esta, sino el que tuvo la obra en el mercado al terminarse la publicacion.

1327. Si la edicion falsificada es la primera, el precio de los ejemplares será el que tengan en la plaza; salvo el derecho del propietario para reclamar contra él.

1328. Si la reproduccion no hubiere sido hecha mecánicamente, el precio se fijará por peritos.

1329. Si no se conoce el número de ejemplares de la edicion fraudulenta, pagará el falsificador el valor de mil, ademas de los aprehendidos; á no ser que se pruebe que los perjuicios importan mas.

1330. Las planchas, moldes y matrices que hayan servido para la edicion fraudulenta, serán destruidos; no comprendiéndose en esta disposicion los caractéres de imprenta.

1331. Lo dispuesto en los artículos 1323 á 1327, se observará tambien cuando la edicion fraudulenta se haya hecho fuera de la República.

1332. El que haga representar obras dramáticas ó ejecutar composiciones musicales con infraccion del artículo 1316, partes 8ª y 9ª; del 1317 y del 1318, pagará al propietario el producto total de las representaciones ó ejecuciones, sin tener derecho de deducir los gastos.

1333. Si la representacion ó ejecucion se compone de varias obras, el producto se dividirá segun los actos ó partes; y si esto no fuere posible, el cálculo se hará por peritos.

1334. El propietario tiene derecho de embargar la entrada ántes de la representacion, durante ella y despues.

1335. En el producto se computará la cantidad que á la representacion corresponda por el abono.

1336. Las copias que se hayan repartido á los actores, cantantes y músicos, serán destruidas, así como los libretos ó canciones.

1337. El propietario tiene derecho de pedir que se suspenda la ejecucion de la obra. En el caso de que se suspenda aquella, se observará lo dispuesto en el artículo anterior, y la indemnizacion será fijada por peritos.

1338. El propietario, ademas del derecho que tiene á los productos de la representacion, será indemnizado de los perjuicios que se le sigan. La indemnizacion será fijada por el juez, previo informe de peritos.

1339. Para los efectos de la ley es responsable civilmente el que por su cuenta emprende ó ejecuta la falsificacion.

1340. Si la falsificacion se ha cometido fuera de la República, es responsable el vendedor.

1341. Los actores y artistas que por cuenta de otro trabajan en la falsificacion, no son responsables civilmente.

1342. Solo el propietario puede ejercitar los derechos que se consignan en este título.

1343. En cualquier caso dudoso el juez debe oir el informe de peritos.

1344. En los juicios sobre propiedad literaria, dramática y artística es competente el juez del domicilio del propietario.

1345. La autoridad política respectiva es competente para mandar suspender la ejecucion de una obra dramática, secuestrar los productos, embargar la obra falsificada y dictar otras providencias urgentes.

1346. En estos juicios habrá lugar á los recursos que correspondan segun el interes de que se trate; pero las providencias que establece el artículo anterior, no admitirán recurso alguno.

1347. Reclamada la propiedad, el desistimiento del propietario solo liberta al falsificador de la responsabilidad civil.

1348. Independientemente de lo dispuesto en este capítulo, el falsificador será castigado en los términos que prevenga el Código penal para el delito de fraude.

CAPITULO VII.

Disposiciones generales.

Art. 1349. Para adquirir la propiedad, el autor, ó quien le represente, debe ocurrir al ministerio de instruccion pública, á fin de que sea reconocido legalmente su derecho.

1850. De todo libro impreso el autor presentará dos ejemplares.

1851. De toda obra de música, de grabado, litografía y otras semejantes, presentará un ejemplar.

1852. Si la obra fuere de arquitectura, pintura escultura ú otras de esta clase, presentará un ejemplar del dibujo, diseño, ó plano, con expresion de las dimensiones y de todas las demas circunstancias que caractericen el original.

1853. Uno de los ejemplares de que habla el artículo 1850 se depositará en la Biblioteca nacional y el otro en el Archivo general.

1854. El ejemplar de las obras de música se depositará en la Sociedad Filarmónica.

1855. El ejemplar de los grabados, litografías, &c., así como el de que trata el artículo 1852, se depositarán en la Escuela de Bellas Artes.

1856. Cuando la obra se publique sin el nombre del autor, este si quiere gozar de la propiedad, acompañará á los ejemplares prevenidos, un pliego cerrado en que conste su nombre.

1857. En la Biblioteca, en la Sociedad Filarmónica y en la Escuela de Bellas Artes, se llevará un registro donde se asienten las obras que se reciban; el cual se publicará mensualmente en el *Diario oficial*.

1858. Las certificaciones que se expidan con referencia á dichos registros, inducen presuncion de propiedad, miéntras no se pruebe lo contrario.

1859. El propietario que no cumpla con lo dispuesto en los artículos 1850, 1851 y 1852, será multado en veinticinco pesos, quedando siempre obligado á hacer el depósito.

1360. Para cada nueva edicion, traduccion ó reproduccion, se necesita hacer nuevo depósito.

1361. La propiedad relativa á la representacion de las obras dramáticas y á la ejecucion de las musicales, queda legalmente reconocida luego que lo está la literaria ó artística de sus autores.

1362. En el caso de que una obra dramática ó musical inédita fuere representada ó ejecutada sin consentimiento del autor, este probará su propiedad por los medios ordinarios; y justificado su derecho, el responsable quedará sujeto á las disposiciones relativas de este título.

1363. En los contratos que se celebren para la publicacion de una obra, se fijará el número de ejemplares que deban tirarse. De lo contrario, no podrá demandarse la falsificacion por esta causa.

1364. Todos los autores, traductores y editores, deben poner su nombre, la fecha de la publicacion y las condiciones ó advertencias legales que crean convenientes, en las portadas de los libros ó composiciones musicales, al calce de las estampas y en la base ú otra parte visible de las demas obras artísticas.

1365. El que no cumpla lo dispuesto en el artículo anterior, no podrá ejercitar los derechos que dimanan en su respectivo caso de los requisitos que en él se contienen.

1366. El cesionario en los casos en que la propiedad se concede por tiempo determinado, no disfrutará de ella sino el que falte para que se complete el señalado por la ley.

1367. Si fueren varios los propietarios de una obra, y

para el ejercicio de los derechos que la ley les concede, no se pusieren de acuerdo, se estará á lo que decida la mayoría, salvo lo dispuesto en el artículo 1299. Si no hubiere mayoría, decidirá el juez.

1368. En el caso previsto por el artículo anterior, los productos se dividirán proporcionalmente, si pudiere designarse la parte que á cada autor le corresponda en la obra; ó por partes iguales, si no pudiere hacerse esta designacion.

1369. Para los efectos legales se considera autor el que manda hacer una obra á sus propias expensas, salvo convenio en contrario.

1370. Cuando conforme á derecho debe heredar la hacienda pública, cesa la propiedad, y la obra entra al dominio público, salvo el derecho de los acreedores del propietario.

1371. La nacion tiene la propiedad de todos los manuscritos de los archivos y oficinas federales, y de las del Distrito y de la California. En consecuencia, ninguno de ellos puede publicarse sin consentimiento del gobierno.

1372. Tambien se necesita este consentimiento para publicar los manuscritos y reproducir las obras artísticas que pertenezcan á las academias, colegios, museos y demas establecimientos públicos.

1373. Los manuscritos y las obras artísticas que pertenezcan á los Estados, no podrán publicarse ni reproducirse sin consentimiento de sus respectivos gobiernos.

1374. Si las obras de que tratan los tres artículos que preceden, hubieren sido adquiridas por el Estado mediante contrato con el propietario, se cumplirán las condiciones legales que este hubiere puesto al ceder la propiedad.

1375. Las obras que se publiquen por el gobierno, entrarán al dominio público, diez años daspues de su publicacion, contados de la manera establecida en el artículo 1282 y con la excepcion que establece el 1281.

1376. El gobierno, sin embargo, podrá, cuando lo crea conveniente, alargar ó acortar el plazo que señala el artículo anterior.

1377. Lo dispuesto en este título favorece al autor, al traductor y á los herederos respectivos, cuyo derecho de propiedad no se haya extinguido al promulgarse este Código: mas para gozarlo, deben cumplir lo dispuesto en los artículos 1349, 1350, 1351 y 1352.

1378. Si algun autor ó sus herederos hubieren enajenado la propiedad de la obra, el cesionario gozará de ella durante el tiempo que concede á aquellos la legislacion hoy vigente. Al cumplirse dicho plazo, la propiedad volverá al autor ó á sus herederos; quienes la disfrutarán conforme á las prescripciones de este título.

1379. La propiedad literaria y la artística prescribirán á los diez años contados conforme al artículo 1282: la propiedad dramática prescribirá á los cuatro años contados desde la primera representacion ó ejecucion de la obra.

1380. La propiedad que es materia de este título, será considerada como mueble, salvas las modificaciones que por su índole especial establece la ley respecto de ella.

1381. Cuando fuere conveniente la reproduccion de una obra, y el propietario no la haga, el gobierno podrá decretarla; haciéndola por cuenta del Estado ó en pública almoneda, previa indemnizcion y con las demas condiciones establecidas para la ocupacion de la propiedad por causa de utilidad pública.

1382. No hay propiedad en las obras prohibidas por la ley ó retiradas de la circulacion en virtud de sentencia judicial.

1383. Para los efectos legales no habrá distincion entre mexicanos y extranjeros; bastando el hecho de publicarse la obra en la República.

1384. Si un mexicano ó extranjero residente en la República, publica una obra fuera de ella, podrá gozar de la prepiedad siempre que cumpla lo dispuesto en los artículos 1349, 1350, 1351 y 1352.

1385. El traductor de una obra escrita en idioma extranjero, será considerado como autor respecto de su traduccion.

1386. Para los efectos legales quedan equiparados con los mexicanos los autores que residan en otras naciones, si con ellos están equiparados los primeros en el lugar donde se haya publicado la obra.

1387. Todas las disposiciones contenidas en este título, son generales, como reglamentaras del artículo 4º de la Constitucion.

LIBRO TERCERO.

DE LOS CONTRATOS.

TITULO I.

De los contratos en general.

CAPITULO I.

Disposiciones preliminares.

Art. 1388. Contrato es un convenio por el que dos ó mas personas se trasfieren algun derecho ó contraen alguna obligacion.

1389. El contrato puede ser unilateral ó bilateral; oneroso ó gratúito:

1390. Es contrato unilateral aquel en que solamente una de las partes se obliga; bilateral aquel en que resulta obligacion para todos los contratantes.

1391. Es contrato oneroso aquel en que se estipulan provechos y gravámenes recíprocos; y gratúito aquel en que el provecho es solamente de una de las partes.

1392. Los contratos se perfeccionan por el mero consentimiento; y desde entónces obligan no solo al cumplimiento de lo expresamente pactado, sino tambien á todas las consecuencias que, segun su naturaleza, son conformes á la buena fé, al uso ó á la ley.

1393. Los contratos solo obligan á las personas que los otorgan.

1394. La validez y el cumplimiento de los contratos no pueden dejarse al arbitrio de uno de los contrayentes; á excepcion de los casos expresamente señalados en la ley.

1395. Para que el contrato sea válido debe reunir las siguientes condiciones:

1ª Capacidad de los contrayentes:

2ª Mutuo consentimiento:

3ª Objeto lícito.

1396. Es lícito lo que no es contrario á la ley ó á las buenas costumbres.

1397. El juramento no producirá ningun efecto legal en los contratos; y jamas en virtud de él, ni de la promesa que lo sustituya, podrá confirmarse una obligacion, si no hubiere otra causa legal que la funde.

CAPITULO II.

De la capacidad de los contrayentes.

Art. 1398. Son hábiles para contratar todas las personas no exceptuadas por la ley.

1399. El que es hábil para contratar, puede hacerlo por sí ó por medio de otro, legalmente autorizado.

1400. Ninguno puede contratar á nombre de otrò sin estar autorizado por él ó por la ley.

1401. Los contratos celebrados á nombre de ótro por quien no sea su legítimo representante, serán nulos, á no ser que la persona á cuyo nombre fueren celebrados los ratifique ántes de que se retracten por la otra parte.

CAPITULO III.

Del consentimiento mutuo.

Art. 1402. El consentimiento de los que contratan, debe manifestarse claramente.

1403. La manifestacion del consentimiento debe hacerse de palabra, por escrito ó por hechos por los que necesariamente se presuma.

1404. Solo el que tenga imposibilidad física para hablar ó escribir, podrá expresar su consentimiento por otros signos indubitables.

1405. Luego que la propuesta sea aceptada, quedará el contrato perfecto; ménos en aquellos casos en que la ley exija alguna otra formalidad.

1406. Si los contratantes estuvieren presentes, la aceptacion se hará en el mismo acto de la propuesta; salvo convenio expreso en contrario.

1407. Si los contratantes no estuvieren presentes, la aceptacion se hará dentro del plazo fijado por el proponente.

1408. Cuando no se haya fijado plazo, se considerará no aceptada la propuesta, si la otra parte no respondiere dentro de tres dias, ademas del tiempo necesario para la ida y vuelta regular del correo público, ó del que se juz-

gue bastante, no habiendo correo público, segun las distancias y la facilidad ó dificultad de las comunicaciones.

1409. El proponente está obligado á mantener su propuesta, miéntras no reciba contestacion de la otra parte, en los términos señalados en los artículos 1406, 1407 y 1408. De lo contrario es responsable de los daños y perjuicios que puedan resultar de su retractacion.

1410. La obligacion que al proponente impone el artículo anterior, solo subsistirá cuando la aceptacion sea lisa y llana: si importa modificacion de la propuesta, se considerará como nueva proposicion; quedando libre el proponente respecto de la primera, y obligado solo á contestar respecto de la nueva, conforme á dichos artículos.

1411. No contestada la nueva propuesta, se observarán las prevenciones de los dos artículos anteriores.

1412. Si al tiempo de la aceptacion hubiere fallecido el proponente, sin que el aceptante fuere sabedor de su muerte, quedarán los herederos de aquel obligados á sostener el contrato.

1413. Es nulo el contrato por error:

1º Si el error es comun á ambos contrayentes, sea cual fuere la causa de que proceda:

2º Si el error recae sobre el motivo ú objeto del contrato, declarando el engañado, ó probándose por las circunstancias de la misma obligacion, igualmente conocidas de la otra porte, que en el falso supuesto que motivó el contrato, y no por otra causa, se celebró este:

3º Si el error procede de dolo ó mala fé, de uno de los contrayentes.

4º Si el error procede de dolo de un tercero, que pueda tener interes en el contrato. En éste caso los contrayentes tienen tambien accion contra el tercero.

1414. Se entiende por dolo en los contratos cualquiera sugestion ó artificio que se emplea para inducir á error ó mantener en él á alguno de los contrayentes; y por mala fé, la disimulacion del error de uno de los contrayentes, una vez conocido.

1415. Es nulo el contrato celebrado por intimidacion, ya provenga esta de alguno de los contrayentes, ya de un tercero.

1416. Hay intimidacion cuando se emplean fuerza física ó amenazas que importan peligro de perder la vida, la honra, la libertad, la salud, ó una parte considerable de los bienes del que contrae, de su cónyuge ó de sus ascendientes ó descendientes.

1417. Cuando solo hay abuso de autoridad paterna, marital ú otra semejante, se dice que hay coaccion; pero esta no anula el contrato.

1418. Las consideraciones vagas y generales que los contrayentes expusieren sobre los provechos y perjuicios que naturalmente puedan resultar de la celebracion ó no celebracion del contrato, y que no importen engaño ó amenaza á alguna de las partes, no serán tomadas en consideracion al calificar el dolo ó la fuerza.

1419. No es lícito renunciar para lo futuro la nulidad que resulte del dolo ó de la intimidacion.

1420. Si habiendo cesado la intimidacion, ó siendo conocido el dolo, el que sufrió la violencia ó padeció el engaño, ratifica el contrato, no puede en lo venidero reclamar por semejantes vicios.

CAPITULO IV.

Del objeto de los contratos.

Art. 1421. Es nulo el contrato cuyo objeto es física ó legalmente imposible.

1422. En los contratos no será considerado como físicamente imposible, sino aquello que lo sea de un modo absoluto por razon de la cosa, ó cuando el hecho no pueda ser ejecutado por la persona obligada ni por otra alguna en lugar de aquella:

1423. Son legalmente imposibles:

1º Las cosas que están fuera del comercio, por la naturaleza ó por disposicion de la ley:

2º Las cosas ó actos que no se pueden reducir á un valor exigible:

3º Las cosas cuya especie no es ni puede ser determinada:

4º Los actos ilícitos.

CAPITULO V.

De las renuncias y cláusulas que pueden contener los contratos.

Art. 1424. Las renuncias que legalmente pueden hacer los contrayentes, no producen efecto alguno, si no se expresan en términos claros y precisos, y citándose la ley cuyo beneficio se renuncia.

1425. Las renuncias legalmente hechas, no podrán extenderse á otros casos que aquellos que estén comprendidos en la disposicion renunciada.

1426. La renuncia que estuviere prohibida por la ley, se tendrá por no hecha.

1427. Los contratantes pueden poner las cláusulas que crean convenientes; pero las que se refieran á requisitos esenciales del contrato, ó sean consecuencia de su naturaleza ordinaria, se tendrán por puestas aunque no se expresen; á no ser que las segundas sean renunciadas en los casos y términos permitidos por el derecho.

1428. Pueden los contrayentes estipular cierta prestacion como pena del no cumplimiento del contrato. En este caso no habrá lugar á la reclamacion por daños ó perjuicios.

1429. La nulidad del contrato importa la de la cláusula panal; mas la nulidad de esta no importa la de aquel.

1430. La cláusula penal no puede exceder en valor ni en cuantía á la obligacion principal.

1431. Si la obligacion fuere cumplida en parte, la pena se modificará en la misma proporcion.

1432. Si la modificacion no pudiere ser exactamente proporcional, el juez reducirá la pena de una manera equitativa, teniendo en cuenta la naturaleza y demas circunstancias de la obligacion.

1433. El acreedor puede exigir el cumplimiento de la obligacion ó el de la pena, pero no ambos; salvo convenio en contrario.

1434. No podrá hacerse efectiva la pena, cuando el obligado á ella no haya podido cumplir el contrato por hecho del acreedor, caso fortúito ó fuerza insuperable.

1435. En las obligaciones mancomunadas con cláusula penal bastará la contravencion de uno de los herederos del deudor para que se incurra en la pena.

1436. El acreedor podrá exigir la pena del contraventor en todo caso, ó de cualquiera de los coherederos, siempre que notificados estos de la falta del requerido, no rediman la pena cumpliendo con la obligacion.

1437. El contraventor deberá indemnizar al que hubiere pagado.

1438. Si la obligacion no fuere mancomunada, regirá lo dispuesto en los tres artículos que preceden; pero si el acreedor admitió el pago parcial de la deuda ú obligacion de parte de alguno de los coherederos, deberá descontarlo de la pena, aun cuando exija esta del contraventor.

CAPITULO VI.

De la forma externa de los contratos.

Art. 1439. La validez de los contratos no depende de formalidad alguna externa; ménos en aquellos casos en que la ley dispone expresamente otra cosa.

CAPITULO VII.

De la interpretacion de los contratos.

Art. 1440. Es nulo el contrato cuando por los términos en que está concebido, no puede venirse en conocimiento de cuál haya sido la intencion ó voluntad de los contratantes sobre el objeto principal de la obligacion.

1441. Si la duda recae sobre circunstancias accidentales del contrato, y no puede resolverse por los términos de este, se observarán las reglas siguientes:

1ª Si el contrato fuere gratúito, se resolverá la duda en favor de la menor trasmision de derecoos ó intereses:

2ª Si el contrato fuere oneroso, se resolverá la duda en favor de la mayor reciprocidad de intereses.

TITULO II.

DE LAS DIFERENTES ESPECIES DE OBLIGACIONES.

CAPITULO I.

De las obligaciones personales y reales

Art. 1442. Obligacion personal es la que solamente liga á la persona que la contrae, y á sus herederos.

1443. Obligacion real es la que afecta á la cosa y obra contra cualquier poseedor de esta.

CAPITULO II.

De las obligaciones puras y condicionales.

Art. 1444. La obligacion es pura cuando su cumplimiento no depende de condicion alguna.

1445. La obligacion es condicional cuando depende de un acontecimiento futuro é incierto, bien sea suspendiéndola hasta que este exista, bien sea resolviéndola, segun que el acontecimiento previsto llegue ó no llegue á verificarse.

1446. Tambien puede constituirse obligacion condicional, haciéndola depender de un hecho pasado, pero desconocido de las partes.

1447. La condicion es suspensiva cuando suspende el cumplimiento de la obligacion, hasta que se verifique ó no el acontecimiento.

1448. Es resolutoria, cuando cumplida que sea, produce la resolucion de la obligacion, y repone las cosas en el estado que tenian ántes de otorgarse aquella.

1449. La condicion es casual, cuando depende enteramente del acaso, ó de la voluntad de un tercero no interesado en el contrato.

1450. Es potestativa ó voluntaria cuando depende puramente de la voluntad de una de las partes; y mixta cuando depende juntamente de un acontecimiento ajeno de la voluntad de las partes y de la voluntad de una de ellas.

1451. Si el cumplimiento del contrato depende de alguna condicion, positiva ó negativa, de hecho ó de tiempo, cumplida que sea, se tendrá el contrato por perfeccionado desde el dia de su celebracion; pero luego que haya certeza de que la condicion no puede realizarse, se tendrá como no verificada.

1452. Se tendrá por cumplida la condicion que dejare de realizarse por hecho voluntario del obligado; á no ser que el hecho haya sido inculpable.

1453. Los derechos y las obligaciones de los contrayentes que fallecen ántes del cumplimiento de la condicion, pasan á sus herederos.

1454. Los acreedores cuyos contratos dependieren de alguna condicion, podrán aun ántes de que esta se cumpla, ejercitar los actos lícitos necesarios para la conservacion de su derecho.

1455. El deudor puede repetir lo que en el mismo tiempo hubiere pagado.

1456. Cuando las obligaciones se hayan contraido bajo condicion suspensiva, y pendiente esta se perdiere, deteriorare, ó bien se mejorare la cosa que fuere objeto del contrato, se observarán las disposiciones siguientes.

1457. Si la cosa se perdió por culpa del deudor, este quedará obligado al resarcimiento de daños y perjuicios.

1458. Cuando la cosa se deteriora sin culpa del deudor, el menoscabo es de cuenta del acreedor.

1459. Deteriorándose por culpa del deudor, podrá el acreedor optar entre la indemnizacion de daños y perjuicios y la rescision del contrato.

1460. Si la cosa se mejora por su naturaleza ó por el tiempo, las mejoras ceden en favor del acreedor.

1461. Si se mejora á expensas del deudor, no tendrá este otro derecho que el concedido al usufructuario en el art. 990.

1462. Cuando la obligacion se hubiere contraido bajo condicion resolutoria, cumplida que sea esta, debe restituirse lo que se hubiere percibido en virtud del contrato.

1463. La restitucion se hará ademas con frutos é intereses por aquel que hubiere faltado al cumplimiento de su obligacion.

1464. En el caso de pérdida, deterioro ó mejora de la

cosa restituible, se aplicarán al que deba hacer la restitucion, las disposiciones que respecto del deudor contienen los artículos que preceden.

1465. La condicion resolutoria va siempre implícita en los contratos bilaterales, para el caso de que uno de los contrayentes no cumpliere su obligacion.

1466. El perjudicado podrá escoger entre exigir el cumplimiento de la obligacion ó la resolucion del contrato con el resarcimiento de daños y abono de intereses; pudiendo adoptar este segundo medio, aun en el caso de que habiendo elegido el primero, no fuere posible el cumplimiento de la obligacion.

1467. La resolucion del contrato fundada en la falta de pago por parte del adquirente de la propiedad de bienes inmuebles ú otro derecho real sobre los mismos, no surtirá efecto contra tercero de buena fé, si no se ha estipulado expresamente y ha sido inscrito en el registro público, en la forma prevenida en el título 23 de este libro.

1468. Respecto de bienes muebles, haya ó no habido estipulacion expresa, nunca tendrá lugar dicha resolucion contra el tercero que los adquirió de buena fé.

1469. Si la rescision del contrato dependiere de un tercero, y este fuere dolosamente inducido á rescindirlo, se tendrá por no rescindido.

1470. Las condiciones físicas ó legalmente imposibles anulan el contrato que de ellas depende.

CAPITULO III.

De las obligaciones á plazo.

Art. 1471. Es obligacion á plazo aquella para cuyo cumplimiento se ha señalado un dia cierto.

1472. Entiéndese por dia cierto aquel que necesariamente ha de llegar.

1473. Si la incertidumbre consistiere en si ha de llegar ó no el dia, la obligacion será condicional, y se regirá por las reglas que contiene el capítulo precedente.

1474. El plazo en las obligaciones se contará de la manera prevenida en los artículos 1240 á 1244.

1475. Lo que se hubiere pagado anticipadamente, no puede repetirse.

1476. Siempre que en los contratos se designa un término, se presume [establecido en beneficio del deudor; á no ser que del contrato mismo ó de otras circunstancias resultare haberse puesto tambien en favor del acreedor.

1477. Al deudor constituido en quiebra, al que se hallare en notoria insolvencia y al que hubiere disminuido por medio de actos propios las seguridades otorgadas al acreedor, podrá exigirse el cumplimiento de la obligacion á plazo aun cuando este no se haya vencido.

1478. Si fueren varios los deudores solidarios, lo dispuesto en el artículo antorior solo comprenderá al que se hallare en alguno de los casos que en él se designan.

CAPITULO IV.

De las obligaciones conjuntivas y alternativas.

Art. 1479. El que se ha obligado á diversas cosas ó hechos, conjuntamente, debe dar todas las primeras y prestar todos los segundos.

1480. Si el deudor se ha obligado á uno de dos hechos, ó á una de dos cosas, ó á un hecho ó á una cosa, cumple prestando cualquiera de esos hechos ó cosas; mas no puede, contra la voluntad del acreedor, prestar parte de una cosa y parte de otra, ó ejecutar en parte un hecho.

1481. En las obligaciones alternativas la eleccion corresponde al deudor, si no se ha pactado lo contrario.

1482. Cuando se hayan prometido dos cosas alternativamente, si una de las dos no podia ser objeto de la obligacion, deberá entregarse la otra.

1483. Si la eleccion compete al deudor, y alguna de las cosas se pierde por culpa suya ó caso fortúito, el acreedor está obligado á recibir la que queda.

1484. Si las dos cosas se han perdido, y una lo ha sido por culpa del deudor, este debe pagar el precio de la última que se perdió. Lo mismo se observará si las dos cosas se han perdido por culpa del deudor.

1485. Si las dos cosas se han perdido por caso fortúito, el deudor queda libre de la obligacion.

1486. Si la eleccion compete al acreedor, y una de las

cosas se pierde por culpa del deudor, puede el primero elegir la cosa que ha quedado ó el valor de la perdida.

1487. Si la cosa se perdió sin culpa del deudor, estará obligado el acreedor á recibir la que haya quedado.

1488. Si ambas cosas se perdieren por culpa del deudor, podrá el acreedor exigir el valor de cualquiera de ellas con los daños y perjuicios ó la rescision del contrato.

1489. Si ambas cosas se perdieren sin culpa del deudor, se hará la distincion siguiente:

1º Si se hubiere hecho ya la eleccion ó designacion de la cosa, la pérdida será por cuenta del acreedor:

2º Si la eleccion no se hubiere hecho, quedará el contrato sin efecto.

1490. Si la eleccion es del deudor y una de las cosas se pierde por culpa del acreedor, podrá el primero pedir que se le dé por libre de la obligacion ó que se rescinda el contrato con indemnizacion de los daños y perjuicios.

1491. En el caso del artículo anterior, si la eleccion es del acreedor, con la cosa perdida quedará satisfecha la obligacion.

1492. Si las dos cosas se pierden por culpa del acreedor, y es de este la eleccion, quedará á su arbitrio devolver el precio que quiera de una de las cosas.

1493. En el caso del artículo anterior, si la eleccion es del deudor, este designará el precio de una de las dos cosas.

1494. En los casos de los dos artículos que preceden, el acreedor está obligado al pago de los daños y perjuicios.

1495. Si la obligacion alternativa] fuere de hechos, el

acreedor, cuando tenga la eleccion, podrá exigir cualquiera de los hechos que sean materia del contrato.

1496. Si la eleccion compete al deudor, tendrá la facultad de prestar el hecho que quiera.

1497. Si la obligacion fuere de cosa ó hecho, el que tenga la eleccion, podrá exigir ó prestar en su caso la primera ó el segundo.

1498. Si el obligado se rehusa á ejecutar el hecho, el acreedor podrá exigir la cosa ó la ejecucion del hecho por un tercero en los términos del artículo 1542.

1499. Si la cosa se pierde por culpa del deudor y la eleccion es del acreedor, este podrá exigir el precio de la cosa ó la prestacion del hecho.

1500. En el caso del artículo anterior, si la cosa se pierde sin culpa del deudor, el acreedor está obligado á recibir la prestacion del hecho.

1501. Haya habido ó no culpa en la pérdida de la cosa por parte del deudor, si la eleccion es suya, el acreedor está obligado á recibir la prestacion del hecho.

1502. Si la cosa se pierde ó el hecho deja de prestarse por culpa del acreedor, se tiene por cumplida la obligacion.

1503. La falta de prestacion del hecho se regirá por lo dispuesto en los artículos 1539 á 1548.

CAPITULO V.

De la mancomunidad.

Art. 1504. La mancomunidad puede ser activa ó pasiva.

1505. Mancomunidad activa es el derecho que dos ó mas acreedores tienen para exigir, cada uno por sí, del deudor el cumplimiento total de la obligacion.

1506. Mancomunidad pasiva es la obligacion que do- ó mas deudores reportan de prestar, cada uno por sí, en su totalidad la suma ó hecho materia del contrato.

1507. Los acreedores y deudores mancomunados se llaman tambien solidarios.

1508. La mancomunidad de acreedores nunca se pre sume en los contratos; sino que debe constar por voluntad expresa de los contrayentes. En caso contrario, el deudor solo está obligado á responder á cada acreedor por la parte que le corresponde; y si esta no consta, solo está obligado á contestar siendo requerido por todos ó por quien los represente legalmente.

1509. En virtud de sucesion son acreedores mancomunados:

1º Los herederos de un acreedor mancomunado:

2º Los albaceas nombrados mancomunadamente por el testador:

3º Los herederos y legatarios nombrados conjuntamente respecto de alguna cosa sin designacion de partes:

4º Todas las personas llamadas simultáneamente á la misma herencia, no habiendo albacea y miéntras no se practique la particion.

1510. La mancomunidad pasiva no se presume:

1º Cuando la obligacion consista en la entrega de una suma de dinero ó cualquiera otra cosa fungible:

2º Cuando la obligacion se contrae para la ejecucion de un hecho ó de una obra, que pueda obtenerse en su resultado final por la accion de un solo individuo ó por la cooperacion de varios, pero independientemente unos de otros.

1511. En los casos del artículo que precede, la mancomunidad no existe sino en virtud de pacto expreso.

1512. La mancomunidad pasiva se presume:

1º Cuando la obligacion es de dar alguna cosa individualmente determinada, y que por su naturaleza no admita cómoda division; ó aunque la admita, siempre que el conjunto de las partes prestadas separadamente, tenga un valor menor que el que corresponda á la especie determinada:

2º Cuando dos ó mas personas heredan á un deudor solidario:

3º Cuando la obligacion se contrae para la prestacion de un hecho ó ejecucion de una obra que no puede obtenerse sino por el concurso simultáneo de las personas obligadas.

1513. En los casos del artículo que precede, la solidaridad no puede dejar de existir sino por convenio expreso.

1514. Respecto de la interrupcion de la prescripcion, en casos de mancomunidad, se observará lo dispuesto en los artículos 1232 al 1239.

1515. El deudor de varios acreedores solidarios se libra pagando á cualquiera de estos, á no ser que haya sido requerido judicialmente por alguno de ellos; en cuyo caso se hará el pago al demandante, previa audiencia de los demas.

1516. El acreedor que recibe el pago, está obligado á entregar á sus co-acreedores la parte que les corresponda, ya en virtud del convenio, ya por disposicion de la ley.

1517. Se entiende satisfecha la obligacion al acreedor solidario, no solo por paga real, sino tambien por compensacion, novacion ó remision; pero de cualquier modo que se haya verificado, tiene dicho acreedor la obligacion que le impone el artículo que precede.

1518. No existe mancomunidad activa cuando un acreedor designa una ó mas personas para solo el efecto de que á su nombre reciban el pago: dichos adjuntos tendrán solo el carácter de mandatarios del acreedor; y sus obligaciones serán las que se expresan en el título del mandato.

1519. El acreedor de una prestacion á la que están obligados solidariamente varios deudores, puede exigirla de todos á prorata, ó toda de alguno de ellos á su eleccion; sin que el requerido pueda implorar el beneficio de division.

1520. La accion deducida por el todo ó por parte de la deuda contra alguno de los deudores solidarios, no quita al acreedor el derecho de proceder contra los otros en caso de insolvencia del requerido.

1521. Aunque el acreedor haya consentido en la division en favor de uno de los deudores solidarios, ó haya reclamado á este la parte que le correspondia, podrá reclamar el resto á los demas obligados.

1522. Si la cosa que fuere objeto de la prestacion, se perdiere, por culpa de alguno de los deudores solidarios, no quedarán los demas libres de la obligacion; y el que haya causado la pérdida, será responsable por ella y por los daños y perjuicios, tanto respecto del acreedor como de los demas obligados.

1523. El deudor solidario que pagare por los otros, será indemnizado por cada uno de ellos en la parte respectiva; y si alguno fuere insolvente, el pago de su cuota se dividirá entre los que no lo sean, incluso aquel á quien el acreedor hubiere dispensado de la mancomunidad.

1524. La quita ó remision de la deuda hecha por el acreedor á uno de los deudores mancomunados, no extinguirá la obligacion respecto de todos, cuando el perdon se halle limitado á una parte de la deuda ó á un deudor determinado.

1525. Los convenios que el acreedor celebrare acerca de la deuda con uno de los deudores mancomunados, no aprovecharán ni perjudicarán á los demas, salvo lo dispuesto en los artículos 1729 y 1730.

1526. Si el negocio, por el cual la deuda se contrajo mancomunadamente, no interesa mas que á uno de los deudores mancomunados, este será responsable de toda ella á los otros co deudores, que, respecto á él, solo serán considerados como sus fiadores.

1527. El deudor solidario demandado, puede oponer no solo las excepciones que le competan personalmente, sino tambien las que sean comunes á los demas co-deudores.

1528. Los herederos de uno de los deudores solidarios responden, en proporcion á sus cuotas, hasta la cantidad que con ellas concurra, si todos están solventes.

1529. Si solo algunos estuvieren solventes, entre ellos se dividirá proporcionalmente el pago; y si solo uno lo estuviere, responderá por la deuda hasta la cantidad concurrente con su cuota.

1530. En los dos casos comprendidos en el artículo anterior, el que paga conserva sus derechos contra los demas para cuando mejoren de fortuna.

1531. Cada uno de los herederos del acreedor solidario puede exigir el total cumplimiento de la obligacion, quedando á su vez sujeto á las prevenciones de los artículos 1516 y 1517.

1532. Cuando por no cumplirse la obligacion en los casos de las fracciones 1ª y 3ª del artículo 1512, se estimare el interes del acreedor en cantidad determinada, responderán mancomunadamente, de ella todos los deudores.

1533. En el caso de la fraccion 2ª del artículo 1512, el heredero del deudor á quien se haya reclamado la totalidad de la obligacion, podrá pedir un plazo para citar y traer al mismo juicio á sus coherederos, á fin de que estos puedan ser condenados á su cumplimiento.

1534. Si la obligacion por su naturaleza no puede cumplirse mas que por el heredero demandado, podrá este ser condenado solo al pago, salvo su derecho para repetir contra los demas por la parte que les corresponda.

TITULO III.

DE LA EJECUCION DE LOS CONTRATOS.

CAPITULO I.

Disposiciones generales.

Art. 1535. Los contratos legalmente celebrados serán puntualmente cumplidos, y no podrán revocarse ni alterarse sino por mutuo consentimiento de los contratantes; salvas las excepciones consignadas en la ley.

1536. Los derechos y obligaciones que resultan de los contratos, pueden ser trasmitidos entre vivos y por sucesion, si no son puramente personales por su naturaleza, por efecto del mismo contrato ó por disposicion de la ley.

1537. Si el obligado en un contrato dejare de cumplir su obligacion, podrá el otro interesado exigir judicialmente el cumplimiento de lo convenido ó la rescision del contrato y en uno y otro caso el pago de daños y perjuicios.

1538. El contrato puede consistir en la prestacion de hechos, en la prestacion de cosas y en la de unos y otras.

CAPITULO II.

De la prestacion de hechos.

Art. 1539. El que se hubiere obligado á prestar algun hecho, y dejare de prestarlo, ó no lo prestare conforme á lo convenido, será responsable de los daños y perjuicios en los términos siguientes:

1º Si la obligacion fuere á plazo, comenzará la responsabilidad desde el vencimiento de este:

2º Si la obligacion no dependiere de plazo cierto, solamente correrá la responsabilidad desde el dia en que el deudor fuere interpelado.

1540. Se llama interpelacion el acto por el cual el acreedor intima ó manda intimar al deudor, que cumpla con su obligacion.

1541. El acreedor puede hacer la intimacion ante notario ó ante dos testigos.

1542. El acreedor de prestacion de hecho podrá pedir en lugar de daños y perjuicios, la autorizacion para hacerse prestar por otro el hecho que sea objeto del contrato, á costa del obligado y cuando la sustitucion sea posible.

1543. Si el hecho no se ha ejecutado de la manera convenida, el acreedor tendrá los derechos que le concede el artículo anterior y ademas el de exigir que se destruya la obra mal hecha.

1544. El que se hubiere obligado á no hacer alguna cosa, quedará sujeto al pago de daños y perjuicios en caso de contravencion. Si hubiere obra material, podrá exigir el acreedor que sea destruida á costa del obligado.

CAPITULO III.

De la prestacion de cosas.

Art. 1545. El obligado á dar alguna cosa, lo está á conservarla con la diligencia propia de un buen padre de familia, y á entregarla, bajo la responsabilidad establecida en el capítulo 4º de este título.

1546. Desde que el contrato se perfecciona por el consentimiento de las partes, es de cuenta del acreedor el riesgo de la cosa, aun cuando esta no le haya sido entregada.

1547. El riesgo será de cuenta del deudor si por su

culpa se perdiere ó deteriorare la cosa que estaba en su poder.

1548. Es aplicable á la prestacion de cosas lo dispuesto en el artículo 1539 respecto de la prestacion de hechos.

1549. Queda exceptuado de lo prevenido en dicho artículo, el pago que se haga en dinero sin réditos; en cuyo caso habrá lugar á la indemnizacion por daños y perjuicios en la forma prevenida en el artículo 1567, solo desde el dia en que el deudor fuere interpelado.

1550. En las obligaciones recíprocas, ninguno de los contratantes incurre en mora, si el otro no cumple ó no se hallana á cumplir debidamente la obligacion que le corresponde.

1551. La prestacion de cosas puede consistir:

1º En la traslacion del dominio de cosa cierta:

2º En la enajenacion temporal del uso ó goce de cosa cierta:

3º En la restitucion de cosa ajena ó pago de cosa debida.

1552. En las enajenaciones de cosas ciertas y determinadas, la traslacion de la propiedad se verifica entre los contratantes por mero efecto del contrato, sin dependencia de tradicion, ya sea natural, ya simbólica; salvo convenio en contrario.

1553. En las enajenaciones de alguna especie indeterminada la propiedad no se trasfiere sino hasta el momento en que la cosa se hace cierta y determinada con conocimiento del acreedor.

1554. Si no se designa la calidad de la cosa, el deudor cumple entregando una de mediana calidad.

1555. Habiendo culpa ó mora por parte del deudor, estará este obligado á la indemnizacion con arreglo al capítulo 4º de este título.

1556. La misma responsabilidad tendrá cuando se haya obligado á la prestacion del caso fortúito.

1557. Aunque el deudor se haya constituido en mora, si no se ha obligado á responder de los casos fortúitos, la obligacion se extinguirá siempre que se pruebe que la cosa se hubiera perdido igualmente en poder del acreedor.

1558. La pérdida de la cosa en poder del deudor se presume por culpa suya, miéntras no se pruebe lo contrario.

1559. Cuando la deuda de una cosa cierta y determinada procediere de delito ó falta, no se eximirá el deudor del pago de su precio, cualquiera que hubiere sido el motivo de la pérdida; á no ser que, habiendo ofrecido la cosa al que debió recibirla, se haya este constituido en mora.

1560. El deudor de una cosa perdida sin culpa suya está obligado á ceder al acreedor cuantos derechos y acciones tuviere para reclamar la indemnizacion á quien fuere responsable de la pérdida.

1561. La pérdida puede verificarse:

1º Pereciendo la cosa:

2º Desapareciendo de modo que no se tenga noticia de ella, ó que aunque se tenga alguna, la cosa no se pueda recobrar.

1562. Hay culpa ó negligencia cuando el obligado ejecuta actos contrarios á la conservacion de la cosa ó deja de ejecutar los que son necesarios para ella.

1563. La calificacion de la culpa ó negligencia queda al prudente arbitrio del juez, segun las circunstancias del hecho, del contrato y de las personas.

1564. En los contratos de enajenacion con reserva de la posesion, uso ó goce de la cosa hasta cierto tiempo, se observarán las reglas siguientes:

1ª Si hay convenio expreso, se estará á lo estipulado:

2ª Si la pérdida fuere por culpa de alguno de los contratantes, el importe será de la responsabilidad de este:

3ª A falta de convenio y de culpa, cada interesado sufrirá la pérdida que le corresponda, en el todo, si la cosa perece totalmente, ó en parte, si la pérdida fuere solo parcial:

4ª En el caso de la fraccion que precede, si la pérdida fuere parcial y las partes no se convinieren en la diminucion de sus respectivos derechos, se nombrarán peritos que la determinen.

1565. Si la cosa trasferida por el contrato fuere enajenada de nuevo á un tercero, ántes de ser entregada por el obligado al primer adquirente, podrá este recobrarla en los términos establecidos en los artículos 3000 á 3003.

1566. En los contratos en que la prestacion de la cosa no importe traslacion de la propiedad, el riesgo será siempre de cuenta del dueño, ménos cuando intervenga culpa ó negligencia de la otra parte.

1567. Si la prestacien consistiere en el pago de cierta cantidad en dinero, los daños y perjuicios que resulten de la falta de cumplimiento del centrato, no podrán exceder del interes legal; salvo convenio expreso en contrario.

1568. Si la prestacion fuese en parte líquida y en parte ilíquida, podrá el acreedor exigir la primera; sin que por esto se perjudique su derecho respecto de la segunda.

1569. Las prestaciones en dinero se harán en la especie de moneda convenida; y si esto no fuere posible, en la cantidad de moneda corriente que corresponda al valor real de la moneda debida.

1570. El que tuviere contra sí varias deudas en favor de un solo acreedor, podrá declarar, al tiempo de hacer el pago, á cuál de ellas quiere que este se aplique.

1571. Si el deudor no hiciere la referida declaracion, se entenderá hecho el pago por cuenta de la deuda que le fuere mas onerosa entre las vencidas: en igualdad de circunstancias, por cuenta de la mas antigua; y siendo todas de la misma fecha, por cuenta de todas ellas á prorata.

1572. Las cantidades pagadas por cuenta de deudas con intereses, no se imputarán al capital, miéntras hubiere intereses vencidos; salvo convenio en contrario.

1573. Si fueren varios los obligados á prestar la misma cosa, cada uno de ellos responderá proporcionalmente; exceptuándose los casos siguientes:

1º Cuando cada uno de ellos se hubiere obligado solidariamente:

2º Cuando la prestacion consiste en cosa cierta y determinada que se encuentra en poder de uno de ellos; ó cuando depende de hecho que solo uno de los obligados puede prestar.

3º Cuando por el contrato se ha determinado otra cosa.

CAPITULO IV.

De la responsabilidad civil.

Art. 1574. Son causas de responsabilidad civil:

1º La falta de cumplimiento de un contrato:

2º Los actos ú omisiones que están sujetos expresamente á ella por la ley.

1575. El contratante que falte al cumplimiento del contrato, sea en la sustancia, sea en el modo, será responsable de los daños y perjuicios que cause al otro contratante; á no ser que la falta provenga de hecho de este, fuerza mayor ó caso fortúito, á los que aquel de ninguna manera haya contribuido.

1576. La responsabilidad procedente de dolo tiene lugar en todos los contratos.

1577. Es nulo el pacto en que se renuncia para lo futuro el derecho de exigir la responsabilidad que proviene de dolo.

1578. Nadie está obligado al caso fortúito, sino cuando ha dado causa ó ha contribuido á él y cuando ha aceptado expresamente esa responsabilidad.

1579. La responsabilidad de que trata este capítulo, ademas de importar la devolucion de la cosa ó su precio, ó la de entrambos en su caso, importará la reparacion de los daños y la indemnizacion de los perjuicios.

1580. Se entiende por daño la pérdida ó menoscabo

que el contratante haya sufrido en su patrimonio por la falta de cumplimiento de la obligacion.

1581. Se reputa perjuicio la privacion de cualquiera ganancia lícita, que debiera haberse obtenido por el cumplimiento de la obligacion.

1582. Los daños y perjuicios deben ser consecuencia inmediata y directa de la falta de cumplimiento de la obligacion, ya sea que se hayan causado ó que necesariamente deban causarse.

1583. Si la cosa se ha perdido, ó ha sufrido un deterioro tan grave que á juicio de peritos no pueda emplearse en el uso á que naturalmente esté destinada, el dueño debe ser indemnizado de todo el valor legítimo de ella.

1584. Si el deterioro es ménos grave, solo el importe de este se abonará al dueño al restituírsele la cosa.

1585. El precio de la cosa será el que tendria al tiempo de ser devuelta al dueño, excepto en los casos en que la ley ó el pacto señalen otra época.

1586. Al estimar el deterioro de una cosa, se atenderá no solo á la diminucion que él cause en el precio absoluto de ella, sino á los gastos que necesariamente exija la reparacion.

1587. Al fijar el valor y el deterioro de una cosa, no se atenderá al precio estimativo ó de afeccion, á no ser que se pruebe que el responsable destruyó ó deterioró la cosa con el objeto de lastimar la afeccion del dueño: el aumento que por estas causas se haga, no podrá exceder de una tercia parte del valor comun de la cosa.

1588. La responsabilidad civil puede ser regulada por el convenio de las partes; salvos aquellos casos en que la ley disponga expresamente otra cosa.

1589. La responsabilidad civil no puede exigirse sino por el que tiene el derecho de pedir el cumplimiento de la obligacion y por aquel á cuyo favor la establece expresamente la ley.

1590. Cuando sean varias las personas responsables civilmente, se observarán las reglas relativas á las obligaciones mancomunadas, si fueren de esta especie las que sirvan de fundamento al contrato: en caso contrario cada una responderá por su parte.

1591. Si para salvar una poblacion se causa daño á uno ó varios individuos, ó se ocupa su propiedad, la indemnizacion se hará en los términos que establezca la ley orgánica del artículo 27 de la Constitucion.

1592. El dueño de un edificio es responsable del daño que cause la ruina de este, si depende de descuido en la reparacion ó de defectos de construccion.

1593. En el segundo caso del artículo anterior queda salvo al dueño su derecho contra el arquitecto conforme al artículo 2604.

1594. Lo dispuesto en el artículo 1592, comprende los daños causados por la caida parcial de algun edificio, ó de árboles, ó de cualquiera otro objeto de propiedad particular: los que provengan de descomposicion de canales y presas, los que se causen en la construccion y reparacion de edificios; y los que sean resultado de cualquier acto lícito en sí mismo, pero en cuya ejecucion haya habido culpa ó negligencia.

1595. Tambien habrá lugar á la responsabilidad civil por los daños que causen los establecimientos industriales, ya en razon del peso y movimiento de las máquinas, ya en razon de las exhalaciones deletéreas; ó por la aglomeracion de materias ó animales nocivos á la salud, ó por cualquiera otra causa que realmente perjudique á los vecinos. Esta materia queda sujeta á los reglamentos de policía.

1596. El daño causado por animales, se regirá por lo dispuesto en el Código penal.

1597. La resposabilidad que provenga de hecho ajeno, se regirá por las disposiciones especiales de este Código; y á falta de ellas, por las relativas del Código penal.

1598. Cuando en un contrato no se hubiere fijado algun interes, si por sentencia debiere pagarse alguno, su tasa será el seis por ciento anual.

1599. El pago de los gastos judiciales será á cargo del que faltare al cumplimiento de la obligacion, y se hará en los términos que establezca el Código de procedimientos.

1600. La responsabilidad civil prescribe con la obligacion cuya falta de cumplimiento la produce.

1601. La responsabilidad que se funda en las disposiciones de los artículos 1596 y 1597, prescribe en el plazo señalado en los artículos 1204, fraccion 8ª, y 1211.

1602. Las disposiciones contenidas en este capítulo se observarán en todos los casos que no estén comprendidos en algun precepto especial del Código.

1603. En la materia contenida en este capítulo se observarán tambien los reglamentos administrativos en todo aquello que no fueren contrarios á las disposiciones anteriores.

CAPITULO V.

De la eviccion y saneamiento.

Art. 1604. Habrá eviccion cuando el que adquirió alguna cosa, fuere privado del todo ó parte de ella por sentencia que cause ejecutoria, en razon de algun derecho anterior á la adquisicion.

1605. Todo el que enajena está obligado á responder de la eviccion, aunque nada se haya expresado en el contrato.

1606. Los contrayentes pueden aumentar ó disminuir convencionalmente los efectos de la eviccion, y aun convenir en que esta no se preste en ningun caso.

1607. Es nulo todo pacto que exima al que enajena de responder por la eviccion, siempre que hubiere mala fé de parte suya.

1608. Las renuncias de la eviccion y del saneamiento se harán en términos precisos y especificando los derechos que se renuncien, conforme á lo prevenido en el artículo 1424.

1609. Cuando el que adquiere ha renunciado el derecho al saneamiento para el caso de eviccion, llegado que sea este, debe el que enajena entregar únicamente el precio de la cosa segun los artículos 1612 y 1613 en su caso; pero aun de esta obligacion quedará libre, si el que adquirió, lo hizo con conocimiento de los riesgos de eviccion y sometiéndose á sus consecuencias.

1610. El adquirente debe denunciar el pleito de eviccion al que enajenó, ántes del alegato de su derecho escrito ó verbal que cierra la instancia, si la cuestion fuere simplemente de derecho; ó ántes de recibirse el negocio á prueba en los casos en que esta fuere necesaria.

1611. El fallo judicial impone al que enajena la obligacion de indemnizar en los términos siguientes.

1612. Si el que enajenó hubiere procedido de buena fé, estará obligado á entregar al que sufrió la eviccion:

1º El precio íntegro que recibió por la cosa:

2º Los gastos causados en el contrato, si fueron satisfechos por el adquirente:

3º Los causados en el pleito de eviccion y en el del saneamiento:

4º El valor de las mejoras útiles y necesarias, siempre que en la sentencia no se determine que el vencedor satisfaga su importe.

1613. Si el que enajenó hubiere procedido de mala fé, tendrá las obligaciones que expresa el artículo anterior, con las agravaciones siguientes:

1ª Devolverá, á eleccion del adquirente, el precio que la cosa tenia al tiempo de la adquisicion, ó el que tenga al tiempo en que se sufra la eviccion.

2ª Satisfará al adquirente el importe de las mejoras voluntarias y de mero placer que haya hecho en la cosa:

3ª Pagará los daños y perjuicios.

1614. Si el que enajena y el que adquiere proceden de mala fé, no tendrá el segundo en ningun caso derecho al saneamiento ni á indemnizacion de ninguna especie.

1615. Si el adquirente fuere condenado á restituir los frutos de la cosa, podrá exigir del que enajenó la indemnizacion de ellos ó el interes legal del precio que haya dado:

1616. Si el que adquirió no fuere condenado á dicha restitucion, quedarán compensados los intereses del precio con los frutos recibidos.

1617. Si el que enajena, al ser emplazado, manifiesta que no tiene medios de defensa y consigna el precio por no quererlo recibir el adquirente, queda libre de cualquiera responsabilidad posterior á la fecha de la consignacion.

1618. Los deterioros que la cosa haya sufrido, serán de cuenta del que los causó.

1619. Si el que adquirió hubiere sacado de los deterioros algun provecho, el importe de este se deducirá del de la indemnizacion.

1620. Las mejoras que el que enajenó hubiere hecho ántes de la enajenacion, se le pasarán en cuenta de lo que deba pagar siempre que fueren abonadas por el vencedor.

1621. Cuando el adquirente solo fuere privado por la eviccion de una parte de la cosa adquirida, se observarán respecto de esta las reglas establecidas en este capítulo; á no ser que el adquirente prefiera la rescision del contrato.

1622. Tambien se observará lo dispuesto en el artículo que precede, cuando en un solo contrato se hayan enajenado dos ó mas cosas sin fijar el precio de cada una de ellas, y una sola sufriere la eviccion.

1623. En los casos de los dos artículos anteriores, si el que adquiere, elige la rescision del contrato, está obligado á devolver la cosa libre de los gravámenes que le haya impuesto.

1624. Si al denunciarse el pleito, ó durante él, reconoce el que enajenó, el derecho del que reclama, y se obliga á pagar conforme á las prescripciones de este capítulo, solo será responsable de los gastos que se causen hasta que haga el reconocimiento, y sea cual fuere el resultado del juicio.

1625. Si la finca que se enajenó se hallaba gravada, sin haberse hecho mencion de ello en la escritura, con alguna carga ó servidumbre voluntaria no aparente, el que adquirió puede pedir la indemnizacion correspondiente al gravámen ó la rescision del contrato.

1626. Las acciones rescisoria y de indemnizacion á que se refiere el artículo que precede, prescriben en un año, que se contará para la primera desde el dia en que se perfeccionó el contrato, y para la segunda desde el dia en que el adquirente tenga noticia de la carga ó servidumbre.

1627. El que enajena no responde por la eviccion:

1º Si así se hubiere convenido con las condiciones establecidas en el artículo 1608:

2º En el caso del artículo 1609:

3º Si conociendo el que adquiere, el derecho del que entabla la eviccion, lo hubiere ocultado dolosamente al que enajena:

4º Si la eviccion procede de una causa posterior al acto de traslacion, no imputable al que enajena, ó de hecho del que adquiere, ya sea anterior ó posterior al mismo acto:

5º Si el adquirente no cumple lo prevenido en el artículo 1610:

6º Si el adquirente y el que reclama transigen ó comprometen el negocio en arbitros sin consentimiento del que enajenó:

7º Si la eviccion tuvo lugar por culpa del adquirente.

TITULO IV.

DE LA EXTINCION DE LAS OBLIGACIONES.

CAPITULO I.

Del pago, sus varias especies y del tiempo y lugar donde debe hacerse.

Art. 1628. Entiéndese por pago ó cumplimiento la entrega de la cosa ó cantidad, ó la prestacion del servicio que se hubiere prometido.

1629. El deudor de una cosa no puede obligar á su acreedor á que reciba otra diferente, aunque fuere de igual ó mayor valor que la debida.

1630. El pago se hará en el tiempo designado en el contrato, exceptuando aquellos casos en que la ley permita ó prevenga expresamente otra cosa.

1631. Si no se hubiere determinado el tiempo en que debe hacerse el pago, se hará este cuando el acreedor lo exija, siempre que haya trascurrido el que sea moralmente necesario para el cumplimiento del contrato.

1632. El acreedor no puede exigir el pago que haya dejado á la posibilidad del deudor, sino probando esta.

1633. La espera concedida al deudor, en juicio ó fuera de él, no obliga mas que al acreedor que la otorga. El que la niega, puede hacer valer su derecho conforme á las leyes.

1634. En todo contrato se designará expresamente el lugar en donde el deudor debe ser requerido para el pago. Si no se designare el lugar, se observará el órden siguiente:

1º Si el objeto de la obligacion es un mueble determinado, el pago se hará en el lugar en que el objeto se hallaba al celebrarse el contrato:

2º En cualquiera otro caso preferirá el domicilio del deudor, sea cual fuere la accion que se ejercite.

3º A falta de domicilio fijo, preferirá el lugar donde se celebró el contrato, cuando la accion sea personal, y el de la ubicacion de los bienes, cuando la accion sea real.

1635. Se exceptúan de lo dispuesto en el artículo anterior, los casos en que la ley establezca otra cosa.

1636. La entrega de los inmuebles se entiende hecha por la entrega del título respectivo.

1637. El deudor que, despues de celebrado el contrato, mudare voluntariamente de domicilio, deberá indemnizar al acreedor de los mayores gastos que haga por esa causa.

1638. Los gastos de la entrega serán de cuenta del deudor, si no se hubiere estipulado otra cosa.

1639. El pago deberá hacerse del modo que se hubiere pactado; y nunca podrá hacerse parcialmente, sino en virtud de convenio expreso ó de disposicion de la ley.

1640. Cuando la deuda es de pensiones sensuales ó de cualesquiera otras cantidades que deben satisfacerse en períodos determinados, si se acredita por escrito el pago de las correspondientes á los tres últimos períodos, se presumen pagadas las anteriores, salva la prueba en contrario.

CAPITULO II.

De las personas que pueden hacer el pago, y de aquellas á quienes debe ser hecho.

Art. 1641. No es válido el pago hecho con cosa ajena, ó con cosa propia, si el deudor no tiene capacidad legal para disponer de ella.

1642. Si el pago hecho por el que no sea dueño de la cosa ó no tenga capacidad de enajenarla, consistiere en una suma de dinero ú otra cosa fungible, no habrá repeticion contra el acreedor que la haya consumido de buena fé.

1643. El pago puede ser hecho por el mismo deudor, por sus representantes ó por cualquiera otra persona interesada en el contrato.

1644. Puede tambien hacerse por un tercero no interesado en el cumplimiento de la obligacion, que obre con consentimiento expreso ó presunto del deudor.

1645. Puede hacerse igualmente por un tercero ignorándolo el deudor.

1646. Puede, en fin, hacerse contra la voluntad del deudor.

1647. En el caso del artículo 1644 se observarán las disposiciones relativas al mandato.

1648. En el caso del artículo 1645, el que hizo el pago, solo tendrá derecho de reclamar al deudor lo que pagó por él; salvo lo dispuesto en los artículos 1707, 1737 y 1863.

1649. En el caso del artículo 1646, el que hizo el pago, nada podrá reclamar al deudor.

1650. El acreedor no puede ser obligado á recibir de un tercero el pago, si en el contrato hay declaracion expresa en contrario, ó si por aquella prestacion se le irroga perjuicio.

1651. El pago debe hacerse al mismo acreedor ó á su legítimo representante.

1652. La obligacion de prestar algun servicio se puede cumplir por un tercero, salvo el caso en que se hubiere establecido por pacto expreso que la cumpla personalmente el mismo obligado, ó cuando se hubieren elegido sus conocimientos especiales ó sus cualidades personales.

1653. El pago hecho sin los requisitos legales á una persona impedida de administrar sus bienes, solo es válido en cuanto se hubiere convertido en su utilidad.

1654. El pago hecho á un tercero, no extingue la obligacion.

1655. El pago hecho á un tercero extinguirá la obligacion, si así se hubiere estipulado ó consentido por el acreedor; y en los casos en que la ley lo determine expresamente.

1656. No es válido el pago hecho al acreedor por el deudor despues que se le haya ordenado judicialmente la retencion de la deuda.

1657. Si el pago se hiciere en fraude y con perjuicio de los acreedores, se observará lo dispuesto en el capítulo 3º del título 5º de este libro.

1658. En los casos de mancomunidad se observarán para el pago las disposiciones contenidas en el capítulo 5º del título 2º de este libro.

1659. Cuando por error de hecho, pagare alguno lo que realmente no debe, podrá recobrar lo que hubiere dado, en los términos que establecen los tres artículos siguientes:

1660. El que de buena fé recibe una cantidad indebida, está obligado á restituir otro tanto; mas no los intereses.

1661. Cuando la cosa recibida haya sido cierta y determinada, deberá restituirse en especie, si existe; pero el poseedor no responde de las desmejoras ó pérdidas, aunque hayan sido ocasionadas por su culpa, sino en cuanto hubiere utilizado del mismo deterioro.

1662. Si el poseedor vendió la cosa, no debe restituir mas que el precio de la venta ó ceder su accion para recobrarla.

1663. Si la hubiere donado, no subsistirá la donacion; pero las obligaciones del donatario quedarán limitadas á lo que respecto del primer adquirente se determina en los artículos 1660, 1661 y 1662.

1664. El que de mala fé recibe una cantidad indebida, está obligado á restituirla con los intereses, contados desde el dia en que la recibió.

1665. Si la cosa recibida fuere cierta y determinada, la restitucion se hará en especie, observándose respecto de los frutos lo dispuesto en los artículos 937 y 938.

1666. El que recibió la cosa de mala fé, es responsable en todo caso de los daños y perjuicios; observándose respecto de las pérdidas y deterioros, lo dispuesto en los artículos 950 y 951.

1667. Si el que recibió la cosa con mala fé, la hubiere enajenado á un tercero que tuviere tambien mala fé, podrá el dueño reivindicarla y cobrar de uno ú otro los daños y perjuicios.

1668. Si el tereero á quien se enajenó la cosa, la recibió de buena fé, solamente podrán reivindicarse, si la enajenacion se hizo á título gratúito ó si el que enajenó estuviere insolvente. El dueño podrá reclamar en el primer caso los daños y perjuicios al que enajenó la cosa, conservando á salvo este derecho, en el segundo caso, para cuando el insolvente mejore de fortuna.

1669. En cuanto á las mejoras se observará lo dispuesto en el título 4º del Libro 2º

CAPITULO III.

Del ofrecimiento del pago y de la consignacion.

Art. 1670. El ofrecimiento, seguido de la consignacion, hace veces de pago, si reune todos los requisitos que para este exige la ley.

1671. Si el acreedor rehusare, sin justa causa, recibir la prestacion debida, ó dar el documento justificativo del pago; ó si fuere persona incierta ó incapaz de recibir, podrá el deudor librarse de la obligacion, haciendo consignacion de la cosa.

1672. Si el acreedor fuere cierto y conocido, se le citará para dia, hora y lugar determinados, á fin de que reciba ó vea depositar la cosa debida.

1673. Si el acreedor fuere desconocido, se le citará por los periódicos por el plazo que designe el juez.

1674. Si el acreedor estuviere ausente, ó fuere incapaz, será citado su representante legítimo.

1675. Si el acreedor no comparece en el dia, hora y lugar designados, ó no envía procurador con autorizacion bastante, que reciba la cosa; ó si compareciendo, rehusa recibirla, el juez extenderá certificacion en que conste la no comparecencia del acreedor, la falta del procurador ó el acto de haberse rehusado uno ú otro á recibir la cosa.

1676. Con la certificacion mencionada en el artículo precedente, podrá pedir el deudor el depósito judicial; y el juez mandará hacerlo, oyendo sumariamente al acreedor en los términos que establezca el Código de procedimientos.

1677. Si el acreedor fuere conocido, pero dudosos sus derechos, podrá el deudor conforme á los dos artículos anteriores, depositar la cosa debida, con citacion del interesado, á fin de que justifique sus derechos por los medios legales.

1678. Si el juez declara fundada la oposicion del acreedor, el ofrecimiento y la consignacion se tienen como no hechos.

1679. El depósito pone lo cosa á riesgo del acreedor.

1680. Aprobada la consignacion por el juez, la obligacion queda extinguida con todos sus efectos.

1681. Miéntras el acreedor no acepte la consignacion, ó no se pronuncie sentencia sobre ella, podrá el deudor retirar del depósito la cosa; pero en este caso la obligacion conserva toda su fuerza.

1682. Para que despues de la sentencia pueda el deudor retirar la cosa del depósito, se necesita el consentimiento del acreedor, pero entónces perderá este cualquier derecho de preferencia que sobre ella tenga, y quedarán los co-deudores y fiadores libres de la obligacion, si la cosa no ha sido retirada con su consentimiento.

1683. Si el ofrecimiento y la consignacion se han hecho legalmente, todos los gastos serán de cuenta del acreedor.

CAPITULO IV.

De la compensacion.

Art. 1684. Tiene lugar la compensacion, cuando dos personas reunen la cualidad de deudores y acreedores recíprocamente y por su propio derecho.

1685. El efecto de la compensacion es extinguir por ministerio de la ley las dos deudas hasta la cantidad que importe la menor.

1686. La compensacion no procede sino cuando ambas deudas consisten en una cantidad de dinero, ó cuando siendo fungibles las cosas debidas, son de la misma especie y calidad, siempre que ambas se hayan designado al celebrarse el contrato.

1687. Para que haya lugar á la compensacion, se requiere que las deudas sean igualmente líquidas y exigibles. Las que no lo fueren, solo podrán compensarse por consentimiento expreso de los interesados.

1688. Se llama deuda líquida aquella cuya cuantía se halla determinada ó puede determinarse dentro del plazo de nueve dias.

1689. Se llama exigible aquella deuda cuyo pago no puede rehusarse conforme á derecho.

1690. Si las deudas no fueren de igual cantidad, hecha la compensacion conforme al artículo 1685, queda expedita la accion por el resto de la deuda.

1691. La compensacion no tendrá lugar:

1º Si una de las partes la hubiere renunciado:

2º Si una de las deudas toma su orígen de fallo condenatorio por causa de despojo; pues entónces el que obtuvo aquel á su favor, deberá ser pagado, aunque el despojante le oponga la compensacion:

3º Si una de las deudas fuere por alimentos debidos conforme al capítulo 4º, título 5º del libro 1º:

4º Si la deuda fuere de cosa que no puede ser compensada, ya sea por disposicion de la ley ó por el título de que procede; á no ser que ambas deudas fueren igualmente privilegiadas:

5º Si la deuda fuere de cosa puesta en depósito:

6º Si las deudas fueren fiscales ó municipales, excepto en los casos en que la ley lo permita.

1692. La compensacion, desde el momento en que es hecha legalmente, produce sus efectos de pleno derecho y extingue todas las obligaciones correlativas.

1693. El que paga una deuda compensable, no puede,

cuando exija su crédito que podia ser compensado, aprovecharse, en perjuicio de tercero, de los privilegios é hipotecas que tenga á su favor al tiempo de hacer el pago; á no ser que pruebe que ignoraba la existencia del crédito que extinguia la deuda.

1694. Si fueren varias las deudas sujetas á compensacion, se seguirá, á falta de declaracion, el órden establecido en el artículo 1571.

1695. El derecho de compensacion puede renunciarse, ya expresamente, ya por hechos que manifiesten de un modo claro la voluntad de hacer la renuncia.

1696. La compensacion puede oponerse en cualquier estado del juicio.

1697. El fiador, ántes de ser demandado por el acreedor, no puede oponer á este la compensacion del crédito que contra él tenga, con la deuda del principal deudor.

1698. El fiador puede utilizar la compensacion de lo que el acreedor debe al deudor principal; pero este no puede oponer la compensacion de lo que el acreedor debe al fiador.

1699. El deudor solidario no puede exigir compensacion con la deuda del acreedor á su co-deudor.

1700. El deudor que hubiere consentido la cesion hecha por el acreedor en favor de un tercero, no podrá oponer al cesionario la compensacion que podria oponer al cedente.

1701. Si el acreedor dió conocimiento de la cesion al deudor, y este no consintió en ella, podrá oponer al cesionario la compensacion de los créditos que tuviere contra el cedente y que fueren anteriores á la cesion.

1702. Si la cesion se realizare sin conocimiento del

deudor, podrá este oponer la compensacion de los créditos anteriores á ella, y la de los posteriores hasta la fecha en que hubiere tenido conocimiento de la cesion.

1703. Las deudas pagaderas en diferente lugar, pueden compensarse mediante indemnizacion de los gastos de trasporte ó cambio al lugar del pago.

1704. La compensacion no puede tener lugar en perjuicio de los derechos de tercero legítimamente adquiridos.

CAPITULO V.

De la subrogacion.

Art. 1705. La subrogacion es legal ó convencional.

1706. Es legal:

1º Cuando el que es acreedor, paga á otro acreedor preferente:

2º Cuando el que paga, tiene interes en el cumplimiento de la obligacion:

3º Cuando se hace el pago con consentimiento expreso ó tácito del deudor:

4º Cuando un heredero paga con sus bienes propios alguna deuda de la herencia:

5º Cuando el que adquiere un inmueble, paga á un acreedor que tiene sobre la finca un crédito hipotecario anterior á la adquisicion.

1707. La subrogacion convencional tiene lugar cuando el acreedor recibe el pago de un tercero, y lo subroga en su derechos, privilegios, acciones ó hipotecas contra el deudor. Esta subrogacion debe ser expresa y hacerse al mismo tiempo que el pago.

1708. Si la deuda fuere pagada por el deudor con dinero que un tercero le prestare para ese objeto, solamente quedará subrogado el prestamista en los derechos del acreedor, si el préstamo constare en el título auténtico, en que se declare que el dinero fué prestado para el pago de la misma deuda. A falta de esta circunstancia, el que prestó, solo tendrá los derechos que exprese su respectivo contrato.

1709. El acreedor que solamente hubiere sido pagado en parte, podrá ejercitar sus derechos con preferencia al subrogado, por el resto de su deuda.

1710. De esta preferencia disfrutarán únicamente los acreedores originarios, ó sus cesionarios, sin que pueda pretenderla cualquiera otro subrogado.

1711. No habrá subrogacion parcial en deudas de solucion indivisible.

1712. El pago de los subrogados en diversas porciones del mismo crédito, no bastando éste para cubrirlas todas, se hará segun la prioridad de la subrogacion.

1713. El subrogado puede ejercitar todos los derechos que competen al acreedor, tanto contra el deudor como contra sus fiadores.

CAPITULO VI.

De la confusion de derechos.

Art. 1714. Reuniéndose en un sola persona las cualidades de acreedor y deudor, por el mismo hecho se extinguen el crédito y la deuda.

1715. La confusion que se verifica en la persona del principal deudor, aprovecha á su fiador.

1716. La confusion de las cualidades de acreedor y fiador no extingue la obligacion.

1717. La confusion que se verifica en la persona del acreedor ó deudor solidario, solamente produce sus efectos en la parte proporcional de su crédito ó deuda.

1718. Miéntras se hace la particion de una herencia, no hay confusion cuando el deudor hereda al acreedor ó éste á aquel.

1719. Si uno de los derechos dependiere de condicion suspensiva ó resolutaria, la confusion que se hubiere hecho, cesará no realizándose la condicion.

1720. Lo dispuesto en el artículo anterior se observará siempre que el contrato se rescinda por cualquiera causa; y en todo caso subsistirán las obligaciones primitivas con las que les sean accesorias, y aun las que sean relativas á tercero.

CAPITULO VII.

De la novacion.

Art. 1721. Hay novacion de contrato, cuando las partes en él interesadas, lo alteran, sujetándolo á distintas condiciones ó plazos; sustituyendo una nueva deuda á la antigua, ó haciendo cualquiera otra alteracion sustancial, que demuestre claramente la intencion de variar la obligacion primitiva.

1722. Hay tambien novacion cuando un nuevo deudor es sustituido al antiguo, que queda exonerado; ó cuando el antiguo acreedor es sustituido por otro, con quien queda obligado el deudor primitivo.

1723. La novacion es un contrato, y como tal está sujeto á las disposiciones generales respectivas, salvas las siguientes modificaciones.

1724. La novacion por sustitucion de un nuevo deudor, puede efectuarse sin el consentimiento del primero, bajo las mismas condiciones que el pago; pero no sin consentimiento del acreedor.

1725. El acreedor que exonera por la novacion al antiguo deudor, aceptando otro en su lugar, no puede repetir contra el primero, si el nuevo se encuentra insolvente; salvo convenio en contrario.

1726. La novacion nunca se presume: debe constar expresamente.

1727. Extinguida la deuda antigua por la novacion, quedan igualmente extinguidos todos los derechos y obligaciones accesorios, no habiendo reserva expresa.

1728. Si la reserva tiene relacion á un tercero, es tambien necesario el consentimiento de este.

1729. Cuando la novacion se efectúa entre el acreedor y algun deudor solidario, los privilégios é hipotecas del antiguo crédito solo pueden quedar reservados con relacion á los bienes del deudor que contrae la nueva deuda.

1730. Por la novacion hecha entre el acreedor y alguno de los deudores solidarios, quedan exonerados todos los demas co—deudores; sin perjuicio de lo dispuesto en el artículo 1523.

1731. Si la primera obligacion se hubiere extinguido al tiempo en que se contrajere la segunda, quedará la novacion sin efecto.

1732. Aun cuando la obligacion anterior esté subordinada á una condicion suspensiva, solamente quedará la novacion dependiente del cumplimiento de aquella, si así se hubiere estipulado.

1733. Cuando la obligacion primitiva fuere absolutamente reprobada por la ley, ó cuando sus vicios no puedan subsanarse, será nula la obligacion que la sustituya.

1734. Si la novacion fuere nula, subsistirá la antigua obligacion.

1735. El deudor sustituido no podrá oponer al acreedor las excepciones que personalmente competian al primer deudor; mas podrá oponerle las que personalmente tuviere contra el mismo acreedor, y las que procedan del contrato.

CAPITULO VIII.

De la cesion de acciones.

Art. 1736. El acreedor puede trasmitir á otro su derecho por título gratúito ú oneroso, independientemente del consentimiento del deudor.

1737. Si los derechos ó créditos fueren litigiosos, no podrán ser cedidos en ninguna forma á las personas que desempeñen la judicatura, ni á cualquiera otra autoridad de nombramiento del gobierno, si esos derechos ó créditos fueren disputados dentro de los límises á que se extienda la jurisdiccion de los funcionarios referidos.

1738. La cesion hecha en contravencion á lo dispuesto en el anterior artículo, será nula de pleno derecho.

1739. El deudor de cualquiera obligacion litigiosa, cedida por título oneroso, puede librarse, satisfaciendo al cesionario el valor que este hubiere dado por ella con sus intereses y demas expensas que hubiere hecho en la adquisicion.

1740. El pago de que habla el artículo anterior, no libra de la obligacion:

1º Si la cesion se hace en favor del heredero ó co-propietario del derecho cedido:

2º Si se hace en favor del poseedor del inmueble que es objeto de ese derecho:

3º Si se hace al acreedor en pago de su deuda:

1741. La liberacion permitida en el art. 1739, solo podrá tener lugar cuando el litigio no haya sido resuelto en última instancia.

1742. Se considerará litigioso el derecho desde la contestacion de la demanda en juicio ordinario y desde la diligencia de embargo en el ejecutivo.

1743. Para que el derecho cedido pase al cesionario, es requisito indispensable la entrrga del título en que se funde el crédito.

1744. El deudor solo puede oponerse á la cesion en el caso del artículo 1737.

1745. Para que el cesionario pueda ejercitar sus derechos contra el deudor, deberá hacer á este la notificacion respectiva, ya sea judicialmente, ya en lo extrajudicial, ante dos testigos.

1746. Solo tiene derecho para pedir ó hacer la notificacion, el acreedor que presente el título justificativo del crédito.

1747. Si el deudor está presente á la cesion y no se opone á ella; ó si estando ausente, la ha aceptado, y este acto se prueba en juicio plenamente, se tendrá por hecha la notificacion.

1748. Miéntras no se haya hecho la notificacion, el deudor solo se libra pagando al acreedor primitivo y recogiendo el título del crédito.

1749. Hecha la notificacion, no se libra el deudor sino pagando al cesionario que le presente el título.

1750. Si el título se ha extraviado, el acreedor tiene derecho de probar su existencia; y la confesion del deudor ó el fallo judicial servirán de nuevo título.

1751. Los acreedores del cedente podrán ejercitar sus derechos con respecto á la deuda cedida, siempre que no se haga la notificacion en los términos legales.

1752. El crédito cedido pasa al cesionario con todos sus derechos y obligaciones, sean de la clase que fueren; no habiendo pacto expreso en contrario.

1753. El cesionario en ningun caso podrá tener mayores derechos ú obligaciones que el cedente.

1754. El cedente está obligado á garantir la existencia y legitimidad del crédito al tiempo de la cesion, á no ser que aquel se haya cedido con el carácter de dudoso.

1755. El cedente no está obligado á garantir la solvencia del deudor, á no ser que se haya estipulado expresamente ó que la insolvencia sea pública y anterior á la cesion.

1756. Si el cedente se hubiere hecho responsable de la solvencia del deudor, y no se fijare el tiempo que esta responsabilidad deba durar, se limitirá á un año contado desde la fecha en que la deuda fuere exigible, si estuviere vencida: si no lo estuviere, se contará desde la fecha del vencimiento.

1757. Si el crédito cedido consiste en una renta perpetua, la responsabilidad por la solvencia del deudor se extingue á los diez años contados desde la fecha de la cesion.

1758. El que cede alzadamente ó en globo la totalidad de ciertos derechos, cumple con responder de la legitimidad del todo en general; pero no está obligado al saneamiento de cada una de las partes; salvo en el caso de eviccion del todo ó de la mayor parte.

1759. El que cede su derecho á una herencia, sin enumerar las cosas de que esta se compone, solo está obligado á responder de su cualidad de heredero.

1760. Si el cedente se hubiere aprovechado de algunos frutos ó percibido alguna cosa de la herencia que cediere, deberá abonarlos al comprador, si no se hubiese pactado lo contrario.

1761. El cesionario debe por su parte satisfacer al cedente todo lo que este haya pagado por las deudas y cargas de la herencia y sus propios créditos contra ella, salvo si se hubiere pactado lo contrario.

CAPITULO IX.

De la remision de la deuda.

Art. 1762. Es libre cualquiera para renunciar su derecho y para remitir, en todo ó en parte, las prestaciones que le son debidas, excepto en aquellos casos en que la ley lo prohibe.

1763. La remision total y la quita, sean hechas en juicio ó fuera de él, solo obligan al acreedor que las otorga. El que las niega, puede hacer valer su derecho conforme á las leyes.

1764. El deudor en cuyo poder se halla el documento que justifica la obligacion, tiene en su favor la presuncion de remision ó pago, miéntras el acreedor no prueba lo contrario.

1765. La remision concedida al deudor principal, aprovecha al fiador; pero la concedida á este, no aprovecha á aquel.

1766. Habiendo varios fiadores solidarios, el perdon que fuere concedido solamente á alguno de ellos en la parte relativa á su responsabilidad, no aprovecha á los otros.

1767. La devolucion de la prenda es presuncion de la remision del derecho á la misma prenda, si el acreedor no prueba lo contrario.

1768. Por la remision de la prenda no se presume la remision de la deuda.

CAPITULO X.

De la prescripcion de las obligaciones.

Art. 1769. La extincion de las obligaciones en virtud de la prescripcion se rige por lo dispuesto en el capítulo 5º, título 7º del libro 2º

TITULO V.

DE LA RESCISION Y NULIDAD DE LAS OBLIGACIONES.

CAPITULO I.

De la rescision de las obligaciones.

Art. 1770. No pueden rescindirse mas que las obligaciones que en sí mismas son válidas.

1771. Ninguna obligacion se rescinde únicamente por lesion, salvo lo dispuesto en el artículo 3023.

1772. Solo hay lesion cuando la parte que adquiere, da dos tantos mas, ó la que enajena recibe dos tercios ménos del justo precio ó estimacion de la cosa.

1773. Hay lugar á la rescision:

1º En los casos en que conforme á derecho procede la restitucion in íntegrum:

2º En los que se haya cometido fraude en perjuicio de los acreedores al enajenar los bienes del deudor:

3º En los que la establece expresamente la ley.

1774. La accion para pedir la rescision, dura cuatro años.

1775. La rescision que procede por causa de restitucion in íntegrum, se rige por lo dispuesto en el título 11º del libro 1º, y la que procede de fraude en perjuicio de los acreedores, por lo dispuesto en el capítulo 3º de este título.

1776. Las enajenaciones á título gratúito, hechas por el deudor en estado de insolvencia, serán rescindibles como frudulentas, á instancia de los acreedores.

1777. Queda tambien sujeto á rescision, y puede revocarse el pago hecho en estado de insolvencia, por obligaciones á culo cumplimiento no podia ser compelido el deudor al tiempo de hacer la solucion.

CAPITULO II.

De la nulidad de las obligaciones.

Art. 1778. La accion de nulidad que resulta de la incapacidad de los contratantes, puede intentarse en los términos establecidos en los artículos 516, 517, 518 y 519.

1779. La nulidad de las obligaciones contraidas por una mujer casada, sin la competente autorizacion, puede pedirse dentro de cuatro años contados desde la disolucion del matrimonio.

1780. La accion de nulidad fundada en error, prescribe por el lapso de cinco años, á no ser que el que incurrió en el error, lo conozca ántes de que espire ese término. En este caso la accion prescribe á los sesenta dias contados desde aquel en que el error fué conocido.

1781. La accion para pedir la nulidad de un contrato hecho por intimidacion, prescribe á los seis meses contados desde el dia en que cesó la causa.

1782. Si la nulidad procede de ilegitimidad del objeto del contrato, se observará lo dispuesto en los dos artículos siguientes.

1783. Si el objeto del contrato constituye un delito ó falta comun á ambos contrayentes, ninguno de ellos tendrá accion para reclamar ni el cumplimiento de lo convenido ni la devolucion de lo que haya dado; y ambos quedarán sujetos á la responsabilidad en que hayan incurrido, conforme á las prescripciones del Código penal.

1784. Si solo uno de los contratantes fuere culpable, podrá el inocente reclamar lo que hubiere prestado, sin tener obligacion á su vez de cumplir lo que hubiere prometido.

1785. Si el objeto del contrato fuere algun hecho que, aunque moralmente reprobado, no sea punible conforme á la ley, y del cual fueren responsables ambos contratantes, ninguno de ellos podrá reclamar el cumplimiento de lo prometido, ni la restitucion de lo que hubiere dado.

1786. Si solo uno de los contratantes fuere responsable del hecho reprobado, podrá el otro reclamar lo que dió, sin que esté obligado por su parte á cumplir lo que hubiere prometido.

1787. La excepcion de nulidad de un contrato es perpetua.

1788. La accion y la excepcion de nulidad competen á las partes principales y á sus fiadores; exceptuándose aquellos casos en que la ley dispone expresamente otra cosa.

1789. La nulidad que proviene de incapacidad de uno de los contratantes, no puede alegarse por el otro, si no prueba que al tiempo de contratar, ignoraba la incapacidad.

1790. Tampoco puede alegarse la excepcion que proviene de error ó de intimidacion, por el que haya contribuido al uno ó á la otra.

1791. Cuando el contrato es nulo por incapacidad, intimidacion ó error, puede ser ratificado cesando el vicio ó motivo de nulidad, y no concurriendo otra causa que invalide la ratificacion.

1792. El cumplimiento voluntario, por medio del pago, novacion ó cualquier otro modo, ejecutado con las mismas circunstancias, se tiene por ratificacion, y no puede ser reclamado.

1793. La ratificacion y el cumplimiento voluntario de una obligacion nula por falta de forma ó solemnidad, en cualquier tiempo que se hagan, extinguen la accion de nulidad, exceptuándose los casos en que la ley expresamente dispone lo contrario.

1794. Declarada la nulidad del contrato, cada uno de los contratantes recobrará la cosa que hubiere prestado con sus frutos, ó el valor de estos, y el que aquella tenia cuando se perdió, con los intereses, si no fuere posible la restitucion en especie.

1795. Para decidir si es ó no admisible la accion de nulidad, cuando ántes de comenzar á correr el término, se perdió la cosa que fué objeto de la obligacion, se observarán las reglas siguientes:

1ª Si la nulidad procede de incapacidad, podrá siempre deducirse la accion:

2ª Lo mismo se observará si la nulidad se funda en error, dolo, violencia ó intimidacion; á no ser que la cosa se haya perdido por culpa del reclamante:

3ª En los demas casos de nulidad, si la cosa se hubiere perdido en poder del reclamante, cesará este recurso. Tambien cesará si se hubiere perdido en poder de aquel contra quien se reclama, sin culpa suya ó sin estar constituido en mora.

1796. Miéntras que uno de los contratantes no cumpla con la devolucion de aquello á que, en virtud de la declaracion de nulidad del contrato, esté obligado, no puede ser compelido el otro á que cumpla por su parte.

CAPITULO III.

De la enajenacion hecha en fraude de los acreedores.

Art. 1797. Los actos y contratos celebrados en perjuicio de tercero, pueden rescindirse á pedimento de los interesados en los términos siguientes.

1798. Los actos y contratos simulados por los contrayentes con el fin de defraudar los derechos de un tercero, pueden rescindirse ó anularse en todo tiempo á peticion de los perjudicados.

1799. Se llama simulado el acto ó contrato en que las partes declaran ó confiesan falsamente lo que en realidad no ha pasado ó no se ha convenido entre ellas.

1800. Luego que se rescinda ó anule el acto simulado, se restituirá la cosa ó derecho á quien pertenezca, con sus frutos é intereses, si los hubiere.

1801. Los actos ó contratos celebrados realmente por el deudor en perjuicio de su acreedor, pueden rescindirse á peticion de este, si del acto ó contrato resulta la insolvencia del deudor.

1802. Si el acto ó contrato fuere oneroso, la rescision solo podrá tener lugar en el caso y términos que expresa el artículo anterior, habiendo mala fé tanto por parte del deudor como del tercero que contrató con él.

1803. Si el acto ó contrato fuere gratúito, tendrá lugar la rescision, aun cuando haya habido buena fé por parte de ambos contrayentes.

1804. Hay insolvencia cuando la suma de los bienes y créditos del deudor, estimados en su justo precio, no iguala al importe de sus deudas. La mala fé en este caso consiste en el conocimiento de ese déficit.

1805. La accion concedida al acreedor en los artículos anteriores contra el primer adquirente, no procede contra tercer poseedor, sino cuando este ha adquirido de mala fé.

1806. La rescision puede tener lugar tanto en los casos en que el deudor enajena los bienes que efectivamente posee, como en aquellos en que renuncia derechos constituidos á su favor y cuyo goce no fuere exclusivamente personal.

1807. Es tambien rescindible el pago hecho por el deudor insolvente ántes del vencimiento del plazo.

1808. La accion de rescision mencionada en el artículo 1801, cesará luego que el deudor satisfaga su deuda ó adquiera bienes con que poder cubrirla.

1809. El adquirente demandado puede tambien hacer cesar ia accion, satisfaciendo el importe de la deuda.

1810. El fraude que consiste únicamente en la preferencia indebida á favor de un acreedor, no importa la pérdida del derecho, sino la de la preferencia.

1811. Si el acreedor que pide la rescision, para acreditar la insolvencia del deudor, prueba que el monto de las deudas de éste excede al de sus bienes conocidos, le impone la obligacion de acreditar que tiene bienes suficientes para cubrir esas deudas.

1812. Rescindido el acto ó contrato, volverán los valores enajenados á la masa de los bienes del deudor en beneficio de los acreedores.

CAPITULO SEXTO.

DE LA FIANZA.

CAPITULO I.

De la fianza en general.

Art. 1813. Fianza es la obligacion que una persona contrae de pagar ó cumplir por otra, si ésta no lo hace.

1814. La fianza puede ser legal, judicial, convencional, gratúita ó á título oneroso.

1815. La fianza puede contituirse no solo en favor del deudor principal, sino en el del fiador; ya sea que uno ú otro en su respectivo caso consienta en la garantía, ya sea que la ignore, ya sea que la contradiga.

1816. Pueden ser fiadores todos los que pueden contratar.

1817. Las mujeres solo pueden ser fiadoras en los casos siguientes:

1º Cuando fueren comerciantes:

2º Si hubieren procedido con dolo para hacer aceptar su garantía con perjuicio del acreedor:

3º Si hubieren recibido del deudor la cosa ó cantidad sobre que recae la fianza:

4º Si se obligaron por cosa que les pertenece, ó en favor de sus ascendientes, de sus descendientes ó de su cónyuge.

1818. Es nula la fianza que recae sobre una obligacion que no es civilmente válida.

1819. Se exceptúa de lo dispuesto en el artículo anterior el caso en que la nulidad proceda de incapacidad personal del deudor; con tal de que el fiador haya tenido conocimiento de la incapacidad al tiempo de obligarse, y de que la obligacion principal sea válida á lo ménos naturalmente.

1820. En el caso del artículo que precede, la fianza subsistirá aun cuando el deudor principal haga rescindir su obligacion.

1821. Si la fianza se constituye sobre deudas futuras

ó ilíquidas, el fiador no puede ser reconvenido, sino cuando la obligacion principal fuere legalmente exigible.

1822. La fianza puede comprender ménos, pero no puede extenderse á mas que la obligacion principal, ya en cuanto á la sustancia de la prestacion, ya en cuanto á las condiciones onerosas que contenga.

1823. Si la fianza su extendiere á mas, la obligacion del fiador quedará de pleno derecho reducida á los mismos términos que la del deudor.

1824. Se exceptúa de lo dispuesto en los dos artículos anteriores, el caso en que el fiador constituya hipoteca ó dé prenda para que quede asegurada la obligacion que no lo estaba con esas garantías.

1825. Puede tambien obligarse el fiador á pagar una cantidad en dinero, si el deudor principal no presta una cosa ó un hecho determinados.

1826. La fianza no se presume: debe constar expresamente y limitarse á los términos precisos en que esté constituida; sin que en caso alguno pueda extenderse á otras obligaciones del deudor, aunque hayan sido ó fueren contraidas con el mismo acreedor.

1827. Cuando la fianza no contenga excepciones ó limitaciones, la obligacion del fiador será absolutamente igual á la del deudor principal.

1828. El fiador es responsable para con el acreedor y el deudor de los gastos, daños y perjuicios que ocasione por su culpa ó mora.

1829. Todas las obligaciones y derechos del fiador pasan á sus herederos.

1830. La responsabilidad de los herederos del fiador se rige por lo dispuesto en el artículo 1512.

1831. El acreedor no puede ser obligado á recibir el fiador que se le proponga, si la persona propuesta no tiene:

1º Compacidad para obligarse:

2º Bienes raices libres y no embargados ni hipotecados, que basten para la seguridad de la obligacion, y estén situados en el lugar en que debe hacerse el pago.

1832. El fiador será requerido en el lugar donde deba hacerse el pago, salvo convenio en contrario.

1833. Cuando la deuda no llegue á trescientos pesos, no será necesaria la condicion segunda del artículo 1831.

1834. El deudor justificará la idoneidad del fiador á satisfaccion del acreedor.

1835. Si el fiador sufre tal menoscabo en sus bienes, que se halle en riesgo de quedar insolvente, puede el acreedor exigir la constitucion de otra fianza.

1836. En las obligaciones con plazo ó de prestacion periódica, el acreedor podrá exigir fianza, aun cuando en el contrato no se haya constituido, si despues de celebrado, el deudor sufre menoscabo en sus bienes ó pretende ausentarse del lugar en que debe hacerse el pago.

1837. El que debiendo dar ó reemplazar el fiador, no lo presente dentro del término que el juez le señale, á peticion de parte legítima, queda obligado al pago inmediato de la deuda, aunque no se haya vencido el plazo de esta.

1838. Si la fianza fuere para garantir la administracion de bienes, cesará ésta si aquella no se da en el término convenido ó señalado por la ley ó por el juez; salvo lo que para ciertos casos disponga este Código.

1839. Si la fianza importa garantía de cantidad que el deudor deba recibir, la suma se depositará miéntras se da la fianza.

CAPITULO II.

De los efectos de la fianza con relacion al acreedor y al fiador.

Art. 1840. El fiador tiene derecho de oponer todas las excepciones que sean inherentes á la obligacion principal; mas no las que sean personales del deudor.

1841. El fiador no puede ser compelido á pagar al acreedor, sin que previamente sea reconvenido el deudor y se haga excusion en sus bienes.

1842. La excusion consiste en aplicar todo el valor libre de los bienes del deudor al pago de la obligacion, que quedará ó extinguida ó reducida á la parte que no sea cubierta.

1843. La excusion no tendrá lugar:

1º Cuando el fiador renunció expresamente á ella:

2º Cuando se obligó mancomunadamente con el deudor:

3º En los casos de concurso ó de insolvencia probada del deudor:

4º Cuando el deudor no pueda ser judicialmente demandado dentro del territorio de la República:

5º Cuando el negocio para que se prestó la fianza, sea propio del fiador:

6º Cuando se ignore el paradero del deudor, siempre que llamado este por edictos, no comparezca, ni tenga bienes embargables en el Distrito ó en la California.

1844. Tanto la obligacion solidaria como la renuncia de la excusion deben constar expresamente en la fianza.

1845. Para que el beneficio de excusion aproveche al fiador, son indispensables los requisitos siguientes:

1º Que el fiador alegue el beneficio luego que se le requiera de pago:

2º Que designe bienes del deudor que basten para cubrir el crédito, que estén libres y desembargados, y que se hallen dentro del distrito judicial en que debe hacerse el pago:

3º Que anticipe ó asegure competentemente los gastos de la excusion.

1846. Si el deudor adquiere bienes despues del requerimiento, ó si se descubren los que hubiere ocultado, el fiador puede pedir la excusion, aunque ántes no la haya pedido.

1847. El acreedor puede obligar al fiador á que haga la excusion en los bienes del deudor.

1848. Si el fiador, voluntariamente ú obligado por el acreedor, hace por sí mismo la excusion y pide plazo, el juez puede concederle el que crea conveniente, atendidas las circunstancias de las personas y las calidades de la abligacion.

1849. El fiador de prestacion de hecho quedará libre de la obligacion, cumpliendo lo que respecto del deudor principal establece el artículo 1542.

1850. El acreedor que, cumplidos los requisitos del artículo 1845, hubiere sido negligente en promover la excusion, queda responsable de los perjuicios que pueda causar al fiador, y este libre de la obligacion hasta la cantidad á que alcancen los bienes que hubiere designado para la excusion.

1851. Si el fiador es demandado simplemente como pagador principal, podrá hacer citar al principal deudor para defenderse y ser absuelto ó condenado juntamente con él.

1852. El fiador gozará del beneficio de la excusion, aunque la sentencia se haya pronunciado contra él y contra el deudor.

1853. El fiador que pagare por el deudor, podrá proceder contra este ejecutivamente en virtud de la sentencia; y conforme á la naturaleza de la obligacion, si el pago no se hubiere hecho en virtud de fallo judicial.

1854. La transaccion entre el acreedor y el deudor principal, aprovecha al fiador, pero no le perjudica. La celebrada entre el fiador y el acreedor, aprovecha, pero no perjudica al deudor principal.

1855. El que abona al fiador, goza del beneficio de excusion, tanto contra el fiador como contra el deudor principal.

1856. Abonan á un fiador los testigos que declaran de cierta ciencia en favor de su idoneidad.

1857. Si son varios los fiadores de un deudor por una sola deuda, responderá cada uno de ellos por la totalidad de aquella, no habiendo convenio en contrario; pero si solo uno de los fiadores es demandado, podrá hacer citar á los demas para que se defiendan juntamente, ó de igual modo y en la proporcion debida estén á las resultas del juicio.

1858. El fiador solidario que paga, tiene derecho de reclamar á los demas la parte que les corresponda. El que no fuere solidario, solo tendrá accion contra el deudor por la parte que haya pagado.

1859. El beneficio de division no tiene lugar entre los fiadores:

1º Cuando se renuncia expresamente:

2º Cuando cada uno se ha obligado mancomunadamente con el deudor:

3º Cuando alguno ó algunos de los fiadores son concursados ó se hallan insolventes; en cuyo caso se procederá conforme á los artículos 1874 y 1875:

4º En el caso de la fraccion 5ª del artículo 1843:

5º Cuando alguno ó algunos de los fiadores se encuentran en alguno de los casos señalados para el deudor en las fracciones 4ª y 6ª del referido artículo 1843.

1860. El fiador que pide el beneficio de division, solo responde por la parte del fiador ó fiadores insolventes, si la insolvencia es anterior á la peticion; y ni aun por esa misma insolvencia si el acreedor voluntariamente hace el cobro á prorata sin que el fiador lo reclame.

CAPITULO III.

De los efectos de la fianza con relacion al deudor y al fiador.

Art. 1861. El fiador que paga, debe ser indemnizado por el deudor, aunque este no haya prestado su consentimiento para la constitucion de la fianza. Si esta se hubiere otorgado contra la voluntad del deudor, no tendrá derecho alguno el fiador para cobrar lo que pagó.

1862. El fiador que paga por el deudor, debe ser indemnizado por este:

1º De la deuda principal:

2º De los intereses respectivos desde que haya noticiado el pago al deudor, aun cuando este no estuviere obligado por razon del contrato á pagarlos al acreedor:

3º De los gastos que haya hecho desde que dió noticia al deudor de haber sido requerido de pago:

4º De los daños y perjuicios que haya sufrido por causa del deudor.

1863. El fiador que paga, se subroga en todos los derechos que el acreedor tenia contra el deudor.

1864. Si el fiador hubiere transigido con el acreedor, no podrá exigir del deudor sino lo que en realidad haya pagado.

1865. Siendo dos ó mas los deudores solidarios de una misma deuda, podrá el fiador pedir de cualquiera de ellos la totalidad de lo que hubiere pagado.

1866. Si el fiador hace el pago sin ponerlo en conocimiento del deudor, podrá este oponerle todas las excepciones que podria oponer al acreedor al tiempo de hacer el pago.

1867. Si el deudor, ignorando el pago por falta de aviso del fiador, paga de nuevo, no podrá este repetir contra aquel, sino solamente contra el acreedor.

1868. Si el fiador ha pagado en virtud de fallo judicial, y por motivo fundado no pudo hacer saber el pago al deudor, este quedará obligado á indemnizar á aquel, y no podrá oponerle mas excepciones que las que sean inherentes á la obligacion y que no hubieren sido opuestas por el fiador, teniendo conocimiento de ellas.

1869. Si la deuda fuere á plazo ó bajo condicion, y el fiador la pagare ántes de que aquel ó esta se cumplan, no podrá cobrarla del deudor sino cuando fuere legalmente exigible.

1870. El fiador puede, aun ántes de haber pagado, exigir que el deudor asegure el pago ó le releve de la fianza:

1º Si fué demandado judicialmente por el pago:

2º Si el deudor sufre menoscabo en sus bienes, de modo que se halle en riesgo de quedar insolvente:

3º Si pretende ausentarse de la República:

4º Si se obligó á relevarle de la fianza en tiempo determinado y este ha trascurrido:

5º Si la deuda se hace exigible, per el vencimiento del plazo:

6º Si han trascurrido diez años, no teniendo la obligacion principal término fijo, y no siendo la fianza por título oneroso.

1871. En el caso del número quinto del artículo que precede, podrá tambien exigir el fiador que el acreedor proceda contra el principal deudor ó contra el mismo fiador, admitiéndole el beneficio de excusion, si tuviere lugar.

1872. Si el acreedor dentro de sesenta dias contados desde la fecha en que se le haga el requerimiento, no demanda al deudor ni al fiador, este queda libre de la obligacion.

CAPITULO IV.

De los efectos de la fianza con relacion á los fiadores entre sí.

Art. 1873. Siendo dos ó mas los fiadores del mismo deudor, y por la misma deuda, el que la hubiere pagado en su totalidad, podrá exigir de cada uno de los otros la parte proporcional que le corresponda.

1874. Si alguno de los fiadores se hallare insolvente, se dividirá su cuota entre los demas á prorata.

1875. Lo dispuesto en los dos artículos anteriores solo tendrá lugar si el pago de la deuda se ha exigido judicialmente, ó si el deudor principal está fallido.

1876. Los fiadores demandados por el que pagó, podrán oponer á este las excepciones que podria alegar el deudor principal contra el acreedor, y que no fueren puramente personales del deudor ó del fiador que hizo el pago.

1877. El que abonó al fiador, en caso de insolvencia de este, es responsable para con los otros fiadores en los mismos términos en que lo seria el fiador abonado.

CAPITULO V.

De la extincion de la fianza.

Art. 1878. Extinguida la obligacion principal, se extingue la fianza, que támbien puede extinguirse como las demas obligaciones.

1879. Si la obligacion del deudor y la del fiador se confunden, porque uno herede al otro, no se extingue la obligacion del abonador.

1880. Si el acreedor acepta voluntariamente una finca ú otra cualquiera cosa en pago de la deuda, queda exonerado el fiador, aun cuando el acreedor pierda despues por eviccion la cosa que se le dió.

1881. Sí el acreedor exonera á alguno de los fiadores sin consentimiento de los otros, quedarán todos ellos exo nerados proporcionalmente de la obligacion remitida.

1882. Los fiadores, aun cuando sean solidarios, quedan libres de su obligacion, si por culpa ó negligencia del acreedor no pueden subrogarse en los derechos, privilegios ó hipotecas del mismo acreedor.

1883. La próroga ó espera concedida al deudor por el acreedor, sin consentimiento del fiador, extingue la fianza.

1884. La quita reduce la fianza en la misma proporcion que la deuda principal, y la extingue en el caso de que en virtud de ella quede sujeta la obligacion principal á nuevos gravámenes ó condiciones.

CAPITULO VI.

De la fianza legal ó judicial.

Art. 1885. El fiador que haya de darse por disposicion de la ley ó de providencia judicial, debe tener las cualidades prescritas en el artículo 1831.

1886. Si el obligado á dar fianza en los casos del artículo anterior, no la hallare, podrá dar en vez de ella una prenda ó hipoteca que se estime bastante para cubrir su obligacion.

1887. El fiador judicial no puede pedir la excusion del deudor principal.

1888. El que abona á un fiador, no puede pedir la excusion de este ni la del deudor.

TITULO SETIMO.

DE LA PRENDA Y DE LA ANTICRESIS

CAPITULO I.

De la prenda.

Art. 1889. La prenda es un derecho real que se constituye sobre algun objeto mueble, para garantir el cumplimiento de una obligacion y su preferencia en el pago.

1890. La prenda no puede considerarse legítimamente constituida, si no sirve de garantía á una obligacion válida.

1891. Puede uno constituir prenda para garantir una deuda aun sin consentimiento del deudor.

1892. El contrato de prenda solo puede producir sus efectos por la entrega de la cosa empeñada y su permanencia en poder del acreedor, á no ser que este la pierda sin culpa suya, ó que la prenda consista en frutos; segun lo dispuesto en los dos artículos siguientes.

1893. Pueden darse en prenda todos los objetos muebles que pueden ser enajenados, y aun los frutos pendientes de los bienes raices que deben ser recogidos en tiempo determinado.

1894. Cuando la prenda consista en frutos de cosa raiz el propietario de esta será considerado como depositario de aquellos.

1895. Cuando se empeñaren títulos de un crédito particular, deberá notificarse la prenda al deudor originario.

1896. Cuando la cosa dada en prenda sea un título de crédito que conste en escritura pública ó que esté constituido á favor de determinada persona, no surtirá efecto contra tercero el derecho de prenda, sino desde que se inscriba en el protocolo ó matriz; y respecto del deudor del crédito empeñado se observará lo dispuesto para los casos de subrogacion.

1897. En el caso del artículo anterior, el acreedor á quien se dió en prenda un título de crédito nominativo, no tiene derecho, aun cuando se cumpla el plazo del crédito empeñado, para cobrarlo, ni para recibirlo, aunque voluntariamente se le ofrezca por el que lo debe; pero podrá en ambos casos exigir que el deudor del crédito entregue su importe y se deposite.

1898. Siempre que la prenda fuere un crédito, el tenedor estará obligado á hacer todo lo que sea necesario para que no se altere ni menoscabe el derecho que aquel representa.

1899. Puede darse prenda para garantir obligaciones

futuras; pero en este caso no puede venderse ni adjudicarse la cosa empeñada, sin que se pruebe que la obligacion principal fué legalmente exigible.

1900. Si alguno hubiere prometido dar cierta cosa en prenda y no la hubiere entregado, sea con culpa suya ó sin ella, el acreedor puede pedir que se le entregue la cosa, que se dé por vencido el plazo de la obligacion ó que esta se rescinda.

1901. En el caso del artículo anterior, el acreedor no podrá pedir que se le entregue la cosa, si ha pasado á poder de un tercero en virtud de cualquier título legal.

1902. Nadie puede dar en prenda las cosas ajenas sin poder especial de su dueño.

1903. Si se prueba debidamente que el dueño prestó su cosa á otro con el objeto de que este la empeñara, valdrá la prenda como si la hubiera constituido el mismo dueño.

1904. La prenda debe constituirse en instrumento público ó ante tres testigos, si el valor de la obligacion pasa de trescientos pesos.

1905. El derecho de prenda, sea cual fuere la cantidad de la obligacion principal, no surtirá efecto contra tercero, si no consta por instrumento público.

1906. El acreedor adquiere por el empeño:

1º El derecho de ser pagado de su deuda con el precio de la cosa empeñada, con la preferencia que establece el artículo 2084:

2º El de deducir todas los acciones posesorias y querellarse de quien le haya robado la cosa empeñada, aun cuando sea el mismo dueño.

3º El de ser indemnizado de los gastos necesarios y útiles que hiciere para conservar la cosa empeñada, á no ser que use de ella por convenio:

4º El de exigir del deudor otra prenda, ó el pago de la deuda, aun ántes del plazo convenido, si la cosa empeñada se pierde ó se deteriora sin su culpa.

1907. Si el acreedor es turbado en la posesion de la prenda, debe avisarlo al dueño para que lo defienda: si el deudor no cumpliere con esta obligacion, será responsable de todos los daños y perjuicios.

1908. Si, perdida la prenda, el deudor ofreciere otra ó alguna caucion, queda al arbitrio del acreedor aceptarlas, ó prescindir el contrato.

1909. El acreedor está obligado:

1º A conservar la cosa empeñada como si fuera propia, y á responder de los deterioros y perjuicios que sufra por su culpa ó negligencia:

2º A restituir la prenda luego que estén pagados íntegramente la deuda, sus intereses y los gastos de conservacion de la cosa, si se han estipulado los primeros y hechos los segundos.

1910. Si el acreedor abusa de la cosa empeñada, el deudor puede exigir que esta se deposite ó que aquel dé fianza de restituirla en el estado en que la recibió.

1911. El acreedor abusa de la cosa empeñada, cuando usa de ella sin estar autorizado por convenio, ó cuando estándolo, la deteriora ó la aplica á objeto diverso de aquel á que está destinada.

1912. Si el deudor enajenare la cosa empeñada ó concediere su uso ó posesion, el adquirente no podrá exigir su entrega, sino pagando el importe de la obligacion, con los intereses y gastos en sus respectivos casos.

1913. Los frutos de la cosa empeñada pertenecen al deudor; mas si por convenio los percibe el acreedor, su importe se imputará primero á los gastos, despues á los intereses y el sobrante al capital.

1914. Las partes podrán estipular compensacion recíproca de intereses con los frutos de la cosa.

1915. Si no hubiere convenio, la compensacion se hará hasta la cantidad concurrente; y el exceso de los frutos, si los hubiere, se imputará al capital.

1916. La prenda no garantiza mas obligacion que aquella para cuya seguridad fué constituida; salvo convenio expreso en contrario.

1917. Si el deudor no paga en el plazo estipulado, y no habiéndolo, cuando fuere requerido por el acreedor, este podrá pedir y el juez decretará la venta de la cosa empeñada en pública almoneda y previa citacion del deudor.

1918. La cosa será adjudicada al acreedor en las dos tercias partes del precio que le hubieren dado los peritos, si no pudiere venderse en los términos que establezca el Código de procedimientos.

1919. El acreedor no puede quedarse con la prenda en pago de la deuda, salvo pacto en contrario; pero en este caso, valuada la cosa, se procederá en los términos que establece el artículo anterior.

1920. Puede por convenio expreso venderse la prenda extrajudicialmente.

1921. En cualquiera de los casos mencionados en los tres artículos anteriores, podrá el deudor hacer suspender la venta, pagando dentro de veinticuatro horas contadas desde la suspension.

1922. Si el producto de la venta excede á la deuda,

se entregará el exceso al deudor; pero si el precio no cubre todo el crédito, tiene derecho el acreedor de demandar al deudor por lo que falte.

1923. El acreedor no responde por la eviccion de la prenda vendida, á no ser que intervenga dolo de su parte, ó que se hubiere sujetado á aquella responsabilidad expresamente.

1924. El derecho y la obligacion que resultan de la prenda, son indivisibles; salvo el caso en que haya estipulacion en contrario.

1925. Extinguida la obligacion principal, sea por el pago, sea por cualquiera otra causa legal, queda extinguido el derecho de prenda.

1926. Respecto de los montes de piedad, públicos ó privados, que con autorizacion legal prestan dinero sobre prendas, se observarán las leyes y reglamentos que les conciernen, en lo que no se opongan á las disposiciones de este capítulo.

CAPITULO II.

De la anticresis.

Art. 1927. Puede el deudor prestar en seguridad de su deuda cualquier inmueble que le pertenezca; quedando el acreedor con derecho de disfrutarlo por cuenta de los intereses debidos, ó del capital, si no se deben intere ses: esto es lo que se llama anticresis.

1928. Este contrato es nulo, si no consta en escritura pública.

1929. En la escritura se declarará si el capital causa intereses, y se fijarán los términos en que el acreedor ha de administrar la finca. De lo contrario se entenderá que no hay intereses y que el acreedor debe administrar de la misma manera que el mandatario general, conforme al artículo 2482.

1930. Los contratos que el acreedor celebre como administrador de la cosa, son válidos; pero no pueden extenderse á mayor tiempo que el que debe durar la anticresis; salvo pacto expreso en contrario.

1931. La anticresis confiere al acreedor el derecho:

1º De retener el inmueble hasta que la deuda sea pagada íntegramente; salvo el derecho especial adquirido por un tercero sobre el inmueble por efecto de hipoteca anteriormente registrada:

2º De trasferir á otro bajo su responsabilidad el usufructo y administracion de la cosa, si no hubiere estipulacion en contrario:

3º De defender sus derechos con las acciones posesorias.

1932. El acreedor anticrético debe dar cuenta de los productos de la cosa; tiene las mismas obligaciones que el acreedor de prenda, y responde:

1º Por los frutos y rendimientos que se perdieren por su culpa:

2º Por las contribuciones y demas cargas prediales, salvo el derecho de deducirlas de los rendimientos.

1933. El acreedor está igualmente obligado á hacer los gastos necesarios para la conservacion de la cosa, deduciéndolos del importe de los frutos.

1934. Cuando por cualquiera causa no puedan ser

exactamente conocidos los frutos, se regularán por peritos como si el inmueble estuviera arrendado.

1935. Si en la escritura no se señala término para las cuentas, el acreedor debe darlas sada año.

1936. Si el acreedor hubiere conservado en su poder la cosa dada en anticresis mas de diez años sin dar cuentas, se presumirán pagados capital é intereses; salva prueba en contrario.

1937. Si el acreedor que administra la cosa, no da cuentas tres meses despues del plazo en que debe darlas, puede ponérsele un interventor á su costa, si el deudor así lo pide.

1938. La falta de pago no autoriza al acreedor para quedarse con la cosa; debiendo proceder como respecto de la prenda disponen los artículos 1917 á 1922.

1939. Respecto de la cosa ajena dada en anticresis, se observará lo dispuesto en los artículos 1902 y 1903.

TITULO OCTAVO.

DE LA HIPOTECA.

CAPITULO I.

De la hipoteca en general.

Art. 1940. La hipoteca es un derecho real que se constituye sobre bienes inmuebles ó derechos reales, para garantir el cumplimiento de una obligacion y su preferencia en el pago.

1941. Lós bienes hipotecados quedan sujetos al gravámen impuesto, aunque pasen á manos de un tercer poseedor.

1942. La hipoteca solo puede recaer sobre inmuebles ciertos y determinados, ó sobre los derechos reales que en ellos estén constituidos.

1943. Siempre que fueren hipotecadas fincas sujetas á gravámenes reales, no comprenderá la hipoteca sino el valor de las mismas fincas, deduciendo el del gravámen real, ó la prestacion correspondiente á cinco años, si la obligacion fuere de rentas ó pensiones anuales.

1944. La hipoteca de predios comprende:

1º La área ó superficie nuda que sirve de base á los edificios:

2º Los edificios ó cualesquiera otras construcciones ejecutadas sobre la área; y se extiende á las mejoras y accesiones naturales, y á los objetos muebles que el propietario agregue á perpetuidad á la finca hipotecada.

1945. La hipoteca de una construccion levantada en terreno ajeno, no comprende la área.

1946. Si los muebles de que se habla en el artículo 1944, fraccion 2ª, fueren enajenados ántes de la constitucion de la hipoteca, no tendrá accion el acreedor hipotecario ni contra el dueño de la cosa ni contra tercer poseedor.

1947. Puede hipotecarse la nuda propiedad; en cuyo caso si el usufructo se consolidare con ella en la persona del propietario, no solo subsistirá la hipoteca, sino que se extenderá tambien al mismo usufructo.

1948. Pueden tambien ser hipotecados los bienes que ya lo estén anteriormente, aunque sea con el pacto de no volverlos á hipotecar; salvos en todo caso los derechos de prelacion qne establece este Código.

1949. Los bienes pertenecientes á personas que no tienen la libre disposicion de ellos, no pueden ser hipotecados sino con las formalidades que para su respectivo caso establece este Código.

1950. La hipoteca constituida sobre derechos reales, solo durará miéntras estos subsistan; pero si los derechos en que aquella se hubiere constituido, se han extinguido por culpa del que los disfrutaba, estará este obligado á constituir una nueva hipoteca á satisfaccion del acreedor; y en caso contrario á pagarle todos los daños y perjuicios.

1951. No se podrán hipotecar:

1º Los frutos y rentas pendientes, con separacion del predio que los produzca:

2º Los objetos muebles colocados permanentemente en los edificios, bien para su adorno ó comodidad, ó bien para el servicicio de alguna industria; á no ser que se hipotequen juntamente con dichos edificios:

3º Las servidumbres; á no ser que se hipotequen juntamente con el predio dominante, y exceptuándose en todo caso la de aguas; la cual podrá ser hipotecada:

4º El derecho de percibir los frutos en el usufructo concedido por este Código á los ascendientes sobre los bienes de sus descendientes:

5º El uso y la habitacion:

6º Los bienes vendidos con pacto de retroventa, miéntras la venta no quede irrevocablemente consumada ó resuelta:

7º Las minas, miéntras no se haya obtenido el título de la concesion definitiva; aunque estén situadas en terreno propio:

8º Los bienes litigiosos.

1952. Cuando el enfiteuta haya constituido hipoteca sobre el predio sin consentimiento del dueño, se observará lo dispuesto en el artículo 3271.

1953. Cuando se hipotequen varias fincas juntamente por un solo crédito, se determinará la cantidad ó parte de gravámen de que cada una deba responder.

1954. La hipoteca subsistirá íntegra, miéntras no se cancele, sobre la totalidad de los bienes hipotecados, aunque se reduzca la obligacion garantida; y sobre cualquiera parte de los mismos bienes que se conserve, aunque la restante haya desaparecido; pero sin perjuicio de lo que se dispone en los dos artículos siguientes.

1955. Si una finca hipotecada se dividiere en dos ó mas, no se distribuirá entre ellas el crédito hipotecario, sino cuando voluntariamente lo acordaren el acreedor y el deudor.

1956. No verificándose la distribucion en los términos establecidos en el artículo que precede, podrá repetir el acreedor por la totalidad de la suma garantida, contra cualquiera de las nuevas fincas en que se haya dividido la primera, ó contra todas juntas, ó á la vez.

1957. Dividida entre varias fincas la hipoteca constituida para la seguridad de un crédito, y pagada la parte de este con que estuviere gravada alguna de ellas, se podrá exigir por aquel á quien interese, la cancelacion parcial de la hipoteca en cuanto á la misma finca.

1958. Si la parte del crédito pagada se pudiere aplicar á la liberacion de una ó de otra de las fincas gravadas, por no ser inferior al importe de la responsabilidad especial de cada una, el deudor elegirá la que haya de quedar libre.

1959. Cuando sea una la finca hipotecada, ó cuando, siendo varias, no se haya señalado la responsabilidad de cada una, por ocurrir el caso previsto en el artículo 1955, no se podrá exigir la liberacion de ninguna parte de los bienes hipotecados, sea cual fuere la del crédito que el deudor haya satisfecho.

1960. Si la finca estuviere asegurada, y se destruyere por incendio ú otro caso fortúito, no solo subsistirá la hipoteca en los restos de la finca, sino que el valor del seguro quedará afecto al pago. Si el crédito fuere de plazo cumplido, podrá el acreedor pedir la retencion del seguro; y si no lo fuere, podrá pedir que dicho valor se imponga á su satisfaccion, para que se verifique el pago al vencimiento del plazo.

1961. Lo dispuesto en el artículo que precede, se observará con el precio que se obtuviere en caso de ocupacion por causa de utilidad pública.

1962. Si el inmueble hipotecado se hiciere por culpa del deudor insuficiente para la seguridad de la deuda, podrá el acreedor exigir anticipadamente el pago ó que se mejore le hipoteca.

1963. Cuando la diminucion del valor se verifique sin culpa del deudor, no estará obligado á anticipar el pago, si mejorare la hipoteca.

1964. Solo puede hipotecar el que puede enajenar, y solo pueden ser hipotecados los bienes que pueden ser enajenados.

1965. La hipoteca constituida por el que no tenga derecho de hipotecar, no convalecerá, aunque el constituyente adquiera despues el derecho de que carecia.

1966. Si para el pago de alguno de los plazos del capital ó de los intereses, fuere necesario vender la finca hipotecada, y aun quedaren por vencer otros plazos de la obligacion, se verificará la venta y se trasferirá la finca al comprador con la hipoteca correspondiente á la parte del crédito que no estuviere satisfecha; la cual, con los intereses, se deducirá del precio.

1967. Si el comprador no quiere la finca con esta carga, se depositará su importe con los intereses que le correspondan, para que sea pagado el acreedor al vencimiento de los plazos pendientes.

1968. La accion hipotecaria prescribirá á los veinte años contados desde que pueda ejercitarse con arreglo al título inscrito.

1969. Es nula la hipoteca constituida por el fallido en los treinta dias anteriores á la declaracion de la quiebra.

1970. El propietario del predio hipotecado no puede contratar el pago adelantado de rentas por un tiempo que exceda al plazo del crédito hipotecario.

1971. Si el pago no dependiere de plazo cierto, no podrá el propietario estipular renta adelantada por mas de cuatro años, sin consentimiento del respectivo acreedor, bajo pena de nulidad del contrato en la parte que exceda al tiempo dicho.

1972. Si el crédito hipotecario causa rédito, el predio gravado no responde por los caidos de mas de cinco años; á no ser que se haya ampliado á ellos la hipoteca, asentándose en el respectivo registro; el que solo desde su fecha producirá efecto con relacion á tercero.

1973. Si la finca hipotecada no perteneciere al deudor, no podrá el acreedor exigir que se constituya sobre ella la ampliacion de hipoteca de que trata el artículo precedente; pero podrá ejercitar igual derecho, respecto de cualesquiera otros bienes inmuebles que posea el mismo deudor y puedan ser hipotecados.

1974. El acreedor no puede adquirir el predio hipotecado sino por convenio con el deudor, por remate en pública subasta ó por adjudicacion en los casos en que no se presente otro postor y con las condiciones y solemnidades que establezca el Código de procedimientos.

1975. La hipoteca puede ser constituida tanto por el deudor, como por otro á su favor.

1976. Nadie puede hipotecar sus bienes sino con las condiciones y limitaciones á que esté sujeto su derecho de propiedad.

1977. El propietario cuyo derecho sea condicional ó de cualquiera otra manera limitado, deberá declarar en el contrato la naturaleza de su propiedad, si la conoce. La omision de esta circunstancia induce presuncion de fraude.

1978. El predio comun no puede ser hipotecado en su totalidad, sino con consentimiento de todos los co-propietarios; pero estos pueden hipotecar sus respectivas porciones.

1979. La hipoteca solo puede ser constituida en escritura pública. Los notarios deberán declarar la hora del dia en que se otorgó la escritura, bajo pena de pérdida de oficio.

1980. La hipoteca nunca es tácita: para subsistir necesita siempre de registro, y se contrae por la voluntad en los convenios y por necesidad en los casos en que la ley sujeta á alguna persona á prestar esa garantía sobre bienes determinados: en el primer caso se llama voluntaria: en el segundo necesaria.

CAPITULO II.

De la hipoteca voluntaria.

Art. 1981. Son hipotecas voluntarias las convenidas entre partes ó impuestas por disposicion del dueño de los bienes sobre que se constituyen.

1982. La hipoteca voluntaria puede constituirse puramente ó bajo condicion.

1983. Los que legalmente puedan constituir hipoteca voluntaria, podrán hacerlo por sí ó por medio de apoderado con poder especial para contraer este género de obligaciones, otorgado ante notario.

1984. La hipoteca constituida para la seguridad de una obligacion futura, ó sujeta á condiciones suspensivas inscritas, surtirá efecto contra tercero desde su inscripcion, si la obligacion llega á realizarse ó la condicion á cumplirse.

1985. Cuando sea exigible la obligacion futura ó se cumpla la condicion suspentiva de que trata el artículo anterior, deberán los interesados hacerlo constar así por medio de una nota al márgen de la inscripcion hipotecaria; sin cuyo requisito no podrá aprovechar ni perjudicar á tercero la hipoteca constituida.

1986. Si la obligacion asegurada estuviere sujeta á condicion resolutoria inscrita, no surtirá la hipoteca su efecto en cuanto á tercero, sino desde que se haga constar en el registro el cumplimiento de la condicion.

1987. El crédito hipotecario puede enajenarse ó cederse á un tercero en todo ó en parte, siempre que se haga en escritura pública de que se dé conocimiento al deudor y que se inscriba en el registro.

1988. La hipoteca durará el tiempo señalado por los contratantes: si no se ha señalado tiempo, solo durará diez años.

1989. La hipoteca solo puede ser prorogada, ántes de que espire el plazo legal ó el convenido.

1990. La próroga otorgada con plazo fijo, durará el tiempo que este señale: la otorgada sin plazo, durará solo diez años.

1991. Durante la primera próroga la hipoteca conservará la prelacion que le correspondia desde su orígen.

1992. La hipoteca prorogada segunda ó mas veces, sea con plazo fijo, sea por tiempo indeterminado, solo tendrá la preferencia que le corresponda por la fecha del último registro.

CAPITULO III.

De la hipoteca necesaria.

Art. 1993. Llámase necesaria la hipoteca especial y expresa que por disposicion de la ley están obligadas á constituir ciertas personas para asegurar los bienes que administran.

1994. Llámase tambien necesaria la hipoteca especial y expresa, cuya constitucion tiene derecho de exigir por disposicion de la ley ciertas personas para garantir sus créditos ó la administracion de sus bienes.

1995. La constitucion de la hipoteca necesaria podrá exigirse en cualquier tiempo, aunque haya cesado la causa que le diere fundamento, como el matrimonio, la tutela, la patria potestad ó la administracion, siempre que esté pendiente de cumplimiento la obligacion que se debiera haber asegurado.

1996. Si para la constitucion de alguna hipoteca necesaria se ofrecieren diferentes bienes, y no convinieren los interesados en la parte de responsabilidad que haya de pesar sobre cada uno, conforme á lo dispuesto en el artículo 1953, decidirá el juez, previo dictámen de peritos.

1997. Del mismo modo decidirá el juez las cuestiones que se susciten entre los interesados, sobre la calificacion de suficiencia de los bienes ofrecidos para la constitucion de cualquiera hipoteca necesaria.

1998. Las hipotecas necesarias inscritas subsistirán hasta que se extingan los derechos para cuya seguridad se hubieren constituido.

1999. Están obligados á constituir hipoteca, aunque no se les exija:

1º Los ascendientes por los bienes comprendidos en la fraccion 5ª del artículo siguiente:

2º Los tutores conforme á la fraccion 6ª del citado artículo.

3º El marido por los bienes comprendidos en las fracciones 7ª y 8ª del artículo referido y conforme á los artículos 2001 y 2003.

2000. Tienen derecho de pedir la hipoteca necesaria para seguridad de sus créditos:

1º El co-heredero ó partícipe, sobre los inmuebles repartidos, en cuanto importen sus respectivos saneos ó el exceso de los bienes que hayan recibido:

2º El vendedor ó el que permuta, sobre el inmueble vendido ó permutado, por el precio ó por la diferencia de los valores:

3º El donante sobre los inmuebles donados, por las cargas pecuniarias impuestas al donatario:

4º El que presta dinero para comprar alguna finca, sobre la misma finca, con tal que conste en escritura pública que el préstamo se hizo con ese objeto:

5º Los descendientes de cuyos bienes fueren meros administradores los padres ó ascendientes, sobre los bienes de estos, para garantir la conservacion y devolucion de aquellos:

6º Los menores y demas incapacitados sobre los bienes de sus tutores, por los que estos administren:

7º La mujer casada sobre los bienes de su marido, por la dote y bienes parafernales, siempre que la entrega de una y otros conste por escritura pública:

8º La mujer casada por las donaciones antenupciales que le hayan sido hechas por el marido conforme á la ley:

9º Los acreedores que hayan obtenido á su favor sentencia que haya causado ejecutoria, sobre los bienes que tuviere libres el deudor y que ellos mismos designen:

10º Los legatarios sobre los inmuebles de la herencia,

por el importe de su legado, si no hubiere hipoteca especial designada por el mismo testador:

11º Los aseguradores, sobre los bienes asegurados, por los premios del seguro de dos años: y si el seguro fuere mutuo, por los dos últimos dividendos que se hubieren hecho:

12º El Estado, los pueblos y los establecimientos públicos sobre los bienes de sus administradores ó recaudadores, para asegurar las rentas de sus respectivos cargos:

2001. Si los bienes dotales ó parafernales fueren raices, puede la mujer exigir que sobre ellos se constituya de preferencia la hipoteca.

2002. La mujer goza del derecho que le concede la fraccion 7ª del artículo 2000, en cualquier tiempo en que se constituya la dote.

2003. La hipoteca necesaria por razon de donaciones antenupciales solo tendrá lugar en el caso en que se hayan ofrecido como aumento de la dote. Si se ofrecieren sin este requisito, solo producirán obligacion personal, quedando al arbitrio del marido asegurarla ó no con hipoteca.

2004. La constitucion de hipoteca para asegurar la dote, puede ser pedida:

1º Por la mujer, si fuere mayor:

2º Por el que haya dado la dote:

3º Por los padres de la mujer, aunque ellos no dieren la dote:

4º Por el tutor.

2005. Si ninguno de los mencionados en el artículo anterior, pidiere la constitucion de la hipoteca, la pedirá el ministerio público.

2006. La accion de la mujer para pedir la constitucion de la hipoteca, es imprescriptible.

2007. Cuando el marido no hubiere constituido hipoteca dotal y comenzare á dilapidar sus bienes, quedará á salvo á la mujer el derecho que le conceden las leyes, para exigir que los que subsistan de su dote, se le entreguen, se depositen en lugar seguro ó se pongan en administracion.

2008. La mujer por sí, ó por medio de su representante legítimo, podrá exigir la subrogacion de su hipoteca en otros bienes del marido en cualquier tiempo que lo cre conveniente, siempre que haya consentido por escrito en la enajenacion ó gravámen de los inmuebles afectos á su dote, ó como condicion previa para prestar dicho consentimiento.

2009. Cuando los bienes dotales consistan en rentas ó pensiones perpetuas, si llegaren á enajenarse, se asegurará su devolucion, constituyendo hipoteca por el capital que al interes legal produzca la misma renta ó pension.

2010. Si las pensiones fueren temporales, y pudieren ó debieren subsistir despues de la disolucion del matrimonio, se constituirá la hipoteca por la cantidad en que convengan los cónyuges; y si no se convinieren, por la que fije el juez.

2011. La constitucion de hipoteca por los bienes de hijos de familia, de los menores y de los demas incapacitados, se regirá por las disposiciones de los capítulos 2º título 8º, 13 título 9º, y 1º y 3º, título 13 del Libro 1º

2012. El asegurador de bienes inmuebles tendrá derecho de exigir una hipoteca especial sobre los bienes asegurados, cuyo dueño no haya satisfecho los premios del seguro de dos ó mas años; ó de dos ó mas de los últimos dividendos, si el seguro fuere mutuo.

1013. La hipoteca á que se refiere el artículo anterior, podrá constituirse por toda la cantidad que se deba; y la inscripcion no surtirá efecto sino desde su fecha.

2014. Los que conforme al artículo 2000 tienen el derecho de exigir la constitucion de hipoteca necesaria, tienen tambien el de calificar la insuficiencia de la que se ofrezca, y el de pedir su ampliacion cuando los bienes hipotecados se hagan por cualquier motivo insuficientes para garantir el crédito.

2015. Si el responsable de la hipoteca designada en los números 5º, 6º, 7º, 8º, 9º y 10º del artículo 2000, no tuviere inmuebles, no gozará el acreedor mas que del privilegio mencionado en el artículo 2090, fraccion 5ª, salvo lo dispuesto en el capítulo 13, título 9º, libro 1º, y en los artículos 2306, 2307 y 2308.

CAPITULO IV.

Del registro de las hipotecas

Art. 2016. La hipoteca no producirá efecto alguno legal sino desde la fecha en que fuere debidamente registrada.

2017. Los jueces ante quienes se presenten testamentos que contengan nombramientos de tutor, y los que disciernan este cargo respecto de menores ó incapacitados, cuidarán bajo su responsabilidad, de que se registren dentro de seis días las hipotecas que para la seguridad de la administracion constituya los tutores á sus fiadores.

2018. Los notarios ante quienes se otorguen escrituras dotales ó de donaciones antenupciales, ó de bienes parafernales, que estuvieren asegurados con hipotecas constituidas por los maridos, harán que dentro del mismo término se verifique el registro de esas hipotecas, bajo la pena de indemnizacion de daños y perjuicios: en caso de insolvencia, perderán el oficio.

2019. En el mismo término de seis dias registrarán los tutores las hipotecas constituidas á favor de los menores y demas incapacitados. De la omision del registro no habrá lugar á la restitucion in integrum que perjudique á otro acreedor que haya registrado en el intermedio; y los tutores serán responsables de todos los daños y perjuicios que de ella se sigan.

2020. El término señalado en los tres artículos anteriores, se contará desde el dia en que se haya constituido la hipoteca, no incluyéndose en él los dias que fueren feriados ni los necesarios para la ida y vuelta del correo.

2021. Los notarios ante quienes se otorguen escrituras en que se constituya hipoteca, deberán comenzarlas con insercion de un certificado del encargado del registro, en el que consten los gravámenes anteriores ó la libertad de la finca.

2022. Los notarios que omitan este requisito, incurrirán en la pena de pagar los daños y perjuicios que causaren, y en caso de insolvencia, en la suspension de oficio por dos años.

2023. Siempre que se advierta que por negligencia de

los jueces ó notarios, ó por cualquiera otra causa, no se ha hecho el registro en el término legal, podrá hacerse; pero la hipoteca no surtirá efecto sino desde la fecha del registro. Los que resulten responsables, quedan obliga dos al pago de daños y á la indemnizacion de perjui cios.

2024. El registro se hará en los libros de los oficios de hipotecas, á cuyos términos pertenezcan por razon de su ubicacion los predios hipotecados.

2025. El acreedor que pretenda registrar su hipoteca, presentará en el oficio respectivo el título original.

2026. En el registro constarán:

1º Los nombres, domicilios y profesiones del acreedor y deudor. Las personas morales se designarán por el nombre oficial que lleven y las compañías por su razon social:

2º La fecha y naturaleza dal crédito; la auroridad ó notario que lo suscriba, y la hora en que se presente al registro:

3º La especie de derecho que se constituya, trasmita, modifique ó extinga por el título; así como el contrato, particion, ó juicio de que proceda:

4º El monto del crédito:

5º Si causa réditos, se expresarán la tasa de ellos y la fecha desde que deben correr:

6º La época desde la cual podrá exigirse el pago del capital:

7º La naturaleza del derecho real ó de los predios hipotecados; con la ubicacion de estos, sus nombres, números, linderos y demas circunstancias que los caractericen:

8º El pago de las contribuciones á que estuviere sujeta la finca hipotecada.

2027. Los bienes inmuebles ó derechos reales que se entreguen como dote estimada, se inscribirán á nombre del marido en el registro de la propiedad, en la misma forma que cualquiera otra adquisicion de dominio; pero expresándose en la inscripcion la cuantía de la dote de que dichos bienes hagan parte; la cantidad en que hayan sido estimados, y la hipoteca dotal que sobre ellos quede constituida.

2028. Al tiempo de inscribir la propiedad de tales bienes á favor del marido, se inscribirá la hipoteca dotal que sobre ellos se constituya, en el registro correspondiente.

2029. Cuando la mujer tuviere inscritos, como de su propiedad, los bienes inmuebles que hayan de constituir dote inestimada, ó los parafernales que entregue á su marido, se hará constar en el registro la calidad respectiva de unos y otros bienes, poniendo una nota que lo exprese así al márgen de la misma inscripcion de propiedad.

2030. Si dichos bienes no estuvieren inscritos á favor de la mujer, se inscribirán en la forma ordinaria, expresando en la inscripcion su calidad de dotales ó parafernales.

2031. Siempre que el registrador inscriba bienes de dote estimada á favor del marido en el registro de la propiedad, hará de oficio la inscripcion hipotecaria correspondiente en el registro de las hipotecas.

2032. Si el título presentado para la primera de dichas inscripciones, no fuere suficiente para hacer la segunda, se suspenderán una y otra, tomando de ambas la anotacion preventiva que corresponda.

2033. Es nulo el registro hecho en contravencion á lo dispuesto en los artículos 2021 y 2024 á 2026.

2034. Cualesquiera otras omisiones pueden ser subsanadas á costa del acreedor.

2035. Todas las anotaciones del registro se escribirán y numerarán las unas á continuacion de las otras, sin enmendaturas ni entrerenglonaduras, ni mas espacio que el necesario para que se distingan; y se firmarán siempre por el encargado del registro.

2036. Si fuere indispensable hacer alguna enmienda ó entrerenglonadura, se salvará al fin y se autorizará tambien con la firma del encargado.

2037. El registro conservará sus efectos miéntras no fuere cancelado ó se declare prescrito.

2038. El registro de las hipotecas contraidas en país extranjero, solo producirá efecto en el Distrito y en la California; hallándose el título respectivo debidamente legalizado.

2039. El que falsamente naga registrar ó cancelar cualquiera hipoteca, será responsable de los daños y perjuicios, y sufrirá ademas las penas que la ley impone á los falsarios.

2040. Los encargados de los oficios de hipotecas tienen obligacion de dejar ver los registros á cualquiera persona que lo pretenda, y de expedir las certificaciones que se les pidan de la libertad ó gravámenes de las fincas.

2041. Los encargados del registro son responsables, ademas de las penas en que puedan incurrir, de los daños y perjuicios á que dieren lugar:

1º Si rehusan ó retardan la recepcion de los documentos que les sean presentados para su registro:

2º Si no hacen los registros en la forma legal:

3º Si rehusan expedir con prontitud los certificados que se les pidan:

4º Si cometen omisiones al extender las certificaciones mencionadas; salvo si el error proviene de insuficiencia ó inexactitud de las declaraciones, que no les sean imputables.

2042. En los casos de los números 1º y 3º del artículo que precede, los interesados harán constar inmediatamente por informacion judicial de dos testigos el hecho de haberse rehusado el encargado del registro, á fin de que pueda servirles de prueba en el juicio correspondiente.

CAPITULO V.

De la cancelacion de las hipotecas.

Art. 2043. Los registros hipotecarios pueden ser cancelados por consentimiento del acreedor ó por decision judicial.

2044. La cancelacion consiste en la declaracion hecha por el encargado del oficio de hipotecas, al márgen del registro respectivo, de quedar extinguida la hipoteca con todos sus efectos.

2045. Esta declaracion puede hacerse en virtud del

consentimiento expreso, ó debidamente comprobado del acreedor, ó por sentencia ejecutoriada.

2046. Los padres, como administradores de los bienes de sus hijos, les tutores de menores ó incapacitados, y cualesquiera otros administradores, aunque habilitados para recibir pagos y dar recibos, solo pueden consentir en la cancelacion del registro relativo á cualquiera hipoteca de sus representados, en el caso de paga real ó por sentencia judicial.

2047. La cancelacion legal del registro por efecto de sentencia ejecutoriada que le ordene, tiene lugar:

1º Cuando extinguida la deuda en todo ó en parte, rehusa el acreedor injustamente dar su consentimiento para la cancelacion total ó parcial:

2º En el caso de nulidad del registro:

2048. La accion para cancelar ó rectificar el registro, se intentará en el juzgado de primera instancia á cuya jurisdiccion corresponda el oficio en que se asentó aquel.

2049. Si un título hubiere sido registrado en diversos oficios, se intentará la accion en el juzgado en cuya jurisdiccion esté situada la mayor parte de los bienes gravados; regulándose aquella por la mayor cuantía de la contribucion directa.

2050. La organizacion de los oficios de hipotecas, los derechos y obligaciones de los registradores, la forma de las inscripciones y los demas puntos concernientes al desarrollo del sistema hipotecario, se determinarán en un reglamento especial.

CAPITULO VI.

De la extincion de la hipoteca.

Art. 2051. Las hipotecas se extinguen:

1º Por la rescision, por la nulidad y por la extincion de las obligaciones á que sirven de garantía:

2º Por la destruccion del predio hipotecado, salvo lo dispuesto en el artículo 1960:

3º Por la remision expresa del acreedor:

4º Por la declaracion de estar prescrito el registro, segun lo dispuesto en los artículos 1988 á 1992; 2037 y 2043 á 2045:

5º Por la resolucion ó extincion del derecho del deudor sobre el predio hipotecado:

6º Por la expropiacion del predio hipotecado por causa de utilidad pública; sin perjuicio de lo dispuesto en el artículo 1961.

2052. La hipoteca revivirá si el pago quedare sin efecto, ya sea porque la cosa se pierda por culpa del deudor y estando todavía en su poder, ya sea porque el acreedor la pierda en virtud de eviccion.

2053. En los dos casos del artículo anterior, si el registro hubiere sido ya cancelado, revivirá solamente desde la fecha de la nueva inscripcion; quedando siempre salvo al acreedor el derecho para ser indemnizado por el deudor de los daños y perjuicios que se le hayan seguido.

TITULO NOVENO.

DE LA GRADUACION DE LOS ACREEDORES.

CAPITULO I.

Disposiciones generales.

Art. 2054. El deudor está obligado á pagar con todos sus bienes presentes y futuros, aunque no se estipule así en el contrato; á no ser que haya convenio expreso en contrario.

2055. Cuando determinados bienes estuvieren afectos al cumplimiento de una obligacion, con ellos se hará preferentemente el pago.

2056, Si este no pudiere hacerse por entero con dichos bienes, la parte insoluta se considerará como crédito simplemente escriturario ó personal, segun que la obligacion estuviere ó no constituida en instrumento público.

2057. No entrarán en concurso:

1° Los que fueren propietarios de bienes no fungibles existentes en poder del deudor, ó de fungibles que se hayan entregado conforme al artículo 2680 y se encuentren en el mismo estado:

2º Los acreedores hipotecarios.

2058. En el primer caso del artículo anterior, la cosa

depositada se entregará á su dueño luego que este acredite su derecho.

2059. El acreedor hipotecario justificará la legitimidad de su crédito en un juicio sumario, que seguirá con el deudor, si este se opone al pago, en los términos que establezca el Código de procedimientos.

2060. El acreedor puede en virtud de convenio expreso, acordado al tiempo de constituirse la hipoteca, hacer vender la finca hipotecada sin las solemnidades judiciales.

2061. El acreedor en el caso del artículo anterior, debe presentar al juez del concurso el título que justifique su crédito, para que se tome razon de él, y denunciar los términos en que se haya verificado la venta de la finca hipotecada, para los efectos de los artículos 2063 y 2076.

2062. Si el acreedor no se presentare en el período que dure el concurso, éste, ántes de que se pronuncie la sentencia de graduacion, hará vender la finca hipotecada, y depositar el importe del crédito hipotecario y de sus réditos; guardándose en lo demas las disposiciones relativas á los ausentes y las que para el caso de que se trata, establezca el Código de procedimientos.

2063. Del precio de toda finca hipotecada se pagarán en el órden siguiente:

1º Los gastos del juicio de que trata el artículo 2059, y los que se causen por las ventas de que hablan los artículos 2060 y 2062:

2º Los gastos de conservacion de la cosa hipotecada:

3º La deuda de seguros de la misma cosa:

4º Las contribuciones que por ella se deban de los últimos cinco años:

5º Los acreedores hipotecarios, conforme á la fecha de su respectiva inscripcion y comprendiéndose en el pago los réditos de los últimos cinco años.

2064. Para que se paguen con la preferencia señalada los créditos comprendidos en los casos segundo y tercero del artículo anterior, son requisitos indispensables que los del segundo hayan sido necesarios, y que los del tercero consten por escritura pública.

2065. Si entre los bienes del deudor se hallaren confundidos bienes muebles ó raices adquiridos por sucesion y obligados por el autor de la herencia á ciertos acreedores, podrán estos pedir que aquellos sean separados y formar concurso especial con exclusion de los demas acreedores propios del deudor.

2066. El derecho reconocido en el artículo anterior, no tendrá lugar:

1º Si la separacion de los bienes no fuere pedida dentro de tres meses contados desde la aceptacion de la herencia:

2º Si los acreedores hubieren hecho novacion de la deuda ó de cualquier modo hubieren aceptado la responsabilidad personal del heredero.

2067. Los acreedores que obtuvieren la separacion de bienes, no podrán entrar al concurso del heredero; aun cuando aquellos no alcancen á cubrir sus créditos.

2068. Si entre los bienes del deudor hubiere algunos que pertenezcan á alguna sociedad de que aquel fuere miembro, se separarán desde luego los bienes que correspondan á los otros socios; y solo entrarán al fondo del concurso los que fueren propios del deudor, incluyéndose en estos los que le pertenezcan como socio.

2069. El crédito cuyo privilegio provenga de convenio fraudulento entre el acreedor y el deudor, pierde el privilegio, á no ser que el dolo provenga solo del deudor, quien en este caso será responsable de todos los daños y perjuicios que se sigan á los demas acreedores, fuera de las penas que merezca por el fraude.

2070. Los acreedores privilegiados que no puedan justificar sus créditos ántes de que se pronuncie la sentencia de graduacion, tendrán derecho de exigir que se les admita formal protesta por los derechos que puedan corresponderles.

2071. Los efectos de la protesta que autoriza el artículo anterior, son los siguientes:

1º Impedir que se pague á los acreedores preferentes, sin que constituyan fianza de acreedor de mejor derecho:

2º Constituir á dichos acreedores partes legítimas para litigar con el que protesta; y siendo vencidos, obligarlos á que le enteren su crédito en proporcion á lo que hayan recibido.

2072. El que protesta, debe entablar su accion dentro de treinta dias contados desde que la sentencia de graduacion haya causado ejecutoria.

2073. Los acreedores que no ocurrieren al concurso en tiempo útil y se juzgaren perjudicados, solo podrán deducir sus acciones contra los preferentes en la vía ordinaria; salvo el derecho del acreedor hipotecario para perseguir la cosa hipotecada, y el que pueda corresponder á un tercero que reclame la cosa como acreedor de dominio en el caso de enajenacion de los bienes que hayan sido adjudicados.

2074. Los acreedores se graduarán en el órden en que

se clasifican en los capítulos siguientes, con la prelacion relativa que para cada clase se establece en ellos, y con los trámites y solemnidades que prevenga el Código de procedimientos.

2075. Concurriendo diversos acreedores de la misma clase y número, serán pagados segun la fecha de su título. Si los títulos fueren de una misma fecha, ó si esta no fuere conocida, serán pagados á prorata.

2076. El fondo del concurso se formará con el sobrante de los bienes hipotecados, despues que hayan sido cubiertos los créditos contenidos en el artículo 2068, y con los demas bienes propios del deudor.

CAPITULO II.

De los acreedores de primera clase.

Art. 2077. Del fondo del concurso serán pagados con absoluta preferencia y con cualesquiera bienes:

1º Los gastos judiciales comunes, en los términos que establezca el Código de procedimientos:

2º Los gastos de rigurosa conservacion y administracion de los bienes concursados:

3º Los créditos por última anualidad vencida y en vencimiento de seguros de dichos bienes:

4º Las contribuciones vencidas en los últimos cinco años:

5º Los gastos de reparacion ó reconstruccion de los

bienes inmuebles, siempre que estas hayan sido indispensables; que el crédito se haya contraido expresamente para ejecutarlas, y que su importe se haya empleado en las obras:

6º Las pensiones, réditos y demas prestaciones reales vencidas en los últimos cinco años.

2078. La preferencia en los casos cuarto y quinto se limita al precio de los inmuebles reparados ó que hayan causado las contribuciones.

2079. Los gastos judiciales hechos por un acreedor en lo particular, serán pagados en el lugar en que deba serlo el crédito que los haya causado.

CAPITULO III.

De los acreedores de segunda clase.

Art. 2080. Tiene privilegio en los muebles que se hallen en poder del deudor, el que reclame su precio, si lo hace dentro de los tres meses siguientes á la venta.

2081. El mismo privilegio tiene el crédito por gastos hechos para la conservacion de dichos muebles, aunque se hallen en poder del acreedor, si es reclamado dentro del plazo señalado en el artículo que precede.

2082. El privilegio establecido en los dos artículos anteriores, cesará si los muebles hubieren sido inmovilizados, segun lo dispuesto en el artículo 782.

2083. Si dichos muebles fueren máquinas ú otros útiles empleados en establecimientos industriales, el acreedor conservará su privilegio durante un año contado desde la fecha de la venta, si esta constare en instrumento público.

2084. El acreedor prendario será preferido en el valor de la prenda, si esta se hallare en su poder, ó cuando sin culpa suya hubiere perdido su posesion.

2085. El crédito por hospedaje tiene privilegio en el precio de los muebles del deudor, que se encuentren en poder del acreedor.

2086. El crédito por fletes será preferido en el precio de los efectos trasportados, si se hallan en poder del acreedor.

2087. El crédito por simiente ó por cualquiera gasto de cultivo tiene privilegio sobre los frutos respectivos, si existen en poder del deudor.

2088. El crédito del arrendador de predios rústicos tiene privilegio por el precio del arrendamiento, indemnizacion de daños y perjuicios y cualesquiera otros gravámenes declarados en la escritura, sobre los frutos y el precio del subarrendamiento del inmueble, con tal que la reclamacion se haga dentro de un año contado desde el vencimiento de la obligacion.

2089. El crédito del arrendador de predios urbanos por la renta del inmueble, indemnizacion de perjuicios y cualesquiera otros gravámenes declarados en la escritura, tiene privilegio sobre los muebles ó utensillios del arrendatario que se encuentren en la finca, con tal que la reclamacion se haga en el plaso señalado en el artículo anterior.

CAPITULO IV.

De los acreedores de tercera clase.

Art. 2090. Tienen privilegio sobre los inmuebles no hipotecados y sobre los muebles no comprendidos en el capítulo anterior:

1º El crédito por gastos del funeral del difunto, segun la costumbre del lugar:

2º El crédito por gastos hechos en la última enfermedad del deudor, no excediendo de un año:

3º El crédito por alimentos fiados al deudor, para su subsistencia y la de su familia en los seis meses anteriores á la formacion del concurso:

4º Los créditos por salarios de cualesquiera servicios familiares ó domésticos, en los dos últimos años:

5º El crédito de las personas comprendidas en las fracciones 5ª, 6ª, 7ª, 8ª, 9ª y 10ª del artículo 2000, que no hubieren exigido la hipoteca necesaria:

6º El crédito por contribuciones no comprendidas en la fraccion 4ª del artículo 2063 y 4ª del 2077:

7º El valor de los depósitos de cosas fungibles entregadas sin marca y que estén consumidas:

8º El crédito del erario y de los establecimientos públicos que esté ya liquidado y que no se haya garantido conforme á la fraccion 12ª del artículo 2000, ó en la parte que no cubra la garantía.

2091. Los acreedores comprendidos en las fracciones 1ª, 2ª, 3ª y 4ª del artículo 2000, tienen privilegio sobre los inmuebles que en ella se enumeran, cuando no hayan exigido la constitucion de hipoteca expresa.

2092. Lo dispuesto en el artículo anterior solo se observará cuando los bienes de que en él se trata se hallen en poder del deudor.

CAPITULO V.

De los acreedores de cuarta clase.

Art. 2093. Pagados los acreedores contenidos en los capítulos que preceden, lo serán los hipotecarios que hubieren quedado en parte insolutos, por no haber alcanzado á cubrir sus créditos el precio de los bienes que les fueron hipotecados.

2094. Despues se pagarán los créditos que consten en escritura pública y que no tengan otro privilegio.

2095. Pagados estos acreedores, lo serán los que hubieren quedado en parte insolutos y estén comprendidos en los capítulos anteriores.

2096. Despues se pagarán los créditos que consten en documento privado, que esté extendido en papel del sello correspondiente.

CAPITULO VI.

De los demas acreedores.

Art. 2097. Con los bienes restantes serán pagados todos los demas créditos, que no estén comprendidos en los capítulos anteriores. El pago se hará á prorata y sin atender á las fechas ni al orígen de los créditos.

2098. En último lugar se cubrirán la responsabilidad civil que prevenga de delito y las multas.

TITULO DECIMO.

DEL CONTRATO DE MATRIMONIO CON RELACION A LOS BIENES DE LOS CONSORTES.

CAPITULO I.

Disposiciones generales.

Art. 2099. El contrato de matrimonio puede celebrarse bajo el régimen de sociedad conyugal ó bajo el de separacion de bienes.

2100. En los dos casos mencionados en el artículo anterior, puede tener lugar la constitucion de dote, que en ambos se regirá por lo dispuesto en los capítulos 10, 11, 12 y 13 de este título.

2101. La sociedad conyugal puede ser voluntaria ó legal.

2102. La sociedad voluntaria se regirá estrictamente por las capitulaciones matrimoniales que la constituyan: todo lo que no estuviere expresado en ellas de un modo terminante, se regirá por los preceptos contenidos en los capítulos 4º, 5º y 6º de este título, que arreglan la sociedad legal.

2103. La sociedad voluntaria y la legal se regirán por las disposiciones relativas á la sociedad comun en todo lo que no estuviere comprendido en este título.

2104. La sociedad conyugal, ya sea voluntaria, ya sea legal, nace desde el momento en que se celebra el matrimonio.

2105. La sociedad voluntaria puede terminar ántes que se disuelva el matrimonio, si así está convenido en las capitulaciones.

2106. La sociedad legal termina por la disolucion del matrimonio y por la sentencia que declara la presuncion de muerte del cónyuge ausente.

2107. Las sentencias que declaran el divorcio necesario ó la ausencia, terminan, suspenden ó modifican la sociedad conyugal en los casos señalados en este Código.

2108. El divorcio voluntario y la separacion de bienes hecha durante el matrimonio, pueden terminar, suspender ó modificar la sociedad conyugal, segun convengan los consortes.

2109. El marido es el legítimo administrador de la sociedad conyugal, miéntras no haya convenio ó sentencia que establezca lo contrario.

2110. La separacion de bienes se rige por las capitulaciones matrimoniales que expresamente la establezcan y por los preceptos contenidos en los artículos 2206 al 2217.

2111. La separacion de bienes puede ser absoluta, ó parcial. En el segundo caso los puntos que no estén comprendidos en las capitulaciones de separacion, se regirán por los preceptos que arreglan la sociedad legal, á no ser que los esposos constituyan acerca de ellos sociedad voluntaria.

CAPITULO II.

De las capitulaciones matrimoniales.

Art. 2112. Se llaman capitulaciones matrimoniales los pactos que los esposos celebran para constituir ya sociedad voluntaria, ya separacion de bienes, y para administrar estos en uno y en otro caso.

2113. Las capitulaciones matrimoniales pueden otorgarse ántes de la celebracion del matrimonio ó durante él; y pueden comprender no solo los bienes de que sean dueños los esposos ó consortes al tiempo de celebrarlas, sino tambien los que adquieran despues.

2114. Las capitulaciones no pueden alterarse ni revocarse despues de la celebracion del matrimonio, sino por convenio expreso ó por sentencia judicial.

2115. Las capitulaciones deben otorgarse en escritura pública.

2116. Cualquiera alteracion que en virtud de la facultad que concede el artículo 2114, se haga en las capitulaciones, deberá otorgarse en escritura pública y con intervencion de todas las personas que en ellas fueren interesadas.

2117. La alteracion que se haga en las capitulaciones deberá anotarse en el protocolo en que estas se extendieron y en los testimonios que de ellas se hubieren dado.

2118. Sin el requisito prevenido en el artículo anterior, las alteraciones no producirán efecto contra tercero.

2119. Los pactos celebrados con infraccion de los artículos 2115 y 2116, son nulos.

CAPITULO III.

De la sociedad voluntaria.

Art. 2120. La escritura de capitulaciones que constituyan sociedad voluntaria, debe contener:

1º El inventario de los bienes que cada esposo aportare á la sociedad, con expresion de su valor y gravámenes:

2º La declaracion de si la sociedad es universal ó solo de algunos bienes ó valores; expresándose cuáles sean aquellos ó la parte de su valor que deba entrar al fondo social:

3º El carácter que hayan de tener los bienes que en comun ó en particular adquieran los consortes durante la sociedad; así como la manera de probar su adquisicion:

4º La declaracion de si la sociedad es solo de ganancias; expresándose por menor cuáles deban ser las comunes y la parte que á cada consorte haya de corresponder:

5º Nota especificada de las deudas de cada contrayente; con expresion de si el fondo social ha de responder de ellas ó solo de las que se contraigan durante la sociedad, sea por ambos consortes ó por cualquiera de ellos:

6º La declaracion terminante de las facultades que á cada consorte correspondan en la administracion de los bienes y en la percepcion de los frutos, con expresion de los que de estos y aquellos pueda cada uno vender, hipotecar, arrendar, &c., y de las condiciones que para esos actos hayan de exigirse.

2121. Ademas de las cláusulas contenidas en el artículo anterior, los esposos pueden establecer todas las reglas que crean convenientes para la administracion de la sociedad, siempre que no sean contrarias á las leyes.

2122. Es nula toda capitulacion en cuya virtud uno de los consortes haya de percibir todas las utilidades; así como la que establezca, que alguno de ellos sea responsable por las pérdidas y deudas comunes en una parte que exceda á la que proporcionalmente corresponda á su capital ó á las utilidades que deba percibir.

2123. Cuando se establezca que uno de los consortes solo deba tener una cantidad fija; el otro consorte ó sus herederos deberán pagar la suma convenida, haya ó no utilidades en la sociedad.

2124. Los acreedores que no hubieren tenido conocimiento de los términos en que estuviere constituida la sociedad voluntaria, podrán ejercitar sus acciones conforme á las reglas de la legal; pero el consorte que en virtud de las capitulaciones no deba responder de aquella deuda, conservará salvos sus derechos para cobrar la parte que le corresponda, de los gananciales del otro consorte, y si estos no alcanzaren, de los bienes propios de este.

2125. Todo pacto que importe cesion de una parte de los bienes propios de cada contrayente, será considerado como donacion, y quedará sujeto á lo prevenido en los capítulos 8º y 9º de este título.

2126. Son nulos los pactos que los esposos hicieren contra las leyes ó las buenas costumbres; los depresivos de la autoridad que respectivamente les pertenece en la familia, y los contrarios á las disposiciones prohibitivas de este Código y á las reglas legales sobre divorcio, sea voluntario, sea necesario, emancipacion, tutela, privilegios de la dote y sucesion hereditaria, ya de ellos mismos, ya de sus herederos forzosos.

2127. El menor que con arreglo á la ley puede casarse, puede tambien otorgar capitulaciones; que serán válidas si á su otorgamiento concurren las mismas personas cuyo consentimiento previo es necesario para la celebracion del matrimonio.

2128. Las capitulaciones deben contener la expresion terminante de las disposiciones legales que por ellas se modifican; y el notario, bajo la pena de veinticinco á cien pesos de multa, está obligado á hacer constar en la escritura haber advertido á las partes de la obligacion que impone este artículo y de lo dispuesto en el 2102.

2129. No pueden modificarse por las capitulaciones los artículos 2102, 2151, 2153, 2154, 2155, 2163, 2167, 2169, fraccion 1ª, 2173, 2174, 2181, 2182, 2183, 2184, 2185, 2186, 2189, 2190, 2191, 2192, 2193, hasta las palabras *al matrimonio;* 2195, 2196, 2197, 2200, 2202, y 2203.

2130. A falta de capitulaciones expresas, se entiende celebrado el matrimonio bajo la condicion de sociedad legal.

CAPITULO IV.

De la sociedad legal.

Art. 2131. El matrimonio contraido fuera del Distrito ó de la California, por personas que vengan despues á domiciliarse en ellos, se sujetará á las leyes del país en que se celebró, salvo lo dispuesto en los artículos 14 y 18, y sin perjuicio de lo que los consortes acordaren por capitulaciones posteriores, otorgadas conforme á este Código.

2132. Los naturales ó vecinos del Distrito y de la California que contraigan matrimonio fuera de esas demarcaciones, tienen obligacion de sujetarse á las disposiciones de este título y á las contenidas en los artículos 13, 14, 15 y 17.

2133. Son propios de cada cónyuge los bienes de que era dueño al tiempo de celebrarse el matrimonio, y los que poseia ántes de este, aunque no fuera dueño de ellos, si los adquiere por prescripcion durante la sociedad.

2134. Lo son tambien los que durante la sociedad adquiere cada cónyuge por don de la fortuna, por donacion de cualquiera especie, por herencia ó por legado, constituidos á favor de uno solo de ellos.

2135. Si las donaciones fueren onerosas, se deducirá de la dote ó del capital del marido, en su respectivo caso, el importe de las cargas de aquellas; siempre que hayan sido soportadas por la sociedad.

2136. Son propios de cada consorte los bienes adquiridos por retroventa ú otro título propio, que sea anterior al matrimonio, aunque la prestacion se haya hecho despues de la celebracion de él.

2137. Los gastos que se hubieren causado para hacer efectivo el título, serán de cargo del dueño de este.

2138. Son propios los bienes adquiridos por compra ó permuta de los raices que pertenezcan á los cónyuges, para adquirir otros tambien raices que se sustituyan en lugar de los vendidos ó permutados.

2139. Es propio de cada cónyuge lo que adquiere por la consolidacion de la propiedad y el usufructo; así como son de su cargo los gastos que se hubieren hecho.

2140. Si alguno de los cónyuges tuviere derecho á una prestacion exigible en plazos, que no tenga el carácter de usufructo, las cantidades cobradas por los plazos vencidos durante el matrimonio, ni serán gananciales, sino propios de cada cónyuge.

2141. Forman el fondo de la sociedad legal:

1º Todos los bienes adquiridos por el marido en la milicia ó por cualquiera de los cónyuges en el ejercicio de una profesion científica, mercantil ó industrial, ó por trabajo mecánico:

2º Los bienes que provengan de herencia, legado ó donacion hechos á ambos cónyuges sin designacion de partes. Si hubiere designacion de partes, y estas fueren desiguales, solo serán comunes los frutos de la herencia, legado ó donacion:

3º El precio sacado de la masa comun de bienes para adquirir fincas por retroventa ú otro título que nazca de derecho propio de alguno de los cónyuges, anterior al matrimonio:

4º El precio de las refacciones de créditos, y el de cualesquiera mejoras y reparaciones hechas en fincas ó créditos propios de uno de los cónyuges:

5º El exceso ó diferencia de precio dado por uno de los cónyuges en venta ó permuta de bienes propios para adquirir otros en lugar de los vendidos ó permutados:

6º Los bienes adquiridos por título oneroso durante la sociedad á costa del caudal comun, bien se haga la adquisicion para la comunidad, bien para uno solo de los consortes:

7º Los frutos, accesiones, rentas é intereses percibidos ó devengados durante la sociedad, procedentes de los bienes comunes ó de los peculiares de cada uno de los consortes:

2142. Lo adquirido por razon de usufructo, pertenece al fondo social.

2143. Pertenecen al fondo social los edificios construidos durante la sociedad con fondos de ella, sobre suelo propio de alguno de los cónyuges; á quien se abonará el valor del terreno.

2144. Solo pertenecen al fondo social las cabezas de ganado que excedan del número de las que al celebrarse el matrimonio, fueren propias de alguno de los cónyuges.

2145. Pertenecen igualmente al fondo social las minas denunciadas durante el matrimonio por uno de los cónyuges, así como las barras ó acciones adquiridas con el caudal comun.

2146. Pertenecen al fondo social los frutos pendientes al tiempo de disolverse la sociedad; y se dividirán en proporcion al tiempo que esta haya durado en el último año. Los años se computarán desde la fecha de la celebracion del matrimonio.

2147. El tesoro encontrado casualmente, es propio del cónyuge que lo halla. El encontrado por industria, pertenece al fondo social.

2148. Las barras ó las acciones de minas que tenga un cónyuge, serán propias de él; pero los productos de ellas, percibidos durante la sociedad, pertenecerán al fondo de esta.

2149. Se reputan adquiridos durante la sociedad los bienes que alguno de los cónyuges debió adquirir como propios durante ella, y que no fueron adquiridos sino despues de disuelta, ya por haberse tenido noticia de ellos, ya por haberse embarazado injustamente su adquisicion ó goce.

2150. Serán del fondo social los frutos de los bienes á que se refiere el artículo anterior, que hubieren sido percibidos despues de disuelta la sociedad y que debieron serlo durante ella.

2151. No pueden renunciarse las gananciales durante el matrimonio; pero disuelto este ó decretada la separacion de bienes, pueden renunciarse los adquiridos, y vale la renuncia, si se hace en escritura pública.

2152. Todos los bienes que existen en poder de cualquiera de los cónyuges al hacerse la separacion de ellos, se presumen gananciales, miéntras no se prueba lo contrario.

2153. Ni la declaracion de uno de los cónyuges que afirme ser suya una cosa, ni la confesion del otro, ni ambas juntas, se estimarán pruebas suficientes, aunque sean judiciales.

2154. La confesion en el caso del artículo que precede, se considerará como donacion, que no quedará confirmada sino por la muerte del donante, y que subsistirá en cuanto no fuere inoficiosa.

2155. Para la debida constancia de los bienes á que se refiere el artículo 2133, se formará un inventario de ellos en las mismas capitulaciones matrimoniales, ó en instrumento público separado. Si no se ha hecho inventario, se admite prueba de la propiedad en cualquier tiempo; pero entretanto los bienes se presumen comunes.

CAPITULO V.

De la administracion de la sociedad legal.

Art. 2156. El dominio y posesion de los bienes comunes reside en ambos cónyuges miéntras subsiste la sociedad.

2157. El marido puede enajenar y obligar á título oneroso los bienes muebles sin el consentimiento de la mujer

2158. Los bienes raices pertenecientes al fondo social. no pueden ser obligados ni enajenados de modo alguno por el marido, sin consentimiento de la mujer.

2159. En los casos de oposicion infundada podrá suplirse por decreto judicial el consentimiento de la mujer.

2160. El marido no puede repudiar ni aceptar la herencia comun, sin consentimiento de la mujer; pero el juez puede suplir ese consentimiento.

2161. La responsabilidad de la aceptacion, sin que la mujer consienta ó el juez la autorice, solo afectará los bienes propios del marido y su mitad de gananciales.

2162. El marido no puede disponer por testamento sino de su mitad de gananciales.

2163. Ninguna enajenacion que de los bienes gananciales haga el marido en contravencion de la ley ó en fraude de la mujer, perjudicará á esta ni á sus herederos.

2164. La mujer solo puede administrar por consentito del marido ó en ausencia ó por impedimento de este.

2165. La mujer no puede obligar los bienes gananciales sin consentimiento del marido.

2166. Puede la mujer pagar con los gananciales los gastos ordinarios de la familia, segun sus circunstancias.

2167. La mujer casada que legalmente fuere fiadora, en los casos de separacion de bienes, responderá con los que tuviere propios; y en los de sociedad conyugal solo con sus gananciales y con la parte que le corresponda en el fondo social.

2168. Las deudas contraidas durante el matrimonio por ambos cónyuges ó solo por el marido, ó por la mujer con autorizacion de este, ó en su ausencia ó por su impedimento, son carga de la sociedad legal.

2169. Se exceptúan de lo dispuesto en el artículo anterior:

1º Las deudas que provengan de delito de alguno de los cónyuges ó de algun hecho moralmente reprobado, aunque no sea punible por la ley.

2º Las deudas que graven los bienes propios de los cónyuges, no siendo por censo ó pensiones cuyo importe haya entrado al fondo social.

2170. Las deudas de cada cónyuge, anteriores al matrimonio, no son carga de la sociedad legal, á no ser en los casos siguientes:

1º Si el otro cónyuge estuviere personalmente obligado:

2º Si hubieren sido contraidas en provecho comun de los cónyuges.

2171. Se comprenden entre las deudas de que habla el artículo que precede, las que provengan de cualquier hecho de los consortes, anterior al matrimonio, aun cuando la obligacion se haga efectiva durante la sociedad.

2172. Los créditos anteriores al matrimonio, en el caso de que el cónyuge obligado no tenga con qué sasisfacerlos, solo podrán ser pagados con los gananciales que le correspondan, despues de disuelta la sociedad legal.

2173. Los acreedores del cónyuge deudor podrán tambien hacer uso, respecto de los bienes de este, del derecho que conceden los artículos 2065 y 2066.

2174. Son carga de la sociedad los atrasos de las pensiones ó réditos devengados durante el matrimonio, de las obligaciones á que estuvieren afectos, así los bienes propios de los cónyuges como los que forman el fondo social.

2175. Tambien son carga de la sociedad los gastos que se hagan en las reposiciones indispensables para la conservacion de los bienes propios de cada cónyuge. Los que no fueren de esta clase, se imputarán al haber del dueño.

2176. Todos los gastos que se hicieren para la conservacion de los bienes del fondo social, son carga de la sociedad.

2177. Lo son igualmente el mantenimiento de la familia, la educacion de los hijos comunes y la de los entenados que fueren hijos legítimos y menores de edad.

2178. Tambien es carga de la sociedad el importe de lo dado ó prometido por ambos consortes á los hijos comunes para su colacion, cuando no hayan pactado que se satisfaga de los bienes de uno de ellos en todo ó en parte. Si la donacion ó la promesa se hubiere hecho por solo uno de los consortes, será pagada de sus bienes propios.

2179. Son igualmente cargas de la sociedad los gastos de inventarios y demas que se causen en la liquidacion y en la entrega de los bienes que formaron el fondo social.

CAPITULO VI.

De la liquidacion de la sociedad legal.

Art. 2180. La sociedad legal termina y se suspende en los casos señalados en los artículos 2106, 2107 y 2108.

2181. En los casos de nulidad la sociedad se considerará subsistente hasta que se pronuncie sentencia que cause ejecutoria, si los dos cónyuges procedieron con buena fé.

2182. Cuando uno solo de los cónyuges tuvo buena fé, la sociedad subsistirá tambien hasta que cause ejecutoria la sentencia, si la continuacion es favorable al cónyuge inocente: en caso contrario se considerará nula desde su principio.

2183. Si los dos cónyuges procedieren de mala fé, la sociedad se considerará nula desde la celebracion del matrimonio; quedando en todo caso á salvo los derechos que un tercero tuviere contra el fondo social.

2184. En los casos de divorcio necesario se procederá conforme á lo prevenido en los artículos 274, 275, 276 y sus relativos.

2185. En los casos de divorcio voluntario ó de simple separacion de bienes, se observarán para la liquidacion los convenios que hayan celebrado los consortes y que fueren aprobados por el juez; salvo lo convenido en las capitulaciones matrimoniales y lo dispuesto en este capítulo, en sus respectivos casos.

2186. La disolucion y la suspension no producirán efecto respecto de los acreedores, sino desde la fecha en que se les notifique el fallo judicial.

2187. La suspension de la sociedad cesará con el vencimiento del plazo, si alguno se le fijó, y con la reconciliacion de los consortes en los casos de divorcio.

2188. Si el matrimonio se disuelve ántes de la reconciliacion, se entiende terminada la sociedad desde quo comenzó la suspension; no obstante lo dispuesto en los artículos 2106, 2107 y 2108.

2189. Disuelta ó suspensa la sociedad, se procederá desde luego á formar inventario.

2190. En el inventario se incluirán especificadamente no solo todos los bienes que formaron la sociedad legal, sino los que deben traerse á colacion.

2191. Deben traerse á colacion:

1º Las cantidades pagadas por el fondo social y que sean carga exclusiva de los bienes propios de cada cónyuge:

2º El importe de las donaciones y el de las enajenaciones que deban considerarse fraudulentas conforme al artículo 2163.

2192. No se incluirán en el inventario los efectos que formaban el lecho y vestidos ordinarios de los consortes; los que se entregarán desde luego á estos, ó á sus herederos.

1193. Terminado el inventario, se pagarán los créditos que hubiere contra el fondo social; se devolverá á cada cónyuge lo que llevó al matrimonio; y el sobrante, si lo hubiere, se dividirá entre los cónyuges por mitad. En caso de que hubiere pérdidas, el importe de estas se deducirá por mitad de lo que cada consorte hubiere llevado á la sociedad; y si uno solo llevó capital, de este se deducirá el total de la pérdida.

2194. La division de los gananciales por mitad entre los consortes ó sus herederos tendrá lugar, sea cual fuere el importe de los bienes que cada uno de aquellos haya aportado al matrimonio, ó adquirido durante él, y aunque alguno ó los dos hayan carecido de bienes al tiempo de celebrarlo.

2195. Si la disolucion de la sociedad procede de nulidad del matrimonio, el consorte que hubiere obrado de mala fé, no tendrá parte en los gananciales.

2196. En el caso del artículo anterior los gananciales que debian corresponder al cónyuge que obró de mala fé, se aplicarán á sus hijos; y si no los tuviere, al cónyuge inocente.

2197. Si los dos procedieron de mala fé, los gananciales se aplicarán á los hijos; y si no los hubiere, se repartirán en proporcion de lo que cada consorte llevó al matrimonio.

2198. Las pérdidas ó desmejoras de los bienes muebles no estimados, aunque provengan de caso fortúito, se pagarán de los gananciales, si los hubiere: en caso contrario el dueño recibirá los muebles en el estado en que se hallen.

2199. Los deterioros de los bienes inmuebles no son abonables en ningun caso al dueño; excepto los que provengan de culpa del marido.

2200. El luto de la viuda se sacará del haber del marido.

2201. Muerto uno de los cónyuges, continuará el que sobreviva, en la posesion y administracion del fondo social con intervencion del representante de la testamentaría, miéntras no se verifique la particion.

2202. Cuando haya de ejecutarse simultáneamente la liquidacion de dos ó mas matrimonios contraidos por una misma persona, á falta de inventarios se admitirán las pruebas ordinarias para fijar el fondo de cada sociedad.

2203. En caso de duda se dividirán los gananciales entre las diferentes sociedades en proporcion al tiempo que hayan durado y al valor de los bienes propios de cada socio.

2204. Todo lo relativo á la formacion de inventarios y á las solemnidades de la particion y adjudicacion de los bienes se regirá por lo que disponga el Código de procedimientos.

CAPITULO VII.

De la separacion de bienes.

Art. 2205. Puede haber separacion de bienes ó en virtud de capitulaciones anteriores al matrimonio, ó durante este, en virtud de convenio de los consortes ó de sentencia judicial.

2206. En las capitulaciones que establezcan separacion de bienes, se observará lo dispuesto en los artículos 2111, 2113 á 2119, 2120, fracciones 1ª, 5ª y 6ª 2122, 2ª parte; 2123 á 2128, 2153 á 2155, 2178, 2185, 2186 y 2200, en todo lo que fuere aplicable á la separacion.

2207. En las capitulaciones de esta clase establecerán los consortes todas las condiciones que crean convenientes para la administracion de sus bienes, conformándose á lo dispuesto en el artículo anterior, y en los diez que siguen.

2208. Los cónyuges conservan la propiedad y la administracion de sus bienes muebles é inmuebles, y el goce de sus productos.

2209. Cada uno de los consortes contribuye á sostener los alimentos, la habitacion, la educacion de los hijos y demas cargas del matrimonio, segun el convenio; y á falta de este, en proporcion á sus rentas. Cuando estas no alcancen, los gastos se imputarán á los capitales en la misma proporcion.

2210. La mujer no puede enajenar los bienes inmuebles ni los derechos reales sin consentimiento expreso de su marido, ó del juez, si la oposicion es infundada.

2211. Es nulo cualquier pacto que contravenga al artículo anterior.

2212. En cuanto á los bienes adquiridos durante el matrimonio por título comun á ambos cónyuges y en que no se haya hecho designacion de partes, se observará lo dispuesto para los bienes que forman el fondo de la sociedad leg,almiéntras no se practique la division de los mismos bienes.

2213. Hecha la division entre los cónyuges, cada uno de ellos disfrutará exclusivamente de la porcion que le corresponda.

2214. Los deudas anteriores al matrimonio serán pagadas de los bienes del cónyuge deudor.

2215. Las deudas contraidas durante el matrimonio, se pagarán por ambos cónyuges, si se hubieren obligado juntamente.

2216. Si no se hubieren obligado ambos, cada uno responderá de las deudas que hubiere contraido.

2217. Si la mujer hubiere dejado el goce de sus bienes á su marido, este en ningun caso responderá de los frutos consumidos. Los existentes al disolverse el matrimonio, pertenecen á la mujer.

2218. La separacion de bienes por convenio puede verificarse ó en virtud de divorcio voluntario, ó, aunque no haya divorcio, en virtud de alguna otra causa grave, que el juez califique de bastante con audiencia del ministerio público.

2219. En caso de divorcio voluntario se observarán las disposiciones de los artículos 248, 249, 253, 2185, 2186, 2189 á 2194, 2198 á 2200 y 2202 á 2204, salvas las capitulaciones matrimoniales.

2220. La separacion de bienes por sentencia judicial tendrá lugar en el caso de divorcio no voluntario; cuando alguno de los consortes fuere condenado á las pérdida de los derechos de familia conforme al Código penal, y en los casos de ausencia.

2221. En los casos de divorcio necesario se observará lo dispuesto en los artículos 273 á 276, y en los 2184, y demas citados en el 2219.

2222. En los casos de ausencia se procederá conforme á lo prevenido en el capítulo 4º, título 13, libro 1º

2223. En los casos de separacion de bienes por convenio ó por sentencia, se observará lo dispuesto en el artículo 2209.

2224. Cuando la separacion tuviere lugar por pena impuesta al marido, la mujer administrará sus bienes propios: los comunes y los del marido serán administrados por el apoderado que este nombre; y en su defecto por la mujer.

2225. Cuando la mujer administre los bienes, tendrá

las mismas facultades y responsabilidad que tendria el marido.

2226. La mujer no podrá, sin licencia judicial, gravar ni enajenar los bienes inmuebles que en virtud de la separacion le hayan correspondido ó cuya administracion se le haya encargado.

2227. La separacion de bienes no perjudica los derechos adquiridos con anterioridad por los acreedores.

2228. La demanda de separacion y la sentencia que cause ejecutoria, deben registrarse en el oficio del registro público.

2229. Cuando cesare la separacion por la reconciliacion de los consortes, en cualquiera de los casos de divorcio, ó por haber cesado la causa en los demas, quedará restaurada la sociedad en los mismos términos en que estuvo constituida ántes de la separacion; á no ser que los consortes quieran celebrar nuevas capitulaciones, que se otorgarán conforme á derecho.

2230. Lo dispuesto en el artículo anterior, no perjudica en manera alguna los actos ejecutados ni los contratos celebrados durante la separacion con arreglo á las leyes.

CAPITULO VIII.

De las donaciones antenupciales.

Art. 2231. Se llaman antenupciales las donaciones que ántes del matrimonio hace un esposo al otro, cualquiera que sea el nombre que la costumbre les haya dado.

2232. Son tambien donaciones antenupciales las que un extraño hace á alguno de los esposos ó á entrambos, en consideracion al matrimonio.

2233. Las donaciones antenupciales entre los esposos, aunque fueren varias, no podrán exceder reunidas de la quinta parte de los bienes del donante. En el exceso la donacion será inoficiosa.

2234. Las donaciones antenupciales hechas por un extraño, serán inoficiosas en los términos en que lo fueren las comunes.

2235. Para calcular si es inoficiosa una donacion antenupcial, tiene el esposo donatario y sus herederos la facultad de elegir la época en que se hizo la donacion ó la del fallecimiento del donador.

2236. Si al hacerse la donacion no se formó inventario de los bienes del donador, no podrá elegirse la época en que aquella se otorgó.

2237. Las donaciones antenupciales no necesitan para su validez la aceptacion expresa.

2238. Las donaciones antenupciales no se revocan por sobrevenir hijos al donante.

2239. Tampoco se revocarán por ingratitud; á no ser que el donante fuere un extraño; que la donacion haya sido hecha á ambos esposos, y que ambos sean ingratos.

2240. Los menores pueden hacer donaciones antenupciales; pero solo con intervencion de sus padres ó tutores y con aprobacion judicial.

2241. Las donaciones antenupciales quedarán sin efecto si el matrimonio dejare de verificarse.

2242. Si fuere declarado nulo el matrimonio, subsistirán las donaciones hechas en favor del cónyuge ó cónyuges que obraren de buena fé.

2243. Las donaciones hechas al cónyuge que obró de mala fé, pertenecerán á sus hijos: si no los tuviere, se devolverán al donante.

2244. Si los dos cónyuges obraron de mala fé, las donaciones quedarán sin efecto, á no ser que hubiere hijos; en cuyo caso pertenecerán á estos.

2245. Son aplicables á las donaciones antenupciales las reglas de las donaciones comunes, en todo lo que no fueren contrarias á este capítulo.

CAPITULO IX.

De las donaciones entre consortes.

Art. 2246. Los consortes pueden hacerse donaciones que no excedan de la quinta parte de sus bienes presentes, por disposicion entre vivos ó por última voluntad; pero unas y otras solo se confirman con la muerte del donante y con tal de que no sean contrarias á las capitulaciones matrimoniales.

2247. Las donaciones entre consortes pueden ser revocadas libremente y en todo tiempo por los donantes.

2248. La mujer no necesita para este efecto de ser autorizada por el marido ó por decreto judicial.

2249. La revocacion puede hacerse expresamente ó por hechos que la hagan presumir de un modo necesario.

2250. Estas donaciones no se anularán por superveniencia de hijos; pero se reducirán por inoficiosas, si excedieren de la parte disponible del donante.

CAPITULO X.

De la dote.

Art. 2251. Dote es cualquiera cosa ó cantidad que la mujer ú otro en su nombre, da al marido con el objeto expreso de ayudarle á sostener las cargas del matrimonio.

2252. La dote puede constituirse ántes de la celebracion del matrimonio ó durante él.

2253. La dote puede ser aumentada durante el matrimonio; pero el aumento no tendrá carácter dotal sino desde la fecha de su registro.

2254. En la constitucion de la dote y en su aumento, se observará lo dispuesto en los artículos 2114 á 2119 y en el 2126.

2255. En las capitulaciones sobre dote deben intervenir todos los interesados por sí ó por apoderado legítimo.

2256. Los menores de edad de ambos sexos no pueden dotar sino estando emancipados y con el consentimiento del que los emancipó, y en falta de este, con el del juez. Las mujeres menores de edad no pueden constituir dote á su favor, sino con la autorizacion de las personas cuyo consentimiento necesitan para contraer matrimonio: si estuvieren ya casadas, no podrán constituir dicha dote ni aumentar la constituida, sin aprobacion judicial.

2257. Puede constituirse la dote con los bienes muebles y raices que la mujer posea ántes de contraer el matrimonio y puede aumentarse con los que adquiera durante él.

2258. Cuando el padre y la madre constituyen juntamente una dote, sin designar la parte con que cada uno contribuye, quedan obligados cada uno por mitad.

2259. Si uno de los cónyuges constituye la dote por sí solo, debe pagarla con sus bienes propios.

2260. Todo el que diere dote, quedará obligado á la eviccion de los bienes en que la constituya; salvo convenio en contrario.

2261. Se hacen dotales los bienes adquiridos en forma legal durante el matrimonio:

1º Por permuta con otros bienes dotales:

2º Por derecho de retroventa, ya sea que en virtud de él se reciban los prometidos en dote, ya sea que se recobren los dotales que hayan sido enajenados legalmente con aquel pacto:

3º Por dacion en pago de la dote:

4º Por compra hecha con dinero de la dote, previo consentimiento de la mujer.

2262. En los casos 1º y 2º del artículo anterior, si el dinero empleado no fuere de los bienes dotales, se pagará de los propios de la mujer; ó se le descontará de ellos al hacerse la liquidacion de su haber.

2263. Para que el inmueble comprado segun el cuarto caso del artículo 2261, se considere dotal, es necesario que las dos circunstancias que en él se exigen, consten en la escritura y en el registro.

2264. El que prometa dote, que consista en dinero ó en cosas fungibles que se hubieren estimado, abonará el interes legal desde el dia en que con arreglo al contrato debiere hacer la entrega; y no habiéndose fijado plazo, desde el dia de la celebracion del matrimonio.

2265. La escritura de dote debe contener:

1º Los nombres del que la da, del que la recibe y de la persona á cuyo favor se constituye:

2º Si el que dota es mayor ó menor de edad, y en el segundo caso los requisitos que exige el artículo 2256:

3º La clase de bienes ó de derechos en que consista la dote, especificándose unos y otros, con expresion de sus valores y gravámenes:

4º En su caso lo dispuesto por el artículo siguiente y por el 2316.

2266. Si la dote consiste en numerario, podrá estipularse que este se imponga á réditos; y que solo de estos pueda disponer el marido.

2267. Los fraudes y simulaciones acerca de la constitucion y entrega de la dote, serán castigados con las penas establecidas para los delitos de fraude y de falsedad, independientemente de la indemnizacion por daños y perjuicios.

2268. La dote se imputará siempre á la legítima de las hijas; pero si el que la constituye, declara que la dá por vía de mejora en la parte disponible, solo el exceso de la legítima se imputará á la mejora hecha.

CAPITULO XI.

De la administracion de la dote.

Art. 2269. Al marido pertenece la administracion y el usufructo de la dote, con la restriccion contenida en el artículo 205; y la libre disposicion de ella con las limitaciones que se establecen en este capítulo.

2270. El marido tiene obligacion de sostener las cargas del matrimonio, aun cuando no reciba dote; pero estando esta constituida, no podrá la mujer exigir la aseguracian que le concede el artículo 232 sobre los bienes del marido, sino por falta ó insuficiencia de los dotales.

2271. El marido tiene los derechos y obligaciones del usufructuario, salvo lo dispuesto en este título; y puede ejercitar todas las acciones reales y personales que fueren necesarias para el cobro y administracion de la dote.

2272. Si en los bienes dotales se comprende un capital que el marido deba á la mujer, el plazo para pagarlo queda prorogado hasta la época en que debe restituirse la dote.

2273. Si el capital de que trata el artículo anterior, causare réditos, estos se considerarán como usufructo de la dote desde la celebracion del matrimonio hasta que aquella sea restituida.

2274. El marido es responsable con sus propios bienes de lo que dejare de cobrar del capital de la dote, y de todos los perjuicios que á esta se sigan, á no ser que pruebe no haber habido culpa ni negligencia de su parte.

2275. El marido puede, salvo convenio en contrario, disponer libremente de los muebles comunes pertenecientes á la dote, pero responde de su valor.

2276. Si la dote consistiere en muebles preciosos ó en dinero, el marido no podrá disponer de ella sino en los términos que previene el artículo 2281.

2277. El marido en cualquier tiempo en que reciba la dote, y cuando esta se aumente, estará obligado á constituir la hipoteca que establece el artículo 1999.

2278. Si el marido no tiene inmuebles propios hipotecará los primeros que adquiera de esa clase.

2279. Lo dispuesto en los dos artículos anteriores no impide ni suspende la facultad que concede al marido el artículo 2275.

2280. Ni el marido ni la mujer, ni los dos juntos, pueden enajenar, hipotecar ni gravar de cualqüier otro modo los bienes dotales inmuebles; salvas las excepciones contenidas en los artículos siguientes.

2281. El marido podrá enajenar los bienes dotales inmuebles, sean ó no estimados, siempre que haya asegurado previamente la restitucion de su valor, con hipoteca constituida sobre sus bienes ó sobre los mismos que enajene; á no ser que por las capitulaciones dotales se le prohiba la enajenacion en todo caso.

2282. La mujer puede enejenar ó hipotecar los bienes dotales inmuebles y muebles preciosos, cuando no esté todavía constituida la hipoteca de que habla el artículo 2277, para dotar ó establecer á sus hijos y descendientes, que no lo sean del marido.

2283. Ambos cónyuges de acuerdo pueden enajenar ó hipotecar los bienes de que habla el artículo anterior, cuando no está constituida aún la hipoteca á que se refiere el artículo 2277.

1º Para dotar ó establecer á sus descendientes:

2º Para cubrir los alimentos de la familia que no puedan ministrarse de otro modo:

3º Para pagar deudas de la mujer ó del que constituyó la dote, anteriores al matrimonio, si constan en documento auténtico y no pueden pagarse con otros bienes:

4º Para las reparaciones indispensables de otros bienes dotales:

5º Cuando los bienes dotales forman parte de una herencia ú otra masa de bienes indivisa, que no es susceptible de cómoda particion:

6º Para permutar ó comprar otros bienes, que deban quedar con el carácter de dotales:

7º En los casos de expropiacion por causa de utilidad pública.

2284. Las enajenaciones que consienten los artículos 2282 y 2283, se harán en pública subasta con autorizacion judicial.

2285. En el caso del artículo 2282 se requiere ademas la audiencia del marido.

2286. Cuando el valor de los bienes que deben enajenarse no excede de trescientos pesos, no se necesita formalidad alguna para su venta.

2287. El juez no podrá autorizar la venta mas que de los bienes que fueren necesarios para cubrir el objeto de que se trate.

2288. Para hipotecar los referidos bienes se requiere tambien la autorizacion judicial y la audiencia del marido en su caso.

2289. Lo dispuesto en el artículo 2282 y en las fracciones 1ª, 2ª, 3ª, 4ª, 5ª y 6ª del 2283, es aplicable á cualesquiera otras sumas dotales y demas bienes de la mujer, que conforme á las capitulaciones, no pueden ser enajenados.

2290. La dote quedará tambien obligada á los gastos diarios y usuales de la familia, causados por la mujer con aquiescencia ó toleraneia del marido, si los bienes de este y los gananciales no pudieren cubrirlos.

2291. La mujer será indemnizada de la diminucion que sufra su dote por las enajenaciones de que tratan los artículos 2282 y 2283, en cuanto ellas hubieren aprovechado al marido.

2292. Las cantidades que sobren despues de cubiertos los gastos á que deba dedicarse el importe de los bienes enajenados, se considerarán como dotales; y respecto de ellas se procederá como en los casos en que la dote consista en numerario.

2293. El marido no puede dar en arrendamiento los bienes dotales no garantidos aun con hipoteca, sino por nueve años cuando mas y con consentimiento de la mujer.

2294. El arrendamiento hecho conforme á lo dispuesto en el artículo anterior, subsistirá por el tiempo convenido, aunque durante él se disuelva el matrimonio; pero será nula toda anticipacion de rentas ó alquileres hecha al marido por mas de un año.

2295. El marido que enajena ú obliga los bienes dotales en los casos en que no le es permitido, se hace responsable de los daños y perjuicios, tanto para con la mujer como para con los terceros á quienes no haya declarado la naturaleza de los bienes enajenados.

2296. La prescripcion de los bienes dotales, inmuebles ó muebles preciosos, que no estuvieren aun garantidos con hipoteca, no corre durante el matrimonio. Los muebles dotales comunes sí pueden prescribirse; pero el marido es responsable de su valor.

2297. Los bienes que la mujer casada bajo capitulacion dotal, adquiera despues y no se incluyan en la dote, le pertenecerán exclusivamente como propios.

2298. Respecto de la administracion y goce de los bienes de que trata el artículo anterior, se observarán en su respectivo caso las disposiciones relativas á la sociedad legal ó voluntaria, á la separacion de bienes y á hipotecas.

CAPITULO XII.

De las acciones dotales.

Art. 2299. La mujer tiene accion real de dominio en sus bienes dotales inmuebles y en los muebles no fungibles que se hallen en poder del marido al tiempo de la disolucion de la sociedad.

2300. La mujer puede, durante la sociedad y despues de su disolucion, reivindicar los bienes inmuebles enajenados en contravencion de los artículos 2283 y siguientes, aunque haya consentido en la enajenacion.

2301. Puede tambien exigir que se anulen las hipotecas impuestas sobre ellos, aunque el gravámen se haya constituido con su consentimiento.

2302. Cuaddo los bienes enajenados son muebles preciosos, la mujer solo puede reivindicarlos si se hallan en poder del primer adquirente, ó de otro que haya procedido de mala fé ó que los haya adquirido por título meramente lucrativo.

2303. Los mismos derechos tiene el heredero de la mujer.

2304. La mujer tiene accion hipotecaria en los bienes del marido en que este haya constituido hipoteca conforme á los artículos 1999, 2000 y 2001.

2305. Tiene tambien la mujer el beneficio que le concede el artículo 2090, fraccion 5ª

2306. Si hubiere justos motivos para creer en peligro los bienes dotales, por la negligencia ó mala administracion del marido, podrán la mujer, ó sus padres ó hermanos, en el caso de estar ella imposibilitada, pedir al juez qne los bienes se aseguren, bien limitando las facultades del marido, bien privándole de la administracion.

2307. El juez con audiencia del marido calificará la justicia de la queja, teniendo en todo caso como motivos fundados de esta la infraccion de los artículos 2276, 2277, 2278, 2281 y sus relativos, tanto de este título como del de hipoteca.

2308. Lo dispuesto en los dos artículos que preceden, se observará tambien cuando el marido no provea á la conveniente subsistencia de la familia.

CAPITULO XIII.

De la restitucion de la dote.

Art. 2309. Disuelto el matrimonio y en los casos previstos por los artículos 274 y 748, se restituirá la dote á la mujer ó á sus herederos.

2310. Ni el marido ni sus herederos son responsables de la restitucion mencionada en el artículo que precede, si los bienes de la mujer se pierden por accidente que no les sea imputable.

2311. Si la dote consiste en bienes raices ó en muebles no enajenables, será restituida luego que se demande su entrega.

2312. Si la dote consiste en inmuebles estimados, en muebles enajenados ó en numerario, solo podrá exigirse la entrega pasados seis meses despues de la disolucion del matrimonio ó de la separacion legal.

2313. Esta moratoria no tiene lugar en cuanto á los bienes muebles de la mujer, que el marido conserve en su poder.

2314. La mujer y sus herederos podrán cobrar no obstante los intereses legales de las sumas retenidas en la forma antedicha.

2315. Cuando el marido fuere privado de la administracion conforme á los artículos 2306, 2307 y 2308, y cuando la sociedad termine por divorcio voluntario, ó por convenio, la dote será restituida en los plazos que fijen las sentencias respectivas.

2316. La dote, cuando no fuere constituida por la mujer, se devolverá á la persona y en los plazos que se hubiere pactado expresamente: á falta de convenio, se observará lo dispuesto en este capítulo.

2317. Los bienes dotales inmuebles se restituirán en el estado en que se hallaren; y si hubieren sido enajenados, se restituirá el precio por el que se hubiere constituido la hipoteca.

2318. Lo dispuesto en el artículo anterior no tendrá lugar cuando los bienes se hayan enajenado legalmente y el precio se haya invertido en el objeto de la enajenacion; mas si quedó alguna parte de dicho precio, respecto de ella tendrá lugar la restitucion.

2319. Si la enajenacion fué legal y el precio se invirtió en comprar otros bienes, que quedaran como dotales en lugar de los vendidos, no habrá lugar á la restitucion de estos ni de su precio sino á la de aquellos.

2320. Tampoco lo habrá si el precio se empleó en beneficio exclusivo de la mujer ó de sus ascendientes ó descendientes; pero si se empleó en beneficio del marido, deberá pagarse de ios bienes de este el que los enajenados tenian cuando los recibió.

2321. El marido responde de los deterioros que por su culpa hayan sufrido los bienes inmuebles; mas si se entregaron estimados, la mujer ó sus herederos tienen derecho de exigir el valor, aun cuando existan los bienes.

2322. La mujer puede ejercitar las acciones que le conceden los artículos 2300, 2301 y 2302, ó exigir del marido el precio de los bienes; pero si ha usado uno de esos medios, no podrá usar del otro.

2323. El marido está obligado á restituir los frutos ó

intereses de los bienes dotales desde el dia en que debe restituir la dote.

2324. En cuanto á las expensas y mejoras hechas en los bienes dotales, regirá respecto del marido lo dispuesto respecto del poseedor de buena fé.

2325. Los bienes dotales muebles que existan en poder del marido ó de sus herederos, se restituirán en el estado en que se hallen; mas si el marido los recibió estimados, tendrá la mujer derecho de exigir el precio que entónces se les dió.

2326. El precio que debe restituirse por los muebles que no existan, será el que se les dió al recibirlos el marido: si entónces no se estimaron, se entregará el precio en que fueron enajenados; y si han perecido inestimados, el que por pruebas supletorias se les fije.

2327. La restitucion de los bienes fungibles se hará entregando el precio en que fueron estimados; y si no lo fueron, con otro tanto de las mismas especies.

2328. El valor de los bienes muebles no fungibles, que se hubieren consumido por el uso ó por caso fortúito, no debe restituirse.

2329. El crédito dotal ó la parte de él que no se restituya en los mismos bienes en que fué constituida la dote, deberá restituirse y pagarse siempre en dinero; salvo convénio en contrario.

2330. El precio de los bienes dotales muebles que no existan, podrá pagarse con otros muebles de la misma clase.

2331. En la misma forma señalada en los artículos que preceden, deberán restituirse las indemnizaciones debidas á la mujer por el marido en los casos que la ley señala.

2332. Si la dote consiste en usufructo, censos ó rentas, la restitucion se hará devolviendo los respectivos títulos.

2333. En esta especie de bienes no tendrá lugar la moratoria concedida en la última parte del artículo 2312.

2334. Si la dote consiste en créditos activos, responderá el marido de las cantidades recibidas.

2335. Si hubieren prescrito algunos créditos ó se hubieren perdido en todo ó en parte por culpa ó negligencia del marido, responderá este del importe relativo.

2336. Si el deudor hubiere sido el padre ó la madre de la mujer, y el marido no los hubiere demandado judicialmeute, no podrá por esta sola causa exigírsele el importe del crédito.

2337. Los créditos no cobrados sin culpa del marido, se restituirán entregándose el título respectivo.

2338. Cuando al constituirse la dote, se comprendieron en ella créditos de cobro dudoso ó difícil, estimándolos en un precio menor que el nominal, si el marido respondió de este, debe restituirlo, cualquiera que haya sido la suerte de los créditos.

2339. Se entregarán á la viuda el lecho y vestidos ordinarios, sin descontar su precio de la dote.

2340. Cuando haya de hacerse la restitucion de dos ó mas dotes, se pagará cada una con los bienes que existan de su respectiva procedencia; y si no alcanzare el caudal inventariado para cubrir el resto, se pagarán segun sus fechas; salva la preferencia que pueda corresponderles por razon de hipoteca.

2341. De la dote se bajarán las partidas siguientes, si hubieren sido pagadas por el marido:

1ª El importe de las costas y gastos empleados para el cobro y defensa de los bienes dotales:

2ª Las deudas y obligaciones inherentes ó afectas á la dote, que no sean de cargo de la sociedad legal:

3ª Las cantidades que sean de la responsabilidad peculiar de la mujer.

2342. Cuando se restituya la dote, se abonarán al marido las donaciones que legalmente le hubiere hecho su mujer.

2343. Los frutos pendientes de los predios dotales se dividirán del modo establecido en el artículo 2146, aplicándose al marido ó á sus herederos los que corresponderian á la sociedad.

2344. Si no estuvieren manifiestos ó nacidos, la mujer abonará los gastos de cultivo.

2345. La dote constituida con plazo cierto para su entrega, se presume cobrada por el marido ó dejada de cobrar por su culpa, diez años despues de vencido el plazo:

2346. En el caso del artículo anterior el marido es responsable del importe de la dote, á no ser que pruebe haber empleado todos los medios judiciales y extrajudiciales necesarios para realizar el cobro.

2347. Lo dispuesto en el artículo 2345, no se observará cuando la dote fuere constituida por la mujer ó por sus padres.

2348. Los gastos y cargas ordinarias de los bienes dotales, se compensan con los rendimientos de los mismos bienes.

2349. Las reglas prescritas acerca de la restitucion de

los bienes dotales, son aplicables á la restitucion de los demas bienes propios de la mujer.

2350. Todas las disposiciones relativas á la dote regirán, ya se haya celebrado el matrimonio con separacion de bienes, ya administrándose estos en sociedad conyugal.

TITULO UNDECIMO.

DEL CONTRATO DE SOCIEDAD.

CAPITULO I.

Disposiciones generales.

Art. 2351. Se llama sociedad el contrato en virtud del cual los que pueden disponer libremente de sus bienes ó industria, ponen en comun con otra ú otras personas esos bienes ó industria, ó los unos y la otra juntamente, con el fin de dividir entre sí el dominio de los bienes y las ganancias y pérdidas que con ellos se obtengan, ó solo las ganancias y pérdidas.

2352. Toda sociedad debe tener un objeto lícito y celebrarse para utilidad comun de las partes.

2353. Cada socio debe llevar á la sociedad dinero, otros bienes ó industria.

2354. Si se formare de hecho una sociedad que no pueda subsistir legalmente, cada socio tendrá en todo tiempo la facultad de pedir que se liquiden las operaciones anteriores y que se le devuelvan las cosas que haya llevado.

2355. Lo dispuesto en el artículo anterior no libra á los contrayentes de las penas en que puedan haber incurrido conforme á las prescripciones del Código penal.

2356. La sociedad será nula cuando, consistiendo en bienes, no se hiciere de estos un inventario que, firmado por las partes, deberá unirse á la escritura cuando esta sea necesaria.

2357. El contrato de sociedad debe hacerse constar en escritura pública, siempre que su objeto ó capital exceda en valor de trescientos pesos.

2358. La infraccion del artículo que precede, anula el contrato, sin perjuicio de lo dispuesto en el artículo 2354.

2359. En los casos en que el contrato de sociedad pudiere celebrarse verbalmente, bastará el consentimiento tácito, fundado en hechos que lo hagan presumir de un modo necesario.

2360. Es nula la sociedad en que se pacta la comunicacion de los bienes futuros; salvo entre los esposos, conforme á lo dispuesto en el artículo 2113.

2361. Será uula la sociedad en que se estipule que los provechos pertenezcan exclusivamente á alguno ó á algunos de los socios y todas las pérdidas á otro ú otros.

2362. La sociedad forma una persona moral distinta de cada uno de los socios individualmente considerados.

2363. La sociedad puede ser deudora ó acreedora de los socios: los derechos y las obligaciones de estos son independientes de los de aquella, y no se identifican sino en los casos expresamente prevenidos por la ley.

2364. El socio que contribuye con numerario ú otros valores realizables, se llama socio capitalista: el que contribuye solo con su trabajo personal ó el ejercicio de cualquiera profesion ó industria, se llama socio industrial.

2365. Las sociedades son civiles ó comerciales: son comerciales las que se forman para negocios que la ley califica de actos de comercio: las demas son civiles.

2366. Las sociedades comerciales se rigen por el Código de comercio; las civiles por este; pero podrá estipularse que aun las civiles se rijan por las reglas comerciales.

2367. El contrato que forma la sociedad, no puede modificarse sino por otro en que convenga la unanimidad de los socios.

2368. Las sociedades que se formen al mismo tiempo para negocios que sean de comercio y para otros que no lo sean, se tendrán como civiles, á no ser que las partes hayan declarado que quieran sujetarlas á las reglas de las mercantiles.

2369. Las sociedades son universales ó particulares.

CAPITULO II.

De la sociedad universal.

Art. 2370. La sociedad universal puede ser:

1º De todos los bienes presentes:

2º De todas las ganancias.

2371. Sociedad de todos los bienes presentes es aquella por la que los contratantes ponen en comun todos los bienes muebles y raices que poseen actualmente y las utilidades que unos y otros pueden producir.

2372. La sociedad universal de todos los bienes puede hacerse extensiva por voluntad de los contrayentes á las ganancias y frutos de los futuros, cualquiera que sea el título por que se adquieran estos.

2373. Es nulo todo pacto que tenga por objeto hacer extensiva la sociedad universal á la propiedad de los bienes futuros.

2374. La sociedad universal de ganancias no comprende sino lo que las partes adquieren por su industria y todos los frutos y rendimientos de sus bienes habidos y por haber.

2375. El simple convenio de sociedad universal, hecho sin otra explicacion, se interpretará siempre como sociedad universal de ganancias.

2376. Para que en la sociedad universal se comprendan todos los bienes debe declararse expresamente.

2377. En la sociedad universal de todos los bienes, la propiedad de estos deja de ser individual y se trasfiere á la persona moral de la sociedad.

2378. En la sociedad universal de todas las ganancias, cada uno de los socios conserva la propiedad de sus bienes y el derecho de ejercitar todas las acciones reales que por razon de ellos le competen.

2379. En la sociedad á que se refiere el artículo anterior, solo será comun el dominio de las ganancias, y la administracion de los bienes, cuando así se haya estipulado.

2380. En la sociedad universal de todos los bienes, las deudas contraidas ántes ó despues de la celebracion del contrato, son carga de la misma sociedad.

2381. En la sociedad universal de ganancias se hará la distincion siguiente:

1ª Si las deudas se han contraido por causa de la sociedad, serán carga de ella:

2ª Si las deudas son anteriores á la celebracion del contrato, ó posteriores á él, pero contraidas con respecto á los bienes propios de cada socio, será de cuenta de este el capital de la deuda, y los intereses serán carga de la sociedad.

2382. En toda sociedad universal, de cualquiera especie que sea, se sacarán de los fondos comunes las expensas y gastos necesarios para los alimentos de los socios, conforme á lo dispuesto en los artículos 222 y 223.

2383. Disuelta la sociedad universal, se dividirán con igualdad entre los socios los bienes respectivos, siempre que no haya estipulacion en contrario.

CAPITULO III.

De la sociedad particular.

Art. 2384. La sociedad particular es la que se limita á ciertos y determinados bienes, á sus frutos y rendimientos, ó á cierta y determinada industria.

2385. La sociedad particular en que fuere puesta en comun la propiedad de algun inmueble, solo puede celebrarse en escritura pública.

2386. En la sociedad particular solo se entiende comunicado el dominio de la cosa ó capitales cuando así lo hayan manifestado expresamente los contratantes. En caso contrario, solo será comun la administracion de los bienes que entraron en sociedad y las ganancias ó pérdidas que de ellos resulten.

2387. Si las cosas son de las que necesariamente se consumen por el uso, la propiedad pertenece al comun; pero el valor que tengan al entrar á la sociedad, se considera como capital del socio que las lleva.

2388. El peligro de la cosa llevada en propiedad, pertenece á la sociedad; la cual no tiene obligacion de restituir la misma cosa individualmente.

2389. Si la cosa no se lleva en propiedad, el peligro es del propietario, cuando no sea imputable á culpa de la sociedad.

2390. Las deudas contraidas por causa de la sociedad particular, serán carga de esta; y el socio administrador responderá de ellas, no solo con su haber social, sino tambien con sus demas bienes.

2391. Los demas socios solo responden de las deudas con su haber social.

2392. Si los bienes llevados á la sociedad particular, no lo han sido en cuanto á la propiedad sino solo por razon de sus frutos, se observará, por lo que toca á las deudas, lo dispuesto en la fraccion 2ª del artículo 2381.

2393. En la sociedad particular no se sacarán del fondo comun los alimentos de los socios, sino cuando así se haya pactado expresamente.

CAPITULO IV.

De las obligaciones y derechos recíprocos de los socios.

Art. 2394. La sociedad comienza desde el momento mismo de la celebracion del contrato, si no se ha pactado otra cosa.

2395. La sociedad dura por el tiempo convenido: á falta de convenio, por el tiempo que dure el negocio que le ha servido exclusivamente de objeto, si tal negocio tiene por su naturaleza una duracion limitada; y en cualquier otro caso por toda la vida de los asociados, salva la facultad que se les reserva en el artículo 2440.

2396. El socio es deudor á la sociedad de todo lo que, al constituirla, se haya comprometido á llevar á ella.

2397. Siempre que se lleven en propiedad bienes de cualquiera clase, no siendo dinero, se valuarán, para considerar su valor como capital del socio que los lleva.

2398. Tambien queda sujeto cada socio á prestar la eviccion y á indemnizar por los defectos de las cosas ciertas y determinadas que haya aportado á la sociedad, en los mismos términos y de igual modo que lo está el vendedor respecto del comprador; mas si lo que prometió fué el aprovechamiento de bienes determinados, responderá por ellos segun los principios que rigen las obligaciones entre arrendador y arrendatario.

2399. El socio que no entregare á la sociedad la suma de dinero á que se hubiere obligado, será responsable de los intereses ó réditos desde la fecha en que debió hacer la prestacion, y ademas de los daños y perjuicios, si procediere con culpa ó dolo.

2400. En la misma responsabilidad incurrirá el socio que sin autorizacion expresa distrajere de los fondos comunes alguna suma para su provecho particular.

2401. Los socios que hayan pactado poner en la sociedad su industria, le deben todas las ganancias que por esta hubieren obtenido.

2402. El socio administrador que recibiere alguna suma de cualquiera persona obligada para con él y para con la sociedad simultáneamente, deberá aplicar en proporcion á ambos créditos la suma recibida, aun cuando ponga el recibo solamente en su nombre.

2403. Si hubiere puesto el recibo por cuenta de la sociedad, toda la suma se aplicará á favor de esta.

2404. Lo dispuesto en los dos artículos que preceden, debe entenderse salvo lo prevenido en el artículo 1571; pero solamente en caso que el crédito personal del socio sea mas oneroso.

2405. El socio que hubiere recibido íntegra su parte de un crédito social, quedará obligado, si el deudor se hace insolvente, á traer al fondo comun lo que recibió, aun cuando haya puesto el recibo solamente en su nombre.

2406. El socio es responsable para con la sociedad de los perjuicios que le cause por su culpa ó negligencia, y no puede compensarlos con los provechos que le hubiere procurado por su industria en otros casos.

2407. La sociedad es responsable para con el socio, tanto por las sumas que este gasta en provecho de ella, como por las obligaciones que contrae de buena fé en negocios de la sociedad y por los riesgos inherentes á la administracion que desempeña.

2408. La parte de los socios en las ganancias ó pérdidas será proporcional á sus cuotas, si no hubiere estipulacion en contrario: si solo se hubiere pactado la parte de cada uno en las ganancias, será igual la de las pérdidas y vice versa.

2409. Si alguno de los socios contribuye solamente con su industria, sin que esta se estime, ni se designe la cuota que por ella deba recibir, se observarán las reglas siguientes:

1ª Si el trabajo del industrial pudiere hacerse por otro, su cuota será lo que le corresponda por razon de sueldos ú honorarios; y esto mismo se observará si son varios los socios industriales:

2ª Si el trabajo no pudiere ser hecho por otro, su cuota será igual á la del socio capitalista que tenga mas.

3ª Si solo hubiese un socio industrial y otro capitalista, se dividirán entre sí por partes iguales las ganancias.

4ª Si son varios los socios industriales y están en el caso de la fraccion 2ª, llevarán entre todos la mitad de las ganancias y las dividirán entre sí por convenio, y á falta de este, por decision arbitral.

2410. Si el socio industrial hubiere contribuido tambien con cierto capital, se considerarán este y la industria separadamente.

2411. Si al terminar la compañía en que hubiere socios capitalistas ó industriales, resultare que no hubo ganancias, el capital íntegro que haya, se devolverá á sus dueños.

2412. Conviniendo los socios en que la particion se haga por un tercero, quedarán sujetos á la que este forme, no habiendo convenio en contrario.

2413. El nombramiento de administrador conferido á un socio por el contrato de sociedad, no puede ser revocado, aun por la mayoría de los consocios, sino con causa legítima; pero si se confiere durante la sociedad, es revocable por mayoría de votos.

2414. El socio nombrado administrador en el acta constitutiva de la sociedad, no puede renunciar su encargo, sino con consentimiento de la mayoría; mas los que no admitieren la renuncia, pueden separarse de la sociedad.

2415. El socio ó socios administradores pueden ejercer las facultades concedidas con total independencia de los otros; salvo el caso que haya convenio en contrario.

2416. Si las facultades del socio administrador se han fijado en la misma acta constitutiva de la sociedad, no pueden revocarse ni alterarse sino por consentimiento unánime de los socios.

2417. Si dichas facultades se han concedido por un acto posterior á la constitucion de la sociedad, podrán ser revocadas y alteradas por mayoría, estimándose esta por la de capitales ó créditos y no por la de personas.

2418. El socio administrador debe ceñirse á los términos en que se le ha confiado la administracion; y si nada se hubiere expresado, se limitará, como un mandatario general, al giro ordinario del negocio, con los capitales que haya recibido.

2419. El socio administrador necesita autorizacion expresa y por escrito de los otros socios:

1º Para enajenar las cosas de la compañía, si esta no se ha constituido con ese objeo:

2º Para empeñarlas, hipotecarlas ó gravarlas con cualquier otro derecho real:

3º Para tomar capitales prestados.

2420. La infraccion del artículo que precede, no libra al socio de responsabilidad, aunque alegue que ha invertido el producto del contrato en provecho de la compañía.

2421. Si en un caso urgente no pudiere el socio administrador consultar á los otros socios, y ejecutare alguno de los actos enumerados en el artículo 2419, se considerará en cuanto á ellos como agente oficioso de la sociedad.

2422. Siendo varios los socios encargados indistintamente de la administracion, ó sin declaracion de que deberán proceder de acuerdo, podrá cada uno de ellos practicar separadamente los actos administratitivos que crea oportunos.

2423. Si se ha convenido que un administrador nada pueda practicar sin concurso de otro, solamente podrá proceder de otra manera habiendo nuevo convenio, ó en caso de que pueda resultar perjuicio grave irreparable.

2424. A falta de convenio expreso sobre la forma de la administracion, se observará lo dispuesto en los cinco artículos siguientes.

2425. Serán considerados todos los socios con igual

poder de administrar, y los actos que alguno de ellos practicare, obligarán á los otros; salvo su derecho de oponerse miéntras esos actos no produzcan su efecto legal.

2426. Podrá cualquiera de los socios usar, segun la costumbre, de las cosas de la sociedad, siempre que esta no se perjudique ó se prive á los otros socios del uso á que tambien tengan derecho.

2427. Cada socio tendrá derecho de obligar á los otros á contribuir para los gastos necesarios de conservacion de los objetos de la sociedad.

2428. Ninguno de los socios podrá, sin consentimiento de los otros, obligar ni enajenar los bienes muebles ó raices de la compañía, ni hacér alteraciones en los segundos, aunque le parezcan útiles.

2429. Habiendo divergencia entre los socios, se resolverán los asuntos por mayoría de votos; no pudiendo esta obtenerse, se estará á lo que determinen los que representen el mayor interes, con tal que no sea uno solo. Cuando ni de uno ni de otro modo se obtenga mayoría, la discordia se decidirá por un árbitro.

2430. En la sociedad por acciones cada socio puede enajenar el todo ó parte de la que represente; pero los otros socios juntos y cada uno de por sí tienen el derecho del tanto.

2431. En el caso del artículo que precede, si varios socios quieren hacer uso del tanto, les competerá este en la proporcion que representen, y el término para proponerlo será de quince dias contados desde el aviso que les pase el que enajene.

CAPITULO V.

De las obligaciones de los socios con relacion á tercero.

Art. 2432. Las variaciones que para la administracion se hagan durante la sociedad, no surtirán efecto contra tercero si no se anotan en la escritura original y en el protocolo.

2433. Cuando en el contrato de sociedad se ha estipulado quién ha de administrar, solo el designado puede usar la firma de la sociedad.

2434. El socio administrador no obliga á la compañía sino cuando al celebrar un contrato, emplea la firma social; á no ser que pruebe que el contrato ha cedido en favor de la sociedad.

2435. Los socios no están obligados solidariamente por las deudas de la sociedad; á no ser que así se haya convenido expresamente.

2436. Los socios responden en proporcion á sus cuotas, tanto á los acreedores como entre sí.

2437. Los acreedores de la sociedad serán preferidos á los acreedores particulares de cada uno de los socios en los bienes del fondo social: los acreedores particulares podrán pedir la separacion en la forma que establece el artículo 2068, y la ejecucion y embargo en la parte social del deudor.

2438. En el segundo caso del artículo que precede, quedará disuelta la sociedad, y será responsable el socio ejecutado de los daños y perjuicios que á los otros se sigan, verificándose la disolucion extemporáneamente.

CAPITULO VI.

De los modos de extinguirse la sociedad.

Art. 2439. El contrato de sociedad queda sin efecto si habiendo premetido uno de los socios contribuir con la propiedad ó el uso de alguna cosa, no lo cumple dentro del término estipulado.

2440. La sociedad acaba:

1º Cuando ha concluido el tiempo por el que fué contraida:

2º Cuando se pierde la cosa ó se consuma el negocio que le sirve de objeto:

3º Por muerte ó insolvencia de alguno de los socios:

4º Por renuncia de alguno de los socios, notificada á los demas y que no sea maliciosa ni extemporánea:

5º Por la separacion del socio administrador, cuando este haya sido nombrado en el contrato de sociedad.

2441. La renuncia se considera de mala fé, cuando el socio que la hace, se propone aprovecharse exclusivamente de los beneficios que los socios deberian recibir en comun con arreglo al convenio.

2442. Se dice extemporánea la renuncia, si las cosas no se hallan en su estado íntegro y la sociedad puede ser perjudicada con la disolucion en ese momento.

2443. La sociedad continuará, aunque fallezca alguno de los socios, si se ha estipulado que siga con los herederos del difunto ó con los socios existentes.

2444. Cuando la sociedad continuare solo con los socios existentes, los herederos del que murió, tendrán derecho al capital y utilidades que al finado correspondan en el momento de su muerte; y en lo sucesivo solo tendrán parte en lo qoe dependa necesariamente de los derechos adquiridos ó de las obligaciones contraidas por el difunto.

2445. La disolucion de la sociedad por la renuncia de alguno de los socios, solamente tendrá lugar en las sociedades de duracion ilimitada.

2446. La sociedad por tiempo determinado no puede disolverse por renuncia de alguno de los socios, sino ocurriendo causa legítima.

2447. Es causa legítima la que resulta de incapacidad de alguno de los socios para los negocios de la sociedad, ó de falta de cumplimiento de sus obligaciones ú otra semejante, de que pueda resultar perjuicio irreparable á la sociedad.

2448. Son aplicables á la particion entre socios las mismas reglas establecidas para la particion entre herederos.

CAPITULO VII.

De la aparcería rural.

Art. 2449. La aparcería rural comprende la aparcería agrícola y la de ganados.

2450. Tiene lugar la aparcería agrícola cuando alguna persona da á otra un predio rústico ó parte de él para que lo cultive, cediéndole la parte de frutos en que convinieren ó que fuere conforme á la costumbre del lugar.

2451. Si durante el tiempo del contrato falleciere alguno de los contratantes, no estarán el que sobreviva ni los herederos del finado, obligados á continuar en la aparcería; salvo convenio en contrario.

2452. Si al tiempo de la muerte del propietario, el labrador hubiere barbechado el terreno, podado los árboles ó ejecutado cualquiera otra obra necesaria para el cultivo, subsistirá el contrato por ese año, si de comun acuerdo no se conviniere en rescindir la sociedad.

2453. Los labradores que tuvieren heredades á medias, no podrán levantar las mieses, ó en general cosechar los frutos en que deban tener parte, sin dar aviso al propietario ó á quien haga sus veces, estando en el lugar ó dentro de la jurisdiccion á que corresponda el predio.

2454. Si ni el lugar ni dentro de la jurisdiccion se encuentran el propietario ó su procurador, podrá el labrador hacer medir, contar ó pesar los frutos á presencia de testigos mayores de toda excepcion.

2455. Si no obrare de este modo, pagará el doble de lo que deberia dar; valuándose los productos per peritos nombrados uno por cada parte.

2456. El aparcero que deje el predio sin cultivo ó no lo cultive segun lo pactado, ó por lo ménos en la forma acostumbrada, será responsable de los daños y perjuicios que causare.

2457. Son aplicables á los medieros las disposiciones de los artículos relativos á los derechos y obligaciones del arrendador y arrendatario.

2458. Tieue lugar la aparcería de ganados cuando una ó mas personas dan á otra ú otras, ciertos animales ó cierto número de ellos, á fin de que los crien, apacienten y cuiden, con el objeto de repartirse los lucros y frutos en determinada proporcion.

2459. Las condiciones de este contrato se regularán por la voluntad de los interesados; pero á falta de convenio se observará la costumbre general del lugar; salvas las siguientes disposiciones.

2460. El mediero de ganados está obligado á emplear en la guarda y tratamiento de los animales, el cuidado que ordinariamente emplee en sus cosas, y si así no lo hiciere, será responsable de los daños y perjuicios á que diere lugar.

2461. El propietario está obligado á garantir á su mediero la posesion y uso del ganado, y á sustituir por otros, en caso de eviccion, los animales perdidos: de lo contrario, es responsable de los daños y perjuicios á que diere lugar por la falta de cumplimiento del contrato.

2462. Si los animales parecieren por caso fortúito, la pérdida será de cuenta del propietario.

2463. El provecho que pueda sacarse de los despojos de los animales muertos, pertenecerá al propietario, y será responsable de él el mediero.

2464. Será nulo el convenio de que todas las pérdidas que resultaren por caso fortúito, sean de cuenta del mediero de ganados.

2465. El mediero de ganados no podrá disponer de ninguna cabeza ni de las crias, sin consentimiento del propietario, ni este sin el de aquel.

2466. El mediero de ganados no podrá hacer el esquiléo sin dar aviso al propietario; y si omite hacerlo, pagará doble el valor de la parte que podia pertenecer á este, tasada por peritos.

2467. La aparcería de ganados durará el tiempo convenido; y á falta de convenio, el tiempo que fuere costumbre en el lugar; no debiendo en ningun caso durar ménos de un año.

2468. El propietario puede pedir la rescision del contrato, si el mediero no cumple sus obligaciones.

2469. Los acreedores del propietario solo podrán embargar los derechos que á él correspondan; quedando á salvo las obligaciones contraidas con el socio mediero; á no ser que este haya procedido de mala fé.

2470. Los acreedores del mediero no pueden embargar cabezas del ganado, sino únicamente los derechos que aquel haya adquirido ó pueda adquirir en virtud del contrato.

2471. El propietario cuyo ganado se enajene indebidamente por el mediero, tiene derecho para reivindicarlo, ménos cuando se ha rematado en pública subasta; pero conservará á salvo el que le corresponda contra el mediero, para cobrarle los daños y perjuicios ocasionados por la falta de aviso.

2472. Si el propietario no exige su parte de lucros dentro de sesenta dias despues de fenecido el tiempo del contrato, se entenderá prorogado este por otro año.

2473. En caso de venta de los animales, ántes de que termine la sociedad, disfrutarán los socios el derecho del tanto.

TITULO DUODECIMO.

DEL MANDATO Ó PROCURACION.

CAPITULO I.

Disposiciones generales.

Art. 2474. El mandato ó procuracion es un acto por el cual una persona da á otra la facultad de hacer en su nombre alguna cosa.

2475. Este contrato no se perfecciona sino por la aceptacion del mandatario.

2476. Pueden ser objeto del mandato todos los actos lícitos, para los que la ley no exija la intervencion personal del principal interesado.

2477. El mandato puede ser escrito ó verbal.

2478. El mandato escrito puede otorgarse en escritura pública y con las demas solemnidades legales, ó en instrumento privado.

2479. Llámase instrumento privado cualquier documento escrito por el mandante y cubierto con sola su firma; ó escrito por otro y firmado por el mandante y otros dos testigos.

2480. Mandato verbal es el otorgado de palabra entre presentes, hayan ó no intervenido testigos.

2481. El mandato puede ser general ó especial; el primero comprende todos los negocios del mandante: el segundo se limita á ciertos y determinados negocios.

2482. El mandato general no comprende mas que los actos de administracion. Para enajenar, hipotecar y cualquiera otro acto de riguroso dominio, el mandato debe ser especial.

2483. El mandato puede celebrarse entre ausentes; y se entenderá en este caso aceptado tácitamente, si el mandatario ejecuta el encargo.

2484. El mandato debe otorgarse en escritura pública:

1º Cuando sea general:

2º Cuando el interes del negocio para que se confiere, exceda de mil pesos:

3º Cuando en virtud de él haya de ejecutar el mandatario á nombre del mandante algun acto que conforme á la ley deba constar en instrumento público:

4º Cuando se otorgue para asuntos judiciales que deban seguirse por escrito conforme al Código de procedimientos.

2485. El mandato pebe constar por lo ménos en escrito privado, cuando el interes del negocio para que se confiere, excede de trescientos pesos y no llega á mil.

2486. La omision de los requisitos establecidos en los dos artículos que preceden, anula el mandato en cuanto á las obligaciones contraidas entre un tercero y el mandante; y solo deja subsistentes las contraidas entre el tercero que haya procedido de buena fé y el mandatario, como si este hubiera obrado en negocio propio.

2487. En el caso del artículo que precede, podrá el mandante exigir del mandatario la devolucion de las sumas que le haya entregado, y respecto de las cuales será considerado el último como simple depositario.

2488. Si el mandante, el mandatario y el quo haya tratado con este, proceden de mala fé, no tendrán ninguna accion entre sí.

2489. La mujer y los menores que pasen de diez y ocho años, pueden ser mandatarios; mas para que el contrato surta todos sus efectos, necesita la mujer la autorizacion expresa del marido, y el menor la del padre ó tutor.

2490. Faltando la autorizacion prescrita en el artículo anterior, el mandato será nulo, y en ese caso se observará lo dispuesto en los artículos 2486, 2487 y 2488; pero ni el mandante ni el tercero podrán entablar sus acciones sino conforme á las reglas que determinan la responsabilidad de los actos de la mujer casada y del menor.

CAPITULO II.

De las obligaciones del mandatario con respecto al mandante.

Art. 2491. El mandatario está obligado á cumplir el mandato en los términos y por el tiempo convenidos.

2492. El mandatario debe emplear en el desempeño de su encargo la diligencia y cuidado que el negocio requiera, y que él acostumbre poner en los propios; y en caso contrario es responsable de los daños y perjuicios que cause.

2493. El mandatario no puede compensar los perjuicios que cause, con los provechos que por otro motivo haya procurado al mandante.

2494. El mandatario que se excede de sus facultades, es responsable de los daños y perjuicios que cause al mandante y al tercero con quien contrató, si este ignoraba que aquel traspasaba los límites del mandato.

2495. El mandatario está obligado á dar al mandante cuentas exactas de su administracion conforme al convenio, si lo hubiere: no habiéndolo, cuando el mandante las pida; y en todo caso al fin del contrato.

2496. El mandatario tiene obligacion de entregar al mandante todo lo que haya recibido en virtud del poder.

2497. Lo dispuesto en el artículo anterior, se observará aun cuando lo que el mandatario recibió no fuera debido al mandante.

2498. El mandatario debe pagar los intereses de las sumas que pertenezcan al mandante y que haya distraido de su objeto, é invertido en provecho propio, desde la fecha de esa inversion; así como los de las cantidades en que resulte alcanzado, desde la fecha en que se constituye en mora.

2499. Si se confiere un mandato á diversas personas respecto de un mismo negocio, aunque sea en un solo acto, no quedarán solidariamente obligadas, si no se convino así expresamente.

2500. En el caso del artículo anterior cada uno de los mandatarios solo será responsable de sus actos; y si ninguno ejecutó el mandato, la responsabilidad que de esto resulte, se repartirá por igual entre cada uno de los mandatarios.

2501. El mandatario puede enconmendar á un tercero el desempeño de un mandato, si tiene facultad expresa para ello.

2502. Si se le designó la persona del sustituto, no podrá nombrar á otra: si no se le designó persona, podrá nombrar á la que quiera; y en este último caso solo será responsable cuando la persona elegida fuere de mala fé ó se hallare en notoria insolvencia.

2503. El sustituto tiene para con el mandante los mismos derechos y obligaciones que el mandatario.

CAPITULO III.

De las obligaciones del mandante con relacion al mandatario.

Art. 2504. El mandante tiene obligacion de reembolsar al mandatario de todos los gastos que legal y necesariamente haga; y de indemnizarle de los perjuicios que sufra al cumplir el mandate.

2505. El mandante está obligado á pagar al mandatario la retribucion ú honorarios convenidos, sin perjuicio de lo dispuesto en el artículo que precede, aun cuando el mandato no haya sido provechoso al mandante; á no ser que esto acontezca por culpa ó negligencia del mandatario.

2506. Solo será gratúito el mandato cuando así se haya convenido expresamente.

2507. Si muchas personas hubiesen nombrado un solo mandatario para algun negocio comun, quedarán todos los mandantes obligados solidariamente á las resultas del mandato; pero el mandante que haga el pago, conservará á salvo su derecho contra los demas por la parte correspondiente á cada uno de ellos.

2508. Es obligacion del mandante satisfacer al mandatario los réditos de las sumas que este haya anticipado ó suplido, para la ejecucion del mandato, siempre que no se haya excedido de sus facultades.

2509. Los réditos, en el caso del artículo que precede, correrán desde la fecha en que se hizo el anticipo ó suplemento.

CAPITULO IV.

De las obligaciones y derechos del mandante y del mandatario con relacion á tercero.

Art. 2510. El mandante está obligado á cumplir las obligaciones que el mandatario haya contraido sin traspasar los límites del mandato.

2511. El mandatario no tendrá accion para exigir el cumplimiento de las obligaciones contraidas en nombre del mandante, á no ser que esa facultad se haya incluido tambien en el poder.

2512. Los actos que el mandatario practique en nombre del mandante, pero traspasando los límites expresos del mandato, serán nulos con relacion al mismo mandante, si no los ratifica tácita ó expresamente.

2513. El tercero que hubiere contratado con el mandatario que se excedió de sus facultades, no tendrá accion contra este, si le hubiere dado á conocer cuáles eran aquellas, y no se hubiere obligado personalmente por el mandante.

CAPITULO V.

Del mandato judicial.

Art. 2514. No pueden ser procuradores en juicio:

1º Los menores:

2º Las mujeres, á no ser por su marido, ascendientes ó descendientes, estando estos impedidos ó ausentes:

3º Los jueces en ejercicio dentro de los límites de su jurisdiccion:

4º Los secretarios, los escribanos y los demas empleados de justicia en sus respectivos juzgados:

5º Los empleados de la hacienda pública, en cualquiera causa en que puedan intervenir de oficio, dentro de los límites de sus respectivos distritos:

6º Los hijos, padres ó hermanos del juez.

2515. Si el poder para pleitos fuese ilegal, deberá la parte que lo presente, reformarlo dentro del plazo que á peticion de la contraria designe el juez; y si dentro de este plazo no se reforma, podrá pedirse la continuacion del juicio en rebeldía.

2516. No puede admitirse en juicio poder otorgado á favor de dos ó mas personas con cláusula de que nada pueda hacer ó promover una de ellas sino con el concurso de otra ú otras; pero puede concederse simultáneamente un mismo poder á diversas personas.

2517. Si en virtud de lo dispuesto al final del artículo que precede, se presentan diversos apoderados de una misma persona á promover ó contestar sobre un mismo asunto, el juez hará que dentro de tercero dia elijan entre sí al que ha de continuar el negocio; y si no lo hacen ó no están de acuerdo, el juez hará la eleccion.

2518. El procurador ó abogado que acepte el mandato de una de las partes, no puede admitir el de la contraria en la misma causa, aun cuando renuncie el primero.

2519. La infraccion del artículo que precede, será castigada con suspension de oficio de uno á tres años.

2520. El procurador ó abogado que revele á la parte contraria los secretos de su poderdante ó cliente, ó le suministre documentos ó datos que los perjudiquen, será responsable de todos los daños y perjuicios, quedando ademas sujeto á lo que para estos casos dispone el Código penal.

2521. El procurador que tuviere justo impedimento para desempeñar su encargo, no podrá abandonarlo sin sustituir el mandato, teniendo facultad para ello, ó sin avisar á su mandante, para que nombre á otra persona.

2522. Debe tambien el abogado avisar á su cliente, cuando por cualquiera causa no pueda continuar patrocinándole.

2523. La infraccion de los artículos anteriores, hace responsables al procurador y al abagado de los daños y perjuicios.

CAPITULO VI.

De los diversos modos de terminar el mandato.

Art. 2524. El mandato termina:

1º Por la revocacion:

2º Por la renuncia del mandatario:

3º Por la muerte del mandante ó del mandatario:

4º Por la interdiccion de uno ú otro:

5º Por el vencimiento del plazo y por la conclusion del negocio para el que fué constituido:

6º En los casos previstos por los artículos 717, 718 y 720.

2525. El mandante puede revocar el mandato cuando y como le parezca, sin perjuicio de cualquiera condicion ó convenio en contrario.

2526. El mandante puede exigir la devolucion del instrumento ó escrito en que conste el mandato y todos los documentos relativos al negocio ó negocios que tuvo á su cargo el mandatario.

2527. La constitucion de un nuevo mandatario para un mismo asunto, importa la revocacion del primero desde el dia en que se notifique á este el nuevo nombramiento.

2528. Aunque el mandato termina por muerte del mandante, debe el mandatario continuar en la administracion eneretanto los herederos proveen por sí mismos á los negocios, siempre que de lo contrario pueda resultar algun perjuicio.

2529. En el caso del artículo anterior tiene derecho el mandatario para pedir al juez designe un término corto á los herederos, á fin de que se presenten á encargarse de sus negocios.

2530. Si el mandato termina por muerte del mandatario, deben sus herederos dar aviso al mandante, y practicar, miéntras este resuelve, solamente las diligencias que sean indispensables para evitar cualquier perjuicio.

2531. El mandatario que renuncia, tiene obligacion de seguir el negocio miéntras el mandante no provee á la procuracion, si de lo contrario se sigue algun perjuicio.

2532. Lo que el mandatario, sabiendo que ha cesado el mandato, hiciere con un tercero que ignore el término de la procuracion, obliga al mandante y al mandatario personalmente con el tercero; mas el mandatario es responsable al mandante de todos los daños y perjuicios que sobrevengan, aun por caso fortúito.

CAPITULO VII.

De la gestion de negocios.

Art. 2533. Bajo el nombre de mandato oficioso ó de gestion de negocios, se comprenden todos los actos que por oficiosidad y sin mandato expreso, sino solo presunto, desempeña una persona á favor de otra, que está ausente ó impedida de atender á sus cosas propias.

2534. El que desempeña negocios en los términos expresados en el artículo que precede, se llama mandatario oficioso ó gestor de negocios: la persona á cuyo favor se ejecutan los actos, se llama dueño del negocio.

2535. El gestor de negocios se hace responsable respecto del dueño y respecto de aquellos con quienes contrata en nombre de este.

2536. Si el dueño ratifica la gestion y quiere aprovecharse de las utilidades que produzca, está obligado á indemnizar al gestor de los gastos necesarios que haya hecho y de los perjuicios que haya recibido por causa del negocio.

2537. Si el dueño no ratifica la gestion, y esta no ha tenido por objeto obtener lucro sino evitar algun daño inminente y manifiesto, deberá en todo caso indemnizar los gastos exclusivamente hechos con ese objeto.

2538. La ratificacion de la gestion producirá los mismos efectos que produciria el mandato expreso.

2539. Si el dueño desaprueba la gestion, deberá el gestor, á su costa, reponer las cosas en el estado en que se hallaban, indemnizado á aquel de los perjuicios que sufra por su culpa.

2540. Igual obligacion tendrá respecto del tercero que haya tratado con él de buena fé.

2541. Si las cosas no pueden ser restablecidas á su estado primero, y los beneficios exceden á los perjuicios, unos y otros serán de cuenta del dueño.

2542. Si los beneficios no exceden á los perjuicios, podrá el dueño obligar al gestor á tomar todo el negocio por su cuenta, exigiendo de él la indemnizacion debida.

2543. Si aquel á quien pertenece el negocio tuviere

conocimiento de la gestion y no se opusiere á ella ántes de que termine, se entenderá que la consiente; pero no estará obligado para con el gestor, si no hubiere provecho efectivo.

2544. El que se mezcla en negocios de otro contra su voluntad expresa, es responsable de todos los daños y perjuicios, aun accidentales, si no se prueba que estos se habrian realizado aunque no hubiera habido intervencion del gestor.

2545. Si en el caso del artículo que precede, quiere el dueño aprovecharse de la gestion, tendrá lugar lo dispuesto en el artículo 2536.

2546. El gestor está obligado á dar cuenta exacta y fiel de sus actos, así como de las cantidades recibidas y gastadas.

2547. El que comienza la gestion de negocios, queda obligado á concluirla; salvo si el dueño dispone otra cosa.

2548. Si el gestor se mezcla en negocios ajenos, por hallarse estos de tal modo conexos con los suyos, que no podria tratar unos sin los otros, será considerado como socio.

2549. En el caso del artículo que precede, el dueño no está obligado sino hasta donde alcancen las ventajas recibidas.

2550. Lo dispuesto en este capítulo se entiende sin perjuicio de lo prevenido en el título 13 del Libro 1º

TITULO DECIMOTERCERO.

DEL CONTRATO DE OBRAS Ó PRESTACION DE SERVICIOS.

CAPITULO I.

Del servicio doméstico.

Art. 2551. Se llama servicio doméstico el que se presta temporalmente á cualquier individuo por otro que vive con él y mediante cierta retribucion.

2552. Es nulo el contrato perpetuo de servicio doméstico.

2553. El contrato sobre servicio doméstico se regulará á voluntad de las partes; salvas las siguientes disposiciones.

2554. Se entenderá que el servicio tiene término fijo cuando se contrata para un objeto determinado que lo tenga, como un viaje ú otro semejante.

2555. Las nodrizas se entienden contratadas por todo el tiempo que dure la lectancia.

2556. A falta de convenio expreso sobre la retribucion ó salario, se observará la costumbre del lugar, teniéndose en consideracion la clase de trabajo y el sexo, edad y aptitud del que presta el servicio.

2557. Si el convenio no se ha celebrado para cierto y determinado servicio, estará el sirviente obligado á todo aquello que sea compatible con su salud, estado, fuerzas, aptitud y condicion.

2558. Ei sirviente que hubiere sido contratado sin tiempo fijo, podrá despedirse ó ser despedido á voluntad suya ó del que recibe el servicio.

2559. En los casos del artículo anterior, el que deter mine la separacion, debe avisar al otro ocho dias ántes del que fije para ella.

2560. No obstante lo dispuesto en el artículo que precede, el que recibe el servicio, podrá desde luego despedir al sirviente, pagándole el salario correspondiente á los ocho dias que se fijan eu el referido artículo.

2561. Cuando el sirviente fuere despedido èn un lugar que diste mas de veinte leguas de su domicilio, el que recibe el servicio deberá pagar un mes de salario; á no ser que allí termine el servicio contratado ó que en el ajuste se haya convenido otra cosa.

2562. El sirviente contratado por cierto tiempo, no puede dejar el servicio sin justa causa, ántes de que termine el tiempo convenido.

2563. Se llama justa causa la que proviene:

1º De necesidad de cumplir obligaciones legales ó contraidas ántes del contrato:

2º Del peligro manifiesto de algun daño ó mal considerable:

3º De falta de cumplimiento, por parte del que recibe el servicio, de las obligaciones que se haya impuesto con respecto al sirviente:

4º De enfermedad del sirviente, que le imposibilite para desempeñar el servicio:

5º De mudanza de domicilio del que recibe el servicio, á lugar que no convenga al sirviente:

2564. El sirviente que deja el servicio con justa causa, tiene derecho de cobrar todos los salarios vencidos.

2565. El sirviente que abandona sin justa causa el servicio, ántes de que termine el tiempo del ajuste, pierde el derecho de cobrar los sueldos vencidos y podrá ademas ser condenado al pago de los daños y perjuicios que de su separacion se sigan.

2566. No puede el que recibe el servicio despedir sin justa causa al sirviente contratado por cierto tiempo, ántes que este espire.

2567. Son justas causas para despedir al sirviente:

1ª Su inhabilidad para el servicio ajustado:

2ª Sus vicios, enfermedades ó mal comportamiento:

3ª La insolvencia del que recibe el servicio:

2568. Si el que recibe el servicio despide al sirviente sin justa causa, ántes de que termine el tiempo del ajuste, está obligado á pagarle su salario íntegro.

2569. El sirviente está obligado:

1º A tratar con respeto al que recibe el servicio, y á obedecerle en todo lo que no fuere ilícito ó contrario á las condiciones del contrato:

2º A desempeñar el servicio con lealtad y con toda la diligencia compatible con sus fuerzas:

3º A cuidar las cosas de aquel que recibe el servicio, y evitar, siempre que pueda, cualquier daño á que se hallen expuestas:

4º A responder de los daños y perjuicios que por su culpa sufra el que recibe el servicio:

2570. El que recibe el servicio está obligado:

1º A pagar al sirviente con rigurosa exactitud sus salarios, y á no imponerle trabajos que arruinen su salud ó expongan su vida, ó que no estén comprendidos en el ajuste.

2º A advertirle sus faltas, y siendo menor, corregirle como si fuera su tutor;

3º A indemnizarle de las pérdidas y daños que pueda sufrir por su causa ó culpa:

4º A socorrerle ó mandarle curar por cuenta de su salario, sobreviniéndole enfermedad y no pudiendo el sirviente atenderse por sí ó no teniendo familia ó algun otro recurso.

2571. El contrato de servicio doméstico se disuelve por muerte del que recibe el servicio ó del sirviente; y ni este ni sus herederos tienen derecho mas que para cobrar los salarios vencidos hasta el dia del fallecimiento.

2572. La accion para cobrar los salarios vencidos y no pagados, se entablará ante el juez competente, segun la cuantía del negocio, y en la forma prescrita en el Código de procedimientos.

2573. Esta accion prescribe en el tiempo y forma declarados en el artículo 1204.

2574. El que recibe el servicio, podrá descontar del sueldo del sirviente los daños y perjuicios que este le haya causado; salvo el derecho del sirviente en caso de injusticia.

2575. Si el que recibe el servicio no hace el descuento al verificar el pago, no tendrá accion contra el sirviente.

2576. Ademas de lo prescrito en los artículos anteriores, se observará acerca de los sirvientes lo que determinen los reglamentos de policía.

CAPITULO II.

Del servicio por jornal.

Art. 2577. Servicio por jornal es el que presta cualquier individuo á otro, dia por dia, mediante cierta retribucion diaria que se llama jornal.

2578. El jornalero está obligado á prestar el trabajo para que se ajustó, segun las órdenes y direccion de la persona que recibe el servicio: si no lo hiciere así, podrá ser despedido ántes que el dia termine, pagándosele el tiempo vencido.

2579. La persona á quien se presta el servicio, está obligada á satisfacer la retribucion prometida, al fin de la semana, ó diariamente, segun los términos del contrato.

2580. A falta de convenio expreso, se observará la costumbre del lugar.

2581. El jornalero ajustado por dia ó por los dias necesarios para desempeñar un servicio, no podrá abandonar el trabajo, ni el que recibe el servicio, despedirle ántes que terminen el dia ó dias, no habiendo justa causa.

2582. Si el jornalero ó el que recibe el servicio faltaren á lo dispuesto en el artículo anterior, aquel perderá el salario vencido, y este quedará obligado á pagarlo por entero, como si el trabajo se hubiera terminado.

2583. Las diferencias que hubiere entre los interesados sobre la justicia de la causa de que trata el artículo 2581, se decidirán en juicio verbal.

2584. Si el trabajo ajustado por ciertos dias, ó miéntras dure la obra, fuere interrumpido por caso fortúito ó fuerza mayor, el jornalero tendrá derecho de cobrar el importe correspondiente á la parte del servicio que se hubiere prestado.

2585. Si el servicio termina ántes que el dia, y solo se ha trabajado la mitad de este, se pagará la mitad del jornal; si se ha trabajado algo mas que la mitad del dia, se pagará el jornal que corresponda á un dia entero.

2586. El obrero que se haya ajustado sin señalar término, durante el cual deba trabajar, ni obra determinada que deba concluir, podrá despedirse y ser despedido á voluntad suya ó del que le empleó, sin que por esto pueda pedirse indemnizacion.

2587. El obrero es responsable del valor de los instrumentos ó de cualquiera otro objeto que se le haya confiado, y que se haya perdido ó inutilizado; á ménos que pruebe que fué sin culpa suya.

CAPITULO III.

Del contrato de obras á destajo ó precio alzado.

Art. 2588. El contrato de obras á destajo puede celebrarse:

1º Encargándose el empresario por un precio determinado de la direccion de la obra, y poniendo los materiales:

2º Poniendo el empresario solo su trabajo ó industria por un honorario fijo:

2589. En caso de duda se presume que el que se encarga de la obra, la hace por honorario ó salario, si la obra es de cosa inmueble; y que la hace por contrata, si es de cosa mueble.

2590. Siempre que el empresario se encargue por ajuste cerrado de obra en cosa inmueble cuyo valor sea de mas de cien pesos, se otorgará el contrato por escrito, incluyéndose en él una descripcion pormenorizada, y en los casos que lo requieran, un plano ó diseño de la obra.

2591. Si no se acompaña plano ó diseño, toda discusion que se ofrezca en la ejecucion de la obra, se resolverá, á falta de otra prueba, á favor del propietario.

2592. El empresario de obra hecha por ajuste cerrado, no está obligado á presentar cuentas al propietario: el que lo sea por honorario fijo, debe presentarlas comprobadas de todo lo que se gaste.

2593. El perito que forma el plano de una obra y la ejecuta, no puede cobrar el valor del plano fuera del honorario de la obra; mas si se ha hecho aquel y esta no se ejecuta por causa del dueño, podrá cobrar el valor del plano, á no ser que al encargarse este, se haya pactado que el propietario no lo pagará si no le conviniere aceptarlo.

2594. Cuando se haya invitado á varios peritos para hacer planos, con el objeto de escoger entre estos el que parezca mejor, y aquellos hayan tenido conocimiento de esta circunstancia, ninguno puede cobrar honorario por el plano; salvo convenio expreso.

2595. En el caso del artículo anterior, podrá el autor del plano aceptado cobrar su valor cuando la obra se ejecutare conforme á él por otro artista.

2596. El autor de un plano que no hubiere sido aceptado, podrá tambien cobrar su valor, si la obra se ejecutare conforme á él por otro artista.

2597. Cuando al encargarse una obra no se ha fijado precio, se tendrá por tal, si los contratantes no estuvieren de acuerdo despues, el que designen los aranceles, ó á falta de ellos el que tasen peritos.

2598. Una vez pagado y recibido un precio, no ha lugar á reclamacion sobre él; á ménos que al pagar ó recibir las partes, se hayan reservado expresamente el derecho de reclamar.

2599. Si el empresario se obliga á suministrar los materiales, todo el riesgo de la obra correrá por su cuenta hasta el acto de la entrega; á no ser que hubiere morosidad de parte del dueño de la obra en recibirla ó convenio expreso en contrario.

2600. Si el empresario se obliga únicamente á poner su trabajo ó industria, todo el riesgo será del dueño; á no ser que haya habido culpa, impericia ó mora del primero.

2601. Se presume que la pérdida proviene de culpa del empresario, cuando se verifica estando aún la cosa en su poder, y lo que se destruye es su propia obra.

2602. Será tambien de cuenta del empresario la pérdida que dependa de la mala calidad de los materiales, si no previno oportunamente al dueño del riesgo á que por esa causa quedaba expuesta la obra.

2603. El empresario, en los casos en que es responsable conforme á los tres artículos anteriores, no tiene derecho de exigir ninguna indemnizacion; á no ser que proviniendo la pérdida de la mala calidad de los materiales, haya instruido oportunamente al dueño de esa circunstancia.

2604. El arquitecto ó empresario de un edificio, haya ó no puesto los materiales, responde durante diez años, contados desde el dia de la entrega de la obra, si se arruina por vicio de la construccion ó del suelo, á no ser que de los vicios de este y de los materiales haya dado aviso al dueño.

2605. La obligacion que impone el artículo anterior, no comprende al arquitecto que vende una casa ya fabricada, ni á los demas artesanos despues de entregada y pagada la obra; salvo pacto en contrario.

2606. El que se obliga á hacer una obra por piezas ó por medida, puede exigir que el dueño la reciba en partes y se la pague en proporcion de las que reciba.

2607. La parte pagada se presume aprobada y recibida por el dueño; pero no habrá lugar á esa presuncion solo porque el dueño haya hecho adelantos á buena cuenta del precio de la obra, si no se expresa que el pago se aplica á la parte ya entregada.

2608. Lo dispuesto en los dos artículos anteriores no se observará cuando las piezas que se mandan construir no puedan ser útiles sino formando reunidas un todo.

2609. Si no se ha fijado el plazo en el que deba concluirse la obra, se entenderá concedido el que razonablemente fuere necesario para ese fin á juicio de peritos.]

2610. El empresario que no entrega la obra concluida en el tiempo debido, es responsable de los daños y perjuicios.

2611. El empresario que se encarga de ejecutar alguna obra por precio determinado, no tiene derecho de exigir despues ningun aumento, aunque lo haya tenido el precio de los materiales ó el de los jornales.

2612. Lo dispuesto en el artículo anterior se observará tambien cuando haya habido algun cambio ó aumento en el plano, á no ser que sean autorizados por escrito por el dueño y con expresa designacion de precio.

2613. Lo dispuesto en los dos artículos que preceden, no comprende al empresario que solo pone su industria ó trabajo: las variaciones que se hagan al plano y la diferencia de los precios serán en este caso exclusivamente de cuenta del dueño.

2614. El que se obliga á hacer una obra por ajuste cerrado, debe comenzar y concluir en los términos designados en el contrato; y en caso contrario, en los que sean suficientes á juicio de peritos.

2615. El empresario por sueldo ú honorario no está obligado á concluir la obra sino á voluntad del dueño, con tal que el tiempo que se fije sea bastante.

2616. El que se encarga de una obra, no puede hacerla ejecutar por otro, á ménos que se haya pactado lo contrario, ó el dueño lo consienta; en estos casos la obra se hará siempre bajo la responsabilidad del empresario.

2617. El dueño de una obra ajustada por un precio fijo, puede desistir de la empresa comenzada, con tal que indemnice al empresario de todos sus gastos y trabajo, y de la utilidad que pudiera haber sacado de la obra.

2618. Al que se ajustó por honorarios, solo se abonarán, ademas de los vencidos, los que correspondan á un mes contado desde la suspension de la obra.

2619. Pagado el empresario de lo que le corresponda segun los dos astículos anteriores, el dueño queda en libertad de continuar la obra, empleando á otras personas aun cuando aquella siga conforme al mismo plano ó diseño.

2620. Si el empresario muere ántes de terminar la obra, podrá rescindirse el contrato; pero el dueño indemnizará á los herederos de aquel del trabajo y gastos hechos.

2621. La misma disposicion tendrá lugar si el empresario no puede concluir la obra por alguna causa indepediente de su voluntad.

2622. Si muere el dueño de la obra, no se rescindirá el contrato, y sus herederos serán responsables del cumplimiento para con el empresario.

2623. Los que trabajaren por cuenta del empresario ó le suministren material para la obra, no tendrán accion contra el dueño de ella, sino hasta la cantidad que alcance el empresario, terminada la obra.

2624. El empresario es responsable del trabajo ejecutado por las personas que ocupe en la obra.

2625. Si la obra no se hiciere en los términos convenidos ó si se pactó hacerla á entera satisfaccion del dueño, se observará lo dispuesto en el capítulo 2º, título 3º de este libro.

2626. El precio de la obra se pagará al entregarse esta; salvo convenio en contrario.

2627. El constructor de cualquiera obra mueble, tiene derecho de retenerla miéntras no se le pague el precio, y goza de la preferencia que le concede el artículo 2080.

2628. El perito que construye, sea por ajuste cerrado, sea por honorario, responde de que la obra está conforme á las leyes de policía, y paga las multas que por ellas se imponen.

CAPITULO IV.

De los porteadores y alquiladores.

Art. 2629. El contrato por el cual alguno se obliga á trasportar bajo su inmediata direccion ó la de sus dependientes, por tierra ó por agua, á una persona, ó algunos animales, mercaderías ó cualesquiera otros objetos, se regirá por las disposiciones del Código mercantil, si los porteadores hubieren formado un establecimiento regular y permanente.

2630. En cualquier otro caso se observarán las reglas generales de los contratos y las siguientes disposiciones.

2631. Los porteadores responden del daño causado á las personas por defecto de los conductores, carruajes, máquinas ó caballerías que empleen; y este defecto se presume siempre que el empresario no pruebe que el mal aconteció por fuerza mayor ó por caso fortúito que no le pueda ser imputado.

2632. Responden igualmente de la pérdida y de las averías de las cosas que reciben; á no ser que prueben que la pérdida ó la avería ha provenido de caso fortúito, de fuerza mayor ó de vicio de las mismas cosas.

2633. Responden tambien de las omisiones ó equivocaciones que haya en la remision do efectos, ya sea que no los envíen en el viaje estipulado, ya sea que los envíen á parte distinta de la convenida.

2634. Responden igualmente de los daños causados por retardo en el viaje, ya sea al comenzarlo ó durante su curso, ó por mutacion de camino, á ménos que prueben que caso fortúito ó fuerza mayor los obligó á ello.

2635. Los empresarios de trasportes no son responsables de las cosas que no se les entreguen á ellos, sino á los cocheros, marineros, remeros ó dependientes de la empresa, que no estén autorizados para recibirlas por cuenta de ella.

2636. En el caso del artículo anterior, la responsabilidad es exclusiva de la persona á quien se entregó la cosa.

2637. La responsabilidad de todas las infracciones que durante el trasporte se cometan, de leyes ó reglamentos fiscales ó de policía, será del conductor y no de los pasajeros ni de los dueños de las cosas conducidas, á no ser que la falta haya sido cometida por estas personas.

2638. El empresario no será responsable de las faltas de que trata el artículo que precede, en cuanto á las penas, sino cuando tuviere culpa; pero lo será siempre de la indemnizacion de los daños y perjuicios conforme á las prescripciones del Código penal.

2639. Las personas trasportadas no tienen derecho para exigir aceleracion ó retardo en el viaje, ni alteracion alguna en la ruta ni en las detenciones y paradas, cuando estos actos estén marcados por el reglamento respectivo ó por el contrato.

2640. El remedio de todos los accidentes desfavorables corresponde al empresario ó conductor, quien al ponerlo, procurará evitar gravámenes á los pasajeros en cuanto fuere posible.

2641. Los empresarios de trasportes públicos, por tierra ó por agua, deben tener un registro en que asienten lo que reciban para su conduccion.

2642. Los empresarios de carruajes ó trasportes públicos tienen la responsabilidad expresada en el artículo 2638, aunque no sean ellos mismos los conductores; salvo su derecho contra estos en caso que resulten culpables del daño.

2643. Los acciones que nacen del trasporte, sea en pro ó en contra de los empresarios, no duran mas de seis meses despues de concluído el viaje.

2644. Si la cosa trasportada fuere de naturaleza peligrosa ó de mala calidad y el daño proviniere de alguna de esas circunstancias, la responsabilidad será del dueño del trasporte, si tuvo conocimiento de ellas: en caso contrario la responsabilidad será del que contrató con el porteador, tanto por el daño que se cause en la cosa, como por el que reciban el medio de trasporte ú otras personas ú objetos.

2645. La persona trasportada será responsable del daño que cause, ya por culpa, ya por falta de observancia de los reglamentos del trasporte.

2646. El alquilador debe declarar los defectos de la cabalgadura ó de cualquiera otro medio de trasporte, y es responsable de los daños y perjuicios que resulten de la falta de esta declaracion.

2647. Si la cabalgadura muere ó se enferma, ó si en general se inutiliza el medio de trasporte, la pérdida será de cuenta del alquilador, si no prueba que el daño sobrevino por culpa del otro contratante.

2648. El porteador tiene derecho de recibir el precio y los gastos á que diere lugar la conduccion, en los términos fijados en el contrato.

2649. A falta de convenio expreso, se observará la costumbre del lugar, ya sobre el importe del precio y de los gastos, ya sobre el tiempo en que haya de hacerse el pago.

2650. El porteador goza del privilegio que le concede el artículo 2086.

CAPITULO V.

Del aprendizaje.

Art. 2651. El contrato de aprendizaje celebrado entre mayores de edad ó en el que se interesen menores legalmente representados, se otorgará por escrito ante dos testigos. Si alguno de los interesados no supiere firmar, lo hará por él y en su presencia otra persona distinta de los testigos.

2652. Este contrato es nulo si no se fija el tiempo que debe durar el aprendizaje.

2653. En el contrato deberán constar la época ó las circunstancias que se juzguen necesarias para que el aprendiz comience á tener alguna retribucion. Esta entretanto se considerará compensada con la enseñanza.

2654. El maestro que sin justa causa despida al aprendiz ántes de que se cumpla el tiempo convenido, deberá indemnizarle, si ya recibia retribucion, de la que corresponda al tiempo que falte para cumplir el contrato. Si el aprendiz no recibia aun retribucion alguna, será indemnizado á juicio del juez.

2655. Son justas causas para despedir al aprendiz, las que para despedir al sirviente señala el artículo 2567.

2656. Si el aprendiz abandona sin justa causa la escuela ó taller ántes del tiempo convenido, podrá el maestro demandar á aquel ó á la persona que haya contratado por él, la indemnizacion de los perjuicios que se le sigan.

2657. Son justas causas para que el aprendiz se separe, las que autorizan la separacion del sirviente conforme al artículo 2563.

2658. Si el aprendiz fuere menor, no representado legalmente, el maestro no tendrá respecto de él mas que las acciones criminales, quedando ademas sujeto á las prevenciones del Código penal sobre la responsabilidad civil.

CAPITULO VI.

Del contrato de hospedaje.

Art. 2659. El contrato de hospedaje tiene lugar cuando alguno presta á otro albergue y alimentos, ó solamente albergue, mediante la retribucion convenida.

2660. Este contrato se celebra tácitamente, si el que presta el hospedaje, tiene casa pública destinada á ese objeto.

2661. Los mesoneros tienen la obligacion de conformarse con los reglamentos administrativos, bajo las penas impuestas en ellos.

2662. Los mesoneros son responsables civilmente en los casos y términos establecidos en el Código penal.

TITULO DECIMOCUARTO.

DEL DEPÓSITO.

CAPITULO I.

Del depósito en general y de sus diversas especies.

Art. 2663. El depósito en general es un acto por el cual se recibe la cosa ajena con la obligacion de custodiarla y restituirla en especie, sin facultad de usarla ni aprovecharse de ella.

2664. Se llama simplemente depósito el que hace el dueño de la cosa: el que hacen la autoridad pública ó los litigantes de acuerdo, se llama secuestro.

2665. El depósito es por su naturaleza gratúito; pero el depositario puede sin embargo estipular alguna gratificacion.

2666. Será obligacion del deponente hacer constar por escrito firmado por el depositario, la cantidad, clase y demas señas específicas de la cosa depositada.

2667. La omision del requisito que prescribe el artículo anterior, sujeta al deponente, en el caso de que se niegue ó adultere el depósito, á la obligacion de probar la realidad de este ó la adulteracion que alegue haberse hecho en él.

2668. El depositario que fuere convencido de haber negado ó adulterado el depósito, quedará sujeto á las penas de robo ó falsedad.

2669. Pueden dar en depósito todos los que pueden contratar.

2670. La incapacidad de uno de los contratantes no exime al otro de las obligaciones á que están sujetos el que deposita y el depositario.

2671. El incapaz que acepta el depósito, puede, si se le demanda por daños y perjuicios, oponer como excepcion la nulidad del contrato; mas no podrá eximirse de restituir la cosa depositada, si se conserva aun en su poder, ó el provecho que hubiere recibido de su enajenacion.

2672. Cuando la incapacidad no fuere absoluta, podrá

el depositario ser condenado al pago de daños y perjuicios, si hubiere procedido con dolo ó mala fé.

2673. El contrato llamado hasta hoy depósito irregular, que consiste en dar una cantidad de dinero no exigible sino en cierto plazo, cobrando entretanto réditos, así como toda entrega de dinero que cause interes, no se regirán por las disposiciones relativas al depósito, sino por las que arreglan el censo consignativo, cuando el dinero se imponga sobre bienes inmuebles, ó por las del mutuo con interes, cuando falte esa circunstancia, ya sea que en uno ó en otro caso se constituya ó no hipoteca.

CAPITULO II.

De las obligaciones y derechos del que da y del que recibe el depósito.

Art. 2674. El depositario está obligado:

1º A prestar en la guarda y conservacion de la cosa depositada, el cuidado y diligencia que acostumbra emplear en la guarda de sus propias cosas:

2º A restituir el depósito, cuando le fuera exigido, con todos sus frutos y accesiones.

2675. El depositario no es responsable del caso fortúito y de la fuerza mayor, si no se ha obligado á uno ú otra expresamente; ó si sobrevinieren estando la cosa en su poder, por haber sido moroso en restituirla.

2676. El depositario solo puede servirse de la cosa depositada con permiso del dueño.

2677. El permiso nunca se presumirá: siempre deberá constar expresamente.

2678. La infraccion del artículo 2676, hace responsable al depositario de todos los daños y perjuicios.

2679. Cuando el depositario tiene permiso del dueño para usar ó servirse de la cosa, el contrato muda de especie, convirtiéndose en mutuo, comodato, uso ó usufructo.

2680. Si las cosas depositadas se entregan bajo sello, cerradura ó costura, deberá restituirlas el depositario en el mismo estado.

2681. Si el depositario en cualquiera de los casos del artículo que precede, extrae ó descubre el depósito, queda obligado á reponerlo y es ademas responsable de los daños y perjuicios.

2682. El depositario quedará libre de responsabilidad, si el descubrimiento ó la extraccion del depósito se hubiere hecho sin culpa suya.

2683. La culpa se presume, miéntras no se prueba lo contrario.

2684. Si el depósito consiste en dinero, el depositario debe pagar interes de las cantidades de que haya dispuesto, desde el dia en que lo hubiere hecho.

2685. Tambien pagará interes el depositario de la cantidad que quede debiendo, concluido el depósito, desde que se constituyó en mora.

2686. El depositario no debe restituir la cosa sino al que se la entregó, ó á aquel en cuyo nombre se hizo el depósito ó fué designado para recibirla.

2687. Si despues de constituido el depósito, tiene conocimiento el depositario de que la cosa es robada, y de quién es el verdadero dueño, debe dar aviso á este ó á la autoridad competente con la reserva debida.

2688. Si dentro de ocho dias no se le manda judicialmente retener ó entregar la cosa, puede devolverla al que la depositó, sin que por ello quede sujeto á responsabilidad alguna.

2689. Siendo varios los que den una sola cosa ó cantidad en depósito, no podrá el depositario entregarla, sino previo consentimiento de todos; á no ser que al constituirse el depósito, se haya convenido en que la entrega se haga á cualquiera de los deponentes.

2690. El depositario entregará á cada deponente una parte de la cosa, si al constituirse el depósito, se señaló la que á cada uno correspondia.

2691. El depósito hecho á nombre de algun incapaz de contraer, por su representante legítimo, será restituido al que lo constituyó ó al mismo incapaz luego que cese su incapacidad, previa declaracion judicial.

2692. Si el deponente pierde, despues de constituido el depósito, su capacidad para contraer, la cosa depositada se entregará á quien legítimamente desempeñe la administracion de los bienes del incapaz.

2693. El depósito hecho por un marido, tutor ó administrador, con el carácter de que estaba revestido, debe ser restituido á la persona que representaba, si despues ha cesado la representacion que tenia.

2694. El depósito se entregará en el lugar convenido.

2695. Si no hubiere lugar designado, la devolucion se hará en el lugar donde se halle la cosa depositada.

2696. En los casos de los dos artículos que preceden, los gastos serán de cuenta del deponente.

2697. El depositario debe restituir la cosa depositada en cualquier tiempo en que la reclame el deponente, aunque al constituirse el depósiso se haya fijado plazo, y este no hubiere llegado.

2698. El depositario no está obligado á entregar la cosa cuando judicialmente se haya mandado retener ó embargar.

2699. El depositario puede por justa causa devolver la cosa ántes del plazo convenido.

2700. Si el deponente se niega á recibir la cosa depositada, el depositario puede hacer consignacion de ella en los términos prevenidos en el capítulo 3º, título 4º de este libro.

2701. Cuando el depositario descubra y pruebe que es suya la cosa depositada, y el deponente insista en sostener sus derechos, debe ocurrir al juez pidiéndole órden para retenerla ó para depositarla judicialmente.

2702. Cuando no se ha estipulado tiempo, el depositario puede devolver el depósito al deponente cuando quiera, siempre que le avise con una prudente anticipacion, si se necesita preparar algo para la guarda de la cosa.

2703. El deponente está obligado á indemnizar al depositario de todos los gastos que haya hecho en la conservacion del depósito, y de los perjuicios que por él haya sufrido.

2704. El depositario no puede retener la cosa, aun cuando al pedírsele no haya recibido el importe de las expensas á que se refiere el artículo anterior; pero sí podrá en este caso, si el pago no se le asegura, pedir judicialmente la retencion del depósito.

2705. Tampoco puede retener la cosa como prenda que garantice otro crédito que tenga contra el deponente.

CAPITULO III.

Del secuestro.

Art. 2706. El secuestro es convencional ó judicial.

2707. El secuestro convencional se verifica cuando los litigantes depositan la cosa litigiosa en poder de un tercero, que se obliga á entregarla, concluido el pleito, al que conforme á la sentencia tenga derecho á ella.

2708. El encargado del secuestro no puede libertarse de él ántes de la terminacion del pleito, sino consintiendo en ello todas las partes interesadas, ó por una causa que el juez declare legítima.

2709. El encargado del secuestro tiene la posesion de los bienes en nombre de aquel á quien se adjudiquen por sentencia ejecutoriada.

2710. Fuera de estas excepciones, rigen para el secuestro convencional las mismas disposiciones que para el depósito.

2711. El secuestro judicial se rige por lo que dispone el Código de procedimientos.

TITULO DECIMOQUINTO.

DE LAS DONACIONES.

CAPITULO I.

De las donaciones en general.

Art. 2712. Donacion es un contrato por el que una persona trasfiere á otra, gratúitamente, una parte ó la totalidad de sus bienes presentes.

2713. Son aplicables á la donacion las reglas generales sobre contratos en lo que no se opongan á las disposiciones contenidas en este título.

2714. La donacion no puede comprender los bienes futuros.

2715. La donacion puede ser pura, condicional, onerosa ó remuneratoria.

2716. Pura es la donacion que se otorga en términos absolutos; y condicional la que depende de algun acontecimiento incierto.

2717. Es onerosa la donacion que se hace imponiendo algunos gravámenes; y remuneratoria la que se hace en atencion á servicios recibidos por el donante y que no importan una deuda.

2718. Cuando la donacion sea onerosa, solo se considerará donado el exceso que hubiere en el precio de la cosa, deducidas de él las cargas.

5719. Las donaciones solo pueden tener lugar entre vivos, y no pueden revocarse sino en los casos declarados en la ley.

2720. Las donaciones que se hagan para despues de la muerte del donante, se regirán por las disposiciones relativas á legados; y las que se hagan entre consortes, por lo dispuesto en el capítulo 9º, título 10º de este libro.

2721. La donacion es irrevocable desde que el donatario la acepta y se hace saber la aceptacion al donador.

2722. La donacion puede hacerse verbalmente ó por escrito.

2723. No puede hacerse donacion verbal mas que de bienes muebles.

2724. La donacion verbal solo producirá efectos legales, si el valor de la cosa no pasa de trescientos pesos.

2725. Si el valor de los muebles donados excede de trescientos pesos, la donacion deberá otorgarse en escritura pública.

2726. Si la donacion fuere de bienes raices, solo podrá hacerse en escritura pública, sea cual fuere su valor; y no producirá sus efectos, sino desde que sea debidamente registrada.

2727. En la escritura se hará constar especificadamente el valor de cada mueble, las calidades del inmueble y las cargas y obligaciones que se imponen al donatario.

2728. La aceptacion debe hacerse en la misma escritura de donacion ó en otra separada; pero no surtirá efecto si no se hiciere en vida del donador.

2729. Si la aceptacion se hiciere en escritura diversa, se notificará en debida forma al donador y se anotará el acto en las dos escrituras.

2730. El donatario debe, pena de nulidad, aceptar por sí mismo ó por medio de quien tenga su poder especial para el caso, ó general para aceptar donaciones.

2731. Es nula la donacion que comprende la totalidad de los bienes del donante, si este no se reserva en propiedad ó en usufructo lo necesario para vivir segun sus circunstancias.

2732. Si el donante hace donacion de todos sus bienes muebles y raices, se entenderán comprendidos los derechos y acciones.

2733. Las donaciones serán inoficiosas en todo lo que excedieren de la parte que la ley declara de libre disposicion.

2734. Si el que no tiene herederos forzosos, hace donacion general de todos sus bienes por causa de muerte y se reserva algunos para testar, sin otra declaracion, se entenderá reservada la tercia parte de los bienes donados.

2735. Si el donante dispone de su tercia legal, en la forma antedicha, se entenderá reservada la tercia parte de aquella.

2736. Si el donante muriere sin disponer de los bienes que se haya reservado, y estos se encontraren en su poder, le sucederán en ellos sus herederos legítimos, y á falta de estos, el donatario. En este caso no sucederá el fisco.

2737. Lo dispuesto en el artículo anterior se observará salva la voluntad del donante expresada en la escritura de donacion.

2738. Puede donarse la propiedad á una persona y el

usufructo á otra: en este caso los derechos de los interesados se regirán por las disposiciones contenidas en el título 5º del libro 2º

2739. La donacion hecha á varias personas conjuntamente, no produce á favor de estas el derecho de acrecer, si no es que el donante lo haya establecido de un modo expreso.

2740. El donante solo es responsable de la eviccion de la cosa donada, si se obligó á prestarla expresamente; salvo lo dispuesto en el artículo 2260.

2741. No obstante lo dispuesto en el artículo que precede, el donatario quedará subrogado en todos los derechos del donante, si se verifica la eviccion.

2742. Si la donacion se hace con la carga de pagar las deudas del donante, solo se entenderán comprendidas las que existan al tiempo de la donacion con fecha auténtica.

2743. Si la donacion fuere de ciertos y determinados bienes, el donatario no responderá de las deudas del donante, sino cuando sobre los bienes donados estuviere constituida alguna hipoteca ó en caso de fraude en perjuicio de los acreedores.

2744. Si la donacion fuere de todos los bienes, el donatario será responsable de todas las deudas del donante, anteriormente contraidas; pero solo hasta la cantidad concurrente con los bienes donados.

2745. Lo dispuesto en los tres artículos que preceden, se observará cuando sobre esos puntos no hubiere declaracion expresa del donante, aceptada por el donatario.

CAPITULO II.

De las personas que pueden hacer ó recibir donaciones.

Art. 2746. Pueden hacer donaciones todos los que pueden contratar y disponer de sus bienes.

2747. Pueden aceptar donaciones todos aquellos á quienes no está especialmente prohibido por disposicion de la ley.

2748. Respecto de las mujeres casadas y de los menores y demas incapacitados se observará lo dispuesto en los artículos 207, 624 y 626.

2749. Los no nacidos pueden adquirir por donacion, con tal que hayan estado concebidos al tiempo en que aquella se hizo y sean viables conforme al artículo 327.

2750. Las donaciones hechas simultáneamente á personas que conforme á la ley no puedan recibirlas, son nulas, ya se hagan de un modo directo, ya por interpósita persona.

2751. Se considerarán como interpósitas personas los descendientes; ascendientes ó cónyuge de los incapaces.

CAPITULO III.

De la revocacion y donacion de las donaciones.

Art. 2752. Las donaciones pueden rescindirse ó anularse en los casos en que pueden serlo los demas contratos:

2753. Las donaciones legalmente hechas por una persona que al tiempo de otorgarlas no tenia herederos forzosos, quedarán revocadas por el solo hecho de sobrevenir al donante hijos legítimos ó legitimados, ó naturales ó espúrios reconocidos, y que hayan nacido con todas las condiciones que exige el artículo 327.

2754. La donacion no se revocará por superveniencia de hijos:

1º Siendo de ménos de trescientos pesos:

2º Siendo antenupcial:

3º Siendo hecha á alguno de los consortes durante el matrimonio.

2755. Rescindida la donacion por superveniencia de hijos, serán restituidos al donante los bienes donados, ó su valor, si han sido enajenados ántes del nacimiento de los hijos.

2756. Si el donatario hubiere hipotecado los bienes donados, subsistirá la hipoteca; pero tendrá derecho el donante de exigir que aquel la redima. En los casos de usufructo y servidumbre se observará lo dispuesto en los artículos 1026, fraccion 8ª, y 1157 fraccion 5ª

2757. Cuando los bienes no puedan ser restituidos en especie, el valor exigible será el que tenian aquellos al tiempo de la donacion.

2758. El donatario hace suyos los frutos de los bienes donados hasta el dia del nacimiento del hijo.

2759. El donante no puede renunciar el derecho de revocacion por superveniencia de hijos.

2760. La accion de revocacion por superveniencia de hijos, solo se trasmite á estos y á sus descendientes legítimos.

2761. La accion para pedir la revocacion por superveniencia de hijos, se pierde á los veinte años contados desde la fecha del nacimiento de aquellos.

2762. La donacion será revocada á instancia del donador, cuando se haya dejado de cumplir alguna de las condiciones con que la hizo.

2763. En el caso del artículo anterior se observará lo dispuesto en los artículos 2755 y 2756; haciéndose la restitucion de los bienes con los frutos é intereses, segun lo determinado en los artículos 1462 y 1463.

2764. La donacion puede ser revocada por ingratitud

1º Si el donatario comete algun delito contra la persona, la honra ó los bienes del donante:

2º Si el donatario acusa judicialmente al donante de algun delito que pudiera ser perseguido de oficio, aunque lo pruebe, á no ser que hubiere sido cometido contra el mismo donatario, su cónyuge, sus ascendientes ó sus descendientes legítimos:

3º Si el donatario rehusa socorrer, segun el valor de la donacion, al donante que ha venido á pobreza.

2765. Es aplicable á la revocacion de las donaciones por ingratitud lo dispuesto en los artículos 2754 á 2757; pero solo subsistirán las hipotecas registradas ántes de la demanda, y solo se restituirán los frutos percibidos despues de ella.

2766. La accion de revocacion por causa de ingratitud no puede ser renunciada anticipadamente, y prescribe dentro de un año contado desde que se tuvo conocimiento del hecho.

2767. Esta accion no podrá ejercitarse contra los herederos del donatario, á no ser que en vida de este hubiese sido intentada.

2768. Tampoco puede esta accion ejercitarse por los herederos del donante, si este, pudiendo, no la hubiese intentado.

2769. La donacion puede ser revocada por inoficiosa, si importa perjuicio de la legítima de los berederos forzosos del donante; y es nula aquella que se hace en fraude de acreedores.

2770. Si el perjuicio de la legítima no iguala al valor total de la donacion, se reducirá esta en lo que sea necesario para que se integre aquella.

2771. Las reglas para declarar inoficiosa una donacion, se establecen en el capítulo 4º, título 2º del libro 4º

2772. La reduccion de las donaciones entre vivos comenzará por la última en fecha, que será totalmente suprimida si la reduccion no bastare á completar la legíma.

2773. Si el importe de la donacion ménos antigua no alcanzare, se procederá respecto de la anterior en los términos establecidos en el artículo que precede, siguiéndose el mismo órden hasta llegar á la mas antigua.

2774. Habiendo diversas donaciones otorgadas en el mismo acto ó en la misma fecha, se hará la reduccion entre ellas á prorata.

2775. Si la donacion consiste en bienes muebles, se tendrá presente para la reduccion el valor que tenian al tiempo de ser donados.

2776. Cuando la donacion consista en bienes raices que fueren cómodamente divisibles, la reduccion se hará en especie.

2777. Cuando el inmueble no pueda ser dividido y el importe de la reduccion exceda de la mitad del valor de aquel, recibirá el donatario el resto en dinero.

2778. Cuando la reduccion no exceda de la mitad del valor del inmueble, el donatario pagará el resto en dinero.

2779. Lo dispuesto en los dos artículos anteriores no es aplicable al donatario heredero; quien podrá retener el inmueble donado, pagando lo que el valor de este exceda de su legítima.

2780. Hecha la reduccion ó la supresion en su caso, quedará el inmueble de pleno derecho exonerado en todo ó en parte de los gravámenes é hipotecas que el donatario le haya impuesto.

2781. Si los inmuebles no se hallan al tiempo de la revocacion ó reduccion, en poder del donatario, será este responsable del valor que tenian al tiempo de la donacion.

2782. Cuando el donatario se hallare insolvente, podrán los herederos reivindicar los bienes donados, si el tercer poseedor se negare á pagar el precio que dió por ellos.

2783. Esta accion prescribe no siendo intentada dentro de dos años contados desde el dia en que el heredero ó legatario hayan aceptado la herencia ó legado.

2784. Revocada ó reducida una donacion por inoficiosa, el donatario solo responderá de los frutos desde que fuere demandado; pero si es coheredero, responde de ellos desde la muerte del donante.

TITULO DECIMOSEXTO

DEL PRÉSTAMO.

CAPITULO I.

Disposiciones generales.

Art. 2785. Bajo el nombre de préstamo se comprende toda concesion gratúita, por tiempo y para objetos determinados del uso de una cosa no fungible, con obligacion de restituir esta en especie; y toda concesion, gratúita ó á interes, de cosa fungible, con obligacion de devolver otro tanto del mismo género y calidad. En el primer caso, el préstamo se llama comodato, y en el segundo mutuo.

2786. Pueden dar y recibir en préstamo los que pueden disponer libremente de sus cosas.

2787. Los derechos y obligaciones que resultan del préstamo, son trasmisibles tanto á los herederos como á los representantes del que prestó y del que recibió el préstamo.

2788. Si el préstamo se declara nulo ó se rescinde, se observará, por lo que toca á la cosa, lo dispuesto en el artículo 1794.

2789. Si el contrato de préstamo se rescinde ó anula por ser incapaz uno de los contratantes, la excepcion de nulidad no aprovecha al fiador que haya intervenido en el contrato, si no prueba que al otorgar la fianza, ignoraba la incapacidad en que se fundó la rescision.

CAPITULO II.

Del comodato.

Art. 2790. El comodante conserva la propiedad de la cosa prestada.

2791. El comodatario adquiere el uso, pero no los frutos y accesiones de la cosa prestada; de la que no es poseedor conforme á derecho.

2792. Si el comodatario paga alguna cantidad por el uso de la cosa prestada, el contrato deja de ser comodato.

2793. Si el préstamo se hace en contemplacion á solo la persona del comodatario, los herederos de este no tienen derecho de continuar en el uso de la cosa prestada.

2794. El comodatario debe emplear en el uso de la cosa la misma diligencia que en el de las suyas propias; en caso contrario responde de los daños y perjuicios.

2795. El comodatario no puede destinar la cosa á uso distinto del convenido: de lo contrario es responsable de os d años y perjuicios.

2796. El comodatario responde de la pérdida de la cosu, si la emplea en uso diverso ó por mas tiempo del convenido, aun cuando aquella sobrevenga por caso fortúito.

2797. Si la cosa parece por caso fortúito de que el comodatario haya podido garantiria, empleando la suya propia, ó si no pudiendo conservar mas que una de las dos, ha preferido la suya, responde de la pérdida de la otra.

2798. Si la cosa ha sido estimada al prestarla, su pérdida aun cuando sobrevenga por caso fortúito, es de cuenta del comodatario; quien deberá entregar el precio, si no hay convenio expreso en contrario.

2799. Si la cosa se deteriora por solo efecto del uso para el que fué prestada, y sin culpa del comodatario, no es este responsable del deterioro.

2800. El comodatario no tiene derecho para repetir el importe de los gastos ordinarios que se necesiten para el uso y la conservacion de la cosa prestada.

2801. Tampoco tiene derecho el comodatario para retener la cosa á pretexto de lo que por expensas ó por cualquiera otra causa le deba el dueño.

2802. Siendo dos ó mas los comodatarios, están sujetos solidariamente á las mismas obligaciones.

2803. El comodatario tiene obligacion de restituir la cosa prestada, terminado que sea el plazo convenido ó satisfecho el objeto del préstamo.

2804. Si no se ha determinado el uso ó el plazo del préstamo, el comodante podrá exigir la cosa cuando le pareciere.

2805. La prueba de haber convenidos uso ó plazo, incumbe al comodatario.

2806. El comodante podrá exigir la devolucion de la cosa ántes de que terminen el uso ó plazo convenidos, sobreviniéndole necesidad urgente de la cosa ó probando que hay peligro de que esta perezca si continúa en poder del comodatario.

2807. Si durante el préstamo el comodatario ha tenido que hacer para la conservacion de la cosa algun gasto extraordinario, y de tal manera urgente, que no haya podido dar aviso de él al comodante, este tendrá obligacion de reembolsarlo.

2808. Cuando la cosa prestada tiene defectos tales que puede causar perjuicios al que se sirve de ella, el comodante es responsable de estos, si conoció los defectos y no dió aviso oportuno al comodatario.

CAPITULO III.

Del mutuo simple.

Art. 2809. El mutuatario hace suya la cosa prestada, y es de su cuenta el riesgo desde que se la entregan.

2810. El mutuatario tiene obligacion de restituir en el plazo convenido otro tanto del mismo género y calidad de lo que recibió.

2811. Si no hubiere convenio acerca del plazo de la restitucion, se observará lo dispuesto en los tres artículos siguientes:

2812. Si el mutuatario fuere labrador, y el préstamo consistiere en cereales ú otros productos del campo, la restitucion se hará en la siguiente cosecha de los mismos ó semejantes frutos ó productos.

2813. La mism disposicion se observará respecto de los mutuatarios, que no siendo labradores, perciban frutos semejantes de sus tierras.

2814. En todos los demas casos la obligacion de restituir comienza desde el requerimiento judicial.

2815. El préstamo deberá restituirse en el lugar convenido.

2816. Cuando no se haya señalado lugar, si el préstamo consistiere en efectos, la restitucion se hará en el lugar donde se recibieron; y si consistiere en dinero, en el domicilio del mutuante.

2817. Si no fuere posible al mutuatario restituir en género, satisfará pagando el valor que la cosa prestada tenia en el tiempo y lugar en que se hizo el préstamo, á juicio de peritos, si no hubiere estipulacion en contrario.

2818. Cuando el préstamo se hace en dinero y en determinada especie de moneda, el mutuatario debe pagar en la misma especie recibida, sea cuál fuere el valor que esta tenga en el momento de hacerse el pago. Si no puede pagar en la misma especie, debe entregar la cantidad de moneda corriente que corresponda al valor de la especie recibida.

2819. El mutuante es responsable de los perjuicios que el mutuatario sufra en los términos del artículo 2808.

2820. El mutuatario es responsable de los intereses desde que se ha constituido en mora.

2821. En el caso de haberse pactado que la restitucion se hará cuando pueda ó tenga medios el deudor, fijarán los tribunales, segun las circunstancias, el tiempo en que debe hacerse; salvo lo dispuesto en el artículo 1632.

CAPITULO IV.

Del mutuo con interes.

Art. 2822. Es permitido estipular interes por el mutuo, ya consista en dinero, ya en géneros.

2823. El interes es legal ó convencional.

2824. El interes legal está fijado por la ley, y su tasa será en todo caso el seis por ciento anual. El interes convencional es el que se fija á arbitrio de los contratantes y puede ser menor ó mayor que el interes legal.

2825. La tasa del interes convencional debe incluirse en el mismo contrato de mutuo, y puede probarse por los mismos medios que este.

2826. Si el mutuatario debe intereses y abona algunas cantidades, se aplicarán estas á los intereses vencidos, y lo que de ella sobre, se imputará al capital.

2827. No puede cobrarse interes de los intereses vencidos si no está expresamente estipulado en el contrato; observándose lo que en él se establezca sobre los plazos en que deba hacerse la capitalizacion.

2828. El recibo del capital dado sin reserva de intereses, establece á favor del deudor la presuncion de haberlos pagado.

TITULO DECIMOSETIMO.

DE LOS CONTRATOS ALEATORIOS.

CAPITULO I.

Disposiciones generales.

Art. 2829. El contrato aleatorio es un convenio recíproco, cuyos efectos, en cuanto á las ganancias y pérdidas, ya para todas las partes ya para una ó algunas de ellas, depende de un acontecimiento incierto.

2830. Los contratos aleatorios son:

1º El contrato de seguros:

2º El préstamo á la gruesa ó riesgo marítimo:

3º El juego y la apuesta:

4º El contrato de renta vitalicia:

5º La sociedad de minas:

6º La compra de esperanza.

2831. El contrato de préstamo ó riesgo marítimo se rige por las disposiciones del Código mercantil, y el de sociedad de minas por las ordenanzas especiales relativas.

2832. Cualquier contrato aleatorio se considera como donacion condicional, si el que debe recibir la prestacion, no queda sujeto á retribucion alguna cuando se realice el acontecimiento incierto.

CAPITULO II.

De los seguros.

Art. 2833. Contrato de seguros es aquel por el cual una de las partes se obliga, mediante cierto precio, á responder é indemnizar á la otra del daño que podrian causarle ciertos casos fortúitos á que está expuesta.

2834. Llámase asegurador el que se obliga á responder de los riesgos: asegurado, aquel á quien se responde de ellos: prima ó premio de seguro, el precio que exige el asegurador por su responsabilidad; y póliza de seguro, la escritura que se extiende para hacer constar el contrato.

2835. El contrato de seguros es nulo si no se otorga en escritura pública.

2836. El seguro puede contratarse con garantías accesorias, tanto por parte del asegurado como del asegurador.

2837. Puede contratarse el seguro para la persona del contratante ó para sus herederos ú otras personas, con tal de que se designen expresamente en la escritura.

2838. El aseguramiento no se puede estipular sino por tiempo expresamente señalado por número de dias, meses ó años, ó determinado por un acontecimiento que precise sus límites; mas no indefinidamente.

2839. En la póliza deben designarse especificadamente los bienes que se aseguran y los acontecimientos de que responde el asegurador.

2840. La obligacion del asegurador no comprende mas que los bienes y acontecimientos expresamente señalados en el contrato.

2841. Puede el asegurador responder de la pérdida total de la cosa ó solo de sus deterioros.

2842. Si el aseguramiento es parcial, ya de parte señalada de una cosa, ya de cierta cantidad en un crédito, ya de un interes determinado, el asegurador solo responde de la parte designada, aunque se pierda toda la cosa.

2843. Perdida la cosa ó causado el deterioro, el derecho ya adquirido á la indemnizacion, es trasmisible como cualquiera otro.

2844. Puede ser asegurador cualquier persona ó compañía capaz de obligarse.

2845. El que administra bienes de otro, no puede constituirse asegurador á nombre de este, si no tiene mandato ó autorizacion especial para ello.

2846. Los tutores en ningun caso, ni aun con licencia judicial, pueden constituir á los incapacitados aseguradores de otros bienes; pero sí pueden hacer que sean asegurados, aun sin licencia judicial.

2847. Si son varios los aseguradores, cada uno responde de su obligacion, y no tiene derecho de exigir que el asegurado le ceda sus acciones contra los demas.

2848. Si los asegurados fueren solidarios, se observarán las reglas de la mancomunidad.

2849. En el caso fortúito no se comprende la fuerza mayor, si no se ha pactado así expresamente.

2850. Pueden dos ó mas propietarios asegurarse mutuamente el daño fortúito que sobrevenga en sus respectivos bienes.

2851. En el contrato de seguros mutuos, cada contratante responde á proporcion de los bienes que tiene asegurados.

2852. El asegurador debe pagar la indemnizacion estipulada; y ni él ni el asegurado pueden alterarla por el mayor ó menor valor de la cosa perdida.

2853. El asegurador se libra del pago, si constando desde luego cuál fué la causa perdida, y no habiendo disputa sobre su calidad y cuantía, la repone con otra igual y de la misma calidad, cuando para ello está autorizado por el contrato.

2854. Cuando para reparar la cosa se necesite algun tiempo, el juez señalará el que sea competente; salvo convenio de las partes.

2855. Si el asegurador en virtud de convenio expreso toma sobre sí la reposicion de la cosa asegurada, está obligado á concluirla, sea cual fuere su costo.

2856. Si estando asegurada la cosa, el asegurador paga el valor de ella ó todo lo convenido para el caso de pérdida; puede exigir que se le entreguen los restos de la coa, si los hubiere.

2857. El asegurador no puede suspender ni disminuir el pago, fundándose en las acciones que le conceden los artículos 2866 y 2867.

2858. Si llegado el caso previsto, la cosa se ha libertado en todo ó en parte, causando gastos de salvamento, están obligados el asegurador y el asegurado á pagar dichos gastos á prorata de su interes; á ménos que el asegurador prefiera pagar el aseguramiento.

2859. Cuando la cosa asegurada se consume ó muda de forma por el asegurado ó con su consentimiento, cesa la obligacion del asegurador, aunque aquella se pierda despues dentro del término señalado en el contrato.

2860. Puede estipular á su favor el seguro no solo el que es propietario de los bienes asegurados, sino tambien el que tiene interes en su conservacion.

2861. Cuando la cosa fuere asegurada, no por el dueño sino por el que solo tenga en ella cierto interes, el asegurado cobrará la indemnizacion; pero solo hará suya la parte que de ella corresponda á su propio interes.

2862. El dueño recibirá la parte restante de la indemnizacion, y abonará al asegurado la que en los seguros pagados corresponda á la cantidad que reciba.

2863. Dentro de seis dias contados desde que sobrevino el daño, debe el asegurado ponerlo en conocimiento del asegurador; y si no lo hace, no tiene accion contra él.

2864. La prueba de haber ocurrido el daño por caso fortúito y sin culpa del que lo experimentó, incumbe á este.

2865. Ademas de los casos generales de culpa, la habrá en este contrato cuando el asegurado destinare la cosa asegurada á un uso indebido, y cuando en caso de desgracia, no haya cuidado de evitarla ó de disminuir los daños, pudiendo hacerlo.

2866. El dueño que por pérdida ó deterioro de la cosa tenga accion contra un tercero, no la ejercitará sino mancomunadamente con el asegurador.

2867. Con lo que por dicha accion se obtuviere, se cubrirá primero el desembolso hecho por el asegurador: el sobrante pertenecerá al asegurado.

2868. Será nulo el contrato de seguros, si al tiempo de celebrarlo, tenian conocimiento el asegurado de haber ocurrido ya el daño de que se le aseguraba, ó el asegurador de haberse ya preservado de él los bienes asegurados.

2869. Si hubo buena fé é igual ignorancia de parte de los dos contrayentes, valdrá el contrato, aunque al tiempo de celebrarlo, hubiese ya perecido la cosa ó estuviese en salvo.

2870. En la póliza debe expresarse el precio del seguro; así como la suma de la indemnizacion. Si esta fuere por deterioros, el importe de ellos se fijará por peritos, á no ser que los contratantes adopten otro medio.

2871. El precio del seguro puede ser fijado libremente por las partes, y puede pagarse de una vez ó en plazos.

2872. Si la prima se ha pagado de una vez, sobrevenido el accidente ó vencido el término del contrato, no tiene el asegurado derecho para exigir la devolucion de ninguna parte del precio que haya satisfecho.

2873. Si para el pago de la prima se han convenido plazos, llegado el caso del seguro, tiene derecho el asegurador para descontar de la indemnizacion el importe de las pensiones que tendria que recibir hasta el vencimiento del término.

2874. No tiene lugar lo dispuesto en el artículo que precede, cuando en la póliza se expresa que solo se reputarán precio las pensiones vencidas.

2875. Si se ha estipulado que el precio ó seguro se ha de satisfacer en prestaciones periódicas correspondientes á la duracion del aseguramiento, y estas no estuvieren debidamente satisfechas, el asegurador no responderá del daño cuando se sufra dentro del plazo del aseguramiento á que corresponda la prima no pagada.

2876. El asegurado solo tiene derecho para reclamar la indemnizacion, cuando la pérdida ó deterioro de la cosa sobrevienen ántes de la conclusion del plazo.

2877. Pueden ser materia del contrato de seguros:

1º La vida:

2º Las acciones y derechos:

3º Las cosas raices:

4º Las cosas muebles.

2878. El seguro de la vida puede ser para solo el caso de muerte natural ó para todo evento, aun cuando sea de muerte violenta.

2879. El aseguramiento de la vida únicamente puede hacerse por la misma persona cuya vida se asegura, y la indemnizacion, llegado el caso, se considerará como parte del caudal mortuorio, y se aplicará conforme á derecho.

2880. Las personas que hayan procurado la muerte del asegurado, nunca tendrán derecho al aseguramiento de la vida de este; aunque para ellas se hubiere pactado la indemnizacion. Ningun pacto contrario es válido.

2881. Cuando ha espirado el término por el que se aseguró una vida, el asegurador queda libre, aunque el hombre cuya vida se aseguró, esté ya enfermo irremediablemente y muera despues del término.

2882. El seguro de la vida para todo evento no produce efectos legales cuando la muerte ha sido procurada por suicidio.

2883. En el caso del artículo que precede, los herederos del suicida tienen derecho de exigir la devolucion de la prima.

2884. Pueden ser objeto del seguro las acciones y derechos, aun cuando sean litigiosos.

2885. Es nulo el seguro sobre acciones y derechos á una herencia futura.

2886. El seguro de un derecho litigioso no obligará al asegurador sino despues que se haya pronunciado sentencia irrevocable, que no lo sea por desistimiento del interesado ó por haberse pronunciado en su rebeldía.

2887. Tampoco está obligado el asegurador, si el asegurado termina el pleito por transaccion.

2888. Los que tengan algun giro mercantil ó industrial, ó de cualquiera otra clase en finca ajena, no podrán asegurar el valor de su establecimiento, sin asegurar el valor de la finca en favor del propietario para el caso de siniestro; y si este sobreviene, se observará respecto de la indemnizacion lo dispuesto en los artículos 2861 y 2862.

2889. Si por razon del giro mercantil ó industrial establecido en finca urbana, tuvieren que introducirse en esta materias combustibles ó inflamables, deberá contener la póliza, ademas de los requisitos comunes:

1º Una certificacion de los encargados de policía, por la que conste que los reglamentos de esta no han sido violados en la importacion y colocacion de dichos efectos:

2º Nota expresa de haber dado aviso á los colindantes y haber contestado estos de enterado:

2890. En el caso del artículo que precede, puede el asegurador estipular el derecho de hacer, siempre que lo crea necesario, la inspeccion de los efectos y de su colocacion.

2891. Es nulo el seguro de cosas fungibles, si no se expresan claramente su número, peso, medida, cantidad y calidad.

2892. Cuando el aseguramiento tiene por objeto el trasporte de cualquiera cosa, y se designan la manera y medios de conducirla, así como el camino que debe seguirse, el asegurador queda libre de su obligacion, si se verifica el trasporte con infraccion del contrato.

2893. El aseguramiento no tendrá efecto, cuando habiendo sido hecho para un trasporte, este dejare de verificarse por caso fortúito ó por fuerza mayor.

2894. En el caso del artículo que precede, el asegurador deberá devolver lo que por cuenta del seguro haya recibido; y si el trasporte dejó de verificarse por culpa suya, será ademas responsable de los daños y perjuicios.

2895. Cuando el trasporte deje de verificarse por alguna causa diversa de las designadas en los artículos anteriores, el asegurador solo podrá cobrar el diez por ciento de la prima convenida.

2896. Si el trasporte comenzó y no llegó á su término, el contrato surtirá todos sus efectos, á no ser que haya habido culpa de parte del asegurador; quien en este caso no solo devolverá el seguro, sino que deberá pagar los daños y perjuicios.

2897. Si la cosa asegurada se pierde, y ántes de que se pague la indemnizacion, se encuentra ó se tiene constancia del lugar donde se halla, el contrato continuará hasta su término; y el asegurador no tendrá obligacion mas que respecto de los deterioros que hubiere habido.

2898. Si la cosa perdida se hallare despues de pagada la indemnizacion, el asegurado podrá á su arbitrio retener la cosa ó la cantidad que haya recibido, pero no ambas.

2899. El aseguramiento marítimo se rige por lo que dispone el Código de comercio.

CAPITULO III.

Del juego y de la apuesta.

Art. 2900. La ley no concede accion alguna para reclamar una deuda contraria en juego prohibido.

2901. Se considerarán prohibidos para los efectos del artículo que precede, todos los juegos en que la ganancia ó la pérdida dependan exclusivamente de la suerte, sin intervencion del ingenio ó de medios lícitos conocidos de ambas partes.

2902. Las deudas contraidas en juego lícito, solo podrán demandarse en juicio, si no excedieren de la cantidad de cien pesos.

2903. Si para eludir la disposicion del artículo anterior, se suponen varias apuestas de cantidad igual ó menor que la permitida, y lo prueba así alguno de los demandados, perderá el actor todo derecho, sin perjuicio de las penas en que pueda incurrir conforme á las prescripciones del Código penal.

2904. El que ha perdido en un juego, no puede repetir lo que ha pagado voluntariamente, á no ser:

1º En caso de dolo ó de fraude de la otra parte; ó en

cualquiera otro caso en que el cotraton no debiera producir efecto segun las reglas generales:

2º Cuando la cantidad ó cosa que se pagó, se hubiere perdido en juego prohibido.

2905. Si una persona juega y pierde dinero ajeno ignorándolo el dueño, puede este demandar la suma perdida.

2906. Las apuestas hechas de buena fé y fuera del juego, son válidas cuando el valor no excede de la cantidad designada en el artículo 2902.

2907. Se considerará de mala fé la apuesta siempre que una de las partes haya conocido la verdad al tiempo de prevocar ó aceptar aquella.

2908. Para la validez de la apuesta no es necesario que las partes arriesguen cantidades iguales.

2909. Si una de las partes no hace lo que debia para obtener un resultado, pierde la apuesta.

2910. Es nula toda apuesta que tenga analogía con un juego prohibido.

CAPITULO IV.

De la renta vitalicia.

Art. 2911. La renta vitalicia es un contrato aleatorio por el cual uno se obliga á pagar una pension ó rédito anual durante la vida de una ó mas personas determinadas, mediante la entrega de una cantidad de dinero ó de una cosa mueble ó raiz estimadas.

2912. La renta vitalicia puede tambien constituirse á título puramente gratúito, sea por donacion entre vivos ó por testamento.

2913. En los casos del artículo anterior se observarán para la validez y pago de la renta vitalicia, las disposiciones relativas á la solemnidad externa del acto en que se constituya.

2914. Puede constituirse la renta sobre la vida del que da el capital ó sobre la de un tercero.

2915. Puede tambien constituirse sobre la vida de varias personas determinadas, aunque ninguna de ellas ponga el capital.

2916. Puede, en fin, constituirse á favor de aquella ó aquellas personas sobre cuya vida se otorga, ó á favor de otra ú otras personas distintas.

2917. Aunque cuando la renta se constituye á favor de una persona que no ha puesto el capital, debe considerarse como una donacion, no se sujeta á los preceptos que arreglan ese contrato, salvo los casos en que deba ser reducida por inoficiosa ó anulada por incapacidad del que debe recibirla.

2918. El interes de la renta vitalicia será el que establezca el contrato.

2919. El contrato de renta vitalicia es nulo, si la persona sobre cuya vida se constituye, ha muerto ántes de su otorgamiento.

2920. Tambien es nulo el contrato si la persona á cuyo favor se constituye la renta, muere dentro del plazo que en él se señale y que no podrá bajar de treinta dias contados desde el del otorgamiento.

2921. Aquel á cuyo favor se ha constituido la renta,

mediante un precio, puede demandar la rescision del contrato, si el constituyente no le da ó conserva las seguridades estipuladas para su ejecucion.

2922. Si la renta se hubiere constituido en testamento, sin designacion de bienes determinados, el legatario tendrá derecho á que el heredero señale bienes bastantes sobre los que haya de constituirse hipoteca.

2923. La sola falta del pago de las pensiones no autoriza al pensionista para demandar el reembolso del capital ó la devolucion de la cosa dada para constituir la renta.

2924. El pensionista en el caso del artículo anterior, solo tiene derecho de ejecutar judicialmente al deudor por el pago de las rentas vencidas, y para pedir la aseguracion de las futuras.

2925. El constituyente no puede librarse del pago de la renta, ofreciendo el reembolso del capital y renunciando á la repeticion de las pensiones pagadas, sino que debe cumplir el contrato en la forma y términos convenidos, por onerosos que le fueren; salvo que la oferta fuere aceptada voluntariamente.

2926. La renta correspondiente al año en que muere el que la disfruta, se pagará en proporcion á los dias que este vivió; pero si debia pagarse por plazos anticipados, se pagará el importe total del plazo que durante la vida del rentista se hubiere comenzado á cumplir.

2927. Solamente el que constituyo á título gratúito una renta sobre sus bienes, puede disponer al tiempo del otorgamiento que no estará sujeta á embargo por derechos de un tercero.

2928. Lo dispuesto en el artículo anterior no comprende las contribuciones.

2929. Si la renta se ha constituido para alimentos, no podrá ser embargada sino en la parte que á juicio del juez exceda de la cantidad que sea necesaria para cubrir aquellos segun las circunstancias de la persona.

2930. La renta vitalicia constituida sobre la vida del mismo pensionista, no se extingue sino con la muerte de este.

2931. Si la renta se constituye sobre la vida de un tercero, no cesará con la muerte del pensionista, sino que se trasmitirá á sus herederos, y solo cesará con la muerte de la persona sobre cuya vida se constituyó.

2932. El pensionista solo puede demandar las pensiones, justificando su supervivencia ó la de la persona sobre cuya vida se constituyó la renta.

2933. Si el que paga la renta vitalicia, ha causado la muerte del acreedor ó la de aquel sebre cuya vida habia sido constituida, debe devolver el capital á los herederos.

CAPITULO V.

De la compra de esperanza.

Art. 2934. Se llama compra de esperanza la que tiene por objeto los frutos futuros de una cosa ó los productos inciertos de un hecho que pueda estimarse en dinero.

2935. El vendedor que ejecuta por sí solo y sin convenio previo con el comprador, el hecho cuyo producto se espera, solo tiene accion para cobrar el precio, obtenido que sea el producto.

2936. Si el vendedor ejecuta el hecho por convenio con el comprador, tendrá accion para cobrar el precio, obténgase ó no el producto, siempre que la ejecucion del hecho se haya verificado en los términos convenidos.

2937. En la compra de esperanza el peligro de la co sa será siempre de cuenta del comprador.

2938. Los demas derechos y obligaciones de las partes, en la compra de esperanza, serán los que se determinan en el título de compra—venta.

TITULO DECIMOOCTAVO.

DE LA COMPRA-VENTA.

CAPITULO I.

Disposiciones generales.

Art. 2939. La compra—venta es un contrato por el cual uno de los contrayentes se obliga á trasferir un derecho ó á entregar una cosa y el otro á pagar un precio cierto y en dinero.

2940. Si el precio de la cosa vendida se ha de pagar parte en dinero y parte con el valor de otra cosa, el contrato será de venta cuando la parte de numerario sea igual ó mayor que la que se pague con el valor de otra cosa. Si la parte de numerario fuere inferior, el contrato será de permuta.

2941. Los contratantes pueden convenirse en que el precio sea el que corra en dia ó lugar determinado, ó el que fije un tercero.

2942. Fijado el precio por el tercero, no podrá ser rechazado por los contratantes, sino de comun consentimiento.

2943. Si el tercero no quiere ó no puede señalar el precio, queda el contrato sin efecto, salvo convenio en contrario.

2944. El precio de frutos y cereales vendidos al fiado, á personas no comerciantes y para su consumo, no podrá exceder del mayor que esos géneros tuvieren en el lugar en el período corrido desde la entrega hasta el fin de la siguiente cosecha.

2945. El señalamiento del precio no puede dejarse al arbitrio de uno de los contrayentes.

2946. La venta es perfecta y obligatoria para las partes por el solo convenio de ellas en la cosa y en el precio, aunque la primera no haya sido entregada ni el segundo satisfecho.

2947. Para que la simple promesa de compra—venta tenga efectos legales, es menester que se designe la cosa vendida, si es raiz ó mueble no fungible. En las cosas fungibles bastará que se designe el género y la cantidad. En todo caso debe fijarse el precio.

2948. Si la compra—venta no se realizare y hubieren intervenido arras, el comprador perderá las que hubiere dado cuando por su culpa no tuviere efecto el contrato

2949. Si la culpa fuere del vendedor, este volverá las arras con otro tanto.

2950. Desde el momento que la venta es perfecta conforme á los artículos 1392, 1552 y 2946, pertenece la cosa al comprador y el precio al vendedor, teniendo cada uno de ellos derecho de exigir del otro el cumplimiento del contrato.

2951. Respecto de tercero la venta no podrá producir sus efectos, siendo de derechos ó de cosas raices, sino desde que fuere registrada en los términos prevenidos en el título respectivo.

2952. En cuanto al riesgo de la cosa vendida se observará lo dispuesto en el capítulo 3°, título 3° de este libro.

2953. Las compras á vista ó de cosas que se acostumbren gustar, pesar ó medir, no producirán sus efectos sino despues que se hayan visto, gustado, pesado ó medido los objetos vendidos.

2954. Los contratantes pagarán por mitad los gastos de escritura y registro, salvo convenio en contrario.

2955. La venta forzosa por causa de utilidad pública, se rige por la ley orgánica del artículo 27 de la Constitucion.

CAPITULO II.

De los efectos de la compra–venta.

Art. 2956. Pueden ser objeto de compra–venta todas las cosas que están en el comercio, y que no fueren exceptuadas por la ley ó por los reglamentos administrativos de conformidad con ella.

2957. Solo pueden ser vendidos en los casos y forma que la ley establece:

1º Los bienes de menores é incapacitados, y cualesquiera otros que se hallen en administracion:

2º Los bienes dotales:

3º Los bienes de propiedad pública:

4º Los bienes empeñados ó hipotecados.

2958. Ninguno puede vender sino lo que es de su propiedad ó aquello á que tiene algun derecho legítimo.

2959. La venta de cosa ajena es nula; y el vendedor es responsable de los daños y perjuicios, si procede con dolo ó mala fé.

2960. En el caso del artículo que precede, el contrato quedará revalidado, y libro el vendedor de la responsabilidad penal en que pueda haber incurrido, si ántes de que tenga lugar la eviccion ó la acusacion, adquiere por cualqluier título legítimo la propiedad de la cosa vendida.

2961. No puede ser objeto de compra–venta el derecho á la herencia de una persona viva, aun cuando esta preste su consentimiento; ni los alimentos debidos por derecho de familia.

2962. La venta de cosa ó derecho litigioso no está prohibida; pero el vendedor que no declara la circunstancia de hallarse la cosa en litigio, es responsable de los daños y perjuicios, si el comprador sufre la eviccion; quedando ademas sujeto á las penas impuestas al delito de fraude.

2963. Es nula la venta de cosa que ya no existe ó que no puede existir; y el vendedor es responsable de los daños y perjuicios, si hubiere dolo ó mala fé.

2964. Si la cosa vendida solamente hubiere perecido en parte, tendrá el comprador la eleccion de rescindir el contrato, ó de aceptar la parte restante, reduciéndose proporcionalmente el precio á juicio de peritos; salvo convenio en contrario.

CAPITULO III.

De los que pueden vender y comprar.

Art. 2965. Pueden vender todas las personas á quienes no está legalmente prohibido disponer de sus bienes, ya por razon de su estado, ya por la naturaleza misma de la cosa.

2966. Pueden comprar todas las personas que pueden contratar, salvas las siguientes excepciones.

2967. No pueden comprar bienes rsices los establecimientos públicos ni las corporaciones, bajo la pena de perder lo comprado en provecho de la nacion.

2968. Los consortes no pueden celebrar entre sí el contrato de compra–venta, á no ser que estén separados legalmente en cuanto á los bienes.

2969. No pueden comprar cosa litigiosa los que no pueden ser cesionarios segun lo dispuesto en el artículo 1737; excepto en el caso de venta de acciones hereditarias, siendo co–herederos, ó en el de responsabilidad por los bienes hipotecados que posean.

2970. Los abogados no pueden comprar los bienes y

derechos que sean objeto de un litigio en que intervengan por su profesion.

2971. Los hijos de familia pueden vender á sus padres cualesquiera bienes de los comprendidos en la quinta clase de las mencionadas en el artículo 401.

2972. El padre que tenga varios hijos, no podrá vender á uno de ellos ninguna clase de bienes sin consentimiento expreso de los otros, si fueren mayores de edad; ó sin autorizacion judicial, si fueren menores.

2973. Los co-propietarios de cosa indivisible no pueden vender á extraños su parte respectiva, si el partícipe quiere hacer uso del tanto.

2974. En caso de contravencion á lo dispuesto en el artículo anterior, podrá el co-propietario preferido pedir la rescision del contrato; pero solamente dentro de seis meses contados desde la celebracion de la venta.

2975. No pueden comprar los bienes de cuya venta ó administracion se hallan encargados:

1º Los tutores y curadores:

2º Los mandatarios:

3º Los ejecutores testamentarios y los que fueren nombrados en caso de intestado:

4º Los interventores nombrados por el testador ó por los herederos:

5º Los representantes, administradores é interventores en caso de ausencia:

6º Los empleados públicos:

2976. Los peritos y los corredores no pueden comprar los bienes en cuya venta han intervenido.

2977. Las compras hechas en contravencion á lo dispuesto en este capítulo, no producirán efecto alguno, ya se hayan hecho directamente, ó por interpósita persona.

2978. Se entenderá por interpósita persona el consorte ó cualquiera otra de quien el comprador sea heredero presunto.

2979. Si la cosa hubiere sido adquirida con dolo, el comprador será ademas responsable de los daños y perjuicios.

2980. Las ventas hechas en pública subasta, se regirán por lo dispuesto en el Código de procedimientos.

CAPITULO IV.

De las obligaciones del vendedor.

Art. 2981. El vendedor está obligado:

1º A entregar al comprador la cosa vendida:

2º A garantir las calidades de la cosa:

3º A prestar la eviccion.

CAPITULO V.

De la entrega de la cosa vendida.

Art. 2982. Si la cosa vendida es mueble, se dice entregada cuando materialmente se pone en poder del comprador ó cuando se entregan á este las llaves del lugar en que está guardada.

2983. Si la cosa vendida es raiz, se dice entregada luego que está otorgada la escritura pública, ó si no hay escritura, luego que están entregados los títulos de la finca.

2984. Lo dispuesto en el artículo anterior se observará tambien para la traslacion de los derechos.

2985. En cualquier caso se considera hecha la entrega, si el comprador da por recibida la cosa.

2986. Los gastos de la entrega de la cosa vendida son de cuenta del vendedor; y los de su trasporte ó traslacion de cargo del comprador; salvo convenio en contrario.

2987. El vendedor no está obligado á entregar la cosa vendida, si el comprador no ha pagado el precio ó no se ha señalado en el contrato un plazo para el pago.

2988. Tampoco está obligado á la entrega cuando haya concedido un término para el pago, si despues de la venta se descubre que el comprador se halla en estado de insolvencia, de suerte que el vendedor corre inminente riesgo de perder el precio; salvo si el comprador le da fianza de pagar en el plazo convenido.

2989. Si la venta fuere hecha al fiado, podrá el vendedor exigir el precio con sus intereses en caso de mora, mas no podrá pedir la rescision del contrato.

2990. El vendedor debe entregar la cosa vendida en el estado en que se hallaba al perfeccionarse el contrato.

2991. Debe tambien el vendedor entregar todos los frutos producidos desde que se perfeccionó la venta, y los rendimientos, accesiones y títulos de la cosa.

2992. Cuando la cosa se vendiere por número, peso

ó medida, con expresion de estas circunstancias, el comprador podrá pedir la rescision del contrato, si en la entrega hubiere falta que no pueda ó no quiera suplir el vendedor, ó exceso que no pueda separarse sin perjuicio de la cosa.

2993. Si el comprador quiere sostener el contrato, puede exigir la reduccion del precio en proporcion de la falta; debiendo aumentarlo en proporcion del exceso.

2994. Si la venta se hizo solo á la vista y por acervo, aun cuando sea de cosas que se suelen contar, pesar ó medir, se entenderá realizada luego que los contratantes se avengan en el precio; y el comprador no podrá pedir la rescision del contrato, alegando no haber encontrado en elacervo la cantidad, peso ó medida que él calculaba.

2995. Habrá lugar á la rescision si el vendedor presentare el acervo como de especie homogénea y ocultare en él especies de inferior clase y calidad de las que están á la vista.

2996. Si la venta de uno ó mas inmuebles se hiciere por un precio alzado y sin estimar especialmente sus partes ó medidas, no habrá lugar á la rescision, aunque en la entrega hubiere falta ó exceso.

2997. Si en la venta de un inmueble se han designado los linderos, el vendedor estará obligado á entregar todo lo que dentro de ellos se comprenda; aunque haya exceso en las medidas expresadas en el contrato.

2998. Rescindido el contrato, segun lo dispuesto en los artículos que preceden, estará el vendedor obligado á restituir el precio si lo hubiere recibido, y á satisfacer todos los gastos que el comprador haya hecho para cumplir su obligacion.

2999. Las acciones que nacen de los artículos 2994 á 2996, se prescriben en un año contado desde el dia de la entrega.

3000. Si una misma cosa fuere vendida por el mismo vendedor á diversas personas, se observará lo siguiente.

3001. Si la cosa vendida fuere mueble, prevalecerá la venta primera en fecha; y si no fuere posible verificar la prioridad de esta, prevalecerá la hecha al que se halle en posesion de la cosa.

3002. En todo caso el vendedor responde del precio que haya recibido indebidamente, así como de los daños y perjuicios; y puede ser acusado de estafa por los que fueren perjudicados ó engañados.

3003. Si la cosa vendida fuere raiz, prevalecerá la venta que primero se haya registrado; y si ninguna lo ha sido, se observará lo dispuesto en el artículo 3001.

CAPITULO VI.

Del saneamiento por los defectos ó gravámenes ocultos de la cosa.

Art. 3004. El vendedor está obligado al saneamiento por los defectos ocultos de la cosa vendida, que la hagan impropia para el uso á que se la destina, ó que disminuyan de tal modo este uso, que á haberlos conocido el comprador, no hubiera hecho la compra, ó habria dado ménos precio por la cosa,

3005. El vendedor no es responsable de los defectos manifiestos ó que están á la vista; ni tampoco de los que no lo están, si el comprador es un perito, que por rezon de su oficio ó profesion debe fácilmente conocerlos.

3006. En los casos del artículo 3004, puede el comprador exigir la rescision del contrato, pagándosele los gastos que por él hubiere hecho; ó que se le rebaje una cantidad proporcionada del precio á juicio de peritos.

3007. Si se probare que el vendedor conocia los defectos ocultos de la cosa vendida, y no los manifestó al comprador, tendrá este la misma fácultad que le concede el artículo anterior; debiendo ademas ser indemnizado de los daños y perjuicios, si prefiere la rescision.

3008. En los casos en que el comprador puede elegir la indemnizacion ó la rescision del contrato, una vez hecha por él la eleccion del derecho que va á ejercitar, no puede usar del otro sin consentimiento del vendedor.

3009. Si la cosa vendida pereciere ó mudare de naturaleza á consecuencia de los vicios ocultcs que tenia, y eran conocidos del vendedor, este sufrirá la pérdiea y deberá restituir el precio, y abonar los gastos del contrato, con los daños y perjuicios.

3010. Si el vendedor no conocia los vicios, solo deberá restituir el precio y abonar los gastos del contrato en el caso de que el comprador los haya pagado.

3011. En las ventas judiciales nunca habrá lugar á la responsabilidad de daños y perjuicios; pero sí á todo lo demas dispuesto en los artículos anteriores.

3012. Las acciones que nacen de lo dispuesto en los artículos 3004 á 3011, se extinguen á los seis meses contados desde la entrega de la cosa vendida, sin perjuicio de lo dispuesto en el caso especial á que se refieren los artículos 1625 y 1626.

3013. Vendiéndose dos ó mas animales juntamente, sea en un precio alzado ó sea señalándolo á cada uno de ellos, el vicio de uno da solamente lugar á la accion redhibitoria respecto de él y no respecto de los demas; á no ser que aparezca que el comprador no habria comprado el sano ó sanos, sin el vicioso.

3014. En el caso final del artículo que precede, se presume la voluntad del comprador cuando se compra un tiro, yunta ó pareja, aunque se haya señalado un precio separado á cada uno de los animales que los componen.

3015. Lo dispuesto en el artículo 3013, es aplicable á la venta de cualquiera otra cosa.

3016. No tiene lugar el saneamiento por los vicios ocultos de las cosas vendidas en subasta pública, sino cuando se ha puesto por condicion expresa.

3017. Cuando un animal muere dentro de los tres dias siguientes á su compra, es responsable el vendedor si por juicio de peritos se prueba que la enfermedad existia ántes de la venta.

3018. Si la venta se declara resuelta, debe devolverse la cosa vendida en el mismo estado en que se entregó; siendo responsable el comprador de cualquier deterioro que no proceda del vicio ó defecto ocultados.

3019. En caso de venta de animales, ya sea que se vendan individualmente, por troncos ó yuntas ó como ganados, la accion redhibitoria por causa de tachas ó vicios ocultos solo dura veinte dias contados desde la fecha del contrato.

3020. La calificacion de los vicios de la cosa vendida

se hará por peritos nombrados por las partes y un tercero, que elegirá el juez en caso de discordia.

3021. Los peritos declararán terminantemente si los vicios eran anteriores á la venta, y si por causa de ellos no podia destinarse la cosa á los usos para que fué comprada.

3022. El contrato de compra–venta no podrá rescindirse en ningun caso á pretexto de lesion, siempre que la estimacion de la cosa se haya hecho por peritos al tiempo de celebrarse el contrato.

3023. Si la cosa ha sido valuada por peritos con posterioridad á la celebracion del contrato, podrá rescindirse este si del dictámen de aquellos resulta que alguna de las partes ha sufrido lesion en los términos que establece el artículo 1772.

CAPITULO VII.

De la eviccion.

Art. 3024. El vendedor está obligado á garantir la propiedad y posesion pacífica del comprador y á prestar la eviccion en los términos declarados en el capítulo 5º, título 3º de este libro.

CAPITULO VIII.

De las obligaciones del comprador.

Art. 3025. El comprador debe cumplir todo aquello á que se haya obligado, y especialmente pagar el precio de la cosa en el tiempo, lugar y forma convenidos.

3026. Si no se han fijado tiempo y lugar, el pago se hará en el tiempo y lugar en que se entregue la cosa.

3027. Si ocurre duda sobre cuál de los contratantes deberá hacer primero la entrega, uno y otro harán el depósito en manos de un tercero.

3028. El comprador debe intereses por el tiempo que media entre la entrega de la cosa y el pago del precio en los tres casos siguientes:

1º Si así se hubiere convenido:

2º Si la cosa vendida y entregada produce fruto ó renta:

3º Si se hubiere constituido en mora con arreglo á los artículos 1539 y 1548.

3029. En las ventas á plazo sin estipular intereses, no los debe el comprador por razon de aquel, aunque entretanto perciba los frutos de la cosa; pues el plazo hizo parte del mismo contrato, y debe presumirse que en esta consideracion se aumentó el precio de la venta.

3030. Si la concesion del plazo fué posterior al contrato, el comprador estará obligado á prestar los intereses; salvo convenio en contrario.

3031. Cuando el comprador á plazo ó con espera del precio fuere perturbado en su posesion y derecho, ó tuviere justo temor de serlo, podrá suspender el pago si aun no lo ha hecho, miéntras el vendedor no le asegure la posesion ó no le dé fianza; salvo si hay convenio en contrario.

3032. El vendedor de la cosa, ya sea mueble, ya raiz, no puede rescindir el contrato despues de la entrega por falta de pago del precio.

3033. Aunque en la venta de bienes inmuebles se hubiere estipulado: que por falta de pago del precio en el tiempo convenido, tendrá lugar la resolucion del contrato, de pleno derecho, el comprador puede pagar aun despues de espirar el término, ínterin no haya sido constituido en mora á virtud de un requerimiento; pero si este se ha hecho, el juez no puede concederle nuevo término.

3034. Respecto de bienes muebles, la resolucion de la venta tendrá lugar de pleno derecho cuando el comprador, ántes de vencerse el término fijado para la entrega de la cosa, no se ha presentado á recibirla, ó habiéndose presentado, no haya ofrecido al mismo tiempo el precio; á no ser que para el pago de esta se hubiere pactado mayor dilacion.

CAPITULO IX.

De la retroventa.

Art. 3035. Se llama retroventa la venta hecha con la condicion de que dentro de un plazo determinado se pueda rescindir el contrato, devolviéndose respectivamente el precio de la cosa.

3036. La retroventa solo puede tener lugar en bienes raices.

3037. La retroventa no puede estipularse por mas tiempo que el de cinco años contados desde la fecha del contrato.

3038. Si el vendedor no hace uso del derecho de retracto en el término convenido, y á falta de este en el de los cinco años, la venta queda irrevocablemente consumada.

3039. El vendedor que quiera efectuar la retroventa, deberá reembolsar al comprador:

1º Del precio recibido:

2º De los gastos del contrato:

3º De los gastos necesarios y útiles hechos en la cosa vendida.

3040. El comprador responde de los daños y deterioros que la cosa haya sufrido por su culpa ó negligencia.

3041. Si la cosa perece por caso fortúito ó fuerza mayor dentro del plazo fijado para la retroventa, serán uno y otra de cuenta del vendedor.

3042. El vendedor puede demandar la cosa, aunque se halle en poder de tercero; salvo el derecho de este contra el que se la vendió.

3043. Lo dispuesto en el artículo anterior tendrá lugar, aunque en el segundo contrato no se haga mencion del pacto de retroventa.

3044. El comprador tiene sobre la cosa, miéntras no se realiza la retroventa, todos los derechos del vendedor; excepto los que importen perjuicio al derecho de retracto.

3045. Los acreedores del vendedor no podrán ejercitar el derecho de retracto contra el comprador, sino despues de hacer excusion en todos los bienes del primero.

3046. Si el comprador con pacto de retroventa de una parte indivisa de alguna finca, ha obtenido la totalidad de ella en una licitacion ó subasta contra él provocada, puede obligar al vendedor á redimir el todo si este quiere hacer uso del derecho de retracto.

3047. Si muchos conjuntamente y en un solo contrato venden una finca indivisa con pacto de retroventa, ninguno de ellos puede ejercitar este derecho mas que por su parte respectiva.

3048. Lo mismo se observará, si el que ha vendido por sí solo una finca, ha dejado muchos herederos: en este caso cada uno de estos solo puede redimir la parte que hubiere adquirido.

3049. En los casos de los dos artículos anteriores, el comprador puede exigir de todos los vendedores ó coherederos, que se pongan de acuerdo sobre la redencion de la totalidad de la cosa vendida; y si así no lo hicieren, no puede ser obligado á consentir el retracto parcial.

3050. Si cada uno de los co-propietarios de una finca indivisa ha vendido separadamente su parte, puede ejercitar con la misma separacion el derecho de retracto por su porcion respectiva, y el comprador no puede obligarle á redimir la totalidad de la finca.

3051. Si el comprador hubiere dejado muchos herederos, y la cosa estuviere indivisa, la accion de retracto se ejercitará contra todos ellos.

3052. Si la herencia se hubiere dividido, la accion se

ejercitará contra el heredero ó herederos á quienes la cosa haya sido adjudicada.

3053. El vendedor que recobra la cosa vendida, la adquiere libre de toda carga ó hipoteca impuesta por el comprador; pero está obligado á pasar por los arriendos que este haga de buena fé, y segun la costumbre del lugar.

3054. Si al celebrarse la venta, hubiere en la finca frutos manifiestos ó nacidos, no se hará abono ni prorateo de los que haya al tiempo de la retroventa.

3055. Si no los hubo al tiempo de la venta y los hay al del retracto, se proratearán entre el retrayente y el comprador; dándose á este la parte correspondiente al tiempo que poseyó la finca en el último año; el cual se comenzará á contar desde el plazo fijado para la retroventa.

CAPITULO X.

De la forma del contrato de compra-venta.

Art. 3056. El contrato de compra-venta no requiere para su validez formalidad alguna especial, sino cuando recae sobre cosa inmueble.

3057. La venta de un inmueble cuyo valor no exceda de quinientos pesos, se hará en instrumento privado, que firmarán el vendedor y el comprador ante dos testigos conocidos.

3058. Si alguno de los contratantes no supiere escribir, lo hará en su nombre y á su ruego otra persona con capacidad legal; no pudiendo firmar con ese carácter ninguno de los testigos.

3059. De dicho instrumento se formarán dos originales, uno paro el vendedor y otro para el comprador, extendiéndose en el papel del sello que corresponda.

3060. Si el valor del inmueble excede de quinientos pesos, la venta se reducirá á escritura pública.

3061. La venta de bienes raices no producirá efectos con relacion á tercero, sino despues de registrada en los términos prescritos en este Código.

TITULO DECIMONOVENO.

DE LA PERMUTA.

Art. 3062. Cambio ó permuta es un contrato por el que se da una cosa por otra.

3063. Dándose cosa y dinero por otra cosa, será venta ó permuta, segun lo dispuesto en el artículo 2940.

3064. Si uno de los contratantes ha recibido la cosa que se le prometió en permuta, y acredita que no era propia del que la dió, no puede ser obligado á entregar la que él ofreció en cambio, y cumple con devolver la que recibió.

3065. El permutante que sufra eviccion de la cosa que recibió en cambio, podrá reivindicar la que dió, si se halla aún en poder del otro permutante, ó exigir su valor y los daños y perjuicios.

3066. Lo dispuesto en el artículo anterior no perjudica los derechos que á título oneroso haya adquirido un tercero sobre la cosa que reclama el que sufrió la eviccion.

3067. Con excepcion de lo relativo al precio, son aplicables á este contrato las reglas del de compra-venta, en cuanto no se opongan á los artículos anteriores.

TITULO VIGESIMO.

DEL ARRENDAMIENTO.

CAPITULO I.

Disposiciones generales.

Art. 3068. Se llama arrendamiento el contrato por el que una persona cede á otra el uso ó el goce de una cosa por tiempo determinado y mediante un precio cierto. Se llama arrendador el que da la cosa en arrendamiento y arrendatario el que la recibe.

3069. Pueden dar y recibir en arrendamiento los que pueden contratar.

3070. El que no fuere dueño de la cosa, podrá arrendarla si tiene la facultad de celebrar este contrato, ya en virtud de autorizacion expresa del dueño, ya por disposicion de la ley.

3071. En el primer caso del artículo anterior la constitucion del arrendamiento se sujetará á los límites que designe el convenio; y en el segundo á los que la ley ha fijado al marido, al tutor, al albacea y á los demas administradores de bienes ajenos.

3072. No puede arrendar el co-propietario de cosa indivisa, sin consentimiento de los otros co-propietarios, ó de quien los represente.

3073. Pueden arrendarse el usufructo y la servidumbre con sujecion á las disposiciones contenidas en los títulos 5º y 6º del libro 2º

3074. Se prohibe á los magistrados, á los jueces y á cualesquiera otros empleados públicos, tomar en arrendamiento por sí ó por interpósita persona los bienes que deben arrendarse en virtud de juicio ó de reparticion en que aquellos hayan intervenido.

3075. Se prohibe á los miembros de los establecimientos públicos tomar en arrendamiento por sí ó por interpósita persona los bienes que á estos pertenezcan.

3076. Son interpósitas personas las declaradas en el artículo 2978.

3077. El arrendamiento puede hacerse por el tiempo que convenga á los contratantes; salvo lo que para casos determinados establece la ley.

3078. La renta ó precio del arrendamiento puede consistir en una suma de dinero ó en cualquiera otra cosa equivalente, con tal que sea cierta y determinada.

3079. El arrendamiento debe otorgarse por escrito cuando la renta pase de trescientos pesos anuales.

3080. Si el predio fuere rústico y la renta pasare de mil pesos anuales, el contrato se otorgará en escritura pública.

3081. La forma del arrendamiento de los bienes nacionales y de cualquier establecimiento público se regirá por las ordenanzas administrativas.

CAPITULO II.

Da los derechos y obligaciones del arrendador y del arrendatario.

Art. 3082. El arrendador está obligado, aunque no haya pacto expreso:

1º A entregar al arrendatario la finca arrendada con todas sus pertenencias y en estado de servir para el uso convenido; y si no hubo convenio expreso, para aquel á que por su misma naturaleza estuviere destinada:

2º A conservar la cosa arrendada en el mismo estado durante el arrendamiento, haciendo para ello todas las reparaciones necesarias:

3º A no estorbar ni embarazar en manera alguna el uso de la cosa arrendada, á no ser por causa de reparaciones urgentes é indispensables:

4º A garantir el uso ó goce pacífico de la cosa por todo el tiempo del contrato:

5º A responder de los perjuicios que sufra el arrendatario por los defectos ó vicios ocultos de la cosa, anteriores al arrendamiento.

3083. La entrega de la cosa se hará en el tiempo convenido; y si no hubiere convenio, luego que el arrendador fuere requerido por el arrendatario.

3084. El arrendador no puede durante el arrendamiento mudar la forma de la cosa arrendada ni intervenir en el uso legítimo de ella; salvo el caso designado en la fraccion 3ª del artículo 3082.

3085. Para cumplir lo dispuesto en la fraccion 4ª del artículo 3082, se observarán las prescripciones contenidas en el capítulo 5º. título 3º de este libro.

3086. Lo dispuesto en la citada fraccion 4ª no comprende los embarazos que provengan de meros hechos de tercero ni los ejecutados en virtud de abuso de la fuerza.

3087. Para cumplir lo prevenido en la fraccion 5ª del citado artículo 3082, se observará lo dispuesto en el capítulo 6º, título 18 de este libro.

3088. El arrendador pagará las contribuciones impuestas á la finca; salvo convenio en contrario.

3089. Cuando la ley imponga las contribuciones al arrendador, exigiendo su pago al arrendatario, las pagará este con cargo á la renta.

3090. Si al terminar el arrendamiento, hubiere algun saldo á favor del arrendatario, el arrendador deberá devolverlo inmediatamente; á no ser que tenga algun derecho que ejercitar contra aquel: en este caso depositará judicialmente el saldo referido.

3091. El arrendador goza del privilegio de preferencia para el pago de la renta y demas cargas del arrendamiento, sobre los muebles y utensilios del arrendatario, existentes dentro de la cosa, y sobre los frutos de la cosecha respectiva, si el predio fuere rústico, en los términos declarados en los artículos 2088 y 2089.

3092. El arrendatario está obligado:

1º A satisfacer la renta ó precio en el tiempo y forma convenidos:

2º A responder de los perjuicios que la cosa arrendada sufra por su culpa ó negligencia, ó la de sus familiares y subarrendatarios:

3º A servirse de la cosa solamente para el uso convenido ó conforme á la naturaleza de ella.

3093. El arrendatario no está obligado á pagar la renta sino desde el dia en que recibe la cosa arrendada; salvo pacto en contrario.

3094. La renta debe pagarse en los plazos convenidos; y á falta de convenio, por meses vencidos si el predio arrendado es urbano, y por tercios, tambien vencidos, si el predio es rústico.

3095. La renta se pagará en el lugar convenido, y á falta de convenio, conforme á lo dispuesto en el artículo 1634.

3096. Lo dispuesto en el artículo 3090 respecto del arrendador, regirá en su caso respecto del arrendatario.

3097. El arrendatario que falta á uno de los plazos señalados para el pago de la renta, no tiene derecho de exigir el cumplimiento del contrato.

3908. El arrendatario está obligado á pagar la renta en la especie de moneda convenida; observándose en este caso lo dispuesto en el artículo 1569.

3099. El arrendatario está obligado á pagar la renta que se venza hasta el dia en que se entregue la cosa arrendada.

3100. Si el precio del arrendamiento debiere pagarse en frutos, y el arrendatario no los entregare en el tiempo debido, estará obligado á pagar en dinero el mayor que tuvieron los frutos en todo el tiempo trascurrido.

3101. Si por caso fortúito ó fuerza mayor se impide totalmente al arrendatario el uso de la cosa arrendada, no se causará renta miéntras dure el impedimento.

3102. Si solo se impidiere en parte el uso de la cosa, podrá el arrendatario pedir reduccion parcial de la renta á juicio de peritos.

3103. Lo dispuesto en los dos artículos anteriores se observará salvo convenio en contrario.

3104. Si la privacion del uso proviene de eviccion del predio, se observará lo dispuesto en el artículo 3101; y si el dueño es poseedor de mala fé, responderá tambien de los daños y perjuicios.

3105. El arrendatario de predio rústico no tiene derecho de exigir diminucion de la renta, si durante el arrendamiento se pierden en todo ó en parte los frutos ó esquilmos de la finca.

3106. Si la privacion del uso ó la pérdida de los frutos ó esquilmos proviene de hecho directo ó indirecto del arrendador, el arrendatario puede exigir el cumplimiento de lo dispuesto en los artículos 3101, 3102 y 3152, así como el pago de todos los daños y perjuicios.

3107. El arrendatario es responsable del incendio, á no ser que provenga de caso fortúito, fuerza mayor ó vicio de construccion.

3108. Tampoco responde el arrendatario del incendio que se haya comunicado de una casa vecina, á pesar de haberse tenido la vigilancia que puede exigirse á un buen padre de familia.

3109. Si son varios los arrendatarios, todos son mancomunadamente responsables del incendio; á no ser que se pruebe que este comenzó en la habitacion de alguno de ellos, quien en tal caso será el solo responsable.

3110. Si alguno de los arrendatarios prueba que el fuego no pudo comenzar por su habitacion, quedará libre de responsabilidad.

3111. Si el arrendador ocupa alguna parte de la casa, será considerado como arrendatario respecto de la responsabilidad.

3112. La responsabilidad en los casos de que tratan los cinco artículos anteriores, comprende no solo el pago de los daños y perjuicios sufridos por el propietario, sino el de los que se hayan causado á otras personas, siempre que provengan directamente del incendio.

3113. El arrendatario está obligado á poner en conocimiento del propietario, en el mas breve término posible, toda usurpacion ó novedad dañosa que otro haya hecho ó abiertamente prepare en la cosa arrendada.

3114. Tambien está obligado á poner en conocimiento del dueño con la misma urgencia la necesidad de todas las reparaciones.

3115. En ambos casos será responsable el arrendatario de los daños y perjuicios que por su negligencia se ocasionaren al propietario.

3116. El arrendatario que por causa de reparaciones pierda el uso total ó parcial de la cosa, tendrá los derechos que le conceden los artículos 3101, 3102, 3150 y 3151.

3117. El arrendatario no puede, sin consentimiento escrito del arrendador, variar la forma de la cosa arrendada; y si lo hace, debe cuando la devuelva, restablecerla al estado en que la recibió; siendo ademas responsable de todos los daños y perjuicios.

3118. El arrendatario no puede subarrendar la cosa en todo ni en parte, sin consentimiento del arrendador: si lo hiciere, responderá solidariamente con el subarrendatario de los daños y perjuicios.

3119. Si el subarriendo se hiciere en virtud de autorizacion general concedida en el contrato, el arrendatario será responsable al arrendador como si él mismo continuara en el uso ó goce de la cosa.

3120. En el caso del artículo que precede, conserva el arrendador los derechos que á su favor establece el artículo 3091.

3121. Si el arrendador aprueba expresamente el contrato especial de subarriendo, el subarrendatario queda subrogado en todos los derechos y obligaciones del arrendatario; á no ser que por convenio se acuerde otra cosa.

3122. Serán de cuenta del arrendatario las contribuciones que á él ó al giro ó negociacion se impongan.

3123. El subarrendatario que no cumple la obligacion que le impone la fraccion 3ª del artículo 3092, es responsable de los daños y perjuicios; y en este caso puede ademas el arrendador usar del derecho que le concede el artículo 3144.

3124. Si el arrendatario ha recibido la finca con expresa descripcion de las partes de que se compone, debe devolverla, al concluir el arriendo, tal como la recibió;

salvo lo que hubiere perecido ó se hubiere menoscabado por el tiempo ó por causa inevitable.

3125. La ley presume que el arrendatario que admitió la cosa arrendada sin la descripcion expresada en el artículo anterior, la recibió en buen estado; salva la prueba en contrario.

3126. El arrendatario no puede rehusarse á hacer la entrega del predio, terminado el arrendamiento, ni aun bajo el pretexto de mejoras, sean estas útiles ó necesarias.

3127. El arrendatario no puedo cobrar las mejoras útiles y voluntarias hechas sin autorizacion del arrendador; pero puede llevárselas, si al separarlas no se sigue deterioro á la finca.

3128. En el arrendamiento de predios rústicos por plazo determinado, debe el arrendatario en el último año agrícola que permanezca en el fundo, permitir á su sucesor ó al dueño en su caso, el barbecho de las tierras que tenga desocupadas y en que él no pueda verificar ya nueva siembra, así como el uso de los edificios y demas medios que fueren necesarios para las labores preparatorias del año agrícola siguiente.

3129. El permiso á que se refiere el artículo que precede, no será obligatorio sino en el período y por el tiempo rigurosamente indispensable, conforme á las costumbres locales; salvo convenio en contrario.

3130. Terminado el arrendamiento, tendrá á su vez el arrendatario saliente, derecho para usar de las tierras y edificios por el tiempo absolutamente indispensable para la recoleccion y aprovechamiento de los frutos pendientes al terminar el contrato.

3131. Si fueren dos ó mas los arrendadores ó los arrendatarios, se observará lo dispuesto en el capítulo 5º, tít. 2º de este libro.

3132. Si una misma cosa se arrendare separadamente á dos ó mas personas, se observará lo dispuesto en los artículos 3000 á 3003.

3133. El arrendamiento por aparcería de tierras ó ganados se regirá por las disposiciones relativas del contrato de sociedad.

CAPITULO III.

Del modo de terminar el arrendamiento.

Art. 3134. El arrendamiento puede terminar:

1º Por haberse cumplido el plazo fijado en el contrato, ó satisfecho el objeto para el que la cosa fué arrendada:

2º Por convenio expreso:

3º Por nulidad:

4º Por rescision.

3135. Si el arrendamiento se ha hecho por tiempo señalado, concluye en el dia prefijado sin necesidad de desahucio. Si no se ha señalado tiempo, se observará lo dispuesto en el capítulo siguiente.

3136. Si despues de terminado el arrendamiento, continúa el arrendatario sin oposicion en el goce y uso del predio, y este es rústico, se entenderá renovado el contrato por otro año labrador.

3137. Se llama año labrador el espacio de tiempo ne

cesario, segun las circunstancias del terreno y las condiciones de la siembra, para cosechar los frutos, ya sea ese tiempo menor, ya sea mayor que el año civil.

3138. Las diferencias que sobre lo dispuesto en el artículo anterior se suscitaren, se decidirán por peritos.

3139. En el caso del artículo 3136, si el predio fuere urbano, el arrendamiento no se tendrá por renovado; pero el arrendatario deberá pagar la renta que corresponda al tiempo que exceda al del contrato, con arreglo á lo que pagaba.

3140. En los casos de que hablan los artículos 3136 y 3139, cesan las obligaciones otorgadas por un terc-ero para la seguridad del arrendamiento; salvo convenio en contrario.

3141. En el caso de la fraccion 2ª del artículo 3134, el convenio se cumplirá en cuanto no perjudique derechos de tercero.

3142. En los casos de nulidad se observará lo dispuesto en el capítulo 2º, título 5º de este libro.

3143. En los casos de rescision se observará lo dispuesto en el capítulo 1º, título 5º de este libro, en cuanto no estuviere modificado en los artículos siguientes.

3144. El arrendador puede exigir la rescision del contrato:

1º Por falta de pago de la renta en los términos prevenidos en los artículos 3094 y 3097:

2º Por usarse de la cosa en contravencion á lo dispuesto por la fraccion 3ª del artículo 3092:

3º Por el subarriendo de la cosa conforme á lo prevenido en el artículo 3118.

3145. Siempre que se rescinda el contrato por falta

del arrendatario, tendrá este obligacion de pagar el precio del arrendamiento por todo el tiempo que corra hasta que pueda celebrarse otro, ademas de los daños y perjuicios que se hayan causado al propietario.

3146. El arrendador no puede rescindir el contrato, aunque alegue que quiere ó necesita la cosa arrendada para su propio uso; á ménos que se haya pactado lo contrario.

3147. Si el dueño no entrega la cosa en los términos prevenidos en el artículo 3083, el arrendatario podrá rescindir el contrato, y demandar al arrendador por daños y perjuicios.

3148. Si el arrendador no cumpliere con hacer las reparaciones necesarias para el uso á que está destinada la cosa, quedará á la eleccion del arrendatario rescindir el arrendamiento ú ocurrir al juez para que estreche al arrendador al cumplimiento de su obligacion.

3149. El juez, segun las circunstancias del caso, decidirá sobre el pago de daños y perjuicios que se causen al arrendatario por falta de oportunidad en las reparaciones.

3150. En los casos del artículo 3116 el arrendatario podrá rescindir el contrato, cuando la pérdida del uso fuere total; y aun cuando fuere parcial, si la reparacion durare mas de dos meses.

3151. Si el arrendatario no hiciere uso del derecho que para rescindir el contrato le concede el artículo anterior, hecho la reparacion, continuará en el uso de la cosa, pagando la misma renta hasta que termine el plazo del arrendamiento.

3152. El arrendatario puede pedir la rescision del contrato en el caso del artículo 3106.

3153. Si la cosa se destruyere totalmente por caso fortúito ó fuerza mayor, el arrendamiento se rescindirá; salvo convenio en contrario.

3154. Si la destruccion de la cosa fuere parcial, se observará lo dispuesto en el artículo 3102, á no ser que el arrendador ó el arrendatarió prefieran rescindir el contrato.

3155. Si el arrendador, sin motivo fundado, se opone al subarriendo, que con derecho pretenda el arrendatario, podrá este pedir la rescision del contrato.

3156. El contrato de arrendamiento no se rescinde por la muerte del arrendador ni del arrendatario; salvo convenio en otro sentido.

3157. Tampoco se rescinde el arrendamiento por trasmision de la cosa á título universal, si no es en caso de convenio en contrario.

3158. Cuando la trasmision fuere á título singular, como donacion ó venta, el arrendamiento subsistirá en los términos del contrato; salvo convenio en contrario.

3159. El arrendamiento que celebrare el que compró con pacto de retroventa, por un término que exceda al señalado para el ejercicio del retracto, luego que este tenga lugar, quedará de pleno derecho rescindido; conservando á salvo el arrendatario sus derechos contra el arrendador.

3160. Si la trasmision se hiciere por causa de utilidad pública, el contrato se rescindirá; pero el arrendador y el arrendatario deberán ser indemnizados por el expropiador conforme á las reglas que establezca la ley constitucional.

3161. Si el usufructuario no manifestó su calidad de tal al hacer el arriendo, y por haberse consolidado la propiedad con el usufructo, exige el propietario la desocupacion de la finca, tiene el arrendatario derecho para demandar al arrendador la indemnizacion de daños y perjuicios.

3162. En el caso del artículo anterior se observará lo que disponen el 3136, el 3137 y el 3138, si el predio fuere rústico; y si fuere urbano, lo que previene el 3170.

3163. Si la trasmision tuviere lugar por ejecucion judicial, se observará lo dispuesto en los dos artículos siguientes.

3164. Si el predio arrendado fuere urbano, y faltare para la terminacion del arrendamiento un año ó mas; quedará reducido ese tiempo á un semestre contado desde el remate ó adjudicacion: en cualquiera otro caso se observará el contrato.

3165. Si el predio fuere rústico, no podrá ser despedido el arrendatario ántes de que termine el año labrador, pendiente al tiempo del remate ó adjudicacion.

3166. En los casos de expropiacion y de ejecucion judicial, se observará lo dispuesto en los artículos 3128, 3129 y 3130.

3167. Siempre que el arrendamiento se haya hecho en fraude de los acreedores, se observará lo dispuesto en el capítulo 3º, título 5º de este libro.

CAPITULO IV.

Disposiciones especiales respecto de los arrendamientos por tiempo indeterminado.

Art. 3168. Todos los arrendamientos, sean de predios rústicos, sean de urbanos, que no se hayan celebrado por tiempo determinado, durarán tres años; á cuyo vencimiento terminarán, sin necesidad de previo desahucio.

3169. Los tres años serán obligatorios solamente para el arrendador.

3170. Si terminado el plazo de los tres años, no se convinieren nuevamente las partes en continuar el contrato, y el predio fuere urbano, para desocupar la finca, tendrá el inquilino el plazo de treinta dias, durante los cuales estará obligado á poner cédulas y á mostrar el interior de la casa á los que pretendan verlo.

3171. Si el predio arrendado fuere rústico, el arrendatario deberá, ántes de levantar la cosecha del tercer año, ocurrir al arrendador para prorogar el contrato; y si no lo hace y el arrendador exige aumento de renta ó desocupacion de la finca, disfrutará el arrendatario del derecho que le concede el artículo 3130; y nunca lo tendrá para pedir indemnizacion de los gastos que haya hecho para la nueva siembra.

3172. El arrendatario de finca rústica por tiempo indeterminado, que no quiera continuar el arrendamiento, deberá dentro de los dos primeros años dar aviso al arrendador sesenta dias ántes de que termine el año agrícola; y si no lo hiciere, estará obligado á sostener el contrato por el año agrícola siguiente.

3173. Si pasados los tres años obligatorios para el arrendador de precio rústico, no se hace novacion del contrato, y el arrendatario continúa en el predio, se entenderá prorogado el contrato por otro año agrícola.

CAPITULO V.

Del alquiler ó arrendamiento de cosas muebles.

Art. 3174. Pueden ser materia de este contrato todas las cosas muebles, no fungibles, que están en el comercio.

3175. Son aplicables al contrato de alquiler las disposiciones sobre arrendamiento, en la parte compatible con la naturaleza de los objetos muebles.

3176. El arrendamiento de cosas muebles terminará en el plazo convenido, y á falta de plazo, luego que concluya el uso á que la cosa hubiere sido destinada, conforme al contrato.

3177. Si en el contrato no se hubiere fijado plazo ni se hubiere expresado el uso á que la cosa se destine, el arrendatario será libre para devolverla cuando quiera, y el arrendador no podrá pedirla sino despues de cinco dias de celebrado el contrato.

3178. Si la cosa se arrendó por años, meses, semanas ó dias, la renta se pagará al vencimiento de cada uno de esos términos.

3179. Si el contrato se celebró por un término fijo, la renta se pagará al vencerse el plazo.

3180. Lo dispuesto en los dos artículos anteriores se observará salvo pacto en contrario.

3181. Si el arrendatario devuelve la cosa ántes del tiempo convenido, cuando se ajustó por un solo precio, está obligado á pagarlo integro; pero si el arrendamiento se ajustó por períodos de tiempo, solo está obligado á pagar los períodos corridos hasta la entrega.

3182. El arrendatario estará obligado á la totalidad del precio, cuando se hizo el arrendamiento por tiempo fijo y los períodos solo se han puesto como plazos para el pago.

3183. El arrendamiento de las casas, almacenes tiendas ó establecimientos industriales, que estuvieron amueblados, se regirá por las disposiciones comunes establecidas en los capítulos anteriores.

3184. Cuando los muebles se alquilaron con separacion del edificio, su alquiler se regirá por lo dispuesto en este capítulo, conforme al artículo 3176.

3185. Si el alquiler fuere de animales en general, el arrendador deberá entregar al arrendatario los que fueren útiles para el uso á que se destinen.

3186. Si el alquiler fuere de animal determinado, el alquilador cumplirá con entregar el que se haya designado en el contrato.

3187. La entrega debe hacerse en el lugar convenido; y á falta de convenio, en el del contrato.

3188. Cuando el animal alquilado tiene defectos tales que puede causar perjuicios al que se sirve de él, el arrendador es responsable de esos perjuicios, si conoció los defectos y no dió aviso oportuno al arrendatario.

3189. El arrendatario está obligado á dar de comer y beber al animal durante el tiempo que lo tiene en su poder, de modo que no se deteriore, y á curarle sola las enfermedades ligeras; sin poder cobrar nada por esto al dueño.

3190. El arrendatario está obligado á la reposicion de los arneses, no siendo censiderable.

3191. Las diferencias que hubiere en los casos de los artículos anteriores, se decidirán en juicio verbal; previa calificacion de peritos.

3192. El arrendatario no puede destinar el animal á usos diversos de los convenidos.

3193. Si en el contrato no se expresó el uso á que el animal se destinaba, el arrendatario podrá emplearlo en aquellos servicios que sean propios de su especie y condicion.

3194. Los frutos del animal alquilado pertenecen al dueño; salvo convenio en contrario.

3195. Los gastos que ocasiona el uso del animal, son de cuenta del arrendatario, si no se ha pactado otra cosa.

3196. La pérdida ó deterioro del animal se presume siempre á cargo del arrendatario, á ménos que él pruebe que sobrevino sin culpa suya; en cuyo caso será á cargo del arrendador.

3197. Aun cuando la pérdida ó deterioro sobrevengan por caso fortúito serán á cargo del arrendatario, si este usó del animal de un modo no conforme con el contrato y sin cuyo uso no habria venido el caso fortúito.

3198. En caso de muerte del animal, sus despojos serán entregados por el arrendatario al dueño, si son de alguna utilidad y es posible el trasporte.

3199. El arrendamiento de animales dura el tiempo convenido; y á falta de convenio, el necesario para el uso prudente á que se destinan.

3200. Durante ese tiempo el arrendador, aunque para

sí mismo lo necesite, no puede quitar el animal al arrendatario.

3201. Cuando se arriendan dos ó mas animales que forman un todo, como una yunta ó un tiro, y uno de ellos se inutiliza, se rescinde el arrendamiento, á no ser que el dueño quiera dar otro que forme todo con el que sobrevivió.

3202. El que contrató uno ó mas animales especificados individualmente, que ántes de ser entregados al arrendatario, se inutilizaron sin culpa del arrendador, quedará enteramente libre de la obligacion, si ha avisado al arrendatario inmediatamente que se inutilizó el animal; pero si éste se ha inutilizado por culpa del arrendador, ó si no se ha dado el aviso, estará sujeto al pago de daños y perjuicios, ó á remplazar el animal, á eleccion del arrendatario.

3203. En el caso del artículo anterior, si en el contrato de alquiler no se trató de animal individualmente determinado, sino de un género y número designados, el arrendador está obligado á los daños y perjuicios, siempre que se falte á la entrega.

3204. Si en el arrendamiento de un predio rústico se incluyere el ganado de labranza ó de cria, existente en él, el arrendatario tendrá respecto del ganado los mismos derechos y obligaciones que el usufructuario; pero no estará obligado á dar fianza.

3205. Lo dispuesto en los artículos 3183 y 3184 es aplicable á los aperos de la finca arrendada.

TITULO VIGESIMOPRIMERO.

DE LOS CENSOS.

CAPITULO I.

Disposiciones generales.

Art. 3206. Censo es el derecho que una persona adquiere de percibir cierta pension anual por la entrega que hace á otra de una cantidad determinada de dinero ó de una cosa inmueble.

3207. Se llama consignativo el censo, cuando el que recibe el dinero, consigna al pago de la pension la finca cuyo dominio pleno conserva.

3208. Se llama enfitéutico el censo, cuando la persona que recibe la finca, adquiere solo el dominio útil de ella, conservando el directo la que percibe la pension.

3209. En el primer censo, el que recibe la pension se llama censualista, y el que la paga censatario.

3210. En el segundo censo, el que recibe la pension se llama dueño, y el que la paga enfiteuta.

3211. Si el censo se constituye por la vida de una ó mas personas, se rige por las disposiciones relativas al contrato de renta vitalicia.

3212. Si uno diere á otro en pleno dominio una cosa inmueble, reservándose solo una pension, el contrato se considerará como venta á plazo, que no podrá pasar de diez años, y se regirá por las disposiciones del título de compra-venta.

3213. El contrato que hasta hoy se ha llamado depósito irregular, y toda imposicion de dinero sobre inmuebles, tendrán en lo venidero el nombre de censo consigtivo y se regirán por las disposiciones relativas á este título.

3214. Todos los censos que se constituyan en lo venidero serán redimibles: cualquier pacto en contrario será nulo.

3215. Los censos existentes con el carácter de irredimibles, podrán redimirse por convenio de las partes.

3216. Los censos no pueden redimirse parcialmente, sino en virtud de pacto expreso.

3217. El rédito ó interes de los censos se determinará por las partes segun su arbitrio, al otorgarse el contrato: á falta de convenio, el rédito será de un seis por ciento anual.

3218. El capital del censo no es exigible ántes del plazo fijado en el contrato, si no es por quiebra ó insolvencia del deudor, ó por falta del pago de una sola de las pensiones.

3219. Las pensiones se pagarán en los plazos convenidos, y á falta de convenio, por tercios vencidos.

3220. El censualista, al tiempo de entregar el recibo de cualquiera pension ó rédito, puede obligar al deudor á que le dé un resguardo en que conste haberse hecho el pago.

3221. El capital del censo prescribe á los veinte años: los réditos en el plazo señalado por el artículo 1212.

3222. Todo censo debe constituirse en escritura públi ca, pena de nulidad.

3223. La accion para el cobro de las pensiones en toda clase de censos, se entablará en juicio verbal, conforme á las prescripciones del Código de procedimientos y sin consideracion á la cantidad que ellas importen.

3224. Lo dispuesto en los títulos 8º y 9º de este libro, se observará respecto de los censos en todo aquello que en este no se determine especialmente.

3225. Los censos garantidos con hiootecas, disfrutan de todos los privilegios de esta: los que carecen de esa garantía, aunque dan accion real, no tienen mas privilegio que el que les concede el artículo 2094.

CAPITULO II.

Disposiciones especiales respecto del censo consignativo.

Art. 3226. El rédito ó pension del censo consignativo se pagará siempre en dinero y en la clase de moneda convenida.

3227. El término de la rendencion del censo queda á arbitrio de las partes; pero nunca puede exceder de diez años. Si excediere de este término, subsistirá solo como obligacion personal; y si estuviere garantido con hipoteca, se observará lo dispuesto en los artículos 1991 y 1992.

3228. Tambien podrá pactarse que no se haga la redencion sin dar aviso anticipado.

3229. Si acerca del aviso nada se hubiere convenido, se observará lo dispuesto en el artículo 3227.

3230. Si la finca consignada perece del todo ó se destruye en parte, se observará en cuanto al cobro del capital, á su nueva imposicion y á la subrogacion de la hipoteca, lo dispuesto en los artículos 1960 á 1963.

3231. Si el censatario tiene otros bienes, debe constituir en ellos la totalidad del censo ó la parte que no cubran los restos de la cosa acensuada.

3232. Si el censatario carece de osros bienes con que hacer el reembolso del capital, ó la subrogacion de la cosa acensuada, y existe parte de esta, podrá pedir, si no ha tenido culpa en la destruccion ó insuficiencia de la cosa, la reduccion de las pensiones en proporcion á lo que quede de la finca, á juicio de peritos nombrados uno por cada parte; ó librarse del pago de pensiones, haciendo dimision de la cosa á favor del censualista.

3233. El censatario por cuyo dolo ó culpa hubiere sobrevenido la destruccion ó esterilidad parcial de la cosa, no tiene derecho para pedir reduccion de las pensiones, ni hacer dimision de la cosa sino por consentimiento expreso del censualista.

3234. En el caso de destruccion ó esterilidad completa de la cosa y en que por insolvencia del censatario no pueda tener lugar la subrogacion de que hablan los artículos 1960 á 1963 y 3231, se extingue el censo como gravámen real; pero el censualista conserva siempre la accion personal contra su deudor; salvo pacto en contrario.

3235. Restaurada ó fertilizada de nuevo la finca, revivirá el censo, si la restauracion hubiere sido hecha por el censatario.

3236. En el caso del artículo anterior las pensiones solo se cobrarán desde la restauracion, si en la pérdida ó esterilidad de la finca no hubo culpa ni mala fé de parte del censatario: si las hubo, se podrán cobrar tambien las vencidas.

3237. Restaurada ó fertilizada la finca por un tercero, no revive el censo y solo queda subsistente la accion personal en los términos que expresa el artículo 3234.

3288. Si se ha enajenado el resto de la cosa, revivirá el censo en una parte proporcional al precio de la enajenacion.

CAPITULO III.

Del censo enfitéutico.

Art. 3239. La calidad y cantidad de la pension del enfitéusis será regulada á voluntad de las partes.

3240. No puede imponerse al enfiteuta el gravámen llamado laudemio; y todo pacto para asegurar el cobro del mencionado gravámen ó de cualquiera otro fuera de la pension, es nulo de pleno derecho.

3241. Si la enfitéusis fuere de predio urbano, ó sitio para edificar, la pension se pagará siempre en dinero.

3242. Al constituirse la enfitéusis, deberá nombrarse y describirse el predio, de modo que no se confundan sus límites con los de los predios circunvecinos.

3243. El avalúo del predio se hará con deduccion del importe del dominio directo, capitalizando la pension que por razon de él debe recibirse, al tanto por ciento convenido, y á falta de convenio á seis por ciento anual.

3244. La valuacion y deslinde serán hechos por peritos nombrados á voluntad de los contratantes, y el dictámen de aquellos se insertará en la escritura del contrato.

3245. La pension se pagará en el tiempo y lugar convenidos.

3246. Si no hubiere lugar convenido, la pension se papará en la casa del dueño, si vive en el distrito de la ubicacion del predio.

3247. Si el dueño no reside en el distrito ó no tiene en él psocurador, se hará el pago en el domicilio del enfiteuta.

3248. Si no hubiere señalado tiempo, y la pension consistiere en frutos, se hará el pago al fin de la cosecha respectiva: si consistiere en dinero, al fin del año contado desde la fecha del contrato.

3249. En caso de division de la enfitéusis se observará lo dispuesto en los artículos 1955 y 1956 con las adiciones siguientes.

3250. Si el dueño consintiere en la division por lotes, cada uno de estos constituirá una enfitéusis diversa, y el dueño solo podrá exigir la pension respectiva de cada uno de los enfiteutas, conforme á la distribucion hecha.

3251. La distribucion se hará por peritos nombrados por las partes, y no tendrá valor legal sino cuando el dictámen de aquellos se haga constar en escritura pública, incluyéndose en esta el consentimiento expreso del dueño.

3252. En caso de division podrá aumentarse la pension que corresponda á cada uno de los nuevos enfiteutas, con la cuota que fijarán los mismos peritos para compensar la incomodidad que resulte de la division del cobro.

3253. La enfitéusis es hereditaria; y cuando no haya convenio en contrario á la division, se distribuirá entre los herederos con arreglo á lo dispuesto en el artículo 3251.

3254. Si hay convenio contrario á la division, podrán los herederos elegir entre sí al que ha de continuar en el contrato; y no pudiéndose poner de acuerdo, se elegirá por suerte.

3255. Si ninguno de los herederos acepta, se venderá la enfitéusis y se repartirá el precio.

3256. A falta de herederos testamentarios ó legítimos del último enfiteuta, se devolverá el predio al dueño.

3257. Solo pueden ser dados en enfitéusis los bienes raices enajenables; salvas las siguientes disposiciones.

3258. Los predios de menores y demas incapacitados no pueden ser dados en enfitéusis sino con autorizacion judicial, solicitada por el tutor de acuerdo con el curador, y con audiencia del ministerio público.

3259. Pueden conceder en enfitéusis todos los que pueden contratar ó enajenar sus bienes.

3260. Los casados no pueden dar en enfitéusis sus bienes sino en los casos y con las condiciones que para enajenarlos ha establecido la ley.

3261. Pueden recibir en enfitéusis todos los que pueden contratar, exceptuándose:

1º Las corporaciones y cualesquiera establecimientos públicos:

2º Los que no pueden comprar segun lo dispuesto en los artículos 2968, 2972 y 2975.

3262. El dueño tiene derecho de que se le paguen íntegra y puntualmente las pensiones convenidas, y goza de privilegio sobre los bienes de la enfitéusis en los términos del artículo 2077, fraccion 6ª

3263. Si el enfiteuta deja de pagar por tres años consecutivos la pension, perderá el predio por comiso, si el dueño quiere recobrarlo.

3264. Para incurrir en comiso, no se requiere que el dueño haya demandado judicialmente al enfiteuta.

3265. Si el enfiteuta deteriora el predio de modo que pierda una cuarta parte de su valor, podrá el dueño recobrarlo por comiso.

3266. El enfiteuta tiene derecho de usufructuar el predio y disponer de él como de cosa propia, salvas las restricciones expresadas en este Código.

3267. Si el enfiteuta fuere perturbado en su derecho por tercero que dispute el dominio directo y la valides del censo, deberá denunciar el pleito al dueño; y si no lo hiciere, no tendrá accion contra este por los daños y perjuicios que sufra en el juicio de eviccion.

3268. El dueño en todo caso puede salir por sí solo al pleito.

3269. El enfiteuta está obligado á pagar todas las contribuciones prediales ó personales impuestas en razon del predio.

3270. No obstante lo dispuesto en el artículo anterior, deberá el dueño abonar al enfiteuta las contribuciones impuestas sobre la pension misma.

3271. El enfiteuta puede hipotecar el predio é imponerle cualesquiera otras cargas ó servidumbres, sin consentimiento del dueño; pero en caso de devolucion, paserá el predio libre al dueño, si no ha consentido en esos gravámenes.

3272. El enfitéuta puede donar ó cambiar libremente el predio; pero en este caso deberá el cesionario hacerlo saber al dueño dentro de sesenta dias contados desde aquel en que se hizo la cesion.

3273. El cesionario que no cumpla con lo dispuesto en el artículo que precede, será responsable solidariamente con el enfitéuta del pago de las pensiones.

3274. El dueño y el enfitéuta, siempre que quieran vender ó dar en pago los derechos que respectivamente disfrutan sobre la cosa, tendrán el del tanto.

3275. El que intente la enajenacion, deberá dar aviso á su co-propietario del precio definitivo que se le ofrezca; y si dentro de treinta dias contados desde que reciba formal aviso el requerido, no hiciere uso del tanto y paga real y efectiva, podrá el [illegible] enajenar libremen- [illegible] derecho.

3276. Si el requerido hace uso [illegible] real y efectiva, se extingue el censo.

3277. Este derecho subsiste aun en el caso de venta judicial, y si pregonado el predio, no se presenta postor, puede el dueño pedir la adjudicacion en los términos establecidos en el Código de procedimientos.

3278. Si el enfitéuta no cumple con lo dispuesto en el artículo 3275, la enajenacion es nula y el dueño puede recobrar el predio por comiso.

3279. Si el que faltó á lo prevenido en el citado artículo 3275, fué el dueño, el enfitéuta no tendrá derecho para reivindicar el predio, pero sí para exigir la indemnizacion de los daños y perjuicios que pruebe se le siguen por la preterición.

El enfitéuta entablará su demanda contra el dueño, si este solo fué el culpable; y contra el dueño y el adquirente si ambos obraron de acuerdo en la preterición.

3281. Siendo varios los predios en que estuviere constituida la enfitéusis, no podrá ninguno de los contratantes optar unos y rechazar otros en caso de tanteo, sino que deberá verificarlo respecto de todos.

3282. El dueño no podrá exigir las prestaciones atrasadas de mas de cinco años, sino por accion personal, en caso de que el crédito conste en escrito firmado por el enfitéuta con dos testigos mas, ó reconocido ante un notario.

3283. En la enfitéusis puede tener lugar la prescripcion en la forma que se establece en el título respectivo del libro 2º

3284. Si el predio [illegible] ó inutiliza totalmente por fuerza mayor ó caso fortúito, termin[illegible] contrato.

3285. Si el predio se [illegible] ó inutilizare solamente [illegible] enfitéuta requerir al dueño para que [illegible] le reduzca la pension; y si se opusiere, podrá libertarse haciendo dimision de la enfitéusis.

3286. La accion por comiso en los casos de los artículos 3263 y 3278, prescribe dentro de un año contado desde la última ejecucion, ó desde el acto de venta; y en el caso del artículo 3265, dentro de un año contado desde que se haya tenido noticia del deterioro de la finca.

3287. En caso de esterilidad extraordinaria ó de destruccion fortúita de los frutos, de modo que no quede de estos lo bastante para pagar la pension, deducido el costo de la semilla y gastos de cultivo, no estará obligado el enfitéuta á pagar lo que falte, con tal que ántes de levantar la cosecha dé aviso al dueño.

3288. Lo dispuesto en el artículo anterior no se observará si en el contrato se ha acordado otra cosa.

3289. En todos los casos en que el contrato de enfitéusis fuere rescindido por comiso ú otra causa, deberá abonar el dueño las mejoras que hayan aumentado el valor del predio; pero solo cuando el aumento subsista al tiempo de la rescision.

3290. Lo dispuesto en el artículo que precede, no da derecho al enfitéuta para retener la finca.

TITULO VIGESIMOSEGUNDO.

De las transacciones.

Art. 3291. La transaccion es un contrato por el que las partes, dando, prometiendo ó reteniendo algo, terminan una controversia presente ó previenen una futura.

3292. La transaccion se rige por las reglas generales de los contratos en lo que no esté expresamente prevenido en este título.

3293. La transaccion que previene controversias futuras, debe constar por escrito, si el interes pasa de trescientos pesos.

3294. Solo pueden transigir los que tienen la libre facultad de enajenar sus bienes y derechos.

3295. Ninguno puede transigir en nombre de otro, si no tiene su poder especial.

3296. Los ascendientes y los tutores no pueden transigir en nombre de las personas que tienen bajo su potestad ó en su guarda, sino conforme á lo dispuesto en los artículos 409 y 627.

3297. Ni el marido ni la mujer pueden transigir sobre los bienes y derechos dotales, sino en los casos y con las formalidades y requisitos con que pueden enajenarlos ú obligarlos.

3298. Los establecimientos públicos no pueden transigir sino con aprobacion del gobierno ó de la autoridad á quien designe la ley.

3299. Se puede transigir sobre la accion civil proveniente de un delito; pero no por eso se extingue la accion pública para la imposicion de la pena legal, ni se da por probado el delito.

3300. No se puede transigir sobre el estado civil de las personas ni sobre la validez del matrimonio.

3301. Es válida la transaccion sobre los derechos pecuniarios que de la declaracion del estado civil pudieran deducirse á favor de una persona; pero la transaccion en tal caso no importa la adquisicion de est[illegible]

3302. Será nula la trans[illegible] que versare:

1º Sobre [illegible] dolo ó culpa futuros:

2º Sobre la accion civil que nazca de delito ó culpa futuros:

3º Sobre sucesion futura, ó sobre la herencia, ántes de visto el testamento, si lo hay:

4º Sobre el derecho de recibir alimentos, conforme al artículo 238.

3303. Podrá haber transaccion sobre las cantidades que sean ya debidas por alimentos, sujetándose á la aprobacion judicial.

3304. La transaccion hecha por uno de los interesados, no perjudica ni aprovecha á los demas, si no la aceptan.

3305. La transaccion celebrado sobre un negocio, nunca podrá hacerse extensiva á otro semejante que tengan despues las mismas personas.

3306. La transaccion no puede hacerse extensiva á otros derechos que á los expresamente mencionados en ella.

3307. La renuncia general de derechos en virtud de transaccion solo puede extenderse á los que tienen relacion con la disputa sobre que ha recaido.

3308. El fiador solo queda obligado por la transaccion cuando consiente en ella por escrito.

3309. La transaccion tiene respecto de las partes la misma eficacia y autoridad que la cosa juzgada.

3310. Las transacciones no pueden ser impugnadas por causa de lesion.

3311. Puede rescindirse la transaccion cuando se hace en razon de un título nulo; á no ser que las partes hayan tratado expresamente de la nulidad.

3312. Cuando las partes están instruidas de la nulidad del título, ó la disputa es sobre esa misma nulidad, pueden transigir válidamente, siempre que los derechos á que se refiere el título sean renunciables.

3313. La transaccion celebrada con presencia de documentos que despues han resultado falsos por sentencia judicial, es nula.

3314. El error de cálculo en una transaccion solo da derecho á que se rectifique la operacion respectiva.

3315. El descubrimiento de nuevos títulos ó documentos no es causa para anular ó rescindir la transaccion, si no ha habido mala fé en la otra parte, por haber esta conocido los títulos y haberlos ocultado.

3316. Es nula la transaccion sobre cualquiera negocio que esté decidido judicialmente por sentencia irrevocable, ignorada por los interesados.

3317. Si la sentencia no es irrevocable, es válida la transaccion.

2318. Cuando una de las partes deje de cumplir la transaccion, se observará en sus respectivos casos lo dispuesto en los artículos 1537 y 1575.

3319. Si en la transaccion se ha pactado una pena para el que no cumpla, habrá lugar á ella, sin perjuicio de llevarse á efecto la transaccion en todas sus partes; á ménos que expresamente se haya estipulado lo contrario.

3320. Anulada ó rescindida la transaccion, sea por convenio de las partes ó judicialmente, no se incurrirá en la pena que se haya estipulado, sino cuando la falta de cumplimiento no haya procedido de alguna de las causas enumeradas en el artículo 1434.

3321. En las transacciones solo hay lugar á la eviccion cuando en virtud de ellas da una de las partes á la otra alguna cosa que no era objeto de la disputa, y que conforme á derecho pierde el que la recibió.

3322. Cuando la cosa dada tiene vicio ó gravámen ignorados del que la recibió, ha lugar á pedir la diferencia que resulte del vicio ó gravámen en los mismos términos que respecto de la cosa vendida.

3328. No podrá intentarse demanda contra el valor ó subsistencia de una transaccion, sin que previamente se haya asegurado la devolucion de todo lo recibido á virtud del convenio que se quiere impugnar.

TITULO VIGESIMOTERCERO.

DEL REGISTRO PUBLICO.

CAPITULO I.

Disposiciones generales.

Art. 3324. En toda poblacion donde haya tribunal de primera instancia, se establecerá un oficio denominado *Registro público.*

3325. El oficio se compondrá de cuatro secciones:

1ª Registro de títulos traslativos del dominio de los inmuebles ó de los derechos reales, diversos de la hipoteca, impuestos sobre aquellos:

2ª Registro de hipotecas:

3ª Registro de arrendamientos:

4ª Registro de sentencias:

3326. La seccion de hipotecas se regirá por lo dispuesto en el capítulo 4º, título 8º de este libro.

3327. El registro se hará en el oficio á que correspondan por su ubicacion los bienes de que se trate.

3328. Si los bienes estuvieren situados en distintas demarcaciones, el registro se hará en todas ellas.

3329. Ninguna inscripcion puede hacerse si no consta

que el que la pretende, es actual dueño de los bienes, tiene derecho para exigir el registro ó procede con poder legal del propietario.

3330. Solo pueden inscribirse los títulos que constan de escritura pública y las sentencias y providencias judiciales certificadas legalmente.

3331. Los actos ejecutados, los contratos otorgados y las sentencias pronunciadas en país extranjero, solo se inscribirán, concurriendo las circunstancias siguientes:

1ª Que si los actos ó contratos hubieran sido celebrados ó las sentencias pronunciadas en el Distrito ó en la California, habria sido necesaria su inscripcion en el registro:

2ª Que estén convenientemente legalizados conforme á lo que se disponga en el Código de procedimientos:

3ª Si fueren sentencias cuya ejecucion fuere ordenada por el tribunal superior del Distrito ó el de la California.

3332. Los actos y contratos que conforme á la ley deben registrarse, no producirán efecto contra tercero, si no estuvieren inscritos en el oficio respectivo.

CAPITULO II.

De los títulos sujetos á registro.

Art. 3333. Deben registrarse todos los contratos y actos entre vivos que trasmitan ó modifiquen la propiedad, la posesion ó el goce de bienes inmuebles ó de derechos reales impuestos sobre ellos.

3334. Cuando los bienes ó derechos no excedan de quinientos posos, no será necesario el registro.

3335. Los arrendamientos no se registrarán sino cuando fueren por mas de seis años ó cuando hubiere anticipacion de rentas por mas de tres.

3336. Se registrarán tambien despues de la muerte del testador los testamentos que trasfieran la propiedad de bienes inmuebles ó derechos reales.

3337. En caso de intestado se registrarán la declaracion que haga el juez de los que sean herederos legítimos y la escritura de particion.

3338. En el registro de que tratan los dos artículos que preceden, se anotará la partida de muerte del autor de la herencia.

3339. Asimismo se registrarán los títulos en que se constituyan usufructo, uso, habitacion, servidumbre, concesiones de minas, canteras, criaderos de sustancias minerales ó cualquiera otro semejante.

3340. Se registrarán tambien las capitulaciones matrimoniales y las que constituyan dote, cuando en virtud de ellas se establece entre los cónyuges comunidad de bienes raices ó adquiere uno de ellos propiedad de bienes de esa clase por título de dote, donacion antenupcial ó cualquiera otro.

3341. Se registrarán ademas todas las transacciones, reservas, condiciones, novaciones, ó cualquier otro acto que produzca los efectos señalados en el artículo 3333.

3342. Las sentencias que causen ejecutoria, inclusas las de árbitros y arbitradores, serán registradas siempre que produzcan los efectos á que se refiere el artículo anterior.

3343. Se registrarán tambien el nombramiento de representante de un ausente y las sentencias que declaren la ausencia y la presuncion de muerte.

3344. Tambien se registrarán las sentencias en que se decrete la separacion de bienes por divorcio necesario, y las que aprueben dicha separacion en los casos de divorcio voluntario ó de simple convenio.

3345. Se registrarán asimismo las sentencias en que se decrete la restitucion in integrum.

3346. Igualmente se registrarán las sentencias en que se declare una quiebra, se admita una cesion de bienes ó se ordene un secuestro ó una expropiacion.

CAPITULO III.

Del modo de hacer el registro.

Art. 3347. El interesado presentará á la respectiva seccion el título en que conste el acto ó contrato, ó el testimonio auténtico de la sentencia y el documento legal que acredite su representacion, si obra en nombre ajeno.

3348. Si el registrador no encontrare legalmente comprobados el título ó la representacion, lo manifestará al nteresado y exigirá la declaracion judicial.

3349. El registro deberá contener:

1º Los nombres, edades, domicilios y profesiones de los contratantes. Las personas morales se designarán por el nombre oficial que lleven y las compañías por su razon social:

2º La fecha y naturaleza del acto que se registre; la autoridad ó notario que lo autoricen y el dia y hora en que se presente el título.

3º La especie y valor de los bienes ó derechos que se trasmitan ó modifiquen; expresándose exactamente la ubicacion de los primeros, así como todas las circunstancias relativas á réditos, gravámenes, rentas, pensiones, términos y demas que caractericen el acto.

3350. El registro llevará la fecha del dia en que los documentos sean presentados en el oficio.

3351. Un reglamento especial establecerá los derechos y obligaciones de los registradores, así como las fórmulas y demas circunstancias con que debe extenderse el registro.

3352. Hecho el registro, serán devueltos los documentos al que los presente, con nota de quedar registrados en tal fecha, y en tal número y página del registro.

3353. Los contratos que fueren registrados dentro de quince dias de su fecha, producirán su efecto, con relacion á tercero, desde la fecha del título respectivo.

3354. Los contratos que fueren registrados fuera del plazo antedicho, solo producirán su efecto, con relacion á tercero, desde la fecha del registro.

3355. Si el acto registrado se anula ó rescinde en virtud de sentencia, se anotará esta dentro de treinta dias contados desde que causó ejecutoria, al márgen del registro respectivo: de lo contrario solo producirá su efecto con relacion á tercero desde el dia en que fuere anotada.

CAPITULO IV.

De la extincion de las inscripciones.

Art. 3356. Las inscripciones no se extinguen en cuanto á tercero, sino por su cancelacion ó por el registro de la trasmision del dominio ó derecho real inscrito á otra persona.

3357. La cancelacion de las inscripciones podrá ser total ó parcial.

3358. Podrá pedirse y deberá ordenarse en su caso la cancelacion total:

1º Cuando se extinga por completo el inmueble, objeto de la inscripcion:

2º Cuando se extinga tambien por completo el derecho inscrito:

3º Cuando se declare la nulidad del título en cuya virtud se haya hecho la inscripcion:

4º Cuando se declare la nulidad de la inscripcion por falta de alguno de sus requisitos esenciales, conforme á lo dispuesto en el artículo 3349.

3359. Podrá pedirse y deberá decretarse en su caso la cancelacion parcial:

1º Cuando se reduzca el inmueble, objeto de la inscripcion:

2º Cuando se reduzca el derecho inscrito á favor del dueño de la finca gravada.

3360. Para que el registro pueda ser cancelado por

consentimiento de las partes, se requiere que estas lo sean legítimas, tengan facultad de contratar y hagan constar su voluntad de un modo auténtico.

3361. Si para cancelar el registro se pusiese alguna condicion, se requiere ademas el cumplimiento de esta.

3362. Cuando se registre la propiedad á favor del que adquiera, se cancelará el registro relativo al que enajene.

3363. Cuando se registre una sentencia que declare haber cesado los efectos de otra que esté registrada, se cancelará esta.

LIBRO CUARTO.

DE LAS SUCESIONES.

TITULO PRIMERO.

Disposiciones preliminares.

Art. 3364. Herencia es la sucesion en todos los bienes del difunto y en todos sus derechos y obligaciones, que no se extinguen por la muerte.

3365. La herencia se defiere por la voluntad del hombre ó por disposicion de la ley. La primera se llama testamentaria; la segunda legítima.

3366. Puede tambien deferirse la herencia de una misma persona en una parte por la voluntad del hombre y en otra por disposicion de la ley.

3367. El heredero representa á la persona del autor de la herencia.

3368. Si el testador distribuye parte de sus bienes en legados, sin disponer del resto, es representante del difunto el heredero legítimo.

3369. Cuando toda la herencia se distribuyere en legados, los legatarios serán considerados como herederos, y bajo ese carácter serán representantes del testador.

3370. Si el autor de la herencia y sus herederos ó legatarios perecieren en el mismo desastre ó en el mismo dia, sin que se pueda averiguar quiénes murieron ántes, se tendrán todos por muertos al mismo tiempo y no habrá lugar entre ellos á la trasmision de la herencia ó legado.

3371. La prueba de que una persona ha fallecido ántes que otra, corresponde al que tenga interes en justificar el hecho.

3372. La propiedad y la posesion legal de los bienes, y los derechos y las obligaciones del autor de la herencia se trasmiten por la muerte de este á sus herederos, en los términos establecidos en el presente libro.

3373. La ley llama á la sucesion, en el órden, forma y términos establecidos en este Código, á los descendientes legítimos é ilegítimos, nacidos ó póstumos: á los ascendientes legítimos é ilegítimos: al cónyuge que sobrevive: á los parientes colaterales y á la hacienda pública.

TITULO SEGUNDO.

DE LA SUCESION POR TESTAMENTO.

CAPITULO I.

De los testamentos en general.

Art. 3374. El acto por el cual una persona dispone para despues de su muerte de todos sus bienes ó de parte de ellos, se llama testamento.

3375. El testamento es un acto personal, que no puede desempeñarse por procurador.

3376. No puede dejarse al arbitrio de un tercero la subsistencia del nombramiento de herederos ó legatarios, ni la designacion de las cantidades que á ellos correspondan, cuando son instituidos nominalmente.

3377. Puede el testador cometer á un tercero la distribucion de las cantidades que deje á clases determinadas, como parientes, pobres, huérfanos, &c., y la eleccion de las personas á quienes aquellas deban aplicarse.

3378. Puede tambien cometer el testador á un tercero la eleccion de objetos ó establecimientos públicos de beneficencia á los que dejan sus bienes, y la distribucion de las cantidades que á cada uno corresponda.

3379. La disposicion vaga en favor de parientes del

testador, se entenderá hecha en favor de los mas próximos, segun el órden de la sucesion legítima.

3380. La expresion de una falsa causa será considerada como no escrita; á no ser que del mismo testamento resulte que el testador no habria hecho aquella disposicion, conociendo la falsedad de la causa.

3381. La expresion de una causa contraria á derecho, aunque esta sea verdadera, se tendrá por no escrita.

3382. La designacion de dia ó de tiempo, en que deba comenzar ó cesar la institucion de heredero, se tendrá por no escrita.

3383. No pueden testar en el mismo acto dos ó mas personas, ya en provecho recíproco, ya en favor de un tercero.

3384. En caso de duda sobre la inteligencia de una disposicion testamentaria, se observará lo que parezca mas conforme á la intencion del testador, segun el tenor del testamento y la prueba auxiliar que á este respecto pueda rendirse.

3385. Si el testamento abierto, sea público ó privado, se pierde por un evento desconocido del testador ó por haber sido ocultado por otra persona, podrán los interesados exigir su cumplimiento, si demuestran debidamente el hecho de la pérdida ú ocultacion, y lo contenido en el mismo testamento.

CAPITULO II.

De las condiciones que pueden ponerse en los testamentos.

Art. 3386. El testador es libre para disponer de sus bienes bajo ciertas condiciones.

3387. La falta de cumplimiento de alguna condicion impuesta al heredero ó al legatario, no perjudicará á estos, siempre que hayan empleado todos los medios necesarios para llenar aquella.

3388. La condicion física ó legalmente imposible, sea de hacer ó de no hacer, se tiene por no puesta.

3389. Si la condicion que era imposible al tiempo de otorgarse el testamento, dejare de serlo al de la muerte del testador, será válida.

3390. Es nula la institucion hecha bajo la condicion de que el heredero ó el legatario haga en su testamento alguna disposicion en favor del testador ó de otra persona.

3391. La condicion que solo suspenda por cierto tiempo la ejecucion del testamento, no impedirá que el heredero ó legatario adquieran derecho á la herencia ó legado y lo trasmitan á sus herederos.

3392. Respecto de las condiciones puestas en los testamentos, regirán las disposiciones contenidas en los artículos 1445 á 1464, en todo lo que no esté especialmente determinado en este libro.

3393. La disposicion á término señalado por un acontecimiento que puede no suceder, se reputa hecha bajo la condicion de que se verifique aquel acontecimiento.

3394. La disposicion á término señalado por un dia fijo ó por un acontecimiento que sucederá necesariamente, no es condicional.

3395. Cuando el testador no hubiere señalado plazo para el cumplimiento de la condicion, la cosa legada permanecerá en poder del albacea; y hecha la particion, se observará lo dispuesto en los artículos 4047, 4048 y 4049.

3396. Si la condicion es puramente potestativa y de dar ó hacer alguna cosa, y el que ha sido gravado con ella, ofrece cumplirla; pero aquel á cuyo favor se estableció, rehusa aceptar la cosa ó el hecho, la condicion se tiene por cumplida.

3397. La condicion potestativa se tendrá por cumplida aun cuando el heredero ó legatario hayan prestado la cosa ó el hecho ántes de que se otorgara el testamento; á no ser que pueda reiterarse la prestacion; en cuyo caso no será esta obligatoria sino cuando el testador haya tenido conocimiento de la primera.

3398. En el caso final del artículo que precede, corresponde al que debe pagar el legado, la prueba de que el testador tenia conocimiento de la primera prestacion.

3399. La condicion de no dar ó de no hacer, se tendrá por no puesta.

3400. Cuando la condicion fuere casual ó mixta, bastará que se realice en cualquier tiempo, vivo ó muerto el testador, si este no hubiere dispuesto otra cosa.

3401. Si la condicion se habia cumplido al hacerse el

testamento, ignorándolo el testador, se tendrá por cumplida: mas si lo sabia, solo se tendrá por cumplida, si ya no puede existir ó cumplirse de nuevo.

3402. La condicion impuesta al heredero ó legatario de tomar ó dejar de tomar estado, se tendrá por no puesta.

3403. Puede válidamente dejarse á alguno el usufructo, el uso, la habitacion ó una pension ó prestacion periódica por el tiempo que permanezca soltero ó viudo.

3404. La condicion que se ha cumplido, existiendo la persona á quien se impuso, se retrotrae al tiempo de la muerte del testador, y desde entónces deben abonarse los frutos de la herencia ó legado, á ménos que el testador haya dispuesto expresamente otra cosa.

3405. La carga de hacer alguna cosa, se considera como condicion resolutoria.

3406. Si no se hubiere señalado tiempo para el cumplimiento de la carga, ni esta por su propia naturaleza lo tuviere, se observará lo dispuesto en el artículo 3395.

3407. Si el legado fuere de prestacion periódica, que debe concluir en un dia que es inseguro si llegará ó no, llegado el dia, el legatario habrá hecho suyas todas las prestaciones que correspondan hasta aquel dia.

3408. Si el dia en que debe comenzar el legado fuere seguro, sea que sepa ó no cuándo ha de llegar el que ha de entregar la cosa legada, tendrá respecto de ella los derechos y las obligaciones del usufructuario.

3409. En el caso del artículo anterior, si el legado consiste en prestacion periódica, el que debe pagarlo, hace suyo todo lo correspondiente al intermedio, y cumple con hacer la prestacion, comenzando el dia señalado.

3410. Cuando el legado debe concluir en un dia que

es seguro que ha de llegar, se entregará la cosa ó cantidad legada al legatario; quien se considerará como usufructuario de ella.

3411. Si el legado consistiere en prestacion periódica, el legatario hará suyas todas las cantidades vencidas hasta el dia señalado.

CAPITULO III.

De la capacidad para testar y para heredar.

Art. 3412. La ley solo reconoce capacidad para testar, á las personas que tienen:

1º Perfecto conocimiento del acto:

2º Perfecta libertad al ejecutarlo; esto es, exenta de toda intimidacion y de toda influencia moral.

3413. Por falta del primero de los requisitos mencionados en el artículo que precede, la ley considera incapaces de testar:

1º Al varon menor de catorce años y á la mujer menor de doce:

2º Al que habitual ó accidentalmente se encuentre en estado de enajenacion mental, miéntras dure el impedimento:

3414. El testamento hecho ántes de la enajenacion mental, es válido.

3415. Tambien lo es el hecho por un demente en un intérvalo lúcido, con tal que se observen las prescripciones siguientes.

3416. Siempre que un demente pretenda hacer testamento, su tutor, y en defecto de este, la familia de aquel, presentará solicitud por escrito al juez, quien acompañado de dos facultativos, se trasladará á la casa del paciente.

3417. Los facultativos examinarán al enfermo, haciéndole, así como el juez, cuantas preguntas creyeren conducentes paro cerciorarse de su estado mental.

3418. Del reconocimiento se levantará acta formal, en que se hará constar el resultado.

3419. Si este fuere favorable, se procederá desde luego á la formacion del testamento, cuyas cláusulas se redactarán precisamente por escrito, y con las demas solemnidades que se requieren para esta clase de instrumentos.

3420. Terminado el acto, firmarán ademas de los testigos, el juez y los facultativos; poniéndose al pié del testamento razon expresa de que durante todo el acto conservó el paciente perfecta lucidez de juicio; sin cuyo requisito y su constancia será nulo el testamento.

3421. Por falta del segundo de los requisitos mencionados en el artículo 3412, la ley considera incapaces de testar á los que al ejecutarlo, obran bajo la influencia de amenazas contra su vida, su libertad, su honra ó sus bienes, ó contra la vida, libertad, honra ó bienes de su cónyuge ó de sus parientes en cualquier grado.

3422. El testador que se encuentre en el caso del artículo que precede, podrá luego que cese la violencia y disfrute de libertad completa, revalidar su testamento con las mismas solemnidades que si lo otorgara de nuevo. De lo contrario será nula la revalidacion.

3423. Los extranjeros que testen en el Distrito y en la

California, pueden escoger la ley de su patria ó la mexicana respecto de la solemnidad interna del acto: en cuanto á las solemnidades externas, deberán sujetarse á los preceptos de este Código.

3424. Para juzgar de la capacidad del testador, se atenderá al estado en que se halle al hacer el testamento.

3425. Todos los habitantes del Distrito y de la California, de cualquiera edad y sexo que sean, tienen capacidad para heredar; y no pueden ser privados de ella de un modo absoluto; pero con relacion á ciertas personas y á determinados bienes, pueden perderla por alguna de las causas siguientes:

1ª Falta de personalidad:

2ª Delito:

3ª Presuncion de influencia contraria á la libertad del testador ó á la verdad ó integridad del testamento:

4ª Falta de reciprocidad internacional:

5ª Utilidad pública:

6ª Renuncia ó remocion de algun cargo conferido en testamento:

3426. Por falta de personalidad son incapaces de adquirir por testamento y por intestado los que no estén concebidos al tiempo de la muerte del autor de la herencia, ó que aun cuando lo estén, no sean viables conforme á lo dispuesto en el artículo 327, ó nacieren despues de trescientos dias contados desde la muerte de aquel.

3427. Será no obstante válida la disposicion hecha en favor de los hijos que nacieren de ciertas y determinadas personas vivas al tiempo de la muerte del testador; pero no valdrá la que se haga en favor de descendientes de ulteriores grados.

3428. Por razon de delito son incapaces de adquirir por testamento ó por intestado:

1º El condenado por haber dado, mandado ó intentado dar muerte á la persona de cuya sucesion se trate, ó á los padres, hijos ó cónyuge de ella:

2º El que haya hecho contra la persona referida acusacion de delito que merezca pena capital ó prision, aun cuando aquella sea fundada, si fuere su descendiente, su ascendiente, su cónyuge ó su hermano; á no ser que ese acto haya sido preciso para que el acusador salvara su vida ó la de alguno de sus descendientes ó ascendientes, ó hermano ó cónyuge:

3º El cónyuge que sobreviva y haya sido declarado adúltero en juicio durante la vida del otro, ó que estuviere divorciado y hubiere dado causa al divorcio, si se tratare de la sucesion del cónyuge difunto:

4º La mujer condenada como adúltera en vida de su marido, si se tratare de la sucesion de los hijos legítimos habidos en el matrimonio en que cometió el adulterio:

5º El padre y la madre respecto del hijo expuesto por ellos:

6º El que hubiere cometido contra el honor del difunto, de sus hijos, de su cónyuge ó de sus padres, un atentado por el que deba ser castigado criminalmente, si así se declara en juicio:

7º El que usare de violencia con el difunto para que haga, deje de hacer ó revoque su testamento:

8º El padre ó la madre respecto de sus hijos naturales ó espúrios y de los descendientes de estos, si no ha reconocido á aquellos:

9º Los declarados incestuosos, siempre que se trate de la sucesion del uno respecto del otro:

10º El que conforme al Código penal fuere culpable de supresion, sustitucion ó suposicion de infante, siempre que se trate de la herencia que debia corresponder á este ó á las personas á quienes se haya perjudicado ó intentado perjudicar con esos actos:

11º El cómplice del cónyuge adúltero, siempre que se trate de la sucesion de este, si ha recaido sentencia judicial ántes de la muerte del autor de la herencia:

3429. En el caso de la fraccion 2ª del artículo anterior, si el difunto no fuere descendiente, ascendiente ni cónyuge del acusador, se necesitará que la acusacion sea declarada calumniosa.

3430. Cuando la parte agraviada de cualquiera de los modos que expresa el artículo 3428, perdonare al ofensor, recobrará este el derecho de suceder al ofendido por intestado, si el perdon consta por declaracion auténtica ó por hechos indudables.

3431. La capacidad para suceder por testamento, solo se recobra si despues de conocido el agravio, el ofendido instituye heredero al ofensor ó revalida su institucion anterior con las mismas solemnidades que se exigen para testar.

3432. Por presuncion de influjo contrario á la libertad del autor de la herencia, son incapaces de adquirir por testamento del menor los tutores y curadores, á no ser que sean instituidos ántes de ser nombrados para el cargo ó despues de la mayor edad de aquel y estando ya aprobadas las cuentas de la tutela.

3433. La incapacidad á que se refiere el artículo anterior, no comprende á los ascendientes y hermanos del menor, salvo en todo caso lo dispuesto en la fraccion 7ª del artículo 3428.

3434. Por la misma razon en que se funda el artículo 3432, son incapaces de heredar por testamento el médico y el ministro de cualquier culto que asistan al difunto en la última enfermedad, á no ser que fueren tambien herederos legítimos.

3435. El notario que á sabiendas autorice un testamento en que se contravenga al artículo anterior, será privado de oficio. El juez á quien se presentare el testamento, impondrá de oficio esa pena, procediendo de plano; y si no lo hiciere así, será suspendido por seis meses. Ni sobre la privacion, ni sobre la suspension, se admitirá recurso alguno en el efecto suspensivo; pero sí en el devolutivo.

3436. Por presuncion de influjo contrario á la verdad ó integridad del testamento, son incapaces de suceder el notario y los testigos que fueren instituidos en aquel, en cuyo otorgamiento y autorizacion hayan intervenido.

3437. Por falta de reciprocidad internacional son incapaces de heredar por testamento ó por intestado, á los habitantes del Distrito ó de la California, los extranjeros que segun las leyes de su país no puedan testar ó dejar por intestado sus bienes á favor de los mexicanos.

3438. Por causa de utilidad pública, son incapaces de adquirir bienes raices, sea por herencia, sea por legado, los ayuntamientos y corporaciones religiosas ó de beneficencia pública, de cualquiera clase que sean.

3439. El legado que se deje á un establecimiento público, imponiéndole algun gravámen ó bajo alguna condicion, solo será válido si el gobierno lo aprueba.

3440. El testador es libre para designar porsona que administre los capitales impuestos que deje á las corporaciones y establecimientos públicos.

3441. Las cantidades que en numerario se dejen á las corporaciones y establecimientos públicos, serán impuestas inmediatamente; y de ellas darán los administradores noticia pormenorizada al gobierno.

3442. La disposicion hecha á favor de los pobres en general, sin designacion de personas ni de poblacion, aprovecha solo á los del domicilio del testador en la época de su muerte, si no consta claramente haber sido otra su voluntad.

3443. La calificacion de pobres y la distribucion, se harán por la persona que haya designado el testador: en su falta por el albacea, y en falta de esto por el juez.

3444. Si es el juez quien hace la calificacion y distribucion, debe aplicar los fondos á los hospitales ó casas de beneficencia ó de educacion dependientes del gobierno.

3445. La disposicion universal ó de una parte alícuota de los bienes que el testador haga en favor de su alma, sin determinar la obra piadosa ó benéfica que quiera se ejecute, se entenderá hecha en favor de los establecimientos de beneficencia pública.

3346. Por renuncia ó remocion de un cargo son incapaces de heredar por testamento, los que nombrados en él tutores, ó curadores, ó albaceas, hayan rehusado sin justa causa el cargo, ó por mala conducta hayan sido separados judicialmente de su ejercicio.

3447. Lo dispuesto en la primera parte del artículo

anterior, no comprende á los herederos forzosos en su porcion legítima, ni á los que desechada por el juez la excusa, hayan servido el cargo.

3448. Para que el heredero pueda suceder, basta que sea capaz al tiempo de la muerte del autor de la herencia.

3449. Si la institucion fuere condicional, se necesitará ademas que el heredero sea capaz al tiempo en que se cumpla la condicion.

3450. El heredero voluntario que muere ántes que el testador, ó ántes de que se cumpla la condicion; el incapaz de heredar, y el que renuncia la sucesion, no trasmiten ningun derecho á sus herederos.

3451. En los casos del artículo anterior, la herencia pertenece á los herederos legítimos del testador; á no ser que este haya dispuesto otra cosa ó que deba tener lugar el derecho de acrecer.

3452. El que siendo incapaz de suceder, hubiere entrado en posesion de los bienes, deberá restituirlos con todas sus accesiones y con todos los frutos y rentas que hubiere percibido

3453. El que herede en lugar del excluido, tendrá las mismas cargas y condiciones que legalmente se habian puesto á aquel.

3454. El incapaz no tendrá el usufructo ni la administracion de los bienes que, en los casos señalados en los artículos 3427, 3486 y 3634, correspondan á sus descendientes.

3455. Los deudores hereditarios que fueren demandados y que en ningun caso puedan tener el carácter de herederos, no podrán oponer al que está en posesion del derecho de heredero ó legatario, la excepcion de incapacidad.

3456. La incapacidad no priva de los alimentos que por la ley corresponden, sino en los casos de las fracciones 1ª, 2ª, 3ª, 6ª, 7ª, 8ª y 11ª del artículo 3428.

3457. La incapacidad no produce el efecto de privar al incapaz de lo que hubiera de percibir, sino despues de declarada en juicio, á peticion de algun interesado; no pudiendo promoverla el juez de oficio.

3458. No puede deducirse accion para declarar la incapacidad, pasados cinco años desde que el incapaz esté en posesion de la herencia ó legado.

3459. Si el que entró en posesion de la herencia y la perdió despues por incapacidad, hubiere enajenado ó gravado el todo ó parte de los bienes, ántes de ser citado en juicio de interdiccion, y aquel con quien contrató hubiere tenido buena fé, el contrato subsistirá; mas el heredero incapaz estará obligado á indemnizar al legítimo de todos los daños y perjuicios.

CAPITULO IV.

De la legítima y de los testamentos inoficiosos.

Art. 3460. Legítima es la porcion de bienes destinados por la ley á los harederos en línea reeta, ascendientes ó descendientes, que por esta razon se llaman forzosos.

3461. El testador no puede privar á sus herederos de

la legítima, sino en los casos expresamente designados en la ley.

3462. La legítima no admite gravámen, ni condicion, ni sustitucion de ninguna especie.

3463. La legítima consiste en cuatro quintas partes de los bienes, si el testador solo deja descendientes legítimos ó legitimados: en dos tercios, si solo deja hijos naturales; y en la mitad, si solo deja hijos espúrios.

3464. Si el testador tuviere hijos legítimos ó legitimados é hijos naturales, se considerarán como legítima de todos ellos las cuatro quintas partes de los bienes; pero al distribuirse estas entre los mencionados hijos, se deducirá de la porcion divisible que corresponda á los naturales, un tercio que acrecerá á la divisible entre los legítimos y no al quinto de que el padre puede disponer.

EJEMPLO.

PEDRO.—Autor.

JUAN Y LUIS.	JOSÉ Y SIXTO.
Hijos legítimos.	Hijos naturales.

Pedro al morir deja un capital de..................$	15,000 00
y cuatro hijos; dos legí-	
A la vuelta . . . $	15,000 00

De la vuelta. . . . $		15,000 00
timos, Juan y Luis, y dos naturales, José y Sixto.		
La parte disponible del padre será de..............$	3,000 00	
Los 12,000 restantes se distribuirán ficticiamente entre los cuatro hijos, y tocará á cada uno 3,000; pero rebajando 1,000 de la porcion de cada uno de los naturales, recibirán entrambos.........................	4,000 00	
Agregando los 2,000 que se dedujeron de la porcion de los naturales, á los 6,000 divisibles entre los legítimos, recibirá cada uno de estos 4,000 y entrambos. . . . . $	8,000 00	
Igual. . . $	15,000 00	15,000 00

3465. Concurriendo hijos legítimos con espúrios, la legítima de los cuatro quintos pertenece exclusivamente á los primeros; y los segundos solo tendrán derecho á alimentos, que se sacarán del quinto libre del autor de la herencia, y en ningun caso podrán exceder de la cuota que corresponderia á los espúrios si fueran naturales.

3466. Concurriendo hijos naturales con espúrios, consistirá la legítima de todos en dos tercios de los bienes; pero al practicarse la division, se deducirá de la parte que corresponda á los espúrios, una mitad, que acrecerá á la porcion divisible entre los naturales y no al tercio de libre disposicion.

EJEMPLO.

PEDRO.—Autor.

JUAN Y LUIS.	JOSÉ Y SIXTO.
Hijos naturales.	Hijos espúrios.

Pedro muere dejando un capital de..............$	12,000 00
y cuatro hijos: dos naturales, Juan y Luis; y dos espúrios, José y Sixto. La division se hará en esta forma:	
A la vuelta. . . . .$	12,000 00

De la vuelta. . . . . $		12.000 00
Tercio disponible del padre.....................	4,000 00	
Division ficticia de los dos dos tercios restantes entre los cuatro hijos, que dará para cada uno de ellos 2,000; pero rebajando á cada uno de los espúrios una mitad, recibirán entrambos.......$	2,000 00	
Agregando los 2,000 deducidos á los espúrios, á la porcion divisible entre los naturales, recibirán entrambos...........	6,000 00	
Igual.........$	12,000 00	12,000 00

3467. La legítima de los descendientes de segundo ó ulterior grado, será la que debiera corresponder á la persona á quien representen; observándose respecto de los descendientes de los hijos ilegítimos lo dispuesto en el artículo 3864.

3468. Si el autor de la herencia al tiempo de su muerte no tuviere hijos, pero sí padre ó madre vivos, consistirá la legítima de los padres en dos tercios de la herencia.

3469. Si el autor de la herencia solo tuviere al tiempo de su muerte ascendientes de otros grados, consistirá la legítima de estos en la mitad de los bienes.

3470. Concurriendo ascendientes de cualquier grado con hijos legítimos, las cuatro quintas partes pertenecerán exclusivamente á los hijos; y los ascendientes solo tendrán derecho á alimentos, que se sacarán del cuerpo de la herencia; pero sin que en ningun caso puedan exceder de la porcion de uno de los hijos.

3471. Concurriendo ascendientes de primer grado con hijos naturales; consistirá la legítima de unos y otros en dos tercios de la herencia, que se dividirá por partes iguales entre los descendientes y ascendientes, considerando ál los últimos como una sola persona.

EJEMPLO.

LUIS Y MARIA, padres.

ANTONIO.—Autor.

PEDRO Y ANA, hijos naturales.

Antonio, autor de la herencia, muere dejando vivos á sus padres Luis y María, y dos hijos natura-

les, Pedro y Ana, y un caudal líquido de......$		18,000 00
que se dividirán en esta forma:		
Tercio disponible del autor de la herencia............	6,000 00	
Porcion de Pedro..........	4,000 00	
Idem de Ana.............	4,000 00	
Idem de los padres Luis y María, que dividirán entre sí por partes iguales, llevando cada uno 2,000......................	4,000 00	
Igual.............	18,000 00	18,000 00

3472. Concurriendo ascendientes de segundo ó ulterior grado con hijos naturales, consistirá la legítima de los hijos en dos tercios de la herencia; y los ascendientes solo tendrán derecho á alimentos, que se deducirán del tercio de libre disposicion.

3473. Concurriendo ascendientes de primer grado con hijos espúrios, serán legítima de unos y otros dos tercios de la herencia; pero al practicar la division, se deducirá de la porcion divisible entre los hijos, una mitad, que acrecerá á la porcion divisible entre los ascendientes, y no al tercio de libre disposicion.

EJEMPLO.

LUIS Y MARIA, padres.

ANTONIO.—Autor.

PEDRO Y MARTA, hijos espúrios.

Antonio, autor de la herencia, muere dejando vivos á sus padres Luis y María, y dos hijos espúrios, Pedro y Marta, y un capital de............$		18,000 00
Se hará la division de este modo:		
Tercio disponible del autor de la herencia............	6,000 00	
Porcion de cada uno de los hijos, deducida una mitad; lo que produce para ambos..................	4,000 00	
Agregada la parte deducida, 4,000 á los 4,000 divisibles entre los padres, tendrá cada uno de estos 4,000 y entrambos	8,000 00	
Igual........$	18,000 00	18,000 00

3474. Concurriendo ascendientes de segundo ó ulterior grado con hijos espúrios, será legítima de todos la mitad de la herencia; la cual se dividirá por partes iguales entre los ascendientes y los hijos, considerándose aquellos como una sola persona.

3475. Concurriendo ascendientes de cualquier grado con hijos legítimos y naturales, se observará lo dispuesto en el artículo 3464, y los ascendientes solo tendrán derecho á alimentos, que se sacarán del cuerpo de la herencia,

3476. Concurriendo ascendientes de primer grado con hijos naturales y espúrios, la legítima de unos y otros será de dos tercios de la herencia; pero al practicar la division, se deducirá de la parte correspondiente á los espúrios, una mitad, que acrecerá á la porcion divisible entre los ascendientes y los hijos naturales.

EJEMPLO.

PEDRO Y MARTA, padres.

JUAN.—Autor.

JOSÉ Y LEON naturales.

SIXTO Y MAURO, espúrios.

Juan al morir deja vivos á sus padres Pedro y Marta, y cuatro hijos,

dos naturales, José y Leon, y dos espúrios, Sixto y Mauro, y un capital divisible de........$		30,000 00
Se procederá á la particion en esta forma:		
Tercio disponible del autor de la herencia. . . .$	10,000 00	
Porcion ficticia de cada uno de los descendientes y de ambos ascendientes 4,000		
Deducida la mitad de cada uno de los spúrios, quedarán éstos con. . . $	4,000 00	
Agregando los 4,000 deducidos á los 12,000 divisibles entre ascendientes y naturales, resultan . . 16,000 distribuidos en esta forma:		
Porcion de ambos descendientes. . . . .$	10,666 66	
Porcion de ambos ascendientes. . . . .$	5,333 34	
Igual . . . . . . $	30,000 00	30,00 00

3477. Concurriendo ascendientes de ulteriores grados con hijos naturales y espúrios, la legítima y su particion serán las que establece el artículo 3466, y los ascendientes solo tendrán derechos á alimentos, que se sacarán del tercio libre.

3478. Las disposiciones de este capítulo relativas á los hijos naturales y espúrios, solo comprenderán á los que hubieren sido reconocidos legalmente.

3479. Los ascendientes, aun cuando sean ilegítimos tendrán los derechos que se les conceden en este capítulo, siempre que hayan rceonocido á los descendientes de cuya sucesion se trate.

3480. Si el reconocimiento se verifica despues que el descendiente ha heredado ó adquirido derecho á una herencia, ni el que reconoce, ni sus descendientes tienen derecho alguno á la herencia del reconocido, y solo pueden pedir alimentos, que se les concederán conforme á la ley.

3481. Tanto los hijos naturales como los espúrios, podrán en su disposicion testamentaria dispensar la falta de reconocimiento y dejar á sus ascendientes lo que por derecho les corresponderia si no la hubieran cometido.

3482. Es inoficioso el testamento que disminuye la legítima en cualquiera de los casos comprendidos en los artículos 3463 á 3477; salvo lo dispuesto en el 3497.

3483. El derecho del heredero forzoso, en el caso de artículo anterior, es solo el de pedir el complemento de su legítima.

3484. La pretericion de alguno ó de todos los herederos en línea recta, sea que vivan al otorgarse el testamento ó que nazcan despues, aun muerto el testador, anula la institucion de heredero; pero valdrán las mandas y mejoras en cuanto no sean inoficiosas.

3485. Si los herederos forzosos preteridos mueren ántes que el testador, la institucion surtirá efecto.

3486. La legítima del heredero forzoso que muere ántes que el testador, la del incapaz de heredar y la del que renuncia á la sucesion, formarán parte de la masa hereditaria que se dividirá conforme á lo dispuesto en este capítulo.

3487. Para fijar la legítima se atenderá al valor de los bienes que hayan quedado á la muerte del testador, con deduccion de las deudas y cargas, sin comprender entre ellas las impuestas en el testamento.

3488. Al valor líquido de los bienes hereditarios se agregará el de las donaciones entre vivos, con arreglo á lo dispuesto en el capítulo 3º, título 15, libro 3º

3489. Fijada la legítima en los términos prevenidos en el artículo anterior, se reducirán los legados en el órden establecido en el capítulo 7º de este título.

3490. Si el testador designó para la reduccion algun legado, no se reducirán los demas, sino cuando no baste el importe del que haya sido señalado.

3491. Si el testador dió preferencia en el pago á algun legado, este no sufrirá la reduccion sino cuando el importe de los demas no haya alcanzado para cubrir la legítima.

3492. Si la disposicion consiste en un usufructo ó en una renta vitalicia, cuyo valor se tenga por superior á la parte disponible, los herederos forzosos podrán escoger entre ejecutar la disposicion ó abandonar la parte disponible.

3493. Cuando en el caso del artículo anterior hubiere otros legados y los herederos entregaren la parte disponible, si el testador no hubiere dispuesto que la renta vitalicia ó el usufructo sean preferentes á los otros legados, la parte disponible se distribuirá entre todos los legatarios á juicio del juez, si aquellos no se convinieren.

3494. Si el heredero ó legatario á quien compete el derecho concedido en los artículos 2778 y 2779, no usare de él, podrá ejercitarlo el otro interesado, si tuviere algun derecho real sobre la cosa donada; y si ninguno de ellos lo ejercita, el inmueble se venderá en pública almoneda.

3495. Si el valor de las donaciones testamentarias no alcanzare á completar la legítima, se aplicarán á su pago las hechas entre vivos en los términos que establecen los artículos 2770 á 2784; cuyas disposiciones se observarán tambien en la reduccion de los legados.

3496. Toda renuncia ó transaccion sobre la legítima futura es nula: los que la hicieren, podrán reclamarla cuando nacran los que la deban; pero deberán traer á colacion lo que en el caso hubieren recibido.

CAPITULO V.

De la institucion de heredero.

3497. Aunque haya herederos forzosos, el testador es libre para dejar ó no á su cónyuge la parte á que por intestado tenga derecho, en los términos y con las condiciones que expresan los artículos 3884 y 3885: si ademas le dejare la parte de libre disposicion, esta no se considerará entre los bienes propios del cónyuge, para los efectos de los artículos citados.

3498. El que no tiene herederos forzosos, puede disponer libremente de sus bienes en favor de cualquiera persona que tenga capacidad legal para adquirirlos.

3499. El testamento otorgado legalmente, será válido aunque no contenga institucion de heredero y aunque el nombrado no acepte la herencia ó sea incapaz de heredar.

3500. En los tres casos señalados en el artículo anterior, se cumplirán las demas disposiciones testamentarias que estuvieren hechas conforme á las leyes.

3501. Los herederos instituidos sin designacion de la parte que á cada uno corresponda, heredarán por partes iguales.

3502. La institucion de heredero puede hacerse, bien asignando al nombrado una cosa cierta ó una cantidad determinada, bien una parte alícuota de la herencia.

3503. El heredero no responde de las deudas, de los legados ni de las demas cargas hereditarias y testamentarias, sino hasta donde alcance la cuantía de los bienes que hereda.

3504. Aunque el testador nombre algunos herederos ndividualmente y otros colectivamente, como si dijere: instituyo por mis herederos á Pedro y á Pablo y á los hijos de Francisco, los colectivamente nombrados se considerarán como si lo fuesen individualmente; á no ser que se conozca de un modo claro que ha sido otra la voluntad del testador.

3505. Si el testador instituye á sus hermanos, y los

tiene solo de padre, solo de madre, y de padre y madre, se dividirá la herencia como en el caso de intestado.

3506. Si el testador llama á la sucesion á cierta persona y sus hijos, se entenderán todos instituidos simultánea y no sucesivamente.

3507. El heredero debe ser instituido designándole por su nombre y apellido; y si hubiere varios que tengan el mismo nombre y apellido, deben señalarse otros nombres y circunstancias que distingan al que se quiera nombrar.

3508. Aunque se haya omitido el nombre del heredero, si el testador le designare de modo que no pueda dudarse quién sea, valdrá la institucion.

3509. El error en el nombre, apellido ó cualidades del heredero no vicia la institucion, si de otro modo se supiere ciertamente cuál es la persona nombrada.

3510. Si entre varios individuos del mismo nombre y circunstancias no pudiere saberse á quien quiso designar el testador, ninguno será heredero.

3511. Cuando fueren nombrados herederos el alma, los pobres á algun establecimiento público, se observará lo dispuesto en los artículos 3377, 3378 y 3438 á 3445.

3512. El nombramiento de heredero y la distribucion del caudal en legados, hechos por una persona que no tiene hijos ni descendientes legítimos ó legitimados, ó naturales ó espúrios reconocidos, caducan por la superveniencia de esos herederos, y solo quedan útiles en la parte de que el testador puede disponer libremente.

3513. Si despues de instituido heredero un hijo espúrio, sobreviene uno natural, ó si instituido este ó aquel, sobreviene uno legítimo, la herencia debe dividirse conforme á los artículos 3464, 3465 y 2466.

3514. Si los hijos supervenientes fallecieren ántes que el testador, valdrá la disposicion.

CAPITULO VI.

De las mejoras.

Art. 3515. Es nula toda disposicion del testador que tenga por objeto disminuir la legítima de sus herederos forzosos, en provecho de alguno ó algunos de ellos.

3516. La ley, salvo lo dispuesto en el artículo 3497, no consiente mas alteracion en las legítimas asignadas en el capítulo 4º á los herederos forzosos, que la que resulta de la aplicacion total ó parcial que á uno de ellos haga el testador de su parte de libre disposicion. El testador que hace esta aplicacion á favor de herederos forzosos, se dice que mejora.

3517. Ninguna donacion por contrato entre vivos, sea simple ó por causa onerosa, en favor de herederos forzosos, se reputa mejora si el donante no ha declarado formalmente su voluntad de mejorar.

3518. La promesa de mejorar hecha en escritura pública, y aceptada por aquel á quien se hace, equivale á mejora.

3519. Si la promesa fuere de no mejorar, y se hiciere en escritura pública, será nula toda mejora hecha en contravencion á ella.

3520. El aumento que el testador hace á la legítima

de alguno de los herederos forzosos, se reputará mejora, aun cuando en el testamento no se le diese ese nombre.

3521. La mejora puede ser señalada por el que la hace, en cosa cierta; y es válida, si el precio de la cosa no excede de la parte libre.

3522. Cuando la mejora no hubiere sido señalada en cosa cierta, será pagada con los mismos bienes hereditarios, observándose en lo que puedan tener lugar los artículos 4071 y 4072.

3523. A nadie puede cometer el testador la facultad de mejorar, ni la de señalar la cosa ó cantidad en que haya de consistir la mejora.

CAPITULO VII.

De los legados.

Art. 3524. El testador que tiene herederos forzosos, únicamente puede distribuir en legados la parte que conforme al capítulo 4º de este título, no esté comprendida en la legítima.

3525. El legado que exceda de la parte de libre disposicion, deberá reducirse y aun suprimirse como inoficioso.

3526. El testador que no tiene herederos forzosos, puede distribuir en legados una parte de sus bienes ó todos ellos.

3527. Son incapaces de adquirir legados los que lo son de heredar.

3528. Respecto de la capacidad de los legatarios se observará lo dispuesto en los artículos 3426 á 3449.

3529. Regirán respecto de los legatarios los artículos 3450, 3451 y 3452.

3530. El legado puede consistir en la prestacion de cosa ó en la de un hecho ó servicio.

2531. El acreedor cuyo crédito no conste mas que por el testamento, se tendrá para los efectos legales como legatario preferente.

3532. El testador puede gravar con legados, no solo á los herederos, sino á los mismos legatarios; quienes no están obligados á responder del gravámen sino hasta donde alcance el valor de su legado.

3533. El heredero ó legatario á quien expresamente haya gravado el testador con el pago de un legado, será el solo responsable de este en los términos que establece el artículo anterior y el 3503.

3534. Si el heredero ó legatario renunciaren la sucesion, la carga que se les haya impuesto, se pagará solo con la cantidad á que tenia derecho el que renunció.

3535. Si la carga consiste en hecho, el heredero ó legrtario que acepta la sucesion, queda obligado á prestarlo.

3536. Si el legatario á quien se impuso algun gravámen no recibe todo el legado, se reducirá la carga proporcionalmente; y si sufre eviccion, podrá repetir la que haya pagado.

3537. Lo dispuesto respecto de herederos en los artículos 3504, 3505 y 3506, se observará tambien respecto de legatarios.

3538. Es nulo el legado que el testador hace de cosa propia, individualmente determinada, que al tiempo de su muerte no se halla en su herencia.

3539. Si la cosa mencionada en el artículo que precede, existe en la herencia, pero no en la cantidad ó números designados, tendrá el legatario lo que hubiere.

3540. El legado de cosa que no está en el comercio de los hombres, es nulo.

3541. No produce efecto el legado si por acto del testador pierde la cosa legada la forma y denominacion que la determinaban.

3542. El legado queda sin efecto si la cosa legada perece del todo, viviendo el testador; si se pierde por eviccion, ó si perece despues de la muerte del testador, sin culpa del heredero.

3543. Queda tambien sin efecto el legado, si el testador enajena la cosa legada; pero vale si la recobra por un título legal.

3544. El legado de cosa mueble indeterminada, pero comprendida en género determinado, será válido aunque en la herencia no haya cosa alguna del género á que la legada pertenezca.

3545. En el caso del artículo anterior, la eleccion es del que debe pagar el legado; quien, si las cosas existen, cumple con entregar una de medina calidad; pudiendo en caso contrario comprar una de esa misma calidad ó abonar al legatario el precio correspondiente, previo convenio ó á juicio de peritos.

3546. Si el testador concedió expresamente la eleccion al legatario, este podrá, si hubiere varias cosas del género determinado, escoger la mejor; pero si no las hay, solo podrá exigir una de mediana calidad ó el precio que le corresponda.

3547. Cualquiera diferencia que ocurra sobre el cumplimiento de los tres artículos que preceden, será decidida en juicio verbal.

3548. Si la cosa indeterminada fuere inmueble, solo valdrá el legado existiendo en la herencia, varias dol mismo género: para la eleccion se observarán las rrglas establecidas en los artículos 3545, 3546 y 3547.

3549. Cuando el testador, el heredero ó el legatario solo tengan cierta parte ó derecho en la cosa legada, se restringirá el legado á esa parte ó derecho, si el testador no declara de un modo expreso que sabia ser la cosa parcialmente de otro, y que no obstante esto, la legaba por entero.

3550. El legado de la cosa recibida en prenda ó en anticrésis, así como el del título constitutivo de una hipoteca, solo extingue el derecho de prenda, anticrésis ó hipoteca; pero no la deuda, á no ser que así se prevenga expresamente.

3551. Lo dispuesto en el artículo quo precede, se observará tambien en el legado de una fianza, ya sea hecho al fiador, ya al deudor principal.

3552. Los legados de usufructo, uso, habitacion ó serivdumbre, subsistirán miéntras viva el legatario; á no ser que el testador haya dispuesto expresamente otra cosa.

3553. Solo durarán treinta años los legados de que trata el artículo anterior, si fueren dejados á alguna corporacion que tuviere capacidad de adquirir.

3554. Si la cosa legada está dada en prenda ó hipotecada, ó lo fuere despues de otorgado el testamento, el desempeño ó la redencion, serán de cargo de la herencia; á no ser que el testador haya dispuesto expresamente otra cosa.

3555. El legado de cosa ó cantidad depositada en lugar designado, solo subsistirá en la parte que en él se encuentre.

3556. Si la cosa legada estuviere sujeta á usufructo, uso, ó habitacion, el legatario deberá prestarlos hasta que legalmente se extingan, sin que el heredero tenga obligacion de ninguna clase.

3557. Si la cosa legada reporta alguna servidumbre, pension ó cualquiera otro gravámen, pasará con él al legatario; y si se debieren pensiones ó réditos atrasados, se pagarán por cuenta de la herencia.

3558. Lo dispuesto en los dos artículos anteriores se observará, si el testador no dispusiere otra cosa.

3559. El legado hecho á un tercero de un crédito á favor del testador, solo produce efecto en la parte del crédito que esté insoluta al tiempo de abrirse la sucesion.

3560. En el caso del artículo anterior, el que deba cumplir el legado, entregará al legatario el título del crédito y le cederá todas las acciones que en virtud de él correspondian al testador.

3561. Cumpliendo lo dispuesto en el artículo que precede, el que debe pagar el legado, queda enteramente libre de la obligacion de saneamiento y de cualquiera otra responsabilidad, ya provenga esta del mismo título, ya de insolvencia del deudor ó de sus fiadores, ya de otra causa.

3562. El legado de una deuda hecho al mismo deudor, extingue la obligacion; y el que debe cumplir el legado, está obligado no solo á dar al deudor la constancia del pago, sino tambien á desempeñar las prendas, á cancelar las hipotecas y las fianzas, y á libertar al legatario de toda responsabilidad.

3563. Los legados de que hablan los artículos 3559 y 3562 comprenden los intereses que por el crédito ó deuda se deban á la muerte del testador.

3564. Dichos legados subsistirán, aunque el testador haya demandado judicialmente al deudor, si el pago no se ha realizado.

3565. Legado el título, sea público ó privado, de una deuda, se entiende legada esta; salvo lo dispuesto en los artículos 3550 y 3551.

3566. El legado genérico de liberacion ó perdon de las deudas, comprende solo las existentes al tiempo de otorgarse el testamento; no las posteriores.

3567. El legado hecho al acreedor, no compensa el crédito; á no ser que el testador lo declare expresamente.

3568. En caso de compensacion, si los valores fueren diferentes, el acreedor tendrá derecho de cobrar el exceso del crédito ó el del legado.

3569. Por medio de un legado puede el deudor mejorar la condicion de su acreedor, haciendo puro el crédito condicional, hipotecario el simple, ó exigible desde luego el que lo sea á plazo; pero esta mejora no perjudicará en manera alguna los privilegios de los demas acreedores.

3570. Es nulo el legado de cosa que al otorgarse el testamento, pertenezca al mismo legatario.

3571. Si en la cosa legada tienen alguna parte el testador ú un tercero, sabiéndolo aquel, en lo que á ello corresponda, vale el legado.

3572. Si el legatario adquiere la cosa legada despues de otorgado el testamento, se entiende legado su precio.

3573. Es válido el legado hecho á un tercero de cosa propia del heredero ó de un legatario; quienes si aceptan la sucesion, deberán entregar la cosa legada ó su precio.

3574. Lo dispuesto en el artículo anterior, se entiende sin perjuicio de la legítima de los herederos forzosos.

3575. Si el testador ignoraba que la cosa fuese propia del heredero ó legatario, será nulo el legado.

3576. El legado de cosa ajena, si el testador sabia que lo era, es válido, y el heredero está obligado á adquirirlo para entregarla al legatario ó á dar á este su precio.

3577. La prueba de que el testador sabia que la cosa era ajena, corresponde al legatario.

3578. Si el testador ignoraba que la cosa que legaba era ajena, es nulo el legado.

3579. Es válido el legado si el testador, despues de otorgado el testamento, adquiere la cosa que al otorgarlo no era suya.

3580. El legado de educacion dura hasta que el legatario sale de la menor edad.

3581. Cesa tambien el legado de educacion, si el legatario durante la menor edad tiene profesion ú oficio con que poder subsistir, ó si contrae matrimonio.

3582. El legado de alimentos dura miéntras vive el legatario; á no ser que el testador haya dispuesto otra cosa.

3583. Si el testador no señaló la cantidad de alimentos, se observará lo dispuesto en el capítulo 4º, título 5º del libro 1º

3584. Si el testador acostumbró en vida dar al legatario cierta cantidad de dinero por vía de alimentos, se entenderá legada la misma cantidad.

3585. El legado de pension, sean cuales fueren la cantidad, el objeto y los plazos, corre desde la muerte del testador; es exigible al principio de cada período, y el legatario hace suya la que tuvo derecho de cobrar, aunque muera ántes de que termine el período comenzado.

3586. Cuando se legue una cosa con todo lo que comprenda, no se entenderán legados los documentos justificantes de propiedad ni los créditos activos, á no ser que se hayan mencionado especificadamente.

3587. El legado del menaje de una cosa no comprende el numerario, los semovientes, los libros, las esculturas, las pinturas ni las alhajas de uso personal, si no se designan expresamente.

3588. Si el que lega una propiedad, le agrega despues nuevas adquisiciones, no se comprenderán estas en el legado, aunque sean contiguas, si no hay nueva declaracion del testador.

3589. La declaracion á que se refiere el artículo precedente, no se requiere respecto de las mejoras necesarias, útiles ó voluntarias hechas en el mismo predio.

3590. En los legados alternativos la eleccion corresponde al heredero, si el testador no la concede expresamente al legatario.

3591. Si el heredero tiene la eleccion, puede entregar la cosa de menor valor: si la eleccion corresponde al legatario, puede escoger la cosa de mayor valor.

3592. En los legados alternativos se observará ademas lo dispuesto para las obligaciones de esa clase en el capítulo 4º, título 2º del libro 3º

3593. En todos los casos en que el que tenga derecho de hacer la eleccion, no pudiere hacerla, la harán su representante legítimo ó sus herederos.

3594. El juez, á peticion de parte legítima, hará la eleccion, si en el término que él señale, no la hiciere la persona que tenga derecho de hacerla.

3595. La eleccion hecha legalmente es irrevocable.

3596. El legatario no puede aceptar una parte de legado y repudiar otra.

3597. Si el legatario muere ántes de aceptar el legado, y deja varios herederos, puede uno de estos aceptar y otro repudiar la parte que le corresponda en el legado.

3598. Si se dejaren dos legados, y uno fuere oneroso, el legatario no podrá renunciar este y aceptar el que no lo sea. Si los dos son onerosos ó gratúitos, es libre para aceptarlos todos ó repudiar el que quiera.

3599. El heredero que sea al mismo tiempo legatario, puede renunciar la herencia y aceptar el legado, ó renunciar este y aceptar aquella.

3600. Si se lega alguna cantidad para cuando se tome estado, se entiende legada para contraer matrimonio.

3601. Lo dispuesto respecto de herencias en los artículos 3512 á 3514, se observará tambien respecto de los legados que en los casos de que se trata, solo valdrán hasta donde alcanzare la parte de libre disposicion.

3602. El legatario adquiere derecho al legado puro y simple, así como al de dia cierto, desde el momento de la muerte del testador, y lo trasmite á sus herederos.

3603. Cuando el legado es de cosa específica y determinada, propia del testador, el legatario adquiere su propiedad desde que aquel muere, y hace suyos los frutos pendientes y futuros; á no ser que el testador haya dispuesto otra cosa.

3604. La cosa legada, en el caso del artículo anterior, correrá desde el mismo instante á riesgo del legatario; y en cuanto á su pérdida, aumento ó deterioros posteriores, se observará lo dispuesto en los artículos 1546 y 1547.

3605. El legatario puede exigir que el heredero afiance en todos los casos en que puede exigirlo el acreedor.

3606. Los legatarios pueden usar para seguridad de sus legados, del derecho que les concede el artículo 2000; salvo que alguno de los herederos se hubiese obligado especialmente al pago; pues entónces solo en los bienes de este podrá exigir el legatario la constitucion de la hipoteca necesaria.

3607. Si solo hubiere legatarios, podrán estos exigirse entre sí la garantía á que se refiere el artículo citado en el precedente.

3608. El error acerca del nombre de la persona ó acerca de la cosa legada, no anula el legado, si puede demostrarse cuál fué la intencion del testador.

3609. No puede el legatario ocupar por su propia autoridad la cosa legada; debiendo pedir su entrega y posesion al albacea ó al ejecutor especial.

3610. Si la cosa legada estuviere en poder del legatario, podrá este retenerla sin perjuicio de devolver en caso de reduccion lo que corresponda conforme á derecho.

3611. La cosa legada deberá ser entregada con todos sus accesorios y en el estado en que se halle al morir el testador.

3612. En el legado de especie, el heredero debe entregar la misma cosa legada: en caso de pérdida se observará lo dispuesto en los capítulos 3º y 4º, título 3º del libro 3º

3613. Los legados en dinero deben pagarse en esa especie; y si no la hay en la herencia, con el producto de los bienes que al efecto se vendan.

3614. Los gastos necesarios para la entrega de la cosa legada, serán á cargo de la herencia; pero sin perjuicio de las legítimas.

3615. El importe de las contribuciones correspondientes al legado, se deducirá del valor de este; á no ser que el testador disponga otra cosa.

3616. Si toda la herencia se distribuyere en legados, se pratearán las deudas y gravámenes de ella entre todos los partícipes á proporcion de sus cuotas; á no ser que el testador hubiere dispuesto otra cosa.

3617. Si los bienes de la herencia no alcanzaren para cubrir todos los legados, el pago se hará en el órden siguiente:

1º Legados remuneratorios:
2º Legados que el testador haya declarado preferentes:
3º Legados de cosa cierta y determinada:
4º Legados de alimentos ó educacion:
5º Los demas á prorata.

3618. Los legatarios tienen derecho de reivindicar de cualquier tercero la cosa legada, ya sea mueble ó raiz, con tal que sea cierta y determinada.

3619. El legatario de un inmueble, que perece incendiado despues de la muerte del testador, tiene derecho de recibir la indemnizacion del seguro si el predio estaba asegurado.

3620. Si se declara nulo el testamento despues de pagado el legado, la accion del verdadero heredero para recobrar la cosa legada, procede contra el legatario y no contra el otro heredero; á no ser que este haya hecho con dolo la particion.

CAPITULO VIII.

De las sustituciones.

Art. 3621. Puede el testador sustituir una ó mas personas al heredero ó herederos instituidos, para el caso de que mueran ántes que él, ó de que no puedan ó no quieran aceptar la herencia: esto es lo que se llama sustitucion vulgar.

3622. Los sustitutos pueden ser nombrados conjunta ó sucesivamente.

3623. El sustituto del sustituto, faltando este, lo es del heredero sustituido.

3624. La sustitucion simple y sin expresion de casos, comprende los tres señalados en el artículo 3621.

3625. A los varones menores de catorce años y á las mujeres menores de doce, pueden nombrar sustituto el padre ó ascendiente bajo cuya potestad se hallen, para el caso de que mueran ántes de la edad referida: esto es lo que se llama sustitucion pupilar.

3626. El ascendiente puede nombrar sustituto al descendiente mayor de edad, que conforme á derecho haya sido declarado incapaz por enajenacion mental: esto es lo que se llama sustitucion ejemplar.

3627. Las sustituciones de que hablan los dos artículos que preceden, no son válidas cuando el sustituido tiene herederos forzosos.

3628. La sustitucion ejemplar queda sin efecto si el incapacitado recobra la razon, y así se declara por sentencia judicial.

3629. Los sustitutos recibirán la herencia con los mismos gravámenes y condiciones con que debian recibirla los herederos; á no ser que el testador haya dispuesto expresamente otra cosa, ó que los gravámenes ó condiciones fueren meramente personales del heredero.

3630. Si los herederos instituidos en partes desiguales, fueren sustituidos recíprocamente, en la sustitucion tendrán las mismas partes que en la institucion; á no ser que claramente aparezca haber sido otra la voluntad del testador.

3631. Quedan prohibidas las sustituciones fideicomisarias, y cualesquiera otras diversas de las tres consignadas en este capítulo, sea cual fuere la forma de que se las revista.

3632. La nulidad de la sustitucion fideicomisaria no importa la de la institucion ni la del legado; teniéndose por no escrita la cláusula fideicomisaria.

3633. No se reputa fideicomisaria la disposicion en que el testador deja la propiedad del todo ó parte de sus bienes á una persona y el usufructo á otra; á no ser que el propietario ó el usufructuario queden obligados á trasferir á su muerte la propiedad ó el usufructo á un tercero.

3634. Puede el padre dejar la parte libre de sus bienes á su hijo con la carga de trasferirlos al hijo ó hijos que tenga ó tuviere; en cuyo caso el heredero se considerará como usufructuario.

3635. La disposicion que autoriza el artículo anterior, será nula cuando la trasmision de los bienes deba hacerse á descendientes de ulteriores grados.

3636. Se consideran fideicomisarias, y en consecuencia prohibidas, las disposiciones que contengan prohibicion de enajenar; ó que llamen á un tercero á lo que quede de la herencia por la muerte del heredero; ó encargo de prestar á mas de una persona sucesivamente cierta renta ó pension.

3637. No están comprendidas en la prohibicion del artículo precedente, las prestaciones de cualquiera cantidad impuestas á los herederos en favor de los indigentes; para dotar doncellas pobres; ó en favor de cualquier establecimiento ó fundacion de beneficencia pública, guardándose las prescripciones que establecen los tres artículos siguientes.

3638. La prestacion deberá ser consignada por el testador en ciertos y determinados bienes; pero queda en libertad el heredero gravado para capitalizarla ó imponerla á rédito.

3639. La capitalizacion se hará interviniendo la primera autoridad política del lugar, y con audiencia de los interesados y del ministerio público.

3640. Los herederos gravados de este modo no quedan obligados mas que al cumplimiento de la carga: su sucesion particular se regirá por los preceptos relativos de este Código.

3641. Puede el testador fundar uno ó mas lugares en un establecimiento de beneficencia ó de instruccion pública para sus descendientes.

3642. Puede tambien el testador hacer igual fundacion para sus parientes colaterales: pero en este caso no tendrá efecto fuera del octavo grado.

3643. Faltando las personas de que hablan los dos artículos anteriores, el capital quedará destinado generalmente á la beneficencia pública.

3644. Todo lo dispuesto en este capítulo respecto de los herederos, se observará tambien respecto de los legatarios.

CAPITULO IX.

De la desheredacion.

Art. 3645. La desheredacion solo puede tener lugar por las causas y en los casos en que la ley la permite expresamente.

3646. Son causas legítimas para la desheredacion de los descendientes, las contenidas en las fracciones 1ª, 2ª, 6ª, 7ª y 10ª del artículo 3428; y ademas las siguientes:

1ª Haber negado sin motivo legítimo los alimentos al ascendiente que deshereda:

2ª Haber contraido matrimonio contra lo prevenido en los artículos 165 y 166; á no ser que el disenso del ascendiente se haya suplido conforme al artículo 173:

3ª Haberse entregado la hija ó nieta á la prostitucion;

3647. Los hijos y descendientes del desheredado tendrán la legítima de que sus padres ó ascendientes fueron privados; pero estos no gozarán del usufructo, ni administrarán la legítima, ni sucederán en ella por intestado.

3648. Los hijos y descendientes no tienen en ningun caso derecho para privar de la legítima á los ascendientes; y aun cuando estos sean preteridos, no se les excluirá de la legítima, si no son incapaces de adquirirla por alguna de las causas enumeradas en el artículo 3428.

3649. La desheredacion solo puede hacerse en testamento y con expresa declaracion de causa.

3650. Siendo contestada la causa de la desheredacion incumbe la prueba de ella, á los herederos del testador.

3651. La desheredacion hecha sin expresion de causa ó con causa que no se pruebe ó por causa ilegítima, hará caducar las disposiciones testamentarias solamente en lo que perjudiquen la legítima del desheredado.

3652. Los que por la exclusion del desheredado son llamados á la sucesion de los bienes, tienen obligacion de prestar alimentos á aquel, si carece de medios de subsistencia, en proporcion á la parte que reciban de la cuota que debia corresponder al desheredado.

3653. La accion del desheredado contra la desheredacion prescribe dentro de cinco años contados desde la apertura del testamento, hallándose el desheredado presente, y dentro de diez, hallándose ausente.

3654. La reconciliacion del ofensor y del ofendido, posterior á la desheredacion, deja esta sin efecto.

CAPITULO X.

De la nulidad y revocacion de los testamentos.

Art. 3655. Es nula la institucion de heredero hecha en memorias ó comunicados secretos.

3656. Los legados podrán dejarse por esos medios; pero el heredero ó la persona á quien el testador haya dejado expresamente encargado de cumplirlos, está obligado á revelarlos al juez de la testamentaría y al ministerio público, con la reserva debida y ántes de que se aprueben los inventarios, para que así pueda saberse si son contrarios á las leyes.

3657. Si los comunicados son contrarios á las leyes, el ministerio público y el juez impedirán su cumplimiento: si fueren conformes á derecho, cuidarán de que sean cumplidos, y exigirán á la persona á quien se hubieren encargado, que acredite suficientemente haber desempeñado la comision que le confió el testador.

3658. El heredero ó encargado que no cumpla con la prescripcion del artículo 3656, así como el que no acredite haber cumplido el encargo, pagará una multa igual al veinticinco por ciento del monto de los comunicados secretos.

3659. Es nulo el testamento otorgado por violencia ó captado por dolo ó fraude.

3660. El que por dolo, fraude ó violencia impide que

alguno haga su última disposicion, será castigado conforme al Código penal, perdiendo ademas el derecho que tenga para suceder por intestado.

3661. El juez que tuviere noticia de que alguno impide á otro testar, se presentará sin domora en la casa del segundo, para asegurarle el ejercicio de su derecho: y levantará acta en que haga constar el heçho que ha motivado su presencia; la persona ó personas que causan la violencia y los medios que al efecto hayan empleado ó intenten emplear, y si la persona cuya libertad ampara, hace uso de su derecho.

3662. Es nulo el testamento en que el testador no expresa cumplida y claramente su voluutad, sino solo por señales ó monosílabos en respuesta á las preguntas que se le hacen.

3663. El testador no puede prohibir que se impugne el testamento en los casos en que este deba ser nulo conforme á la ley.

3664. El testamento es nulo cuando se otorga en contravencion á lo dispuesto en el título 3º de este libro.

3665. El testamento es un acto revocable hasta el último momento de la vida del testador.

3666. La renuncia de la facultad de revocar el testamento, es nula.

3667. El reconocimiento de un hijo ilegítimo no pierde su fuerza legal, aunque se revoque el testamento en que se hizo, siempre que este haya sido abierto y otorgado ante notario.

3668. Son nulas la renuncia del derecho de testar y la cláusula en que alguno se obligue á no usar de ese derecho sino bajo ciertas condiciones, sean estas de la clase que fueren; exceptuándose lo prevenido en el artícul 3519.

3669. El testamento no pierde su fuerza por el cambio de estado del testador, ni por la superveniencia de hijos: quienes en este caso pueden ejercer los derechos que respecto de la legítima les corresponden.

3670. El testamento anterior queda revocado de pleno derecho por el posterior perfecto, si el testador no expresa en este su voluntad de que aquel subsista en todo ó en parte.

3671. La revocacion producirá su efecto, aunque el segundo testamento caduque por incapacidad del herede-o ó de los legatarios nuevamente nombrados, ó por su renuncia.

3672. El testamento anterior recobrará no obstante su fuerza, si el testador, revocando el posterior, declara ser su voluntad que el primero subsista.

3673. Las disposiciones testamentarias caducan y quedan sin efecto en lo relativo á los herederos y legatarios:

1º Si el heredero ó legatario muere ántes que el testador ó ántes de que se cumpla la condicion de que dependan la herencia ó el legado:

2º Si el heredero ó legatario se hace incapaz de recibir la herencia ó legado:

3º Si renuncia á su derecho.

3674. La disposicion testamentaria que contenga condicion de suceso pasado ó presente desconocidos, no caduca, aunque la noticia del hecho se adquiera despues de la muerte del heredero ó legatario, cuyos derechos se trasmiten á sus respectivos herederos.

CAPITULO XI.

De los albaceas ó ejecutores de las últimas voluntades.

Art. 3675. La ley solo reconoce como ejecutores universales de las últimas voluntades, cuando hay herederos forzosos, á los mismos herederos, ya lo sean por testamento, ya por intestado, ó á su representante legítimo.

3676. El testador, cuando hay herederos forzosos, es libre para escoger entre ellos al albacea y para nombrar á un extraño ejecutor especial para objeto determinado.

3677. Para los efectos del artículo 3675, representan legítimamente:

1º El marido á la mujer casada menor de edad:

2º Los ascendientes á sus descendientes que están bajo su patria potestad:

3º Los tutores á los menores, aunque estén emancipados y á los demas que se hallen sujetos á tutela.

4º El representante ó el poseedor de los bienes al ausente:

5º Los síndicos á los ayuntamientos:

6º Los directores á los establecimientos públicos:

7º El ministerio público al fisco.

3678. Cuando no hay herederos forzosos, el testador puede nombrar libremente uno ó varios albaceas.

3679. Si el testador, haya ó no herederos forzosos, no

nombra albacea, le nombrarán los herederos por mayoría de votos.

3680. La mayoría en todos los casos de que hablan este capítulo y los relativos á inventario y particiones, se calculará por el importe de los créditos y no por el número de las personas; á no ser que el mayor crédito corresponda á una sola persona.

3681. En el caso del artículo 3679 el albacea deberá escogerse precisamente entre los mismos herederos ó su legítimo representante.

3682. Si no hubiere mayoría, el albacea será nombrado por el juez, en los mismos términos prevenidos en e artículo anterior.

3683. Lo dispuesto en los cuatro artículos que preceden, se observará tambien en los casos de intestado, y cuando el albacea nombrado falte, sea por la causa que fuere.

3684. En los casos de herencia voluntaria, no pueden ser albaceas:

1º Los menores y demas incapacitados:

2º Los magistrados y jueces que tengan jurisdiccion en el lugar donde se abra la sucesion:

3º Los que por sentencia hubieren sido removidos otra vez del cargo de albacea.

3685. El heredero voluntario, que fuere único, será el albacea, si no hubiere sido nombrado otro en el testamento.

3686. Cuando no haya heredero ó el nombrado no entre en la herencia, el juez nombrará el albacea, si no hubiere legatarios.

3687. En el caso del artículo anterior, si hay legatarios, el albacea será nombrado por estos.

3688. El albacea nombrado conforme á los dos artículos que preceden, durará en su encargo miéntras declarados los herederos legítimos, estos hacen la eleccion conforme á los artículos 3679 á 3682.

3689. Cuando toda la herencia se distribuya en legados, los legatarios nombrarán el albacea, observóndose lo prevenido en los citados artículos 3679 á 3682.

3690. En los casos en que es libre el nombramiento de albacea, puede este ser universal ó especial.

3691. En todo caso pueden los albaceas ser nombrados mancomunada ó sucesivamente.

3692. Si los albaceas son mancomunados, solo valdrá lo que hagan todos de consuno ó lo que haga uno de ellos legalmente autorizado por los demas.

3693. En los casos de suma urgencia, podrá uno de los albaceas mancomunados, practicar bajo su responsabilidad personal los actos que fueren necesarios, dando cuenta inmediatamente á los demas.

3694. Si el testador no establece mancomunidad entre los albaceas, ni fija el órden en que deben desempeñar su encargo, entrarán á servicio en el órden natural del nombramiento.

3695. El cargo de albacea es voluntario; pero el que lo acepta, se constituye en la obligacion de desempeñarlo,

3696. El albacea que renuncie sin justa causa, perderá lo que le hubiere dejado el testador, salvo siempre el derecho que tuviere á la legítima.

3697. El albacea que pretenda excusarse deberá hacerlo dentro de los seis dias siguientes, á aquel en que tuvo noticia de su nombramiento; ó si este le era ya conocido, dentro de los seis dias siguientes á aquel en que tuvo noticia de la muerte del testador.

3698. El albacea que estuviere presente, miéntras se decide sobre su excusa, debe desempeñar el cargo bajo la pena establecida en el artículo 3696 y la de pagar los daños y perjuicios.

3699. El cargo de albacea no puede ser delegado sino en virtud de poder solemne; salvo en todo caso lo dispuesto por el testador.

3700. El ejecutor general está obligado á entregar al especial las cantidades ó cosas necesarias para que cumpla la parte del testamento que estuviere á su cargo.

3701. Si el cumplimiento del legado depende de plazo ó de alguna otra circunstancia suspensiva, podrá el ejecutor general resistir la entrega de la cosa ó cantidad dando fianza á satisfaccion del legatario ó del ejecutor especial, de que la entrega se hará á su debido tiempo.

3702. El ejecutor especial puede tambien á nombre del legatario, exigir la constitucion de hipoteca á que se refieren las fracciones 1ª y 10ª del artículo 2000.

3703. La posesion de los bienes hereditarios se trasmite por ministerio de la ley á los ejecutores universales desde el momento de la muerte del autor de la herencia salvo lo dispuesto en el artículo 2201.

3704. El albacea posee en nombre propio por la parte que le corresponda en la herencia, y en nombre ajeno por la parte que corresponda á los demas herederos y á los legatarios.

3705. Las facultades del albacea, ademas de las contenidas en este capítulo, serán las que expresamente le haya concedido el testador y que no fueren contrarias á las leyes.

3706. El albacea puede deducir todas las acciones que pertenecieron al autor de la herencia y que no se hayan extinguido por su muerte.

3707. Son obligaciones del albacea general:

1ª La presentacion del testamento:

2ª El aseguramiento de los bienes de la herencia:

3ª La formacion de inventario:

4ª La administracion de los bienes y la rendicion de la cuenta de albaceazgo:

5ª El pago de las deudas mortuorias, hereditarias y testamentarias:

6ª La particion y adjudicacion de los bienes entre los herederos y legatarios:

7ª La defensa en juicio y fuera de él, así de la herencia como de la validez del testamento, conforme á derecho.

3708. Si el albacea ha sido nombrado en testamento, y lo tiene en su poder, debe presentarlo dentro de los ocho dias siguientes á la muerte del testador.

3709. El albacea no puede oponerse á que se dé á los herederos copia íntegra del testamento, y á los legatarios de la cláusula respectiva.

3710. En caso de intestado ó cuando no conste quién de los herederos deba ser el albacea, se admitirá la denuncia hecha por cualquiera de ellos; pero deberá presentarla por escrito autorizada con firma de letrado. Este mismo requisito se exigirá cuando la denuncia se haga por un extraño.

3711. Admitida la denuncia, se citará á los interesados; y el juez determinará se nombre albacea con arreglo á lo dispuesto en los artículos 3679 á 3682.

3712. Miéntras se presentan los interesados, el juez podrá nombrar un interventor, que tendrá el carácter de simple depositario de los bienes; sin que pueda desempeñar otras funciones administrativas que las que sean de mera conservacion de los bienes y las que se refieran al pago de las deudas mortuorias; unas y otras previa autorizacion judicial.

3713. El interventor judicial recibirá los bienes por inventario solemne.

3714. El interventor judicial cesará en su encargo luego que se nombre el albacea; entregará á este los bienes, y no podrá retenerlos bajo ningun pretexto, ni aun por razon de mejoras ó gastos de manutencion ó reparacion.

3715. El albacea, ántes de formar el inventario, no permitirá la extraccion de cosa alguna, si no es que conste la propiedad ajena por el mismo testamento, por escritura pública ó por los libros de la casa llevados en debida forma, si el autor de la herencia hubiere sido comerciante.

3716. Cuando la propiedad de cosa ajena conste por medios diversos de los enumerados en el artículo que precede, el albacea se limitará á poner al márgen de las partidas respectivas una nota que indique la pertenencia de la cosa, para que la propiedad se discuta en el juicio correspondiente.

3717. La infraccion de los dos artículos anteriores hace responsable al albacea de los daños y perjuicios.

3718. Son nulas de pleno derecho las disposiciones por las que el testador dispensa al albacea de la obligacion de hacer inventario ó de la de rendir cuentas; salvo el caso de que el heredero sea uno y forzoso, y que no haya legatarios.

3719. El albacea dentro del primer mes de ejercer su encargo, fijará de acuerdo con los herederos la cantidad que haya de emplearse en los gastos de administracion y el número y sueldo de los dependientes.

3720. Si para el pago de una deuda ú otro gasto urgente fuere necesario vender algunos bienes, el albacea deberá hacerlo de acuerdo con los herederos; y si esto no fuere posible, con aprobacion judicial.

3721. Lo dispuesto en los artículos 616 y 617 respecto de los tutores, se observará tambien respecto de los albaceas.

3722. El albacea no puede dar en arrendamiento los bienes de la herencia, sino con consentimiento de los herederos.

2723. Los bienes legados especificadamente, n opueden sor gravados, hipotecados ni arrendados sin consentimiento del legatario.

3724. El albacea no puede gravar ni hipotecar los bienes sin consentimiento de los herederos.

3725. El albacea no puede transigir ni comprometer en árbitros los negocios de la herencia, sino con consentimiento de los herederos.

3726. La obligacion que de dar cuentas tiene el albacea, pasa á sus herederos.

3727. El albacea á quien el testador no haya fijado plazo, debe cumplir su encargo dentro de un año contado desde su aceptacion, ó desde que terminen los litigios que se promovieren sobre la validez ó nulidad del testamento.

3728. Si el testador proroga el plazo legal, debe señalar expresamente el tiempo de la prórroga: si no lo señala expresamente, se entenderá prorogado el plazo solo por otro año.

3729. La mayoría de los herederos y legatarios puede tambien prorogar el plazo en que el albacea debe desempeñar su encargo, observándose lo dispuesto en los dos artículos anteriores.

3730. La cuenta de administracion debe ser aprobada dor todos los herederos: el que disienta, puede seguir á su costa el juicio respectivo en los términos que establezca el Código de procedimientos.

3731. Cuando fuere interesado el fisco, intervendrá el ministerio público en la aprobacion de las cuentas.

3732. Aprobadas las cuentas, los interesados pueden celebrar sobre su resultado los convenios que quieran y que no fueren contrarios á las leyes.

3733. Los gastos hechos por el albacea en el cumplimiento de su encargo, inclusos los honorarios de abogados y procuradores que hayan ocupado, se pagarán de la masa de la herencia.

3734. El testador puede señalar al albacea la retribucion que quiera, no excediendo de su parte disponible.

3735. Si el testador no designare la retribucion, el albacea cobrará el dos por ciento sobre el importe líquido y efectivo de la herencia. Si él mismo hiciere la particion, cobrará ademas los derechos de arancel.

3736. El heredero albacea que ha sido mejorado en la parte disponible, ó á quien se ha asignado algun legado por razon de su cargo, no tiene derecho de cobrar otra retribucion.

3737. Si fueren varios y mancomunados los albaceas,

la retribucion se repartirá entre todos ellos: si no fueren mancomnnados, la reparticion se hará en proporcion al tiempo que cada uno haya administrado y al trabajo que hubiere tenido en la administracion.

3738. Cualquiera diferencia que sobre lo dispuesto en el artículo anterior se suscitare, se decidirá en juicio verbal.

3739. Si el testador legó conjuntamente á los albaceas alguna cosa para que desempeñen su encargo, la parte de los que no admitan este, acrecerá á los que lo ejerzan.

3740. El testador puede nombrar libremente un interventor.

3741. Los herederos que no administran, tienen derecho para nombrar á mayoría de votos un interventor que vigile en nombre de todos.

3742. Si los herederos no se pusieren de acuerdo en la eleccion, el juez nombrará el interventor, escogiéndolo de entre las personas que hayan sido propuestas por los herederos.

3743. El interventor no puede tener la posesion ni aun interina, de los bienes.

3744. Debe nombrarse precisamente un interventor:

1º Cuando entre los herederos nombrados haya alguna mujer casada menor de edad ó cuyo marido hubiere sido separado judicialmente de ella ó de la administracion de los bienes:

2º Siempre que el heredero esté ausente ó no sea conocido:

3º Cuando la cuantía de los legados iguale ó exceda á la porcion del heredero albacea:

4º Cuando se hayan dejado legados, cualquiera que sea su cuantía, para objetos ó establecimientos de beneficencia pública.

3745. Las funciones del interventor se limitarán á vigilar el exacto cumplimiento del cargo de albacea; pero al hacerlo, deberá asociarse siempre á la persona cuyos intereses crea perjudicados; y en nombre de esta y con su consentimiento expreso practicará cualquier gestion judicial ó extrajudicial.

3746. El interventor tiene derecho de pedir copia íntegra del testamento; á no ser que el testador haya dispuesto otra cosa.

3747. Los interventores deben ser mayores de edad y capaces de contraer obligaciones.

3748. Regirá respecto del interventor lo dispuesto en los artículos 3695 á 3698.

3749. Los cargos de albacea é interventor acaban:

1º Por el término natural del encargo:

2º Por muerte:

3º Por incapacidad legal declarada en forma:

4º Por excusa que el juez califique de legítima con audiencia de los interesados, y del ministerio público cuando se interesen menores ó el fisco:

5º Por el lapso del término señalado por el testador ó por la ley:

6º Por remocion; la que no tendrá lugar, sino por sentencia pronunciada á peticion de parte legítima y con audiencia del interesado.

TITULO III.

DE LA FORMA DE LOS TESTAMENTOS.

CAPITULO I.

Disposiciones generales.

Art. 3750. El testamento, en cuanto á su forma, es público ó privado.

3751. Testamento público es el que se otorga ante notario y testigos idóneos y se extiende en papel del sello correspondiente.

3752. Testamento privado es el que se otorga ante testigos idóneos, sin intervencion de notario; pudiendo extenderse ó no en papel sellado.

3753. El testamento público puede ser abierto ó cerrado: el testamento privado solo puede ser abierto; salvo lo dispuesto en los artículos 3818, 3819 y 3820.

3754. El testamento es abierto cuando el testador manifiesta su última voluntad en presencia de las personas que deben autorizar el acto.

3755. Es cerrado el testamento cuando el testador, sin revelar su última voluntad, declara: que esta se halla contenida en el pliego que presenta á las personas que deben autorizar el acto.

3756. El papel sellado en que se otorguen los testamentos, será el que determine la ley de la materia.

3757. Los testamentos de los militares y los marítimos pueden extenderse en papel comun.

3758. No pueden ser testigos del testamento:

1º Los amanuenses del notario que lo autorice:

2º Los ciegos y los que no entiendan el idiomo del testador:

3º Los totalmente sordos ó mudos:

4º Los que no estén en su sano juicio:

5º Los qne no tengan la calidad de domiciliados; salvo en los casos exceptuados por la ley:

6º Las mujeres:

7º Los varones menores de edad:

8º Los que hayan sido condenados por el delito de falsedad.

3759. Para que un testigo sea declarado inhábil, es necesario que la causa de la inhabilidad haya existido al tiempo de otorgarse el testamento.

3760. Cuando el testador ignore el idioma del país, concurrirán al acto y firmarán el testamento, ademas de los testigos y el notario, dos intérpretes nombrados por el mismo testador.

3761. Tanto el notario como los testigos que intervengan en cualquier testamento, deberán conocer al testador ó certificarse de algun modo de su identidad y de que se hallaba en su cabal juicio y libre de cualquiera coaccion.

3762. Si la identidad del testador no pudiere ser verificada, se declarará esta circunstancia por el notario ó por los testigos en su caso, agregando uno ú otros todas las señales que caractericen la persona de aquel.

3763. En el caso del artículo que precede, no tendrá validez el testamento miéntras no se justifique la identidad del testador.

3764. Se prohibe á los notarios y á cualesquiera otras personas que hayan de redactar disposiciones de última voluntad, dejar hojas en blanco y servirse de abreviaturas ó cifras, bajo la pena de quinientos pesos de multa á los notarios, y de la mitad á los que no lo fueren.

3765. El notario que hubiere autorizado un testamento abierto ó la entrega de uno cerrado, debe instruir á los interesados con la brevedad posible, luego que sepa la muerte del testador. Si no lo hace, es responsable de los daños y perjuicios que la dilacion ocasione.

3766. Lo dispuesto en el artículo que precede, se observará tambien por cualquiera que tenga en su poder un testamento cerrado.

3767. Si los interesados están ausentes ó son desconocidos, la noticia se dará al juez.

CAPITULO II.

Del testamento público abierto.

Art. 3768. El testamento público abierto se dictará de un modo claro y terminante por el testador, en presencia de tres testigos y el notario: este redactará por escrito as cláusulas y las leerá en voz alta, para que el testador manifieste si está conforme. Si lo estuviere, firmarán todos el instrumento, asentándose el lugar, la hora, el dia, el mes y el año en que hubiere sido otorgado.

3769. Si alguno de los testigos no supiere escribir, firmará otro de ellos por él; pero cuando ménos deberá constar la firma entera de dos testigos.

3770. Si el testador no pudiere ó no supiere escribir, intervendrá otro testigo mas, que firme á su ruego.

3771. En caso de extrema urgencia, y no pudiendo ser llamado otro testigo, firmará por el testador uno de los instrumentales; haciéndose constar esta circunstancia.

3772. El que fuere enteramente sordo, pero que sepa leer, deberá dar lectura á su testamento: si no supiere ó no pudiere hacerlo, designará una persona que lo lea en su nombre.

3773. Todas las formalidades se practicarán acto continuo, y el notario dará fé de haberse llenado todas.

3774. Faltando algunas de las referidas solemnidades, quedará el testamento sin efecto, y el notario será responsable de los daños y perjuicios, é incurrirá ademas en la pena de pérdida de oficio.

CAPITULO III.

Del testamento público cerrado.

Art. 3775. El testamento cerrado puede ser escrito por el testador ó por otra persona, á su ruego, y en papel comun.

3776. El testador debe rubricar todas las hojas y firmar al calce dal testamento; pero si no supiere ó no pudiere hacerlo, podrá rubricar y firmar por él otra persona á su ruego.

3777. En el caso del artículo que precede, la persona que haya rubricado y firmado por el testador concurrirá con él á la presentacion del pliego cerrado: en ese acto el testador declarará que aquella persona rubricó y firmó en su nombre; y ambos firmarán en la cubierta con los testigos y el notario.

3778. El papel en que esté escrito el testamento ó el que le sirva de cubierta, deberá estar cerrado y sellado, ó lo hará cerrar y sellar el testador en el acto del otorgamiento; y lo exhibirá al notario en presencia de tres testigos.

3779. El testador al hacer la presentacion, declarará: que en aquel pliego está contenida su última voluntad.

3780. El notario dará fé del otorgamiento, con expresion de las formalidades requeridas en los artículos anteriores: esa constancia deberá extenderse en la cubierta del testamento, que será del papel sellado correspondiente, y deberá ser firmada por el testador, los testigos y el notario, quien ademas pondrá su sello.

3781. Si alguno de los testigos no supiere firmar, se llamará otra persona que lo haga en su nombre y en su presencia; de modo que siempre haya tres firmas.

3782. Si al hacer la presentacion del testamento, no pudiere firmar el testador, lo hará otra persona en su nombre y en su presencia; no debiendo hacerlo ninguno de los testigos.

3783. Solo en caso de suma urgencia podrá firmar uno

de los testigos, ya sea por el que no sepa hacerlo, ya por el testador. El notario hará constar expresamente esta circunstancia, bajo la pena de suspension de oficio por tres años.

3784. Los que no saben ó no pueden leer, son inhábiles para hacer testamento cerrado.

3785. El sordo-mudo podrá hacer testamento cerrado, con tal que esté todo él escrito, fechado y firmado de su propia mano, y que al presentarlo al notario ante cinco testigos, escriba á presencia de todos sobre la cubierta: que en aquel pliego se contiene su última voluntad, y va escrita y firmada por él. El notario declarará en el acta de la cubierta, que el testador lo escribió así, observándose ademas lo dispuesto en los artículos 3778, 3780 y 3781.

3786. En el caso del artículo anterior, si el testador no puede firmar la cubierta, se observará lo dispuesto en los artículos 3782 y 3783; dando fé el notario de la eleccion que el testador haga de uno de los testigos para que firme por él.

3787. El que sea solo mudo ó solo sordo, puede hacer testamento cerrado con tal que esté escrito de su puño y letra; ó si ha sido escrito por otro, lo anote así el testador, y firme la nota de su puño y letra, sujetándose á las demas solemnidades precisas para esta clase de testamentos.

3788. El testamento cerrado que carezca de alguna de las formalidades sobredichas, quedará sin efecto; y el notario será responsable en los términos del artículo 3774.

3789. Cerrado y autorizado el testamento, se entregará al testador; y el notario pondrá razon en el protocolo del lugar, hora, dia, mes y año en que el testamento fué autorizado y entregado.

3790. Por la infraccion del artículo anterior, no se anulará el testamento; pero el notario incurrirá en la pe na de suspension por seis meses.

3791. El testador podrá conservar el testamento en su poder, ó darlo en guarda á persona de su confianza, ó de positarlo en el archivo judicial.

3792. El testador que quiera depositar su testamento en el archivo, se presentará con él ante el encargado de este, quien hará asentar en el libro que con ese objeto de be llevarse, una razon del depósito y entrega, que será firmada por dicho funcionario y el testador, á quien se dará copia autorizada.

3793. Pueden hacerse por procurador la presentacion y depósito de que habla el artículo que precede, y en es te caso el poder quedará unido al testamento.

3794. El testador puede retirar cuando le parezca su testamento; pero la devolucion se hará con las mismas so lemnidades que la entrega.

3795. El poder para la entrega y para la extraccion del testamento, debe otorgarse en escritura pública; y es ta circunstancia se hará constar en la nota respectiva.

3796. Luego que el juez reciba un testamento cerrado, hará comparecer al notario y á los testigos que concur rieron á su otorgamiento.

3797. El testamento cerrado no podrá ser abierto sino despues que el notario y los testigos instrumentales hayan reconocido ante el juez sus firmas, y la del testador ó la de la persona que por este hubiere firmado, y hayan declarado si en su concepto está cerrado y sellado como lo estaba en el acto de la entrega.

3798. Si no pudieren comparecer todos los testigos por muerte, enfermedad ó ausencia, bastará el reconocimiento de la mayor parte y el del notario.

3799. Si por iguales causas no pudieron comparecer el notario, la mayor parte de los testigos ó ninguno de ellos, el juez lo hará constar así por informacion, como tambien la legitimidad de las firmas, y que en la fecha que lleva el testamento, se encontraban aquellos en el lugar en que este se otorgó.

3800. En todo caso los que comparecieren reconocerán sus firmas.

3801. Cumplido lo prescrito en los cinco artículos anteriores, el juez decretará la publicacion y protocolizacion del testamento.

3802. El testamento cerrado quedará sin efecto, siempre que se encuentre roto el pliego interior, ó abierto el que forma la cubierta; ó borradas, raspadas ó enmendadas las firmas que lo autorizan, aunque el contenido no sea vicioso.

3803. Toda persona que tuviere en su poder un testamento cerrado y no lo presente, como está prevenido en los artículos 3765 y 3766, ó lo sustraiga dolosamente de los bienes del finado, incurrirá en la pena, si fuere heredero por intestado, de pérdida del derecho que pudiera tener; sin perjuicio de la que le corresponda conforme al Código penal.

CAPITULO IV.

Del testamento privado.

Art. 3804. El testamento privado es permitido en los casos siguientes:

1º Cuando el testador es atacado de una enfermedad tan violenta, que amenace su vida de un modo inminente:

2º Cuando se otorga en una poblacion que está incomunicada por razon de epidemia, aunque el testador no se halle atacado de esta:

3º Cuando se otorga en una plaza sitiada:

4º Cuando en el lugar no hay notario ni juez que actúe por receptoría:

3805. El testador que se encuentre en el caso de hacer testamento privado, declarará á presencia de cinco testigos idóneos su última voluntad, que uno de ellos redactará por escrito.

3806. No será necesario redactar por escrito el testamento, cuando ninguno de los testigos sepa escribir, y en los casos de suma urgencia.

3807. En los casos de suma urgencia bastarán tres testigos idóneos.

3808. Al otorgarse el testamento privado, se observarán las disposiciones contenidas en los artículos 3768 á 3773.

3809. El testamento privado solo surtirá sus efectos, si el testador fallece de la enfermedad ó en el peligro en que se hallaba, ó dentro de un mes despues que aquella ó este hayan cesado.

3810. El testamento privado necesita ademas para su validez, que se eleve á escritura pública por declaracion judicial; la que se hará en virtud de las deposiciones de los testigos que firmaron ú oyeron en su caso la voluntad del testador.

3811. La reduccion á escritura pública será pedida por los interesados inmediatamente despues que supieren la muerte del testador y la forma de su disposicion.

3812. Los testigos que autoricen un testamento privado, deberán declarar circunstanciadamente:

1º El lugar, la hora, el dia, el mes y el año en que se otorgó el testamento:

2º Si reconocieron, vieron y oyeron distintamente al testador:

3º El tenor de la disposicion:

4º Si el testador estaba en su cabal juicio y libre de cualquiera coaccion:

5º La razon por la que no hubo notario:

6º Si el testador falleció ó no de la enfermedad ó en el peligro en que se hallaba.

3813. Si los testigos fueren idóneos y estuvieren conformes en todas y cada una de las circunstancias enumeradas en el artículo que precede, el juez declarará el contenido de los dichos de aquellos, formal testamento de la persona de quien se trate: lo mandará protocolizar, y dispondrá que se extiendan los testimonios respectivos á las personas que tuvieron derecho.

3814. Si despues de la muerte del testador y ántes de elevarse á formal testamento la que se dice su última disposicion, muriese alguno de los testigos, se hará la legalizacion con los restantes, con tal que no sean ménos de tres, perfectamente contestes y mayores de toda excepcion.

3815. Lo dispuesto en el artículo anterior se observará tambien en el caso de ausencia de alguno ó algunos de los testigos, siempre que en la falta de comparecencia del testigo no hubiere dolo.

3816. Sabiéndose el lugar donde se hallen los testigos, serán examinados por exhorto.

CAPITULO V.

Del testamento militar.

Art. 3817. Los militares y los empleados civiles del ejército, luego que entren en campaña, podrán testar en forma privada, sujetándose á las formalidades prescritas para esta clase de testamentos.

3818. Si el militar ó empleado civil hace su disposicion en el momento de entrar en accion de guerra, ó estando herido, sobre el campo de batalla, bastará quo declare su voluntad, ante dos tetigos idóneos, ó que ante los mismos presente el pliegó cerrado que contenga su disposicion, escrita y firmada, ó por lo ménos firmada de su puño y letra.

3819. Si el testamento es cerrado, los testigos firmarán en la cubierta, haciéndolo el testador, si pudiere.

3820. Lo dispuesto en los artículos anteriores, se observará en su caso respecto de los prisioneros.

3821. Los testamentos otorgados por escrito conforme á este capítulo, deberán ser entregados, luego que muera el testador, por aquel en cuyo poder hubieren quedado, al jefe inmediato del difunto, quien los remitirá al ministerio de la guerra y este á la autoridad judicial competente, para los efectos legales.

3822. Si el testamento hubiere sido otorgado de palabra, los testigos instruirán de él desde luego al jefe inmediato del testador; el cual dará parte en el acto al ministerio de la guerra y este á la autoridad judicial competente, á fin de que, citando á los testigos, se proceda conforme á derecho.

3823. Las disposiciones contenidas en los artículos 3809 y siguientes, se obserbarán tambien en el testamento militar

CAPITULO VI.

Del testamento marítimo.

Art. 3824. Los que se encuentren en alta mar á bordo de navíos de la marina nacional, sea de guerra ó mercante, pueden tambien estar bajo la forma privada, sujetándose á las prescripciones siguientes.

3825. El testamento marítimo será escrito á presencia de dos testigos y el comandante del navío; y será leido, datado y firmado como se ha dicho en los artículos 3768 á 3773; pero en todo caso deberán firmar el comandante y los dos testigos.

3826. Si el comandante hiciere su testamento, desempeñará sus veces el que deba sucederle en el mando.

3827. El testamento marítimo deberá ser hecho por duplicado, conservado entre los papeles mas importantes de la embarcacion y mencionado en su diario.

3828. Si el buque arribare á un puerto en que haya cónsul ó vicecónsul mexicano, el comandante depositará en su poder uno de los ejemplares del testamento; fechado, y sellado, con una copia de la nota que debe constar en el diario de la embarcacion.

3829. Arribando ésta á territorio mexicano, se entregará el otro ejemplar, ó ambos, si no se dejó alguno en otra parte, á la autoridad marítima del lugar, en la forma declarada en el artículo anterior.

3830. En cualquiera de los casos mencionados en los dos artículos precedentes, el comandante de la embarcacion exigirá recibo de la entrega y lo citará por nota en el diario.

3831. Los cónsules ó las autoridades marítimas levantarán luego que reciban los ejemplares referidos, una acta de la entrega, y la remitirán con los citados ejemplares á la posible brevedad al ministerio de relaciones, el cual hará publicar por los periódicos la noticia de la muerte del testador, para que los interesados promuevan la apertura del testamento.

3832. El testamento marítimo solamente producirá efectos legales, falleciendo el testador en el mar, ó dentro de un mes contado desde su desembarco en algun lugar en que conforme á la ley mexicana ó á la extranjera haya podido ratificar ú otorgar de nuevo su última disposicion.

3833. Si el testador desembarca en lugar donde no haya agente consular, y no se sabe si ha muerto ni la fecha del fallecimiento, se procederá conforme á lo dispuesto en el título 18 del libro 1º

CAPITULO VII.

Del testamento hecho en país extranjero.

Art. 3834. Los testamentos hechos en país extranjero producirán efecto en el Distrito y en la California, cuando hayan sido formulados auténticamente conforme á las leyes del país en que se otorgaron.

3835. Los secretarios de legacion, los cónsules y los vicecónsules mexicanos, podrán hacer las veces de notarios en el otorgamiento de los testamentos de los nacionales, conformándose con los preceptos de este Código.

3836. Los funcionarios referidos remitirán copia autorizada de los testamentos abiertos que ante ellos se hubieren otorgado, al ministerio de relaciones, para los efectos prevenidos en el artículo 3831.

3837. Si el testamento fuere cerrado, el funcionario que lo autorice, remitirá copia del acta de otorgamiento.

3838. Si el testamento fuere confiado á la guarda del secretario de legacion, cónsul ó vicecónsul, hará mencion de esa circunstancia y dará recibo de la entrega.

3839. El papel en que se extiendan los testamentos otorgados ante los agentes diplomáticos ó consulares, llevará el sello de la legacion ó consulado respectivos.

TITULO CUARTO.

DE LA SUCESION LEGITIMA.

CAPITULO I.

Disposiciones generales.

Art. 3840. La herencia legítima se abre:

1º Cuando no hay testamento otorgado, ó el que se otorgó es nulo ó perdió despues su fuerza, aunque ántes haya sido válido:

2º Cuando el testador no dispuso de todos sus bienes:

3º Cuando falta la condicion impuesta al heredero, ó este muere ántes que el testador, ó repudia la herencia, sin que haya sustituto ni tenga lugar el derecho de acrecer:

4º Cuando el heredero instituido es incapaz de heredar.

3841. Cuando siendo válido el testamento, no deba subsistir la institucion de heredero, los legados, si los herederos legítimos no son tambien forzosos, no deben reducirse como inoficiosos; y la sucesion legítima solo comprenderá el remanente de los bienes.

3842. Si el testador dispone legalmente solo de una parte de sus bienes, el resto de ellos forma la sucesion legítima.

3843. En las herencias la ley no atiende al orígen y naturaleza de los bienes del difunto, para arreglar el derecho de heredarlos.

4844. La sucesion legítima se concede:

1º A los descendientes y ascendientes y al cónyuge que sobrevive, con exclusion de los colaterales y del fisco:

2º Faltando descendientes y ascendientes, á los hermanos y sobrinos representantes de hermanos difuntos y al cónyuge que sobrevive, con exclusion de los demas colaterales y del fisco:

3º Faltando hermanos y sobrinos representantes de hermanos difuntos, al cónyuge que sobrevive aunque haya otros colaterales:

4º Faltando descendientes, ascendientes, hermanos y cónyuge, á los demas colaterales dentro del octavo grado, con exclusion del fisco:

5º Faltando colaterales al fisco.

3845. El parentesco de afinidad no da derecho de heredar.

3846. Los parientes mas próximos excluyen á los mas remotos; salvo el derecho de representacion en los casos en que deba tener lugar.

3847. Los parientes que se hallaren en el mismo grado, heredarán por cabezas ó por partes iguales.

3848. Si hubiere varios parientes en un mismo grado, y alguno ó algunos no quisieren ó no pudieren heredar, su parte acrecerá á los otros del mismo grado; salvo el derecho de representacion cuando deba tener lugar.

3849. Repudiando ó no pudiendo suceder el pariente mas próximo, si es solo, ó todos los parientes mas próximos; heredarán los del grado siguiente por su propio derecho y sin que puedan representar al repudiante ó incapaz.

3850. Las líneas y grados de parentesco se arreglarán por las disposiciones contenidas en el capítulo 2º, título 5º, libro 1º

3851. Los hijos y descendientes del incapaz ó del que haya sido desheredado, no serán excluidos de la sucesion por esas causas, aun viviendo sus padres ó ascendientes, si fueren llamados por derecho propio; pero si lo fueren solo por derecho de representacion, únicamente podrán reclamar la legítima del incapaz ó desheredado.

CAPITULO II.

Del derecho de representacion.

Art. 3852. Se llama derecho de representacion el que corresponde á los parientes de una persona, para sucederle en todos los derechos que tendria si viviera ó hubiera podido heredar.

3853. El derecho de representacion tendrá siempre lugar en la línea recta descendente; pero nunca en la ascendente.

3854. En la línea trasversal solo tendrá lugar el derecho de representacion en favor de los hijos de los hermanos, ya lo sean estos de padre y madre, ya por una sola línea, cuando concurran con otros hermanos del difunto.

3855. Los demas colaterales heredarán siempre por cabezas.

3856. Siendo varios los representantes de la misma persona, repartirán entre sí con igualdad lo que debia corresponder á aquella.

3857. Se puede representar á aquel cuya sucesion se ha repudiado; mas no á aquel de cuya sucesion ha sido declarado incapaz ó desheredado el que debiera ser representante.

3858. El que repudia la herencia que le corresponde por una línea, no queda por esa razon impedido de aceptar la que le corresponde por otra.

3859. Entre personas vivas no tiene lugar la representacion sino en los casos de desheredacien ó incapacidad.

CAPITULO III.

De la sucesion de los descendientes.

Art. 3860. Si á la muerte de los padres quedaren solo hijos legítimos ó legitimados, la herencia se dividirá entre todos por partes iguales, sin distincion de sexo ni edad, y aunque procedan de distintos matrimonios.

3861. Si solo quedaren descendientes de ulterior grado, la herencia se dividirá por estirpes; y si en alguna de estas hubiere varios herederos, la porcion que á ella corresponda, se dividirá por partes iguales.

3862. Si quedaren hijos y descendientes, los primeros heredarán por cabezas y los segundos por estirpes.

3863. Si quedaren solo hijos naturales ó solo hijos espúrios, unos y otros legalmente reconocidos sucederán en la misma forma que los legítimos.

3864. Los descendientes de los hijos naturales y espúrios, no gozan el derecho de representacion, sino cuando son legítimos ó legitimados.

3865. Cuando concurran descendientes legítimos con ilegítimos, ó unos ú otros con ascendientes, la division se hará en los términos prevenidos en los artículos 3464, 3465, 3466 y 3470 á 3477, sobre el total líquido de la herencia.

3866. Si el intestado no fuere absoluto, se deducirá del total de la herencia la parte de que legalmente haya dispuesto el testador, y el resto se dividirá de la manera que disponen los artículos que preceden.

3867. Concurriendo el cónyuge que sobrevive, con descendientes, se observará lo dispuesto en el artículo 3884.

CAPITULO IV.

De la sucesion de los ascendientes.

Art. 3868. A falta de descendientes, sucederán el padre y la madre por partes iguales.

3869. Si solo hubiere padre ó madre, el que viva sucederá al hijo en toda la herencia.

3870. Si solo hubiere ascendientes de ulterior grado por una línea, se dividirá la herencia por partes iguales.

3871. Si hubiere ascendientes por ambas líneas, se dividirá la herencia en dos partes iguales y se aplicará una á los ascendientes de la línea paterna y otra á los de la materna.

3872. Los miembros de cada línea dividirán entre sí por partes iguales la porcion que les corresponda.

3873. Concurriendo el cónyuge que sobrevive, con ascendientes, se observará lo dispuesto en el artículo 3884.

3874. Respecto de los ascendientes ilegítimos, regirá en las herencias sin testamento lo prevenido en los artículos 3479, 3480 y 3481.

CAPITULO V.

De la sucesion de los colaterales.

Art. 3875. A falta de ascendientes, descendientes y cónyuge, la ley llama á la sucesion á los colaterales dentro del octavo grado.

3876. Si solo hay hermanos legítimos por ambas líneas, sucederán por partes iguales.

3877. Si concurren hermanos enteros con medios hermanos, aquellos heredarán doble porcion que estos.

3878. Si concurren hermanos con sobrinos, hijos de hermanas, los primeros heredarán por cabezas y los segundos por estirpes.

3879. A falta de hermanos legítimos, sucederán sus hijos tambien legítimos, dividiéndose la herencia por estirpes y la porcion de cada estirpe por cabezas.

3880. A falta de los llamados en el artículo anterior, sucederán los hermanos naturales, y á falta de estos los espúrios, unos y otros legalmente reconocidos: á falta de ellos sus hijos, siendo legítimos; y respecto de todos se observará lo dispuesto en los tres artículos que preceden.

3881. Los hijos de los medios hermanos gozarán el derecho de representacion, y sucederán en la parte que les corresponda, ya estén solos, ya concurran con sus tios.

3882. A falta de los llamados en los artículos anteriores, sucederán los parientes mas próximos en grado, sin distincion de líneas ni consideracion á doble vínculo; y heredarán por partes iguales.

3883. En concurrencia de colaterales y cónyuge, se observará lo dispuesto en los artículos 3866 á 3890.

CAPITULO VI.

De la sucesion del cónyuge.

Art. 3884. El cónyuge que sobrevive, concurriendo con descendientes ó ascendientes, tendrá el derecho de un hijo legítimo, si carece de bienes, ó los que tiene al tiempo de abrirse la sucesion no igualan la porcion que á cada hijo legítimo debe corresponder en la herencia.

3885. En el primer caso del artículo anterior, el cónyuge recibirá íntegra la porcion señalada: en el segundo solo tendrá derecho de recibir lo que baste para igualar sus bienes con la porcion referida.

3886. Si el cónyuge que sobrevive, concurriere con un solo hermano, dividirá con este la herencia por partes iguales.

3887. Si concurriere con dos ó mas hermanos, el cónyuge tendrá un tercio de la herencia; y los dos tercios restantes se dividirán entre los hermanos.

3888. A falta de hermanos, el cónyuge sucede en todos los bienes conforme á la fraccion 3ª del artículo 3844.

3889. El cónyuge recibirá las porciones que le correspondan conforme á los tres artículos que preceden, aunque tenga bienes propios.

3890. Lo dispuesto en los artículos 3886 y 3887, solo se entenderá respecto de los hermanos legítimos y de sus hijos tambien legítimos. Concurriendo el cónyuge con hermanos ilegítimos, solo tendrán estos derecho á alimentos.

CAPITULO VII.

De la sucesion en la hacienda pública.

Art. 3891. A la falta de todos los herederos llamados en los capítulos anteriores, sucederá la hacienda pública; salvo lo dispuesto en los artículos 1370, 2736 y 3256.

3892. Los derechos y obligaciones del fisco son de todo punto iguales á los de los otros herederos.

TITULO QUINTO.

DISPOSICIONES COMUNES Á LA SUCESION TESTAMEMTARIA Y Á LA LEGITIMA.

CAPITULO I.

De las precauciones que deben adoptarse cuando la viuda queda en cinta.

Art. 3893. Cuando á la muerte del marido, la viuda queda ó cree quedar en cinta, debe ponerlo dentro de cuarenta dias en conocimiento del juez, para que lo notifique á los interesados en la sucesion.

3894. Los interesades podrán pedir al juez que se proceda oportuna y decorosamente á la averiguacion de la preñez.

3895. Aunque resulte cierta la preñez, ó los interesados no la contesten, podrán pedir al juez que dicte las providencias convenientes para evitar la suposicion del parto, ó que el hijo que nazca, pase como viable, no siéndolo en realidad.

3896. Cuando el resultado de la averiguacion fuere contrario á la certeza de la preñez, y la viuda insista en que aquella es verdadera, podrá pedir al juez, que con audiencia de los interesados le señale una casa decente, donde sea guardada á vista y con todas las precauciones necesarias, hasta que llegue el tiempo natural del parto.

3897. Los interesados pueden pedir en cualquier tiempo que se repita la averiguacion.

3898. Si el marido reconoció en instrumento público ó privado, la certeza de la preñez de su consorte, no podrá procederse á la averiguacion; pero los interesados podrán pedir que se practiquen las diligencias de que habla el artículo 3895.

3899. La viuda en cinta, aun cuando tenga bienes, debe ser alimentada competentemente.

3900. Si la viuda no da aviso al juez ó no observa las medidas dictadas por él, podrán los interesados negarle las alimentos, cuando tenga bienes.

3901. Si por averiguaciones posteriores resultare cierta la preñez, se deberán abonar los alimentos que hubieren dejado de pagarse.

3902. La omision de la madre no perjudica á la legitimidad del hijo, si por otros medios legales pudiere acreditarse.

3903. La viuda no debe devolver los alimentos percibidos, aun cuando haya habido aborto ó no resultare cierta la preñez; salvo el caso en que esta hubiere sido contradicha por la informacion pericial.

3904. El juez decidirá de plano todas las cuestiones relativas á los alimentos, en sentido favorable á la viuda.

3905. La viuda que estuviere en ejercicio de la patria potestad, continuará en la administracion de los bienes que correspondan á los menores.

3906. Si no tuviere hijos, ó fueren mayores, el albacea administrará los bienes; salvo lo dispuesto en el artículo 2201.

3907. La division de la herencia se suspenderá hasta que se verifique el parto; mas los acreedores podrán ser pagados con mandato judicial.

3908. Para cualquiera de las diligencias que se practiquen conforme á lo dispuesto en este capítulo, deberá ser oida la viuda.

CAPITULO II.

De la porcion viudal.

Art. 3909. El cónyuge viudo, sean cuales fueren las capitulaciones de su matrimonio disuelto, que se hallare sin medios propios de subsistencia, tendrá derecho á que se le suministren alimentos de los frutos de los bienes que el cónyuge difunto dejare.

3910. La concesion de alimentos cesa, si el cónyuge que sobrevive, se encuentra en los casos señalados por las fracciones 1ª, 2ª, 3ª, 6ª y 10ª del artículo 3428.

3911. Lo dispuesto en el artículo 3909, no comprende los bienes de que el marido haya sido simple usufructuario.

3912. Los alimentos durarán miéntras los necesite el viudo, y no pase á segundas nupcias ó no reciba la parte de herencia que conforme á derecho le corresponda.

3913. Los alimentos serán tasados por el juez, atendidos los rendimientos de los bienes y la necesidad y circunstancias del viudo, á no ser que haya arreglo amigable.

CAPITULO III.

Del derecho de acrecer.

Art. 3914. Derecho de acrecer es el que la ley concede á un heredero para agregar á su porcion hereditaria la que debia corresponder á otro heredero.

3915. Para que en las herencias por testamento tenga lugar el derecho de acrecer, se requiere:

1º Que dos ó mas sean llamados á una misma herencia ó á una misma porcion de ella, sin especial designacion de partes:

2º Que uno de los llamados muera ántes que el testador, renuncie la hereneia ó sea incapaz de recibirla.

3916. No se entenderá que están designadas las partes, sino cuando el testador haya mandado expresamente que se dividan ó las haya designado con señales físicas; mas la frase *por mitad ó por partes iguales*, ú otras, que aunque designan parte alícuota, no fijan esta numéricamente, ó por señales que hagan á cada uno dueño de un cuerpo de bienes separado, no excluyen el derecho de acrecer.

3917. Si la falta del co–heredero acaece despues de haber aceptado la herencia, no hay lugar al derecho de acrecer; y su parte se trasmite á sus herederos, salvo lo prevenido en el artículo 3922.

3918. Si los herederos son forzosos, el derecho de acrecer solo tiene lugar cuando la parte de libre disposicion se deja á dos ó mas de ellos ó á alguno de ellos y á un extraño.

3919. La mejora que se deja á un solo heredero forzoso, ó á varios sin el requisito que se exige en la fraccion 1ª del artículo 3915, acrece á los demas co—herederos.

3920. Los herederos á quienes acrece la parte caduca, suceden en todos los derechos y obligaciones que tendria el que no quiso ó no pudo recibir la herencia.

3921. Los herederos solo pueden repudiar la porcion que acrece á la suya, renunciando la herencia; á no ser que sean herederos forzosos.

3922. Cuando conforme á la ley deba tener lugar el derecho de acrecer entre los llamados conjuntamente á un usufructo, la porcion del que falte, acrecerá siempre al otro, aunque aquel falte despues de haber aceptado y aunque haya estado en posesion de su parte de usufructo.

3923. Lo dispuesto en los artículos 3915, 3916, 3917, 3920, 3921 y 3922, se observará igualmente en los legados.

3924. Cuando los legatarios no se hallen en el caso de la fraccion 1ª del artículo 3915, pero sí en alguno de los señalados en la fraccion 2ª, el legado acrecerá á los herederos.

3925. El testador puede prohibir ó modificar como quiera el derecho de acrecer, salvas las legítimas.

3926. En las herencias sin testamento se observará lo prevenido en los artículos 3848, 3849 y 3851.

CAPITULO IV.

De la apertura y trasmision de la herencia.

Art. 3927. La sucesion se abre en el momento en que muere el autor de la herencia, y cuando, conforme á lo dispuesto en el capítulo 5º; título 13 del libro 1º, se declara la presuncion de muerte de un ausente.

3928. La sucesion se abrirá en el lugar donde el difunto hubiere tenido su domicilio.

3929. A falta de domicilio fijo, se abrirá en el lugar donde estuvieren situados los bienes raices que la forman.

3930. Si hubiese bienes raices en diversos lugares, la sucesion se abrirá donde se halle la mayor parte de ellos; calculada por el pago de mayor suma de contribuciones directas.

3931. A falta de domicilio fijo y de bienes raices, la sucesion se abrirá en el lugar donde su autor hubiere fallecido.

3932. Siendo varias las personas llamadas simultáneamente á la misma herencia, se considerará como indivisible el derecho que tienen á ella, tanto respecto de la po sesion como del dominio, miéntras no se haga la particion.

3933. No habiendo albacea nombrado, cada uno de los herederos, puede en el caso del artículo anterior, reclamar la totalidad de la herencia que le corresponda conjuntamente con otros; sin que el demandado pueda oponerle la excepcion de que la herencia no le pertenece por entero.

3934. Habiendo albacea nombrado, él deberá promover la reclamacion á que se refiere el artículo precedente; y siendo moroso en hacerlo, los herederos podrán pedir la remocion.

3935. El derecho de reclamar la herencia prescribe en veinte años y es trasmitible á los herederos.

CAPITULO V.

De la aceptacion y de la repudiacion de la herencia.

Art. 3936. La aceptacion y la repudiacion de la herencia, son actos enteramente voluntarios y libres para los mayores de edad, aunque sean herederos forzosos.

3937. La acceptacion puede ser expresa ó tácita.

3938. Es expresa la aceptacion si el heredero acepta con palabras terminantes; y tácita, si ejecuta algunos hechos de que se deduzca necesariamente la intencion de aceptar, ó aquellos que no podria ejecutar sino con la cualidad de heredero.

3939. Ninguno puede aceptar ó repudiar la herencia en parte, con plazo ó condicionalmente.

3940. Pueden aceptar ó repudiar la herencia todos los que tienen la libre disposicion de sus bienes.

3941. La mujer casada no puede aceptar ó repudiar la herencia válidamente, sin autorizacion de su marido ó li·

cencia judicial. Respecto del marido se observará lo dispuesto en el artículo 2160.

3942. La herencia dejada á los menores y demas incapacitados, será aceptada por los tutores.

3943. Los sordo-mudos que no estuvieren en tutela y supieren escribir, podrán aceptar ó repudiar la herencia por sí ó por procurador; pero si no supieren escribir, la aceptará en su nombre un tutor electo para el caso, conforme á lo dispuesto en los casos de interdiccion.

3944. Si los herederos no se convinieren sobre la aceptacion ó repudiacion, podrán aceptar unos y repudiar otros; pero solo los que acepten, tendrán el carácter y los derechos de herederos.

3945. Si el heredero fallece sin aceptar ó repudiar la herencia, el derecho de hacerlo se trasmite á sus herederos.

3946. Los efectos de la aceptacion ó repudiacion de la herencia se retrotraen siempre á la fecha de la muerte de la persona á quien se hereda.

3947. La repudiacion debe ser expresa y hacerse por escrito ante el juez.

3948. La repudiacion no priva al que la hace, si no es heredero ejecutor, del derecho de reclamar los legados que se le hubieren dejado.

3949. El nombrado heredero en testamento y que al mismo tiempo tenga derecho de heredar por intestado, si repudia como heredero testamentario, pierde el derecho de suceder por intestado.

3950. El que repudia el derecho de suceder por intestado sin tener noticia de su título testamentario, puede en virtud de este aceptar la herencia.

3951. Se exceptúa de lo dispuesto en el artículo 3949 la renuncia hecha por un heredero forzoso, de la herencia que se le dejare con alguna condicion ó gravámen sobre su legítima.

3952. Ninguno puede, ni aun por contrato de matrimonio, renunciar la sucesion de persona viva, ni enajenar los derechos que eventualmente pueda tener á su herencia.

3953. Nadie puede aceptar ni repudiar, sin estar cierto de la muerte de aquel de cuya herencia se trata.

3954. Conocida la muerte de aquel á quien se hereda, se puede renunciar la herencia dejada bajo condicion, aunque esta no se haya cumplido.

3955. Los legítimos representantes de las sociedades y corporaciones capaces de adquirir, pueden aceptar la herencia que aquellas se dejaren; mas para repudiarla necesitan la aprobacion judicial con audiencia del ministerio público.

3956. Los establecimientos públicos no pueden aceptar ni repudiar una herencia sin aprobacion del gobierno.

3957. Cuando alguno tuviere interes en que el heredero declare si acepta ó repudia la herencia, podrá pedir, pasados nueve dias de la apertura de esta, que el juez asigne al heredero un plazo, que no excederá de un mes, para que dentro de él haga su declaracion, apercibido de que si no la hace, se tendrá la herencia por aceptada.

3958. La aceptacion y la repudiación, una vez hechas, son irrevocables, y no pueden ser impugnadas sino en los casos de dolo ó violencia.

3959. El heredero puede revocar la aceptacion ó la repudiacion, cuando por un testamento desconocido al tiempo de hacerla, se altera la calidad ó la cantidad de la herencia.

3960. En el caso del artículo anterior, si el heredero revoca la aceptacion, devolverá todo lo que hubiere percibido de la herencia; observándose respecto de los frutos las reglas relativas á los poseedores de buena ó mala fé, segun haya sido la del heredero.

3961. Si el heredero repudia la herencia en perjuicio de sus propios acreedores, pueden estos pedir al juez que los autorice para aceptarla en nombre de aquel.

3962. En el caso del artículo anterior, la aceptacion solo aprovechará á los acreedores para el pago de sus créditos; pero si la herencia excediere del importe de estos, el exceso pertenecerá á quien llame la ley, y en ningun caso al que hizo la renuncia.

3963. Los acreedores cuyos créditos fueren posteriores á la repudiacion, no pueden ejercer el derecho que concede el artículo 3961.

3964. El que por la repudiacion de la herencia deba entrar en ella, podrá impedir que la acepten los acreedores, pagando á estos los créditos que tenian contra el que repudió.

3965. El heredero que por sentencia es declarado culpable de haber ocultado ó sustraido algo de la herencia, es responsable de los daños y perjuicios y queda ademas sujeto á las prescripciones del Código penal.

3966. El que á instancia de un legatario ó acreedor hereditario, haya sido declarado heredero, será considerado como tal por los demas, sin necesidad de nuevo juicio.

3967. La aceptacion en ningun caso produce confusion

de los bienes del autor de la herencia y de los del heredero.

3968. Toda herencia se entiende aceptada con beneficio de inventario, aunque no se exprese.

3969. En la disposicion del artículo 3503, no se comprenden las obligaciones mancomunadas que hubieren contraido el heredero y el autor de la herencia.

CAPITULO VI.

Del inventario.

Art. 3970. Todo heredero, ya lo sea por testamento, ya por intestado, si aceptare la herencia, tendrá obligacion de promover la formacion de inventario dentro de ocho dias, contados desde que supiere su nombramiento ó tomare parte en la sucesion.

3971. El albacea promoverá por sí mismo en el plazo indicado en el artículo que precede; y el inventario legal que él forme, aprovechará á los demas interesados.

3972. Si el albacea no promoviere el inventario, podrá hacerlo cualquier heredero; y aprovechará á los demas aunque no sean citados.

3973. El heredero que hubiere promovido, se considerará como asociado al albacea; quien no podrá sin consentimiento de aquel, ejecutar ningun acto de administracion.

3974. Lo dispuesto en los dos artículos anteriores, se observará igualmente cuando pasados los noventa dias y la próroga que concede el artículo 3988, no haya concluido el albacea, y algun heredero promueva la conclusion del inventario.

3975. El juez, durante los dias señalados en el artículo 3970, y aun inmediatamente despues de la muerte de una persona, si no está presente alguno de los herederos, dictará las providencias oportunas para que no se oculten ó pierdan los bienes.

3976. En el caso del artículo anterior será oido precisamente el ministerio público.

3977. El inventario se formará por memorias simples, con citacion de todos los interesados ó de sus representantes legítimos.

3978. El inventario será solemne en los casos siguientes:

1º Si la mayoría de los herederos y legatarios así lo exige:

2º Cuando los acreedores hereditarios pidan separacion de patrimonio, conforme á lo dispuesto en los artículos 2065 y 2066:

3º Siempre que en la herencia hubiere confundidos bienes dotales:

4º Siempre que la hacienda pública ó los establecimientos de beneficencia tengan interes en la herencia:

5º En los de intestado de que hablan los artículos 3710 y 3718.

3979. El inventario solemne se formará segun disponga el Código de procedimientos.

3980. El albacea hará citar judicialmente por un término que no pase de treinta dias, á los legatarios y acreedores del difunto, para que, si quieren, asistan á la formacion del inventario.

3981. Si pasado dicho término, no camparecieren las personas citadas, la formacion del inventario continuará con asistencia del ministerio público.

3982. El albacea tendrá obligacion de concluir los inventarios dentro de noventa dias contados desde que aceptó el nombramiento.

3983. Si los bienes se hallaren repartidos, ó ubicados á grandes distancias, ó si por la naturaleza de los negocios no se creyeren bastantes los noventa dias, podrá el juez ampliar hasta por nueve meses el término, con audiencia de los interesados y del ministerio público.

3984. El albacea, al promover la formacion del inventario, nombrará de acuerdo con los interesados, uno ó mas peritos valuadores; y si no hubiere conformidad en el nombramiento, la mitad de los peritos será de eleccion del albacea y la otra mitad de los demas interesados.

3985. Los peritos, ántes de comenzar sus trabajos, nombrarán un tercero para el caso de discordia; y si no hubiere acuerdo entre ellos, la eleccion será hecha por el juez.

3986. Los peritos incluirán su dictámen en el mismo inventario; firmado este bajo protesta; y si fueren convencidos de dolo ó mala fé, serán responsables de los daños y perjuicios.

3987. Todos los objetos deberán estimarse segun su estado y valor actual.

3988. Los peritos declararán cuáles objetos pueden dividirse sin perjuicio.

3989. Los predios rústicos y urbanos serán valuados por el importe medio de sus productos en un quinquenio deducidos los gastos de reparaciones y cultivo y cualesquiera gravámenes.

3990. Si entre los bienes de la herencia hubiere predios sujetos á enfitéusis, no valuados segun se previene en el artículo 3243, se calculará el valor del dominio útil por las mismas bases establecidas en el artículo que precede; y el dominio directo se calculará capitalizando la pension al tanto por ciento estipulado, y á falta de convenio, al seis por ciento anual.

3991. El inventario debe comprender todos los bienes muebles é inmuebles del difunto; sus derechos y acciones y sus deudas, con expresion del orígen, naturaleza y calidad de los documentos en que consten.

3992. Si el difunto tenia en su poder bienes ajenos prestados, en depósito, en prenda ó bajo cualquiera otro título, tambien se harán constar en el inventario con expresion de la causa.

3993. Durante la formacion del inventario no podrán los acreedores y legatarios exigir el pago de sus créditos y legados; con las excepciones contenidas al fin de los artículos 3997 y 4000.

3994. Pueden tambien los acreedores y legatarios demandar al albacea sobre cualquiera cuestion de dominio y posesion que se funden en títulos anteriores á la sucesion; así como el albacea podrá demandar á los deudores hereditarios.

3995. Si los interesados no estuvieren conformes con el inventario, el juez decidirá con audiencia de todos ellos, en los términos que establezca el Código de procedimientos.

3996. Obtenida la decision judicial ó estando conformes

los interesados con el inventario, el albacea procederá á liquidar la herencia.

3997. En primer lugar serán pagadas las deudas mortuorias, si no lo estuvieren ya; pues pueden pagarse ántes de la formacion del inventario.

3998. Se llaman deudas mortuorias los gastos del funeral y los que se hayan causado en la última enfermedad del autor de la herencia.

3999. El pago de las deudas mortuorias se imputará á la parte libre, haya ó no dispuesto de ella el testador. Lo que excediere de esa parte, se pagará del cuerpo de la herencia.

4000. En segundo lugar se pagarán los gastos causados por la misma herencia y los créditos alimenticios, que pueden tambien ser cubiertos ántes de la formacion del inventario.

4001. Si para hacer los pagos de que hablan los artículos anteriores, no hubiere dinero en la herencia, el albacea promoverá la venta de los bienes muebles y aun de los inmuebles, con las solemnidades que respectivamente se requieren.

4002. En seguida se pagarán las deudas hereditarias que fueren exigibles.

4003. Se llaman deudas hereditarias las contraidas por el autor de la herencia independientemente de su última disposicion, y de las que es responsable con sus bienes.

4004. Si hubiere pendiente algun concurso, el albacea no deberá pagar sino conforme á la sentencia de graduacion.

4005. Los acreedores, cuando no haya concurso, serán pagados en el órden en que se presenten; pero si entre los no presentados hubiere algunos preferentes, se exigirá á los que fueren pagados, la caucion de acreedor de mejor derecho.

4006. El albacea, concluido el inventario, no podrá pagar los legados sin haber cubierto ó asignado bienes bastantes para pagar las deudas; conservando en los respectivos bienes los gravámenes especiales que tengan.

4007. Los acreedores que se presenten despues de pagados los legatarios, solo tendrán accion contra estos cuando en la herencia no hubiere bienes bastantes para cubrir sus créditos.

4008. La venta de bienes hereditarios para el pago de deudas y legados se hará en pública subasta; á no ser que la mayoría de los interesados acuerde otra cosa.

4009. El acuerdo de los interesados, ó la autorizacion judicial en su caso, determinarán la aplicacion que haya de darse al precio de sus cosas vendidas.

4010. El inventario hecho por el heredero que despues repudia, aprovecha al sustituto y á los herederos por intestado.

4011. El inventario perjudica á los que lo hicieron y á los que lo aprobaron; pero no á los que no fueron citados para él.

4012. Si los acreedores hereditarios ó testamentarios, al demandar al heredero, designan como pertenecientes á la herencia algunos bienes no incluidos en el inventario, es de su cargo la prueba correspondiente.

4013. Si dichos acreedores obtienen sentencia favorable, y en la omision hubo dolo por parte de los herederos, se impondrá á estos una multa de veinticinco por ciento sobre el importe de su parte líquida, fuera de la indemnizacion de daños y perjuicios.

4014. Cuando no alcancen los bienes para pagar las deudas y legados, el albacea debe dar cuenta de su administracion á los acreedores y legatarios.

4015. Aprobado el inventario por el juez ó de consentimiento de todos los interesados, no puede reformarse sino por error ó dolo declarados por sentencia definitiva, pronunciada en juicio ordinario.

4016. Los gastos de inventario son carga de la herencia, salvo que el testador haya dispuesto otra cosa.

CAPITULO VII.

De las colaciones.

Art. 4017. Las cantidades que los herederos forzosos hayan recibido ántesde la muerte del testador por dote, donacion ú otro título lucrativo, se considerarán como existentes en la masa dé la herencia, para la designacion de las legítimas y la cuenta de particion; esto es lo que se llama traer á colacion.

4018. La colacion no tendrá lugar entre los herederos legítimos, si el donante así lo hubiere declarado, ó si el donatario repudiare la herencia; salvo el caso en que la donacion deba reducirse por inoficiosa.

4019. Cuando los nietos sucedieren á los abuelos, representando á sus padres, traerán á colacion lo que estos hubieren recibido, aun cuando ellos no lo hayan heredado.

4020. El padre no está obligado á traer á colacion en la

herencia de sus ascendientes lo donado á su hijo por aquellos; ni el marido ó la mujer lo donado á su consorte por el suegro ó suegra, aun cuando el donante disponga expresamente lo contrario; salva la limitacion del artículo 2283.

4021. Los gastos hechos por el padre en la curacion de un hijo, aunque sean de grande importancia y extraordinarios, no están sujetos á colacion.

4022. Tampoco lo están los de alimentos y educacion primaria, ni los de la secundaria que reciba el hijo en la casa de su padre.

4023. Los gastos que el padre haga en dar á sus hijos una carrera profesional ó artística, ó para el pago de sus deudas, se traerán á colacion; pero se rebajará de ellos lo que el hijo habria gastado viviendo en la casa y compañía de sus padres.

4024. El padre puede dispensar la colacion de que trata el artículo que precede, á no ser que aun hecha la deduccion que en él se previene, excedan los gastos de la legítima.

4025. No han de traerse á colacion las mismas cosas donadas, sino el valor qne tenian al tiempo de la donacion aunque no se hubiere hecho entónces su justiprecio.

4026. El aumento ó deterioro posterior, y aun la pérdida total, sea casual ó culpable, será á cargo del donatario.

4027. Respecto de las cosas dadas en dote, la mujer elegirá para la computacion el tiempo en que se constituyó la dote ó el de la apertura de la sucesion.

4028. Los coherederos del donatario serán pagados en

bienes de la misma especie y naturaleza que los traidos á colacion, si fuere posible.

4029. Los coherederos que no puedan ser pagados en especie tienen derecho de ser igualados en dinero, si los bienes traidos á la colacion fueren raices; en cuyo caso se venderán los que al efecto fueren necesarios.

4030. Si los bienes fueren muebles, solo tendrán los coherederos derecho de ser enterados con otros muebles de la herencia, segun su valor.

4031. Cuando el valor de los bienes donados excediere de la porcion legítima del donatario, y el testador ó la ley no hicieren aplicacion de la parte disponible, si la donacion fué por vía de dote, la mujer no tendrá mas opcion para conservarla íntegra, que la que le concede el artículo 4027.

4032. En el caso del artículo anterior, si la donacion no fuere por dote, se considerará como mejora en la parte libre del testador; y lo que exceda de esta y de la legítima, se devolverá á la masa de la herencia.

4033. Si hubiere diversos donatarios, y la parte de libre disposicion no alcanzare para pagar á todos, se prorateará entre ellos.

4034. En el caso del artículo anterior, si el autor de la herencia hubiere aplicado su porcion dispenible á otro heredero distinto del donatario, se tendrá por no hecha la aplicacion.

4035. Si la donacion es hecha por ambos cónyuges, solo se traerá á colacion al inventario de cada uno de ellos, la parte con que cada cual contribuyó á la donacion.

4036. Cuando el valor de los inmuebles donados exce·

diere del haber del donatario, y este los hubiere enajenado, los coherederos solo podrán repetir contra el tercer poseedor por el exceso y previa excusion de los bienes del donatario.

4037. Los bienes, por solo el hecho de traerse á colacion, no causan réditos ni producen frutos para la herencia, miéntras no se hace la particion.

4038. Si computado el valor de los bienes, resulta que hay alguna parte que por exceder de cuanto podia aplicarse al donatario, debe ser devuelta por él, los intereses legales de esa parte ó los frutos se deben á la masa hereditaria desde el dia en que se abre la sucesion.

4039. Aunque los herederos no estén conformes en lo que alguno de ellos deba traer á colacion, no se suspenderá la particion de la herencia, asegurándose previamente el derecho reclamado por aquellos.

CAPITULO VIII.

De la particion.

Art. 4040. Aprobados el inventario y la cuenta de administracion, el albacea debe hacer inmediatamente la particion de la herencia.

4041. A ningun co–heredero puede obligarse á permanecer en la indivision de los bienes, ni aun por prevencion expresa del testador.

4042. Solo puede suspenderse una particion en virtud

de convenio expreso de los interesados, y por un término que no pase de cinco años.

4043. Todo co—heredero que tenga la libre disposicion de sus bienes, puede pedir en cualquier tiempo la particion de la herencia.

4044. Por los incapacitados y por los ausentes deben pedir la particion sus representantes legítimos.

4045. El marido no puede pedir la particion á nombre de su mujer sin consentimiento de esta, ni la mujer sin autorizacion del marido: el defecto de uno ú otra se suplirá por el juez.

4046. Los herederos bajo condicion no pueden pedir la particion hasta que aquella se cumpla.

4047. Los coherederos del heredero condicional pueden pedir la particion, asegurando competentemente el derecho de aquel para el caso de existir la condicion; y hasta saberse que esta ha faltado ó no puede ya verificarse la particion se tendrá como provisional.

4048. Lo dispuesto en el artículo anterior se observará tambien cuando el albacea haga la particion en uso de sus facultades.

4049. La particion se considerará provisional solo en cuanto á la parte en que consista el derecho pendiente, y en cuanto á las cauciones con que se haya asegurado.

4050. El acreedor de un heredero ó legatario que ha trabado ejecucion en el derecho que estos tienen en la herencia, y que ha obtenido sentencia de remate, puede pedir la particion, siempre que el pago no pueda hacerse con otros bienes.

4051. El cesionario del heredero ó legatario puede pedir la particion.

4052. Si ántes de hacerse la particion, muere uno de los co-herederos, dejando dos ó mas herederos, bastará que uno de estos la pida; pero todos ellos deberán proceder de consuno y bajo una misma representacion.

4053. Respecto de la division de los bienes de un ausente, se observará lo dispuesto en el título 13 del libro 1º

4054. El dueño de los bienes que tenga herederos forzosos, puede hacer la particion de aquellos por acto entre vivos, sujetándose á las reglas siguientes:

1ª Que todos los herederos sean mayores de edad:

2ª Que de hecho reciba cada uno de ellos los bienes que le correspondan:

3ª Que la particion se reduzca á escritura pública, y sea aceptada expresamente por los herederos.

4055. En el caso del artículo anterior, el dueño de los bienes puede reservarse la parte que conforme á la ley es de libre disposicion; y respecto de ella y de cualesquiera otros bienes que adquiera despues de la particion, no tendrán derecho los herederos forzosos sino en el caso de intestado.

4056. Cuando los herederos no sean forzosos, se observará lo dispuesto para las donaciones entre vivos.

4057. Si la particion se hiciere por última voluntad, se cumplirá en cuanto no perjudique la legítima de los herederos forzosos.

4058. Si alguno de los herederos estuviere ausente y no tuviere representante legítimo, el juez procederá conforme á lo dispuesto en los artículos 697 á 706 y demas relativos.

4059. La particion en el caso del artículo anterior debe

ser aprobada judicialmente; observándose ademas lo prevenido en los artículos 768 á 771.

4060. El albacea separará en primer lugar la parte que corresponda al cónyuge que sobreviva, conforme á las capitulaciones matrimoniales y á las disposiciones que arreglan los bienes dotales y la sociedad legal.

4061. Se deducirá en seguida la parte que conforme á derecho fuere de libre disposicion del testador.

4062. Con ella se pagarán los legados; observándose el órden y demas disposiciones sobre preferencia y reduccion contenidas en el capítulo 7º, título 2º de este libro.

4063. Lo que sobre se agregará al resto del caudal hereditario; el cual se dividirá entre los herederos por partes proporcionales á sus legítimas ó á las cuotas que el testador les haya asignado.

4064. El albacea formará el proyecto de particion por sí mismo, ó lo encargará á otra persona, de acuerdo con la mayoría de los herederos.

4065. Si no hubiere mayoría, el juez nombrará al contador, escogiéndole entre los que hubieren sido propuestos por el albacea ó por los herederos.

4066. El proyecto de particion se sujetará á las reglas siguientes:

1ª Si el testador hizo designacion de partes, el albacea la observará estrictamente, anotando el exceso ó defecto del precio de la cosa designada respecto de la legítima ó porcion del heredero:

2ª Si no hay designacion de partes en cosa determinada, se incluirán en cada porcion bienes de la misma especie, en cuanto fuere posible:

3ª Si los inmuebles de la herencia reportan gravámеnes, se especificarán, indicando el modo de redimirlos ó dividirlos entre los herederos.

4067. El albacea presentará el proyecto de particion á la aprobacion de todos los interesados ó de sus representantes legítimos.

4068. Si formadas las porciones, algun heredero reclamare sobre la cantidad que se le haya designado, el juez oyendo sumariamente al contador, decidirá confirmando la particion ó mandando reponerla.

4069. De lo determinado por el juez, no habrá mas recursos que los que para los juicios sumarios establece el Código de procedimientos:

4070. Si la reclamacion fuere relativa á la clase de bienes asignados, y no hubiere convenio, los bienes que se disputen, se venderán; observándose lo dispuesto en los artículos 4074 á 4080.

4071. Todo heredero ó legatario de cantidad, tiene derecho de pedir que se le apliquen en pago bienes de la herencia: la aplicacion de ellos se hará por el precio que tengan en el avalúo.

4072. En el caso del artículo anterior, la eleccion será del que debe pagar la herencia ó el legado; á no ser que el testador hubiere dispuesto otra cosa.

4073. Los bienes que fueren indivisibles ó que desmerezcan mucho por la division, podrán adjudicarse á uno de los herederos, con la condicion de abonar á los otros el exceso en dinero.

4074. Si no pudiere realizarse lo dispuesto en el artículo anterior, y los herederos no se convinieren en usufructuar los bienes en comun ó en otra manera de pago, se procederá á su venta, prefiriéndose al heredero que haga mejor postura.

5075. La venta se hará en pública subasta, y admitiendo licitadores extraños, siempre que haya menores ó que alguno de los herederos lo pida.

4076. La diferencia que hubiere en el precio, aumentará ó disminuirá la masa hereditaria. En estos casos la particion deberá modificarse.

4077. Si á pesar de lo dispuesto en el artículo 3988, se suscitare cuestion sobre si los bienes admiten cómoda division, el juez oyendo á un nuevo perito que él nombre, decidirá lo conveniente.

4078. Si verificadas tres almonedas, no hubiere postor para los bienes que no admitan cómoda division, se sortearán, y al que designe la suerte, se adjudicarán por la mitad de su valor.

4079. Lo que en el caso del artículo anterior, exceda de la cuota del heredero adjudicatario, será reconocido por este, salvo convenio en otro sentido, durante seis años al seis por ciento con hipoteca de la cosa adjudicada, á favor de la persona á quien corresponda, segun la particion.

4080. Si la cosa adjudicada no cubriere la cuota del heredero adjudicatario, y no pudiere completarse esta con otros bienes, la diferencia se reconocerá sobre otro inmueble en los términos establecidos en el artículo anterior.

4081. Si varios herederos pretenden una misma cosa de la herencia, se licitará entre ellos, y lo que se diere de mas sobre su precio legítimo, entrará al fondo comun.

4082. Si hubiere alguna cosa que todos rehusaren recibir, se observará lo dispuesto en el artículo 4070 y los que en él se citan.

4083. Cualquiera heredero puede, aun despues de sorteada la cosa, en los casos de los artículos 4078 y 4082, evitar la adjudicacion por la mitad del precio, aumentando este; y si hubiere varios pretendientes habrá lugar á la citacion.

4084. Los co-herederos deben abonarse recíprocamente las rentas y frutos que cada uno haya recibido de los bienes hereditarios, los gastos útiles y necesarios y los daños ocasionados por malicia ó negligencia.

4085. Las deudas contraidas durante la indivision, serán pagadas preferentemente.

4086. Un co-heredero no puede enajenar ni gravar cosa alguna de los bienes hereditarios.

4087. Si el testador hubiere legado alguna pension ó renta vitalicia por cuenta de su parte disponible, sin gravar con ella en particular á algun heredero ó legatario, se capitalizará al seis por ciento anual, y se separará un capital ó fundo equivalente, que se entregará al heredero ó legatario, quien quedará sujeto á todas las obligaciones de mero usufructuario.

4088. Si los bienes de la cuota disponible no alcanzaren, en el caso del artículo que precede, para la formacion del capital en él mencionado, quedará á arbitrio de los herederos entregar al legatario la parte disponible ó retenerla, pagando íntegra la pension.

4089. En el proyecto de particion se expresará la parte que del capital afecto al pago de la pension, corresponderá á cada uno de los herederos luego que aquella se extinga.

4090. Estando conformes los co—herederos en el proyecto de particion, se reducirá á escritura pública; y con ese solo requisito, surtirá todos los efectos legales, si los interesados fueren mayores.

4091. Solo será judicial la particion, si fuere menor alguno de los interesados, ó si la mayoría de estos lo exigiere.

4092. Cuando hubiere varios menores representados por un solo tutor, se observará lo dispuesto para el caso previsto en el artículo 535.

4093. La escritura de particion deberá contener:

1º El nombre y apellido de todos los herederos y legatarios:

2º Los nombres, medidas y linderos de los predios adjudicados, con expresion de la parte que cada heredero adjudicatario tenga obligacion de devolver si el precio de la cosa excede al de su porcion, ó que recibir, si falta:

3º La garantía especial que para la devolucion del exceso constituya el heredero en el caso de la fraccion que precede:

4º La enumeracion de los muebles ó cantidades repartidas:

5º Noticia de la entrega de los títulos de las propiedades adjudicadas ó repartidas:

6º Expresion de las cantidades que algun heredero quede reconociendo á otro y de la garantía que se haya constituido:

7º La firma de todos los interesados.

4094. Los títulos que acrediten la propiedad ó el derecho adjudicados, se entregarán al heredero ó legatario á quien pertenezca la cosa.

4095. Cuando en un mismo título estén comprendidas fincas adjudicadas á diversos co—herederos, ó una sola pero dividida entre dos ó mas, el título hereditario quedará en poder del que tenga mayor interes representado en la finca ó fincas; dándose á los otros copias fehacientes, á costa del caudal hereditario.

4096. Si el título fuere original, deberá tambien aquel, en cuyo poder quedare, exhibirlo á los demas interesados cuando fuere necesario.

4097. Si todos los interesados tuvieren igual porcion en las fincas, el título quedará en poder del que designe el juez si no hubiere convenio entre los partícipes.

4098. En el título y en los protocolos relativos, se hará constar la entrega de las copias á costa del fondo comun.

4099. Los acreedores hereditarios legalmente reconocidos, pueden oponerse á que se lleve á cabo la particion miéntras no se pague su crédito, si ya estuviere vencido el plazo, y si no lo estuviere, miéntras no se les asegure debidamente el pago.

4100. La garantía de que habla el artículo anterior será la misma que aseguraba el crédito: si este no estaba garantizado, se dará la que designe el juez, si no hubiere convenio entre los interesados.

4101. Si el acreedor estuviere sujeto á tutela, el crédito se garantizará con hipoteca, previa autorizacion judicial.

4102. La accion para pedir la particion de la herencia, prescribe á los veinte años contra el co—heredero que ha poseido el todo ó parte de ella en nombre propio.

4103. Si todos los co—herederos poseen en comun la

herencia ó alguno en nombre de todos, no tiene lugar la prescripcion.

4104. El término para la prescripcion se contará desde el dia en que falleció el autor de la herencia.

4105. El heredero ó legatario no pueden enajenar su parte en la herencia, sino despues de la muerte de aquel á quien se hereda.

4106. Si hubiere otros herederos, el que la quiera enajenar, deberá instruirles de la enajenacion y de sus condiciones.

4107. Los coherederos serán preferidos por el tanto, si usan de este derecho dentro de los tres dias siguientes al aviso y cumplen las demas condiciones impuestas al cesionario extraño.

4108. El derecho concedido en el artículo anterior, cesa si la enajenacion se hace á un co-heredero, ó cuando se hace á un extraño por donacion.

4109. Las reglas dadas para la particion de la herencia principal, se observarán tambien en la que se haga entre los que sucedan por derecho de representacion.

4110. Los gastos de la particion se bajarán del fondo comun: los que se hagan por el interes particular de alguno de los herederos ó legatarios, se imputarán á su haber.

CAPITULO IX.

De los efectos de la particion.

Art. 4111. La particion legalmente hecha, confiere á los co-herederos la propiedad exclusiva de los bienes que les hayan sido repartidos.

4112. Los co-herederos están recíprocamente obligados á indemnizarse en caso de eviccion de los objetos repartidos, y pueden usar del derecho que les concede el artículo 2000.

4113. La obligacion de saneamiento solo cesará en los casos siguientes:

1º Cuando el mismo autor de la herencia haya hecho en vida la particion:

2º Cuando al hacerse esta se haya pactado expresamente.

3º Cuando la eviccion proceda de causa posterior á la particion ó fuere ocasionada por culpa del que la sufre:

4114. El que sufre la eviccion, será indemnizado por los co—herederos en proporcion á sus cuotas hereditarias.

4115. La porcion que deberá pagarse al que pierda su parte por eviccion, no será la que represente su haber primitivo, sino la que le corresponda, deduciendo del total de la herencia la parte perdida.

4116. Si alguno de los co-herederos estuviere insolvente, la cuota con que debia contribuir, se repartirá entre los demas, incluso el que perdió su parte por la eviccion.

4117. Los que pagaren por el insolvente, conservarán su accion contra él para cuando mejore de fortuna.

4118. Si se adjudica como cobrable un crédito, los coherederos no responden de la insolvencia posterior del deudo hereditario; y solo son responsables de su solvencia al tiempo de hacerse la particion.

4119. Por los créditos incobrables no hay responsabilidad.

4120. El heredero cuyos bienes hereditarios fueren embargados, ó contra quien se pronunciare sentencia en juicio ordinario por causa de ellos, tiene derecho de pedir que sus co-herederos caucionen la responsabilidad que pueda resultarles; y en caso contrario, que se les prohiba enajenar los bienes que recibieron.

CAPITULO X.

De la rescision de las particiones.

Art. 4121. Las particiones hechas extrajudicialmente, solo pueden ser rescindidas en los casos en que lo pueden ser los contratos en general.

4122. Las particiones hechas judicialmente, solo pueden ser rescindidas en los casos y forma que establezca el Código de procedimientos.

4123. La particion hecha con preterición de alguno de los herederos, no se rescindirá, á no ser que se pruebe que hubo dolo ó mala fé de parte de los otros interesados; pero estos tendrán obligacion de pagar al preterido la parte que le corresponda.

4124. La particion hecha con un heredero falso, es nula en cuanto tenga relacion con él, y en cuanto su personalidad perjudique á los otros interesados.

4125. Los demas puntos comprendidos en la division de que habla el artículo que precede, no son rescindibles sino por otra causa legal.

4126. Si hecha la particion, aparecieren algunos bienes omitidos en ella, se hará una division suplementaria, en la cual se observarán las disposiciones contenidas en este título.

Por tanto, mando se imprima, publique, circule y se le dé el debido cumplimiento.—Palacio del gobierno nacional en México, á 13 de Diciembre de 1870.—*Benito Juarez.*—Al C. Lic. José M. Iglesias, ministro de justicia é instruccion pública.

Y lo comuico á vd. para su inteligencia y fines consiguientes.

Independencia y libertad. México, Diciembre 13 de 1870.—*Iglesias.*

INDICE

DE LAS MATERIAS CONTENIDAS EN ESTE TOMO.

LIBRO PRIMERO.

TITULO PRELIMINAR.

TITULO TERCERO.

TITULO SEXTO.

TITULO SÉTIMO.

TITULO OCTAVO.

TITULO NOVENO.

TITULO DÉCIMO.

TITULO UNDÉCIMO.

TITULO DUODÉCIMO.

TITULO DÉCIMOTERCERO.

PAGS.

LIBRO SEGUNDO.

TITULO PRIMERO.

TITULO SEGUNDO.

TITULO TERCERO.

TITULO SÉPTIMO.

PAGS.

TITULO OCTAVO.

LIBRO TERCERO.

TITULO PRIMERO.

TITULO SEGUNDO.

PAGS.

TITULO TERCERO.

TITULO CUARTO.

TITULO QUINTO.

TITULO SEXTO.

TITULO SÉPTIMO.

TITULO OCTAVO.

TITULO NOVENO.

TITULO DÉCIMO.

TITULO UNDÉCIMO.

TITULO DUODÉCIMO.

TITULO DÉCIMOTERCERO.

TITULO DÉCIMOCUARTO.

TITULO DECIMOQUINTO.

TITULO DÉCIMOSEXTO.

TITULO DÉCIMOSÉPTIMO.

TITULO DÉCIMOCTAVO.

TITULO DÉCIMONOVENO.

TITULO VIGÉSIMO.

TITULO VIGÉSIMOPRIMERO.

TITULO VIGÉSIMOSEGUNDO.

TITULO VIGÉSIMOTERCERO.

LIBRO CUARTO:

TITULO PRIMERO.

TITULO SEGUNDO.

TITULO TERCERO.

TITULO CUARTO.

TITULO QUINTO.

FIN DEL CÓDIGO CIVIL.